ClimatePartner °

Dieses Buch wurde klimaneutral hergestellt. CO_2-Emissionen vermeiden, reduzieren, kompensieren – nach diesem Grundsatz handelt der oekom verlag. Unvermeidbare Emissionen kompensiert der Verlag durch Investitionen in ein Gold-Standard-Projekt. Mehr Informationen finden Sie unter www.oekom.de.

Bibliografische Information der Deutschen Nationalbibliothek:
Die Deutsche Nationalbibliothek verzeichnet diese Publikation in der Deutschen Nationalbibliografie; detaillierte bibliografische Daten sind im Internet unter http://dnb.d-nb.de abrufbar.

© 2012 oekom, München
oekom verlag, Gesellschaft für ökologische Kommunikation mbH, Waltherstraße 29, 80337 München

Satz + Layout: Deniz Erdem
Umschlaggestaltung: Sarah Schneider
Umschlagabbildung: ddp images/AP Photo/Yoshikazu Tsuno
Druck: Digital Print Group, Nürnberg

Dieses Buch wurde auf 100%igem Recyclingpapier gedruckt.

Peter Hennicke, Paul J. J. Welfens

Energiewende nach Fukushima

Deutscher Sonderweg oder weltweites Vorbild?

Inhaltsverzeichnis

Vorwort

Millionen Menschen in Deutschland und Europa machen sich Sorgen um eine sichere, umweltfreundliche und preiswerte Energieversorgung. Fukushima hat alte Gewissheiten der Atomstromwirtschaft erschüttert und Vertrauen erheblich zerstört. Deutschland hat einen Ausstieg bis 2022 beschlossen und die ersten sieben Atommeiler abgeschaltet – ein Umbau der Energiewirtschaft ist eingeleitet, dieser will vernünftig organisiert sein und stellt eine komplexe Herausforderung für alle dar: Von den Akteuren in Politik und Wirtschaft bis zu den privaten Haushalten. Ist der deutsche Ausstieg aus der Kernenergie ein riskanter Sonderweg oder ein überzeugendes Vorbild für alle Länder, die nach Fukushima zu einer grundlegenden Neubewertung von Kosten und Risiken des Atomstroms gelangt sind? Auf Basis einer kritischen Bestandsaufnahme der Nuklearstrom-Diskussion und neuer Fakten zeigen wir, wie ein realistischer und international beispielhafter Aus- bzw. Umstieg aussehen kann. Die Europäische Kommission hat ihrerseits in 2011 ein Umstiegsszenario bis 2050 entwickelt (ohne forcierten allgemeinen Atomausstieg), wobei vor allem der angedachte Ausbau der Windenergie mit einem Anstieg des Anteils an der Stromerzeugung von 5% in 2010 auf fast 50% in 2050 bemerkenswert ist.

Deutschland befindet sich in einer historisch einmaligen Schlüsselrolle, um zu demonstrieren: ein geordneter Umstieg in ein klimaverträgliches Energiesystem ohne Atom erbringt ökonomische und gesellschaftliche Vorteile. Der angebliche deutsche Sonderweg kann zur Startrampe für den weltweiten ökologischen Umbau des Energiesystems werden. Die Katastrophe von Fukushima kann den paradigmatischen Wendepunkt für die Energiewirtschaft markieren und einen weltweiten Dominoeffekt auslösen. Der Übergang zu einer Energieeffizienz – und Solarenergiewirtschaft, ohne Uran und Öl, nimmt jetzt Konturen an. Dafür präsentiert dieses Buch gesellschaftspolitische und ökonomische Belege.

Die Einwände gegen eine Energiewende werden analysiert und als nicht stichhaltig widerlegt, die enorme Unterversicherung der Atomkraftwerke als Gauklertrick zur Verkaufsförderung des angeblich billigen Atomstroms wird enthüllt. Vorgeschlagen wird ein Atomausstieg in Verbindung mit einer engagierten Industriepolitik zur Förderung von Effizienztechniken und erneuerbaren Energien: Gemeinsame Leuchtturmprojekte mit EU-Partner- und Anrainerländern und staatlich geförderte Offenlegung von Schlüsselpatenten für modernste Energietechniken können eine Innovations- und Investitionswelle auf internationaler Ebene auslösen. Notwendig ist eine internationale Allianz für Energieeffizienz und erneuerbare Energien, in Kommunen, Staaten und internationalen Organisationen sowie Unternehmen und Forschungsinstituten, die beim Umstieg zusammenwirken. Quantifizierte Leitziele für erneuerbare Energien und Energieeffizienz, wie sie die EU für 2020 entwickelt hat, helfen dabei, Innovationen eine nachhaltigere Richtung und Investoren mehr Investitionssicherheit zu geben. Eine

Taskforce der Internationalen Energieagentur, der Weltbank und der Asian Development Bank (ADB) kann strategisch bedeutsame Technologieportfolios für Energieeffizienz und erneuerbare Energien für Entwicklungs- und Schwellenländer entwickeln und (vor) finanzieren, die ein „Leap frogging" Potential haben: Pfadabhängigkeiten durch überholte nukleare oder fossile Großtechniken können durch einen Entwicklungssprung zu modernsten risikoarmen und wirtschaftlichen Techniken vermieden werden. Das ist Entwicklungspartnerschaft auf gleicher Augenhöhe.

Um Irr- und Umwege abzukürzen, werden die unsichtbaren Zusatzkosten der Atomstromerzeugung ermittelt und die Attraktivität möglicher Umstiegsszenarien mit ökonomischen Argumenten untermauert. Zudem werden die Herausforderungen und Megarisiken einer europäischen Strategie „Weiter-mit-Kernenergie" den Chancen einer europaweiten Energiewende gegenübergestellt. Diejenigen, die auf die scheinbare Klimafreundlichkeit von Atomstrom verweisen, übersehen den weltweiten Struktureffekt künstlich billigen Atomstroms: Stromintensive Industriecluster breiten sich aus, damit steigt der Ausstoß an Kohlendioxid und der Klimawandel wird verstärkt statt abgebaut. Atomstrom ist in Wahrheit teuer und klimaschädlich, eine Laufzeitverlängerung verlängert das Problem und erschwert eine Lösung. Fukushima offenbart den größten Selbstbetrug in der modernen Wirtschaftsgeschichte der Industriestaaten. Platzt diese Illusion, dann kann aus der japanischen Katastrophe ein Befreiungsschlag werden.

Von dem Unglück im japanischen Atomkraftwerk Fukushima sind Menschen in aller Welt betroffen: Verbunden mit großer Anteilnahme für die Bevölkerung im Land der aufgehenden Sonne werden alte und neue Fragen zu den Kosten und Risiken der Atomstromproduktion dringlicher denn je gestellt. Erstmals versteht die Öffentlichkeit, dass die Atomstromwirtschaft in Deutschland und Europa über Jahrzehnte von großen „Schattensubventionen", einer riesigen Summe monetärer Begünstigungen, profitiert hat. Die Atomstrommeiler sind völlig unterversichert und das sogenannte Restrisiko bei einem schweren Störfall liegt zu 99% bei den Steuerzahlern bzw. beim Staat. Das ist eine unerträgliche Situation für einen wichtigen Sektor der ganzen Volkswirtschaft. Zugleich wird erstmals deutlich, dass die Kosten eines Super-GAUs in Deutschland oder Frankreich zu einer derartigen Explosion der Staatsschulden führen würde, dass der gerade erfundene Euro-Rettungsschirm als Kollateralschaden untergeht. Damit wird eine atomare Bedrohung der Zukunft Europas und des Euros erkennbar, die bisher hinter dem scheinbaren „Restrisiko" versteckt werden konnte. Dieselbe EU, die die Währungsintegration vorantreibt, hat seit Jahrzehnten die Expansion des Atomstroms in der EU gefördert – eine bedenkliche Form fehlgeleiteter Industriepolitik.

Nach dem Fukushima-Unglück stellt sich für Deutschland und Europa in historisch einmaliger Weise die Frage nach einer umfassenden und klug organisierten Energiewende weg von Uran und tendenziell auch von Öl. Die dramatischen Ereignisse des Nuklear-Unfalls in Fukushima im März 2011 haben der Welt ansatzweise vor Augen geführt, welche enormen Risiken in der Kernenergie stecken. Die Hoffnung, knapper werdende fossile Energieträger durch Atomenergie zu ersetzen, hat sich als fatale Sackgasse erwiesen. Auch viele Monate nach dem Erdbeben mit nachfolgendem Tsunami und der Reaktorkatastrophe in Fukushima sind zwar wichtige Details zur Havarie des Atomkraftwerkes noch unklar. Es steht aber außer Frage, dass ein katastrophaler Störfall vorliegt, der mehrere Atommeiler des Kraftwerkes und Abklingbecken mit ausrangierten Brennstäben betrifft. Der Kraftwerksbetreiber Tepco hatte offenbar das Geschehen in der Anlage erst nach vielen Wochen unter Kontrolle und es muss ggf. mit weiterem Austreten von Radioaktivität in der Region und einer radioaktiven Verseuchung des an die Anlage grenzenden Meeresgewässers gerechnet werden. Tausende Menschen mussten evakuiert werden, das Misstrauen der Bevölkerung gegen die Atommeiler ist in Japan seither groß. Im Herbst 2011 waren nur zehn der 54 Atommeiler Japans am Netz, der Widerstand auf kommunaler Ebene gegen ein Wiederanfahren der zu Prüfzwecken nach Fukushima herunter gefahrenen Atommeiler ist groß. In Japan herrscht eine Vertrauenslücke.

Das Kernkraftwerk in Fukushima ist nur einer von rund 440 Atomstromproduzenten auf dem Globus, auf dem sich die Menschen bei unveränderter Politik dramatischen Herausforderungen in der Energiepolitik gegenübersehen: Einem bis etwa 2050 anhaltenden Bevölkerungswachstum, einem hohem Wirtschaftswachstum in großen Schwellenländern – beides verbunden mit zunehmendem Energieverbrauch – und weiter notwendigen Stabilisierungsmaßnahmen auf internationalen Finanzmärkten; sie standen im Herbst 2008 auch vor einer „Kernschmelze", wie manche Beobachter die große Gefahr plakativ benannten, dass die Weltwirtschaft nach dem Konkurs der New Yorker Bank Lehman Brothers im Chaos versinken könnte.

Die Fukushima-Atomanlagen-Havarie hat gezeigt, dass einem durchorganisierten und hoch technisierten Land wie Japan durch einen Nuklearunfall in einem Atomkraftwerk erhebliche Produktionsausfälle, viele Krankheits- und Todesfälle und ganz massive Schäden an Gebäuden und regionaler Natur drohen. Es ist nur günstigen Winden und einigen besonderen Zufällen beim Ablauf der Reaktorunglücke – und dem enormen Einsatz von Feuerwehrleuten und Bedienmannschaften – zu danken, dass das Atomkraftwerk Fukushima nicht via parallele Kernschmelzen in mehreren Reaktoren schon nach einer Woche zu einer großflächigen Verseuchung Japans und einer Existenzbedrohung der Menschen im 35-Millionen Einwohner zählenden Großraum Tokio geführt hat.

Ursachen und Verlauf des Fukushima-Unglücks unterscheiden sich erheblich von der Havarie im Atomkraftwerk Tschernobyl in der ehemaligen Sowjetunion – schon weil sich der Reaktortyp in Tschernobyl als Grafitreaktor in technischer Hinsicht grundlegend vom Siedewasserreaktor in Fukushima unterscheidet. Aber es gibt natürlich auch Gemeinsamkeiten: Die Überraschung bei der Öffentlichkeit wie bei den Fachleuten, dass ein solcher schwerer Unfall in einem Atomkraftwerk schlicht dadurch geschehen kann, dass – aus welcher unglücklichen Verkettung von Ereignissen auch immer – der Strom für die Kühlsysteme über längere Zeit ausfällt; und die Frage stellt sich auch, wieso das Krisenmanagement in Japan so intransparent und ineffektiv gewesen ist. Problematisch ist auch die zeitweise Verschleierung wichtiger Fakten durch die Behörden, wobei dies Problem in Tschernobyl extrem ausgeprägt war.

Die Lernunfähigkeit der Atompolitik in westlichen Ländern ist bedenklich, wo man nach dem Unglück im Atomkraftwerk Tschernobyl verkündete, dass man die Risiken der Atomkraft sehr viel ernster nehmen wolle – 25 Jahre nach Tschernobyl war man in europäischen Ländern teilweise wieder auf einem Atom-Expansionspfad angelangt. Es ist nur paradox zu nennen, dass nun mit dem Fukushima-Unglück eine neue Havarie vorliegt, die von der **Internationalen Atomenergiekommission** als ähnlich schwer wie Tschernobyl eingestuft wird. Die Schweiz wollte eigentlich – vor Fukushima – ebenso neue Kraftwerke bauen wie Frankreich und Finnland. Polen, Italien und die Türkei erwägen den erstmaligen Bau von Atomkraftwerken, wobei sich in Italien nach Fukushima die Atomstromoption politisch erledigt hat. Im Fall der Türkei mutet das besonders bedenklich an, da die Türkei als ein stark durch Erdbeben gefährdetes Gebiet gilt. Ein Erdbeben der Stärke 9,0 auf der Richter-Skala war zusammen mit dem folgenden Tsunami schließlich der Auslöser des Fukushima-Atomunfalls.

Selbst wenn man die Behauptung der Erbauer der neuen Atommeiler in Finnland und Frankreich für bare Münze nimmt, dass die neuartige Bauweise der Kernkraftwerke auch eine Kernschmelze als extremes Unfallereignis zu beherrschen erlaubt, weil keine Radioaktivität aus einer Kernschmelze nach außen dringt (was auch bezweifelt werden kann), so ist doch aus ökonomischer Sicht zunächst festzustellen: Eigentlich müsste man weltweit vernünftigerweise alle Alt-Atomkraftwerke so bald wie möglich stilllegen. Denn keines der 440 Alt-Atomkraftwerke ist gegen eine Kernschmelze gesichert. Dennoch ist in kaum einem Land bisher mit der raschen Abschaltung bestehender Atomkraftwerke zu rechnen – auch wenn man in Deutschland im Rahmen des dreimonatigen Moratoriums, das unmittelbar auf die Katastrophe von Fukushima beschlossen wurde und die Atomgesetze vom Sommer 2011, immerhin schon einmal sieben alte Kraftwerke vom Netz genommen hat; und mit 2022 seitens der Politik ein festes Ausstiegsdatum vorgeben wurde. Die Schweiz hat mit 2034 ebenfalls ein Ausstiegsdatum festgelegt, wobei letzteres mit dem Ende der Laufzeiten für bestehende Atommeiler bestimmt wurde.

Selbst wenn man die Atomkraft mit Vorbehalten akzeptierte, so bleibt in Deutschland der Befund, dass die Standortwahl vieler Atomkraftwerke absurd gefährlich ist: Das AKW Krümmel könnte bei einer Kernschmelze das Ende Hamburgs bedeuten, ein schwerer Unfall in Neckarwestheim das Ende Stuttgarts (und der Produktionsstätten von Mercedes und Porsche). Die Standortwahl bei Atomkraftwerken erfolgte risikoblind, da die Atomkraftwerke vor den Reformen der rot-grünen Schröder-Regierung mit einer 1 Mrd. DM Haftpflicht versichert waren, was absurd gering gegenüber einem denkbaren Großschaden von etwa 500-600 Mrd. € ist; bei einem Super-GAU ist der Schaden etwa zehnfach so groß: also doppelt so hoch wie das jährliche Bruttoinlandsprodukt Deutschlands.

Während jede Fluggesellschaft für ihre Flugzeuge und jeder Autofahrer, jede Autofahrerin eine umfassende Haftpflichtversicherung abschließen muss – bis vor wenigen
Jahren war unbegrenzte Deckung bei Autos ein Standard –, können Atomkraftwerke
mit einer absurd niedrigen Haftpflichtversicherung „billigen" Atomstrom produzieren.
In dieser Hinsicht sind Atomkraftwerke wie Großbanken, die im Krisenfall auf Rettung
durch den Staat hoffen; Steuerzahlergelder als Quasi-Versicherung für das Restrisiko.
So kann aber eine Soziale Marktwirtschaft nicht sinnvoll ausgestaltet sein, bei der Verantwortung, Leistung und Haftung zusammengehören. Während etwa der Betreiber
eines Windkraftparks in der Nord- oder Ostsee jede einzelne Windmühle versichern
muss – sie könnte ja bei starkem Wind etwa auf ein zufällig vorbeifahrendes Schiff
umstürzen –, kann ausgerechnet die gefährlichste Form der Stromerzeugung sich fast
zum Nulltarif versichern. Es ist etwa so, also bräuchte man als Autofahrer nur ein paar
Räder des Autos in der Haftpflicht zu versichern: das käme doch jedem vernünftig
denkenden Menschen ziemlich abwegig vor.

Die vom Staat festgelegten Rahmenbedingungen der Atomstromproduktion sagen
etwas aus, wie die Gesellschaft bzw. die Politik mit Großrisiken umgeht. Vermutlich ist
der Umgang mit Risiken überhaupt eine Schwäche moderner Marktwirtschaften bzw.
industrialisierter Wirtschaftssysteme. Seit den 70er Jahren hat man in Finanzmärkten
Risiken in der Marktwirtschaft zunehmend handelbar gemacht, wobei sich dies vor
allem auf Ausfallrisiken bei Unternehmensanleihen bzw. Krediten bezog. Dieser Handel mit Kreditrisiken war nicht wirklich vernünftig organisiert, wie die Transatlantische
Bankenkrise gezeigt hat. Neuerdings gibt es kabarettreife Versuche bestimmter Anbieter im Flugverkehr, Risiken besonders zu bepreisen: Wer bei KLM – 100%-Tochter
von Air France – im Herbst 2011 ein Flugticket Amsterdam-Edingburgh im Internet
kaufte, wurde gefragt, ob er auch eine Art Ticketgarantie kaufen wolle: Die kostete bei
einem Flugpreis von 100 € immerhin 6 € und sichert dem Kunden zu, dass sein Ticket
auch gültig bleibt, wenn denn KLM in Konkurs gehen sollte; man kann dann also mit
einer anderen Airline zum gewünschten Zielpunkt und zurück fliegen. Hier wird ein
völlig triviales Risiko mit einem Extra-Preisschild versehen, nur über den Preis der
Risiken der Kernenergie hat man seit Jahrzehnten den Mantel des Schweigens gehüllt.

Die Atomwirtschaft ist in Großkonzernen organisiert, die tendenziell technologisch
leistungsfähig und in vielen Energiedienstleistungsmärkten aktiv sind: national und
international. Aber Energiekonzerne, die Strom produzieren, transportieren und regional bzw. lokal verteilen, haben auch große Marktmacht; und Atomstromproduzenten
haben sich häufig in einem großen Energiekonzern als profitable Teilaktivität entwickelt. Aber diese Teilaktivität bringt ein hohes Anlagenrisiko beim Gesamtkonzern.
Den Anlegern werden Aktien von Energiekonzernen als relativ risikolose Aktien mit
guter und stabiler Dividendenrendite verkauft. Aber schon ein mittlerer Unfall in einem
Atomkraftwerk wie Fukushima kann den Wert der Aktien eines Atomstromkonzerns
auf 1/3 oder gar weniger abstürzen lassen. Insofern sind Aktien von Stromkonzernen
mit Atomstromanteil eher nur für risikobereite Anleger zu empfehlen – und alles ande-

re, so scheint es nach Fukushima, ist eine Fehlberatung. Die Havarie vom 11. März 2011 hat gezeigt, dass auch in einem führenden Industrieland ein Unfall bzw. ein Erdbeben- und Überschwemmungsschock keineswegs leicht zu beherrschen ist. Über Wochen zeigte sich den TV-Zuschauern und Internetbetrachtern eine schauerliche und teilweise unglaubliche Kette von Unglücken in dem außer Kontrolle geratenen Meilerkomplex von Fukushima. Dächer flogen in die Luft, radioaktiver Rauch und eine radioaktive Brühe verseuchten das Meer; Caesium, das eine Halbwertzeit von 30 Jahren hat, reichert sich im Plankton und in Fischen bzw. der maritimen Nahrungskette an. Die Meeresströmung transportiert die großen Mengen an radioaktiv verseuchtem Kühl- und Löschwasser bis hin nach Alaska und eines Tages wieder zurück nach Japan.

Die Merkel-Regierung hat die Laufzeiten-Verlängerung aus 2010 mit dem Argument durchgesetzt, die Atomkraft sei eine notwendige Brücke in eine neue Zeit mit erneuerbaren Energien. Dahinter stand die Behauptung, dass die Nutzung von Atomkraft in führenden Industrieländern eine sichere und relativ preiswerte Technologie darstelle. Nicht erst mit dem Fukushima-Unfall sind hier Fragezeichen entstanden. Mit diesem „Brückenargument" werden wir uns weiter unten genauer auseinandersetzen. Politisch stand auch im Hintergrund die Überlegung, dass die Einnahmen aus einer Brennelementesteuer und Sonderabgaben der Atomstrombetreiber als notwendige finanzielle Manövriermasse für mittelfristig gewünschte Einkommenssteuersenkungen gedacht waren.

Es gibt Länder ohne Kernkraft – wie etwa Österreich oder Dänemark –, die einen hohen Lebensstandard auch ohne Atomstrom haben. Braucht Deutschland wirklich eine Brückenzeit von fast zwei Dekaden in eine Zukunft mit vorwiegend erneuerbaren Energien? Eine Vielzahl von Szenarien zeigt, dass es weit schneller möglich ist, obwohl man in Deutschland viele Jahre zu spät auf den Ausbau erneuerbarer Energie gesetzt und die Effizienzpotentiale zu wenig ausgeschöpft hat. Es ist im Übrigen nicht von der Hand zu weisen, dass alle Energieträger ihre Risiken haben; bei Gas und Öl sind diese eher im Bereich der Versorgungssicherheit und massiver Tanker- und Förderkatastrophen zu sehen, bei der Atomenergie sind diese besonders hohen Risiken technologieinhärent. Wenn man die Energiewende schaffen will, dann ist ein umfassender Ausbau erneuerbarer Energien notwendig. Die Europäische Kommission geht davon aus, dass der Anteil etwa von Wind an der EU-Stromerzeugung von 5% in 2010 auf 49% in 2050 ansteigen wird. Da Wind- oder auch Solarenergie nur zeitweise verfügbar sind, muss dann eine entsprechend flexible Kraftwerksstruktur insgesamt entwickelt werden – etwa mit einem Mehr an Gaskraftwerken, die sich bei Bedarf rasch anfahren lassen. Ob man einen Kapazitätsmarkt braucht, in dem die reine potenzielle Verfügbarkeit von Kraftwerken zu bezahlen ist und ob in Zeiten mit starkem Wind und hoher Sonneneinstrahlung die Einspeisung von Wind- bzw. Sonnenenergie zu begrenzen ist, bleibt in jedem Fall zu prüfen; schon in 2011 kam es zeitweise zu einem Überschussangebot an Strom in Deutschland, der zum Stromexport zu Negativpreisen führte (die Anbieter vermeiden so die Kosten des Wiederanfahrens von Kraftwerken). Auch beim Ausbau der Stromnetze stellen sich neue Herausforderungen.

Die vorliegende Analyse bietet eine kompakte Reflexion zur Atom- und Energiedebatte: gestützt auf neuen Berechnungen und Szenarien zur Energiewirtschaft in Deutschland und weltweit. Die Nachhaltigkeitsdebatte hat mit dem Fukushima-Unglück eine neue scharfe Facette erhalten. Natürlich stellt sich die Frage nach einer umfassenden Neuausrichtung der Energiepolitik, nicht nur in Deutschland, sondern auch in vielen anderen europäischen Ländern. Die Autoren haben es für wichtig erachtet, relevante Fakten zusammenzustellen, Pro- und Contra-Argumente darzulegen und letztlich eine Schlussfolgerung zu zielen: Unter dem Strich ergibt sich eine negative Bilanz für die Atomkraft und der Vorwurf an Teile der Wirtschaft und der Politik, über Jahrzehnte die Risiken der Atomstromerzeugung systematisch unterschätzt zu haben. Vermutlich beflügelte die Beschlussfassung der Regierung Merkel-Westerwelle auch die schöne Aussicht, als politischen Einnahmebonus für eine 10-Jahresverlängerung der Laufzeiten der deutschen Atommeiler fast 30 Mrd. € zusätzliche Steuereinnahmen zu erzielen bzw. knapp die Hälfte der erwarteten Zusatzgewinne von 57 Mrd. € einzufahren. Man sieht hier exemplarisch, dass es in der Energiewirtschaft bzw. beim Atomstrom oft um enorme Beträge geht – dass dies gewaltige Lobby-Interessen auf den Plan ruft und dass diese Interessen massiv auf die Politik in Bund und Ländern einwirken, ist sicherlich nicht überraschend.

Bei der AKW-Debatte geht es teilweise um eine alte Diskussion, die durch das Fukushima-Unglück neu angestoßen wurde. Die Debatte hat aber eine andere Breite als früher, denn in einem ist Fukushima als Unglück ein neues Phänomen: Es ist das erste schwere Unglück in einem Atomkraftwerk, bei dem große Teile der Bevölkerung dank Internet (hier und in Japan) sehr viele Facetten der Havarie anschaulich und unzensiert, oft quasi live, verfolgen können. Erst jetzt verstehen Millionen von Menschen, dass auch eine automatische Schnellabschaltung eines Reaktors keineswegs bedeutet, dass ein Atomreaktor wirklich ausgeschaltet ist. Vielmehr produzieren die Brennelemente noch wochenlang große Restwärme auf Basis der anhaltenden chemisch-physikalischen Reaktionen im Reaktor und wenn diese Restwärme nicht zuverlässig durch Kühlwasser abgeleitet wird, dann kocht der betreffende Atommeiler hoch: Es kommt zu einer Knallgasexplosion, die das Reaktorgebäude in die Luft fliegen lässt – wie man es bei Fukushima mehrfach sehen konnte – und radioaktiver Dampf tritt aus. Die Umwelt, Luft, Boden und Grundwasser bzw. das Meer wurden in Fukushima radioaktiv verseucht. Von dieser Verseuchung gehen neue Gefahren und Schrecken für die Bevölkerung aus und schon fragen sich Millionen Japaner und viele Menschen auf der ganzen Welt, ob man sich nun einen Geigerzähler für die Küche kaufen soll, um der Gefahr verseuchter Lebensmittel zu entrinnen; tatsächlich nützt ein im Internet erwerbbarer preiswerter Geiger-Zähler wenig, man müsste sich schon eher einen teuren Gamma-Zähler zulegen.

Eine schwere Havarie in einem Atomkraftwerk zerstört nicht nur Gebäude und schädigt die Umwelt massiv und führt zu mehr Krebstoten sowie zu Schäden an Flora und Fauna auf Jahrzehnte. Es kommt auch zu einer millionenfachen Verunsicherung der Menschen, das knappe Vertrauenskapital in der Gesellschaft wird zerstört. Bei Dutzenden oder gar Hunderten Lebensmittelarten muss man sich vor Strahlenschäden fürchten, die Menschen mit ihren Sinnesorganen nicht erkennen können. Reeder waren sich im Frühjahr 2011 nicht mehr sicher, ob sie mit ihren riesigen Container-Schiffen die Häfen in Tokio ohne Risiko für Mannschaften und Schiffe anlaufen konnten – wie soll der weltweite Warenaustausch, der für reibungslose Globalisierung bzw. die Nutzung der internationalen Arbeitsteilung wichtig ist, noch funktionieren? Die Bundesregierung in Berlin gab eine Reisewarnung für Japan heraus, das aber heißt, dass z.B. Lufthansa-Piloten das Anfliegen japanischer Flughäfen ablehnen können. Was für ein grotesker Preis wird hier von der Weltgesellschaft für die Fukushima-Havarie gezahlt? Billiger Atomstrom wird versprochen, weltweite Verunsicherung und eine gigantische Schadensrechnung aber werden aus Fukushima geliefert.

Atomstrom als preiswerte und sichere Energiequelle – so wurde von Hunderten Managern und Werbeseiten der Atomstromkonzerne versprochen; und nun, nach der Beinahe-Kernschmelze im AKW Three Miles Island in den USA in 1979 und der Tschernobyl-Havarie in der ehemaligen Sowjetunion von 1986, also· die Life-Explosionen am größten japanischen Atomkraftwerk im März 2011. Statt billigem Atomstrom ergibt sich aus dem Fukushima-Atomunfall nun eine Rechnung von wohl über 100 Mrd. € für die Gesellschaft: Das entspricht 4% des deutschen Bruttoinlandsproduktes. Wie konnte eigentlich ein so grotesker Selbstbetrug wie bei der Atomkraft in westlichen und asiatischen Gesellschaftssystemen und in Nordamerika und anderen Regionen entstehen? Was sagt das über die Fähigkeit von Menschen bzw. politischen Systemen, mit Großrisiken vernünftig umzugehen? Wie kann eine sinnvolle und effiziente Energiewende hin zu erneuerbaren Energien und weg von der Atomstromerzeugung in Deutschland bzw. EU-Ländern gelingen? Wie sieht Nachhaltigkeit in der Energiewirtschaft aus?

Das vorliegende Buch ist ein Stück Aufklärung zu Fukushima und zur Atomindustrie. Es ist aber auch ein Stück Hoffnung mit seinem Focus auf Einsparmöglichkeiten beim Energieverbrauch, auf energetische Innovationsmöglichkeiten und beim Bereich erneuerbare Energien. Manche der Gefahren des Atomstroms hat man vielleicht in den Anfängen des Atomzeitalters nicht richtig einschätzen können, aber die Naiv-Zeit bei der Kernenergie sollte vorbei sein. Die vorliegende Analyse beleuchtet aus energiepolitischer wie ökonomischer Sicht ein drängendes Thema, das von strategischer Bedeutung für Deutschland, Europa und die Welt ist. Nachhaltige Entwicklung in Verbindung mit wirklich sicherer Energieerzeugung ist durchaus möglich – sicher bezieht sich nicht so sehr, wie in den traditionellen Debatten, auf die Lieferländer von Primärenergieressourcen wie Gas, Kohle und Öl, sondern es geht zunächst einmal um möglichst unfallfreie Erzeugung von Sekundär- und Nutzenergie. Es geht eben um eine doppelte

Energiesicherheit, die zudem bezahlbar und ökologisch vertretbar sein sollte. Der Schock von Fukushima wird hierbei hoffentlich bei den Akteuren der Wirtschaftspolitik wie in der Gesellschaft bzw. bei den Interessengruppen eine neue Offenheit erzeugen, sich auf eine kritische Bestandsaufnahme der Atomindustrie einzulassen und energisch über alternative, sichere Wege der künftigen Energieversorgung nachzudenken.

Im Übrigen ist es wichtig festzustellen, dass eben jeder einzelne selbst einen wichtigen Beitrag leisten kann – durch Energiesparen, durch bewusstes Auswählen „sortenreinen" grünen Stroms beim Stromlieferanten und durch das Weitertragen kritischer Argumente in der Debatte über die Energie- bzw. Atomstrompolitik. Ein Ausstieg aus der Atomstromwirtschaft ist nicht zum Nulltarif zu haben, zugleich aber kann man optimistisch sein, dass ein durchdachter Ausbau erneuerbarer Energien und der Aufbau eines neuen intelligenten Stromnetzes, bei dem softwaremäßig viele Haushaltsgeräte und auch industrielle Produktionsprozesse lastabhängig gesteuert werden können, einen reibungslosen Übergang zu einer Wirtschaft ohne Atomstrom ermöglicht. Strom wird teurer werden, aber man wird ruhiger arbeiten und schlafen können in einem Wirtschaftssystem ohne Atomstrom. Der Rückbau kerntechnischer Anlagen wird noch Jahrzehnte dauern und birgt dabei, wie die Endlagerung des Atommülls, insgesamt noch schwierige Herausforderungen. Aber eine kluge Atomwende Deutschlands und weiterer EU-Länder ist überfällig, gesellschaftspolitisch wünschenswert und technisch zweifelsfrei möglich.

Eine korrekte Haftpflichtversicherungsvorgabe für Atomkraftwerke hieße, dass Windkraft billiger als Atomstrom ist und dass man die faktischen Subventionen für die erneuerbaren Energien stark kürzen könnte – eine Energiewende mit ökologisch und ökonomischer Dividende, inklusive Steuersenkungen, ist möglich. Ob die Brennelementesteuer Deutschlands vor Gericht die Einwendungen der Atommeilerbetreiber übersteht, ist unklar. Sicher ist indes, dass eine viel höhere Haftpflichtversicherungsprämie als bisher angemessen wäre.

Ein Super-GAU in Deutschland oder Frankreich bedeutete eine massive Destabilisierung der öffentlichen Finanzen, den Zusammenbruch des Euro-Rettungsschirms und eine ökonomische EU-Destabilisierung. Wie Deutschland bzw. Europa aus der aktuellen Energiesackgasse herauskommen können und wie die Wende zu einem zukunftsfähigen Strommix auf Basis erneuerbarer Energien aussehen könnte, wird facettenreich diskutiert.

Die Töpfer-Kommission hat die Weichen für den Atomausstieg in Deutschland gestellt: Mit dem Ausstiegsdatum 2022 hat die Bundesregierung zusammen mit Teilen der Opposition ein festes Ausstiegsdatum gesetzt. Dieses steht für eine historische Herausforderung. Dabei wird Deutschland von anderen Ländern bzw. der internationalen Öffentlichkeit kritisch beobachtet werden. Wird ein Ausstieg gelingen, ohne dass es zu Stromausfällen kommt? Kann der Atomausstieg zu einer „grünen Innovationswelle" führen. Für die Nachhaltigkeitsdebatte wirft Fukushima schwierige neue Fragen auf – und erst recht für den Klimaschutz. Rasche Fortschritte beim Klimaschutz kann es allerdings auch ohne den angeblich billigen Atomstrom geben. Es wird für Deutschland und andere Länder nicht einfach sein, aus der Atomstromproduktion auszusteigen und zugleich beschleunigt das Zeitalter der regenerativen Energien voranzubringen. Allerdings liegt hier auch eine exzellente Möglichkeit für mehr grüne Innovationsdynamik und es ergeben sich weltweite neue Expansionsmöglichkeiten bei Energieeffizienz-Projekten. Neben den Herausforderungen für die Wirtschaft gibt es viele wichtige Möglichkeiten für jede Bürgerin, für jeden Bürger, durch eigenes Handeln und Entscheiden den Weg zu einer atomstromfreien Nachhaltigkeit voranzubringen. Für die internationale Politikkooperation stellen sich ebenfalls neue Aufgaben.

Die Energiepolitik in Deutschland bringt nicht nur für die großen Stromkonzerne eine wichtige Herausforderung, wobei diese nach dem Ausstiegsbeschluss der Bundesregierung – mit Datum 2022 – erst einmal große Abschreibungen bzw. Verluste hinnehmen müssen. Einige der großen Stromkonzerne sind allerdings auch schon dabei, sich beim Ausbau der Wind- und Solarenergie im In- und Ausland zu engagieren. Für alle Stadtwerke gibt es große und neue Herausforderungen, wobei der Ausbau der Erneuerbaren Energien in vielen Bundesländern auch dank der Beseitigung administrativer Hemmnisse auf der Ebene der Länder beschleunigt vorangehen wird. In Deutschland dürfte es – nach dem Wahlsieg der ersten grün-roten Koalition in Baden-Württemberg – auch zu einem stärkeren Wettbewerb unter den führenden Bundesländern kommen, wer denn in Sachen Erneuerbare Energien die größten Fortschritte auf mittlere Sicht macht. Die zunehmende Macht grüner Parteien bzw. von Parteien mit starkem Umweltprofil im Programm wird auch auf kommunaler Ebene dafür sorgen, dass die Stadtwerke den Übergang zu Erneuerbaren Energien beschleunigt vollziehen.

Auch innerhalb der Wirtschaft gibt es sicherlich Akteure, die vom geplanten Ausbau der Erneuerbaren Energien in den westlichen Industrieländern und Japan sowie China (und anderen Ländern) bevorzugt profitieren wollen. So sind etwa Teilbereiche des Maschinenbaus, bei dem es um die Errichtung von Windparkanlagen und Solarparks geht, am Ausbau der Erneuerbaren Energien interessiert. Der Ausbau eines neuen grünen Mittelstands dürfte den Umbau der Wirtschaft bzw. die Energiewende begleiten. Auch die Akteure der Informations- und Kommunikationstechnologie sind wiederum innerhalb der Industrie stark daran interessiert, umweltfreundliche Technologien voranzutreiben; hierfür sprechen Kosten- und Imagegründe. In einer zunehmend über Soziale Netzwerke verbundenen Gesellschaft, die ja Spiegelbilder der digitalen wirtschaftlichen Expansion via Internet und Mobilfunktechnologien sind, haben die Innovationsführer eben auch im Bereich der grünen Technologien besondere Vorteile. Natürlich ist der Ausbau der Wind- und Solarenergie auch ein besonders wichtiges Thema in einigen Entwicklungsländern, wobei hier Anbieter aus Europa, den USA und China miteinander in Konkurrenz treten werden. Zu den Ländern, die Wind- und Sonnenenergie massiv – neben Kohle- und Atomstrom – ausbauen, gehört China. Anbieter aus China gehören zu den großen Produzenten von Wind- und Solarenergieanlagen, wobei chinesische Firmen schon im heimischen Markt Massenproduktionsvorteile in diesen Feldern gezielt nutzen.

Der Aufbau von Solaranlagen ist technologisch einfacher als Aufbau und Betrieb großer Windkraftanlagen auf See oder an Land. Von daher haben die westlichen Länder bzw. die dort beheimateten Unternehmen hier größere Wettbewerbsvorteile gegenüber asiatischen Konkurrenten als etwa bei Solaranlagen. Deutsche Unternehmen sind jedenfalls im Bereich der Erneuerbaren Energien in wichtigen Feldern international sehr wettbewerbsfähig. Dass dabei im Nachbarland Frankreich der Staat einstweilen noch stark auf den Atomstrom setzt, mag man als sonderbar ansehen. Allerdings ist der hohe Anteil des französischen Atomstroms an der Stromerzeugung im Lande eben auch einer staatlichen Industriepolitik pro Atomstrom zuzuschreiben; wie die Stromerzeugungsstruktur ohne staatliche langjährige Eingriffe in den Wettbewerbsprozess bzw. bei vernünftigen Versicherungsprämien für Atomstrombetreiber aussähe, ist eine offene Frage. Dass es gerade im Verhältnis Deutschland Frankreich zu lebhaften politischen Debatten kommen wird, ist absehbar. Es ist aber auch absehbar, dass der 2011 beschlossene Atomausstieg etwa in der Schweiz für zusätzlichen Anpassungsdruck in Frankreich sorgen wird. Frankreichs Nuklearindustrie wiederum möchte in Polen ein erstes Atomkraftwerk im Auftrag der polnischen Regierung bauen, so dass Deutschland hier mit einem osteuropäischen Nachbarland in Konflikte über die Energiepolitik geraten könnte. Es bleibt abzuwarten, wie sich gerade in Japan nach dem Fukushima-Unglück die politische Neuorientierung in Sachen Atomkraft entwickeln wird – das Vertrauen in der Bevölkerung ist jedenfalls nach Fukushima erschüttert. Die alte Atom-Naivität wird sich nicht wiederherstellen lassen.

Die Bundesregierung selbst vermittelt den Eindruck, dass die Atomwende keine leichte Aufgabe ist. Schließlich hat die Regierung eine Monitoring-Kommission eingesetzt, die im dreijährigen Rhythmus Berichte zum Fortschritt bei der Energiewende vorlegen soll. Vorgeschlagen wird in der folgenden Analyse ein Atomausstieg in Verbindung mit einer zeitweisen Industriepolitik zur Förderung von Effizienztechniken und Erneuerbaren Energien: Gemeinsame Leuchtturmprojekte mit EU-Partner- und Anrainerländern und staatlich geförderte Offenlegung von Schlüsselpatenten für modernste Energietechniken können eine internationale Innovations- und Investitionswelle auf internationaler Ebene auslösen. Notwendig ist eine Internationale Allianz für Energieeffizienz und Erneuerbare Energien, in Kommunen, Staaten und Internationalen Organisationen sowie Unternehmen und Forschungsinstituten, die beim Umstieg zusammenwirken. Quantifizierte Leitziele für Erneuerbare Energien und Energieeffizienz, wie sie die EU für 2020 entwickelt hat, helfen dabei, Innovationen eine nachhaltigere Richtung und Investoren mehr Investitionssicherheit zu geben. Netzausbau und neue Formen der Energiespeicherung sind notwendig für die Energiewende und jedermann kann sich in einem stärker dezentralen Energiesystem engagieren. Um Irr- und Umwege abzukürzen, werden die unsichtbaren Zusatzkosten der Atomstromerzeugung ermittelt und die Attraktivität möglicher Umstiegsszenarien mit ökonomischen Argumenten untermauert. Zudem werden die Herausforderungen und Megarisiken einer europäischen Strategie, Weiter-mit-Kernenergie, den Chancen einer europaweiten Energiewende gegenübergestellt. Diejenigen, die auf die scheinbare Klimafreundlichkeit von Atomstrom verweisen, übersehen den weltweiten Struktureffekt künstlich billigen Atomstroms: Stromintensive Industriecluster breiten sich aus, damit steigt der Ausstoß an Kohlendioxid und der Klimawandel wird verstärkt statt abgebaut. Atomstrom ist in Wahrheit teuer und klimaschädlich, eine Laufzeitverlängerung verlängert das Problem und erschwert eine Lösung.

Für Unterstützung beim Entstehen des vorliegenden Buches danken wir herzlich Evgeniya Yushkova, Christian Schröder und Deniz Erdem (EIIW) sowie Tobias Schleicher und Dorothea Hauptstock (Wuppertal Institut). Für kritische Kommentare bei einem nicht immer einfachen Projekt möchten wir auch Maria Welfens – für Ermutigung und Kritik – danken. Herrn Klaus Wiegandt vom Forum für Verantwortung danken wir sehr herzlich für seine Ermutigung bei unserem Projekt, das einen sachlichen, kritischen Beitrag zur notwendigen Aufklärung in einer wichtigen – oft emotional verzerrten – Debatte darstellt. Herzlicher Dank gebührt der Vereinigung der Freunde des Wuppertal Instituts für Klima, Umwelt, Energie, die die Drucklegung dieses Buches unterstützt hat.

Januar 2012

Peter Hennicke, *ehemaliger Präsident des Wuppertal Instituts und emeritierter Professor der Bergischen Universität Wuppertal, und*

Paul J. J. Welfens, *Präsident des Europäischen Instituts für internationale Wirtschaftsbeziehungen (EIIW) an der Bergischen Universität Wuppertal; Non-resident Senior Research Fellow am AICGS/The Johns Hopkins University.*

Zusammenfassung

Ist der deutsche Ausstieg aus der Kernenergie ein riskanter Sonderweg oder ein überzeugendes Vorbild für alle Länder, die nach Fukushima zu einer Neubewertung von
Kosten und Risiken des Atomstroms gelangt sind? Auf Basis einer kritischen Bestandsaufnahme der Nuklearstrom-Diskussion zeigen die Autoren, wie ein vernünftiger
Aus- bzw. Umstieg aussehen kann. Deutschland befindet sich in einer historisch einmaligen Schlüsselrolle, um zu demonstrieren: ein geordneter Umstieg in ein klimaverträgliches Energiesystem ohne Atom erbringt ökonomische und gesellschaftliche Vorteile –
wenn denn die richtigen Maßnahmen energisch umgesetzt werden. Der angebliche
deutsche Sonderweg kann zur Startrampe für den weltweiten ökologischen Umbau des
Energiesystems werden. Die Katastrophe von Fukushima kann den Wendepunkt für die
Energiewirtschaft markieren und einen weltweiten Dominoeffekt in Richtung
Ökologisierung und Demokratisierung der Energiewirtschaft auslösen. Der Weg aus
der Atomstromkrise und der Umstieg in eine Effizienz- und Solarenergiewirtschaft
bzw. hin zu Erneuerbaren Energien werden hier fundiert mit neuen Fakten und Analysen ausgeleuchtet. Zentrale wirtschaftliche Fragen z.B. nach der Höhe des Strompreisanstiegs und der Kosten bzw. des Nutzens der Energiewende werden beantwortet. Die
weltweite enorme Unterversicherung der Atomkraftwerke wird als preiswerter Gauklertrick zur Verkaufsförderung des angeblich billigen Atomstroms entlarvt. Ohne
künstliche Verbilligung beim Atomstrom bedarf es auch keiner umfangreichen Subventionierung der erneuerbaren Energien. Fukushima offenbart den größten Selbstbetrug
der Wirtschaftsgeschichte. Das weltwirtschaftliche Systemrisiko des Atomstromkreis-
laufs („too risky to fail") ist mit dem des Finanzsektors durchaus vergleichbar. Der
globale Aus- und Umstieg ist daher insbesondere auch ein Gebot ökonomischer Rationalität.

1. Sonderweg Deutschlands oder international koordinierter Umbau?

Nach dem Fukushima-Unglück hat in Europa und weltweit eine Debatte über die Zukunft der Kernenergie und die Möglichkeiten eines Umbaus der Stromwirtschaft begonnen. Da überall und für alle Produktionsbereiche Strom genutzt wird, ist ein kontrollierter Umbau des Stromsektors bzw. der ganzen Energiewirtschaft eine kritische Herausforderung für Politik, Wirtschaft und Gesellschaft. In den energieintensiven Sektoren der Wirtschaft fragt man auf Seiten des Managements wie der Arbeitnehmer, wie stark die Strompreise denn ansteigen werden und wie viel Produktion bzw. Jobs das am Ende kosten wird. Natürlich kann man auch die Gegenfrage stellen, nämlich welche Sektoren denn von der Energiewende und dem Ausbau erneuerbarer Energien gewinnen werden. Vermutlich wird es im Zuge der Energiewende zu neuen Stromversorgungs- bzw. Speicherstrukturen kommen, wobei Smart Grids – Intelligente Stromnetze mit starkem Einsatz von moderner Software – eine wichtige Rolle spielen werden. Mancher in der Industrie hätte gerne weiter den „preiswerten" Atomstrom genutzt, aber in weiten Teilen der Industrie hat sich in Deutschland die Einsicht durchgesetzt, dass die Energiewende machbar ist: Schließlich hat die Großindustrie schon beim ersten Atomausstieg, der von der rot-grünen Regierung unter Kanzler Schröder beschlossen worden war, schon viele Anpassungsschritte durchgerechnet. So gesehen kommt der Atomausstieg in Deutschland in 2022, diesmal von einer konservativ-liberalen Regierung unter dem Eindruck des Fukushima-Unglücks beschlossen, manchen Firmen nicht völlig ungelegen.

In Deutschland gibt es einstweilen also einen neuen politischen Konsens über den Atomausstieg, wobei wichtige Details noch festzulegen sind; zudem müssen die Auswirkungen auf private Haushalte, Unternehmen – Stichwort: Höhe des Strompreisanstiegs – und den Staat noch untersucht bzw. thematisiert werden. Ebenso wichtig ist allerdings die Frage, inwieweit Deutschlands Entscheidungen zur Energiewende Vorbildcharakter für andere Länder haben bzw. inwieweit sich internationale Allianzen beim Ausstieg aus der Atomwirtschaft bilden. Die Debatte um den Atomausstieg ist nicht einfach eine Frage nach Kosten und Risiken der Kernenergie, sie wirft grundlegende Fragen zur Wirtschaftsordnung auf und beleuchtet auch Aspekte der Nachhaltigkeitsdebatte neu. Bei den erstgenannten Fragen geht es darum, wie Wirtschaft und Gesellschaft eigentlich mit Risiken umgehen, wer Projekte mit besonderen Risiken finanziert und wie im Verlauf von vier Dekaden Atomstromwirtschaft die Illusion vom angeblich doch so billigen Atomstrom aufkommen konnte – eine groteske Fehlwahrnehmung. Es geht auch um die Frage, was denn Nachhaltigkeit im Sinn eines Lebensstils bedeuten soll, bei dem nachfolgende Generationen die Chance haben sollen, einen zumindest ähnlich hohen Lebensstandard zu haben wie die jetzige Generation. Allerdings muss man eigentlich hinzusetzen, dass der jetzige Lebensstandard nicht mit einer Verschiebung großer Risiken auf nachfolgende Generationen erkauft werden darf: Hier ist die unbeantwortete Frage des Atommülls einzuordnen bzw. die Frage, ob man ernsthaft nachfolgenden Generationen Hunderte Atomkraftwerke auf der Welt strahlend hinterlassen will.

In einigen Bundesländern ist der Staat teilweise Miteigentümer an Stromkonzernen und damit kann die Politik nicht nur über das Setzen von Rahmenbedingungen für die Energiewirtschaft die Energiewende gestalten, sondern auch auf einer unternehmerischen Ebene den Atomausstieg bzw. die Klimapolitik voranbringen. Dabei wird man auch die Wirkungen bei Steueraufkommen und Beschäftigung im Blick haben. Die Bundesregierung wird mit Blick auf die gewünschte Energiewende bzw. den massiven Ausbau erneuerbarer Energien zudem schon von Amts wegen auch ein Interesse daran haben, wie die Entwicklung in EU-Partnerländern bzw. bei der EU-Energiepolitik sein wird. Mit Kommissar Oettinger ist die wichtige Generaldirektion Energie mit dem ehemaligen Ministerpräsidenten von Baden-Württemberg besetzt, der sich nach dem Fukushima-Unfall u.a. für einen einheitlichen Stresstest bei den Kernkraftwerken eingesetzt hat. Wird Deutschland mit seiner Art des Atomausstiegs ein Vorbild setzen, dass anderen Ländern den Weg zu einer sicheren besseren Energiezukunft weist oder wird sich die Bundesrepublik in eine isolierte Position bei der Energiewende begeben? Welche Auswirkungen hätte das eine wie das andere auf Deutschlands Wirtschaftsentwicklung selbst?

Es gibt Länder, in denen die Debatte nach dem Fukushima-Unfall sich – bei starkem politischen Rückhalt für die Atomstromwirtschaft – vor allem auf die Frage richtet, wie man bestehende Atomkraftwerke sicherheitstechnisch angemessen nachrüsten kann; Frankreich und Finnland in der EU und die USA und China gehören zu diesen Ländern. Deutschland hingegen gehört zu einer anderen Gruppe von Ländern, wo die Menschen vor allem über die Notwendigkeit eines Ausstiegs aus der Kernenergie und die Kosten einer Energiewende lange Jahre kontrovers diskutiert haben. Kritische Kommentare zur Klimaschutzpolitik bzw. zur Energiewende in Deutschland kommen u.a. vom RWI (FRONDEL/RITTER/SCHMIDT, 2011), das hohe Preiserhöhungen bei Strom prognostiziert; betont wird, dass seit der Strommarkt-Liberalisierung von 1998 in Deutschland die Strompreise für Haushalte – hier wird die Gruppe mit einem Jahresverbrauch von 3500 kWh betrachtet – um 146% gestiegen sind, und zwar wegen gesetzlich festgelegter Umlagen und Abgaben; der staatlich bedingte Anteil des Strompreises lag 1998 bei 25%, 2011 aber bei 46% – auf die Mehrwertsteuer entfielen 16%, auf die Konzessionsabgabe 7,2% (hier wird quasi die Flächennutzung durch Stromleitungen vergütet), auf das Kraft-Wärme-Kopplungsgesetz 0,1%, auf das Erneuerbare-Energien-Gesetz 14,2%, auf die Stromsteuer (Ökosteuer) 8,2%. Diese Sichtweise ist allerdings sehr einseitig, denn der ganze Block Erneuerbare-Energien-Gesetz – also die Kosten von garantierten Einspeisevergütungen für Produzenten erneuerbarer Energien – fiele natürlich weg, wenn denn Atomstromproduzenten einen angemessen hohen

Versicherungssatz zu bezahlen hätten. Aus ökonomischer Sicht ist die Verzerrung des Erneuerbare-Energien-Gesetzes bzw. der jeweiligen Einspeisevergütung eine Art notwendiger Gegenmaßnahme in einer Wirtschaftsordnung, die keine hinreichende Versicherung von Atomstrombetreibern verlangt.

Energiewende heißt, dass erneuerbare Energien künftig die Hauptträger der Stromerzeugung sein sollen, was insbesondere Herausforderungen für den Ausbau der Stromnetze und Investitionen in neue Kraftwerke, dezentrale Energieinfrastrukturen und Energiespeicher bedeutet. In welcher Geschwindigkeit soll man aus der Atomstromerzeugung aussteigen und welche Effekte hat das auf Einkommen, Beschäftigung, Außenhandel und Wirtschaftswachstum? Diese Debatte findet vor allem in Deutschland, der Schweiz, den Niederlanden und Schweden statt; in diesen Kreis von Atomstrom-Ländern mit einer breiten Mehrheit gegen Atomkraftwerke gehört allerdings auch Österreich als ein Land, wo sich die Bevölkerung in einer Volksabstimmung schon 1978 gegen die Nutzung der Kernenergie entschieden hat; zudem auch Italien als von Atomkraftwerken freies Land.

Die Expansion von Wind- und Solarenergie in Europa steht erst am Anfang. Windkraft- und Solaranlagen basieren auf Maschinen, deren Produktion durch Massenproduktionsvorteile geprägt ist, so dass im Zeitablauf bzw. bei einer weltweiten Investitionswelle bei Windkraft- und Solaranlagen enorme langfristige Kostensenkungen zu erwarten sind. Dies gilt zumal deshalb, weil es auch neue große Anbieter aus China gibt, dessen Firmen sowohl auf Absatzchancen im inländische Markt wie im Weltmarkt schauen. In Asien wird von Seiten der Politik die Expansion von Wind- und Solarenergie in vielen Ländern befürwortet. Allerdings sollte man den Einfluss der relativen Preise nicht außer Acht lassen: Da die Preise für Kohle relativ zum Preis etwa von Gas und Öl zeitweise deutlich fallen, entsteht dann eine zunehmende Nachfrage nach kohlebasierter Stromerzeugung – mit hohem Ausstoß an klimaschädlichen Gasen bzw. CO_2. China steht hier an Nr. 1 weltweit.

In Japan hat noch unter Premierminister Naoto Kan – der Ende August 2011 allerdings zurück trat – auch ein gewisses Umdenken in der Politik eingesetzt, wobei erstmals Überlegungen zu einem Ausstieg aus der Atomenergie öffentlich vorgetragen wurden. Die Glaubwürdigkeit der Pro-Atomenergie-Strategie japanischer Regierungen ist durch den Fukushima-Zwischenfall erheblich beschädigt worden. Auf kommunaler Ebene hat sich ein erheblicher Widerstand in Kreisen der Bevölkerung bzw. der Politik herausgebildet, wenn es um das Wiederanfahren von Atommeilern geht. Im Übrigen ist festzustellen, dass in Japans Industrieverband traditionell Pro-Atomenergie-Befürworter eine starke Position haben: Viele Experten des japanischen Industrieverbandes Keidanren sind von Atomkraftwerken frei gestellte Mitarbeiter und der Verband selbst ist in einem Gebäude des Atomkraftbetreibers Tepco untergebracht.

Für Deutschland steht seit Sommer 2011 einstweilen fest, dass es einen Ausstieg aus der Atomstromerzeugung binnen rund einer Dekade geben soll. Für die Industrie ist dieser Ausstieg einerseits absehbar eine gewisse Belastung, da die Energiekosten zumindest vorübergehend ansteigen könnten; andererseits hatte sich die Industrie wegen des vor der schwarz-gelben Regierung bestehenden politisch vereinbarten Atomausstiegs schon auf ein Auslaufen der (vermeintlich) so preiswerten Atomenergie eingestellt. Die Industrieunternehmen werden also Anpassungs- und Innovationspläne aus der Schublade holen, die sie schon einmal aufgestellt hatten. Belgien hat Ende 2011 beschlossen, im Zeitraum 2015 bis 2025 einen Atomausstieg zu vollziehen. Das ist bemerkenswert, da der Anteil des Atomstroms bei etwa 60% liegt.

Der Ausstieg aus der Atomstromproduktion geht mit einer zeitweiligen Erhöhung der Stromrechnung für private Haushalte und die Unternehmen einher, was möglicherweise die Exportdynamik Deutschlands vorübergehend dämpfen wird. Ob für die deutsche Wirtschaft, für Beschäftigung und Einkommensdynamik Probleme entstehen werden, hängt allerdings zum einen davon ab, wie die Energiewende in Deutschland organisiert wird und ob es gelingt, im Rahmen einer „grünen Wachstumspolitik" eine höhere Innovationsdynamik – insbesondere auch im Umwelt- und Energiebereich – zu erreichen. Eine Neujustierung der Rahmenbedingungen des Wirtschaftens und bessere bzw. neue Innovationsanreize sind notwendig sowie ein Prozess, der politische Mehrheiten zur Energiewende sichert. Ob sich Deutschland allein zu einer Energiewende aufmacht oder ob es gelingt, in Europa Ausstiegspartner zu finden, ist eine wichtige Frage, die im Verlauf der weiteren Analyse immer wieder aufgenommen wird. Eine europäische oder gar OECD-weite Energiewende wird allerdings durch die Instabilitäten auf den Finanzmärkten und die OECD-Staatsschuldenkrise offenbar erschwert (WELFENS, 2011c): Die Risikoprämien in vielen Ländern und damit die Risikokosten bzw. Kapitalkosten steigen an, was die Investitionsdynamik in vielen Ländern beeinträchtigt. Zudem dürften starke staatliche Konsolidierungserfordernisse in zahlreichen OECD-Ländern auch kommunale Versorgungsunternehmen betreffen, was wiederum den Ausbau erneuerbarer Energien abbremsen könnte. Von politischer Seite wirkt diesem Bremseffekt bei erneuerbaren Energien jedoch auch eine Veränderung von Rahmenbedingungen entgegen: Indem etwa Begrenzungen für den Bau von Windkraftanlagen z.B. in Deutschland in verschiedenen Bundesländern seit 2011 abgebaut worden sind, haben sich die Investitionsbedingungen für Investitionen in bestimmte Erneuerbare Energien, insbesondere Wind, verbessert. Zugleich hat sich insbesondere in Deutschland die Diskussion über die Einspeisevergütungen im Bereich Photovoltaik intensiviert, wobei die MONOPOLKOMMISSION (2011) eine kritische Analyse vorgelegt hat. Die Monopolkommission spricht sich dafür aus, die allgemeinen Einspeisevergütungen abzuschaffen und statt dessen lieber ein Art Quotenmodell einzuführen, der pro Jahr eine bestimmte mengenmäßige Erhöhung des Anteils der erneuerbaren Energien vorschreiben würde. Bei der ganzen Debatte geht es darum, auf welche Weise man zu vertretbaren bzw. minimalen Kosten den Übergang zu einer stärker von erneuerbaren Energien geprägte Wirtschaft erreichen kann. Im Rahmen des EU-Energiebinnenmarktes, der unverzerrten Wettbewerb der Energieanbieter bzw. hier der Stromanbieter vorsieht, kann es längerfristig nicht sinnvoll sein, wenn Deutschland etwa zu relativ hohen Kosten bzw. faktisch mit Staatssubventionen einen massiven Ausbau der Solarstromerzeugung fördert, obwohl zu viel geringeren Fördersätzen ein vergleichbarer Ausbau der Solarstromerzeugung in südeuropäischen EU-Ländern zu erreichen wäre – mit anschließendem „regenerativen Stromimport" Deutschlands aus südlichen EU-Ländern. Von einem wirklichen Energiebinnenmarkt ist die EU aber noch sichtbar entfernt.

In Japan, Korea und vielen EU-Ländern ist die politische Stimmung unmittelbar nach dem Fukushima-Unglück natürlich von einem Mehr an Skepsis gegenüber der Atomstromerzeugung geprägt, aber es herrscht auch eine gewisse Ratlosigkeit. Auf preiswerten Atomstrom möchte man nur ungern verzichten – die nackten Atomstromkosten sind ja tatsächlich niedrig. Aber es gibt, wie Fukushima gezeigt hat, enorme Kosten schon bei einem schweren Unfall in einem Kernkraftwerk. Tepco, die Betreiberfirma der Atomanlage in Fukushima, stand nach der Havarie vor dem Konkurs und nur politischem Druck der Regierung auf Japans Banken verdankt Tepco Notkredite, die das wirtschaftliche Überleben nach dem Unfall sichern. Obendrein hat die Regierung im Mai 2011 einen aus Steuergeldern gespeisten Sonderfonds von rund 40 Mrd. $ bereitgestellt, damit Tepco minimalen Schadenersatz leisten kann – etwa bei Abertausenden Familien, die Haus und Hof verloren haben, die ihre Heimat aufgeben müssen. Da die Kühlung der Fukushima-Meiler viele Monate noch unter schwierigen Bedingungen gesichert werden musste, weiß man vermutlich erst in einiger Zeit, wie hoch am Ende die Schadensbilanz zu beziffern ist. Dabei hat man in Fukushima noch insoweit Glück gehabt, als ja die vorherrschenden Windströmungen nach dem Atomunglück nicht zu dem möglichen Desaster führten, dass etwa durch Wind von Fukushima her große Mengen an Radioaktivität in die japanische Hauptstadt gelenkt worden wären.

Die Energiewende wird eine Entwicklung in vielen Industrieländern korrigieren, die in den 60er Jahren mit einer starken Begeisterung für Atomstrommeiler als preiswerte und sichere Form der Stromproduktion in den USA, Frankreich, Großbritannien, Deutschland, Japan, der Sowjetunion und anderen Ländern begann. Die Geschichte der deutschen Atomwirtschaft ist weitgehend eine von Großkonzernen und der Politik unter der falschen Überschrift Energielücke forcierte Installation und Expansion einer von hohen potenziellen Risiken geprägten Form der Stromerzeugung. Die Ölpreisschocks der 70er Jahre, mit denen in den USA und Deutschland eine erste Anti-Atomkraft-Bewegung entstand – in den USA z.T. in Verbindung mit den Kernwaffenversuchen –, ließen in vielen EU-Ländern und in Nordamerika sowie Japan erst einmal die Kritiker der Atomstromwirtschaft in die Defensive geraten (RADKAU, 1983). Zu verlockend schien der Ansatz, sich durch den Ausbau der Atomstromerzeugung eine größere Unabhängigkeit in der Energieversorgung zu sichern. Japans Expansion der Atomstromerzeugung ist durch die Ölpreisschocks der 70er Jahre sicherlich gefördert worden, wobei eine kritische Debatte über Sicherheitsrisiken durch ein Zusammenspiel von Staat, Atomstromproduzenten und bestimmten Akteuren aus der Wissenschaft verhindert wurde (MEYER, 2011).

In Deutschland hat sich nach dem Fukushima-Unglück eine neue Ausstiegsdebatte ergeben, die wohl einen rascheren Abschied von der Atomstromerzeugung bringt als das rot-grüne Gesetz zum Atomausstieg unter Kanzler Schröder erwarten ließ. Im Jahr 2002 wurde ein Gesetz zum Atomausstieg verabschiedet, dessen Eckpunkte die rot-grüne Koalition unter Kanzler Schröder mit den Vertretern der vier großen Atom-stromkonzerne ausgehandelt hatte. Damit schien eines der großen Konfliktfelder, näm-lich die Atomstromproduktion mit ihren potenziell gigantischen Risiken, politisch entschärft worden zu sein. 2010 kam dann unter der Regierung Merkel eine politische Rolle rückwärts, nämlich die Verlängerung der Laufzeiten für die Atomkraftwerke in Kombination mit einer neuen Besteuerung der Brennelemente in Atomkraftwerken. Die Motive für diese Laufzeitenverlängerung waren eigenartig. Von Seiten der FDP stand da offenbar vor allem der Wunsch, über eine neue Brennelementesteuer zusätzli-che Einnahmen für den Staatshaushalt zu generieren, die dann in das Lieblingsprojekt Steuersenkung umgemünzt werden sollten. Bei der CDU ging es darum, den angeblich so billigen Atomstrom länger als günstigen Treibstoff für die Industrie und das Ex-portwunder Deutschland zu Verfügung zu haben.

All diese Überlegungen sind durch den Atomunfall-Schock von Fukushima Maku-latur und Deutschland steht vor neuen Weichenstellungen, die eine Energiewende ge-gen viele Einwände verspricht. Dabei geht es auch um die wichtige neue Frage, ob Deutschland mit dem Atomausstieg einen Sonderweg beschreiten wird oder ob es ge-lingt, die von emotionalen Ängsten und rationalen Kalkülen getragenen Aus- und Umstiegspläne zu einem europäischen oder gar globalen Erfolgsmodell zu machen. Steht Deutschland mit der Energiewende vor einer Sackgasse oder wird hier ein Kö-nigsweg für sehr viele Länder als Vorbild entwickelt?

Das Fukushima-Unglück verweist unter anderem auf die grundlegende Frage an jede industrialisierte Gesellschaft: Wie hält man es mit Risiken in der Marktwirtschaft; es gibt in vielen Lebensbereichen – von Autofahren über Chemieproduktion bis Atom-stromerzeugung oder Vermögensanlage – erkennbare Risiken. In Marktwirtschaften kann man sich gegen Risiken versichern, so man dies will oder es gesetzlich vorge-schrieben ist. Im Sinn eines allgemeinen Verantwortungs- und Verursacherprinzips muss jedenfalls der Verursacher von Schäden an Leib und Leben oder Vermögensob-jekten anderer Schadensersatz leisten. Man kann mit Blick auf Atomkraftwerke fragen: Gibt es überhaupt eine private Versicherungslösung? Die Antwort ist eindeutig nein. Das Extremrisiko eines großen Unfalls in einem Atomkraftwerk ist im Markt nicht versicherbar. In Deutschland, den USA, der Schweiz und einigen anderen Ländern hat man allerdings auf Branchenebene eine Art Ersatz-Versicherungsmodell entwickelt; in Deutschland werden damit in minimaler Höhe Schäden bei einem Atom-Unfall abge-deckt. Das ist mit Blick auf den Extremfall eines großen Unfalls, einen Super-GAU, weniger als ein Tropfen auf den heißen Stein, wie zu zeigen sein wird. Während die

OECD (2010) in ihrem Zwischenbericht zum Thema Umweltfreundliches Wachstum (Green Growth) fordert, dass für den Wohlstand schädliche Subventionen bei fossilen Energieträgern abgebaut werden sollen – etwa bei Kohle und Gas –, verliert die mächtige Wirtschaftsorganisation in Paris kein Wort darüber, dass Atomstrom ein gewaltiges Subventionsprivileg genießt: die riskanteste Form der Stromerzeugung bekommt vom Staat, der großzügig ein für die meisten Menschen schwer verständliches „Restrisiko" beim Atomstrom trägt, in allen Industrieländern mit Atomstromproduktion eine versteckte Mega-Subvention: Indem der Staat die Atomkraftwerke von einer eigentlich notwendigen Versicherung gegen einen Super-GAU bzw. ein großes Unglück befreit hat, subventioniert er die Atomstromwirtschaft, die wegen dieser staatlich gesetzten Verzerrung konkurrenzlos billig in der Grundlastversorgung – im Dauerbetrieb – Strom anbieten kann. Dass die OECD in ihrem Bericht zur Ministertagung vom 27./28. Mai 2010 derart einseitig indirekt für die Atomstromerzeugung Partei ergriffen hat, ist ein historisches Versagen der Experten bei der Pariser Organisation der führenden Industrieländer; kein kritisches Wort zur seit Anfang der 90er Jahre weithin bekannten Atomstrom-Subventionierung, obwohl sie absurde Investitionsanreize schafft, den Wettbewerb in der Strom- bzw. Energiewirtschaft grotesk verzerrt und völlig unnötige Risiken für Milliarden Menschen befördert. Es ist so, als wollte der Staat für Geisterfahrer auf der Autobahn die Steuern bei der Autonutzung abschaffen. Die „Schattensubvention" bei Atomstrom übertrifft prozentual alle Sektoren der Wirtschaft, wie zu zeigen sein wird. Wieso sollte die Gemeinschaft der Steuerzahler via Staat ausgerechnet der riskantesten Form der Stromerzeugung quasi ungedeckte Blankoschecks ausstellen? Das die Schadensrechnung bei einem ernsten Unglücksfall leicht über 100 Mrd. € steigen kann, hat Fukushima jedem Zweifler vor Augen geführt.

Wie rational geht man in Deutschland bzw. westlichen Ländern mit ökonomischen Risiken um? Wie gut funktionieren die Risikomärkte in Marktwirtschaften? Die Halbwertzeiten einiger konservativer Glaubenssätze sind in den Tagen von Bankenkrise und Fukushima-Schock kürzer geworden. Wo gestern noch Großbanken und Finanzmärkte als rationale Filter für Investitionsprojekte und die private Altersanlage hoch gelobt wurden, stehen die Helden von New York, London und Frankfurt plötzlich am Pranger; wo gestern noch 12 Jahre Laufzeitenverlängerung für die angeblich so sicheren Atomkraftwerke in Deutschland von der Regierung Merkel durchs Parlament gebracht wurden, steht ein Jahr später ein beschleunigter Ausstieg an. Auf die in 2010 erfolgte Verlängerung der Laufzeiten der Atommeiler in Deutschland folgt unter dem Eindruck des Fukushima-Schocks das Gegenteil: ein Ausstieg aus der nuklearen Stromerzeugung und eine allgemeine Hinwendung zu erneuerbaren Energien.

Welche Konsequenzen ergeben sich, wenn eine erkennbar insgesamt mit großen Risiken behaftete Art der Stromerzeugung ohne nennenswerten Versicherungsschutz arbeiten kann bzw. das sogenannte Restrisiko – in Wahrheit aber das Hauptrisiko – beim Staat abgeladen werden kann? Eine rationale Struktur der Stromerzeugung erhält man mit Sicherheit nicht, wohl aber eine Benachteiligung der Konkurrenten der Nukle-

arenergie: Kohl, Öl, Gas, Sonne, Wind, Biomasse, Wasser. Das ist eine Wettbewerbsverzerrung, die seit Jahrzehnten in vielen Industrieländern besteht; bei genauer Betrachtung wird sich zeigen, dass die Wettbewerbsverzerrung sehr massiv ist und dass
selbst bei günstigen Annahmen über die Wahrscheinlichkeitsverteilung zu Atomkraft-
werks-Unfällen eigentlich der Atomstrom nicht einmal gegen Windstrom konkurrenzfähig wäre. Es ist jedenfalls ein sehr bemerkenswerter Sachverhalt, dass die Atomstromproduktion sich in vielen Ländern über Jahrzehnte ausbreiten konnte. Bedeutet
nun das Fukushima-Unglück bzw. das nun einsetzende Nachrechnen und die resultie-
rende Bereitschaft, sich mit den Kostenfakten und einfachen ökonomischen Wahrheiten
ernsthaft zu befassen, dass viele Länder sich gleichzeitig zu einer Energiewende entschließen: Mittelfristiger Ausstieg aus der Atomwirtschaft, weitgehender Umstieg in
eine klimafreundliche Energieerzeugung auf Basis erneuerbarer Energien, die für minimale Risiken stehen. Die Energiewende ist eine ökonomische, politische und gesellschaftliche Herausforderung – dies verdeutlicht in vielen Facetten der zweite Teil des
Buches. Der erste Teil legt mit klaren Argumenten dar, welche Fehlentwicklungen sich
mit der Expansion der Atomwirtschaft in vielen Ländern parallel ergeben haben und
inwiefern es denn national und international gewichtige Aus- und Umstiegsinteressen
gibt. Welche Chancen hat Deutschland, Bundesgenossen beim Atomausstieg zu finden? Kann eine sorgfältig organisierte bzw. staatliche beförderte Energiewende in
Deutschland, bisweilen als Sonderweg kritisiert, am Ende ein Königsweg für einen
internationalen Ausstieg aus einer gefährlichen historischen Fehlentscheidung pro
Atomstrom werden?

In Berliner Parteizentralen hört man häufig, je schneller der Ausstieg kommt, umso
besser. Es ist die Furcht vor der Wählerschaft, die Atomstrom seit 2011 auf breiter
Front ablehnt. Aber die Stimmung der Wählerschaft schwankt im Zeitablauf und wer
weiß schon, wie sich die internationale Lage in 2015 darstellt, wenn kaum der halbe
Ausstieg aus der Atomwirtschaft bewältigt sein wird. Womöglich werden dann, nach
dem Abklingen des Erschreckens über das Fukushima-Unglück – noch als halbwegs
glückliche Variante eines denkbaren Großunfalls (GAU) – schon bald in immer mehr
Ländern wieder immer mehr neue Kernkraftwerke gebaut. Denn die Weltwirtschaft
wächst und mit dem Ansteigen der Produktion und dem Wachstum der Weltbevölkerung wächst der Hunger nach billiger Energie.

Während die Kanzlerin Merkel sieben Atommeiler in einem sogenannten Morato-
rium zur Laufzeitenverlängerung kurz vor den Landtagswahlen in Baden-Württemberg
abschalten ließ und Expertenkommissionen einsetzte, die Signale Richtung Abschalten
der Atommeiler binnen etwa einer Dekade geben, denkt man zurück an Tschernobyl.
Womöglich heißt es nach einer Schockphase, die es auch 1986, nach dem Tschernobyl-
Atomunglück gab, mal wieder: Weiter so. Wenn womöglich allein Deutschland aus der
Kernenergie aussteigen will, dann wird der Widerstand in der Atomindustrie gegen den
Ausstieg massiv werden: Für die großen vier Stromkonzerne EnBW, E.ON, RWE und
Vattenfall geht es um profitable Geschäftsfelder und im EU-Binnenmarkt könnte aus-

ländischer Atomstrom aus EU-Nachbarländern dann verstärkt in die deutschen Stromnetze fließen. Selbst wenn der letzte Haushalt per Postkarte oder Internet auf grünen
Strom aus regenerativen Quellen gewechselt hätte, es bleibt die Industrie mit ihrer
hohen Preisempfindlichkeit: Viele Firmen wechseln für 0,1 Cent/Kilowattstunde Strom
den Anbieter und der Strom kommt immer aus der Steckdose. Gegen die vier Atom-
stromgiganten stehen allerdings einige Hundert Stadtwerke, die gerne Richtung erneuerbare Energien umsteigen wollen. Aber auch denen laufen die Industriekunden weg,
wenn die Strompreise angehoben werden – der Ausstieg aus dem Atomstrom ist doch
kostspielig. Nicht zu übersehen ist allerdings, dass gerade auch die großen Energiekonzerne z.T. schon erheblich in erneuerbare Energien investiert haben: insbesondere die
Windenergie steht hier im Focus.

Wird es also überhaupt einen Ausstieg aus dem Atomstrom bzw. einen Umstieg zu
erneuerbaren Energiequellen geben? Ein denkbares Szenario lautet: Bis 2022 ist der
Anteil der Atomstromerzeugung in Deutschland bei Null, zwei Jahrzehnte später auch
in der EU; höchstens in Frankreich, wo einige tapfere Gallier noch in der Normandie
eine Wiederaufbereitungsanlage und ein Atomkraftwerk verteidigen, gibt es noch einen
kümmerlichen Rest der einst stolzen Atomstrombranche in der EU. Dass die Atomstromindustrie in einigen EU-Ländern sehr stark politisch verankert ist, kann allerdings
nicht übersehen werden. So gibt es etwa in Frankreich erhebliche Expansionspotenziale
für die Wind- und Sonnenenergieerzeugung, aber das dominante Staatsunternehmen
EDF – mit massiven Interessen in der Atomstromherstellung – hat über die machtvolle
Politikstellung der Zentralregierung viele Möglichkeiten, zu blockieren: Sowohl die
Expansion von Solarstrom wie von Windenergie. Das blockiert nicht nur das Wachstum der erneuerbaren Energien in Frankreich, sondern weltweit. Denn die Blockade in
einem großen nationalen EU-Markt bedeutet, dass eine optimale weltweite Nutzung
von Massenproduktionsvorteilen behindert wird.

Was immer man im Energiesektor an Investitionsentscheidungen fällt, es geht um
langfristige Projekte. Die Laufzeit eines Kraftwerkes liegt in der Regel zwischen 30
und 50 Jahren, bei fortlaufender Modernisierung können Wasserkraftwerke sogar unbegrenzt laufen. Eigentumsrechtlich wurde von der deutschen Bundesregierung unter
Kanzler Schröder die Argumentation entwickelt, dass der Staat nach einer vollen betriebswirtschaftlichen Abschreibung – nach 27 Jahren – erteilte Betriebsgenehmigun-
gen auch zurücknehmen kann; der Eigentumsschutz der Kraftwerksbetreiber ist von
daher nicht unendlich, aber eine kurze Ausstiegszeit bei einem neu gebauten Atomkraftwerk ist von daher kaum denkbar; es sei denn, dass der Staat dem betreffenden
Atomkonzern die Anlage abkaufen und dann stilllegen wollte bzw. eine Kompensati-
onszahlung für das Abschalten anbieten könnte. Dies wäre sicherlich politisch nicht
populär und angesichts einer schwierigen staatlichen Haushaltslage in fast allen Industrieländern ein sehr ernstes Problem.

Nur Länder mit Budgetüberschüssen bzw. niedrigen staatlichen Schuldenquoten
wie die Schweiz, Schweden oder Finnland könnten tatsächlich einen beschleunigten

Ausstieg aus der Atomstromproduktion erreichen, indem sie staatliche Kompensations-
zahlungen für die Atomstromkonzerne anböten und zugleich für den Zubau regenerativer Energien sowie Gaskraftwerken sorgten. Die einfachste Möglichkeit, die Atomstromproduktion zu vermindern, liegt weniger darin, hohe Brennzellensteuern für die
Betreiber von Atommeilern einzuführen, sondern angemessene Haftpflichtversiche-
rungsprämien von Atomstromproduzenten zu verlangen.

Die Regierung der Schweiz hat im Anschluss an das Unglück von Fukushima entschieden, aus der Atomstromproduktion auszusteigen. Die bestehenden fünf Atommeiler werden am Ende der Betriebsdauer nicht mehr ersetzt; bei einer Nutzungsdauer von
50 Jahren heißt das für die Schweiz, dass der Ausstieg 2034 spätestens erfolgt. Vermutlich wird auch in der Schweiz ein Ausbau erneuerbarer Energien erfolgen, ähnlich wie
in vielen EU-Ländern, inklusive Deutschland. Hierbei ist etwa mit Blick auf die deutschen Gegebenheiten etwa im Steuerrecht zu beachten, dass spätestens nach einer Periode von 15 Jahren, über die etwa Windmühlen oder Solarstromanlagen abgeschrieben
werden, auch die Produktion von Strom aus abgeschriebenen Anlagen für Erneuerbare
Energien – ohne Einspeisevergütung (also staatlich garantierten Abnahmepreis) – wirtschaftlich sein dürften.

Es gibt von verschiedenen Institutionen und Experten Ausstiegsszenarien für
Deutschland, die sich plausibel anhören und im Weiteren wird auch hier ein sorgfältig
durchdachtes Szenario präsentiert. Typischerweise wird bei den traditionellen Ausstiegsszenarien ein einfaches Drehbuch zur Energiewende für Deutschland betrachtet;
die internationale Perspektive bzw. die Frage, ob Deutschland möglicherweise mit
einem einsamen Sonderweg eine fragwürdige Position einnimmt, wurde bislang nicht
betrachtet. Die folgende Analyse bietet erstmals nicht nur einen Blick auf neue Befun-
de und Szenarien, sondern auch die Frage „deutscher Sonderweg oder Energiemodell
Deutschland als Startrampe für die europäische und globale Energiewende" wird hier
beleuchtet.

Der UN-Weltklimarat (IPCC) hat am 9. Mai 2011 in Abu Dhabi einen internationalen Ausblick zu einer möglichen globalen Energiewende gegeben. Auf Basis von
vier Szenarioanalysen wird eine Energiewende auf Weltebene durchgespielt, wobei
man zwischen 2011 und 2020 von 5,1 Mrd. $ Investitionen in erneuerbare Energien
ausgeht. In den 2030er Jahren kämen nochmal 7,2 Mrd. $ an Investitionsausgaben
hinzu und ähnliche Größenordnungen in den beiden Folgedekaden. Dabei wird 1%
Anteil am Weltbruttoinlandsprodukt nicht überschritten werden. Der globale Anteil
erneuerbarer Energien, der 2010 bei 13% lag – 2% Nuklearenergie, 85% Anteil fossiler
Brennstoffe –, könnte bis 2050 nach IPCC-Berechnungen auf 80% ansteigen. Von
daher kann ein Verzicht auf Kernenergie durchaus erfolgen, für eine Übergangszeit
bleibt allerdings die Nutzung von fossilen Brennstoffen wie Gas, Kohle und Öl noch
notwendig. Mit Blick auf die Kernenergie ist die Aussage, dass man auf diese Energieform durchaus verzichten könnte, eigentlich nicht so überraschend. Denn wenn man in
den 60er und 70er Jahren nicht weltweit in die Kernenergie eingestiegen wäre, dann

hätte man natürlich eben andere Energieträger für den energiemäßigen Antrieb des Wirtschaftswachstums genutzt. Dennoch sollte man auch die Szenario-Analysen des UN-Weltenergierates nicht überbewerten. Der größte Teil der Menschheit lebt im 21. Jahrhundert in Asien – rund 60% – und wenn sich dort große Länder wie China, Indien, Japan und Russland für den Ausbau der Atomstromproduktion entscheiden sollten, dann nützen einem IPCC-Ausstiegsszenarien am Ende wenig. Es kommt darauf an, unmittelbar nach dem Fukushima-Unglück national und international die Rahmenbedingungen zugunsten der Produktion erneuerbarer Energien, neuer Energiespeicherkonzepte und einer Energieeffizienzrevolution zu stellen. Hierbei gilt es die innovativen Köpfe, die kreativen Unternehmen und jeden einzelnen als Akteur für eine bessere Zukunft mitzunehmen.

Fortschrittsverweigerern bei der Energiewende gilt es entschieden mit den besseren Argumenten entgegenzutreten. Nehmen wir exemplarisch die Kommission für Klimawandel (Commission on Climate Change) in Großbritannien, die unter ihrem Vorsitzenden David Kennedy in 2011 sogar einen Ausbau der Atomstromproduktion vorgeschlagen hat: Angeblich könnten Windfarmen erst in 15-20 Jahren den Atomstrom als günstige Stromform ablösen und mittelfristig sei in Großbritannien ein Energiemix mit 40% Atomstrom und einem etwa gleich hohen Anteil an Erneuerbaren Energien sinnvoll. Eine solche Milchmädchen-Rechnung kann Kennedy nur aufmachen, weil er die totale Unterversicherung des Atomstroms auch noch nach Fukushima ignoriert. Ausgerechnet aus Großbritannien, einem Führungsland der modernen Versicherungswirtschaft, kommt vom Vorsitzenden eines wichtigen Klimaberatungsgremiums der Regierung eine Analyse, die die seit 1991/92 bekannten Argumente zur Unterversicherung der Kernkraft völlig ignoriert.

Wenn man den David Kennedys der Welt folgten wollte, dann könnte man auch gleich einem Förderverein für Bungee-Springen beitreten. Solches Springen gibt dem Akteur/der Akteurin ein tolles Hochgefühl beim freien Fall. Nur kommt oft Jahre später und manchmal erst viele Jahre nach dem Sprung heraus, dass – siehe die medizinischen Internet-Informationen etwa der Universitätsklinik Innsbruck – Haarrisse in der Wirbelsäule und Gehirnquetschungen als spätes Krankheitsecho für einen gewagten Sprung auftreten bzw. sichtbar werden. Folgekrankheiten können Lähmungen oder gar der Tod sein. Für Bungeesprung-Veranstalter ist es da wohltuend zu wissen, dass die Gemeinschaft der Krankenversicherten und im Zweifelsfall auch der Staat die heimlichen Risikokosten des Bungeespringens abdecken. Bei der Atomstromproduktion ist es nicht sehr viel anders: Sieht modern aus, kostet angeblich besonders wenig, aber die Spätfolge-Kosten im Fall eines schweren Atomunfalls können gigantisch sein – turmhohe Schäden, die das jährliche Bruttoinlandsprodukt Deutschlands oder Frankreichs weit übertreffen. Ein schwerer Atomschaden bzw. Super-GAU in der Schweiz ist mit mehr als dem zehnfachen des Schweizer Bruttoinlandsproduktes eines Jahres anzusetzen. Die Fragen der Energiewende gehen also viele Länder und Milliarden Menschen auf dieser Welt an. Dabei ist offensichtlich, dass man nach Fukushima in Deutschland eine große Mehrheit für einen Atomausstieg finden kann, aber ein Atomausstieg allein in Deutschland wäre – wenn nicht durchdacht und klug umgesetzt – eine Sackgasse.

Zu den interessanten Bausteinen für eine Energiewende zählt grundsätzlich auch die Elektromobilität bzw. der Umstieg auf Elektroautos im Zug von Smart Grids, also einem softwaremäßig gesteuerten Verbund von Stromangebots- und Stromnachfrageseite. Eine optimale Steuerung des Gesamtsystems Stromangebot und Stromnachfrage, das jederzeit ausbalanciert sein muss, hilft Lastspitzen auf der Nachfrageseite klein zu halten und erlaubt es, zu Zeiten hoher Nachfrage Strom aus Speichermedien ins System zu leiten. Elektroautos können dabei sowohl als Stromnachfrager wie als Stromspeicher auftreten, wobei die Speichermöglichkeiten bei einem Zuwachs an erneuerbaren Energien von besonderem Interesse sind. Dabei hat die Nationale Plattform Elektromobilität bereits wichtige mögliche Eckpunkte in ihrem zweiten Bericht an die Bundesregierung formuliert. Der Vorsitzende der Plattform schreibt (KAGERMANN, 2011, S. 56): „Deutschlands Weg in die Elektromobilität ist ein in Breite und Anspruch ehrgeiziges Projekt, bei dem besonnenes und entschiedenes Handeln gefragt ist. Ich bin davon überzeugt: Wenn wir unsere Ideen umsetzen, haben wir die Chance, neue Jobs zu schaffen, die Wettbewerbsfähigkeit von Schlüsselbranchen unseres Landes zu sichern und wichtige Ziele der Nachhaltigkeit und Ressourceneffizienz zu erreichen, über die das Land dieser Tage unter dem Stichwort der Energiewende debattiert. Dafür werden vielerorts gerade die Voraussetzungen geschaffen. Sobald wir bei den Fahrzeugen die Millionengrenze übersprungen haben, können dezentrale Speicher einen signifikanten Beitrag zur Stabilisierung der Netze leisten – das gilt erst recht bei einem deutlich größeren Anteil volatiler Energien im Strommix. Die Energie für die Fahrzeuge, dies ist unsere Prämisse, wird ausschließlich aus regenerativen Quellen stammen."

So sehr mancher sich in Deutschland für einen raschen Aus- und Umstieg in der Energiewirtschaft begeistern kann, so sehr sollte man doch auch die internationale Perspektive im Auge haben: Ein einsamer Sonderweg Deutschlands in eine Sackgasse nützt am Ende wenig, gesucht wird vielmehr ein Königsweg für eine globale Energiewende: Finanzierbar und mittelfristig effizient, organisatorisch gut vorbereitet und ohne zwischenzeitlichen Zusammenbruch der Stromversorgung.

Wenn man sich überlegt, welche Interessen denn auf eine Energiewende ohne weiteres hinzusteuern helfen, dann sind drei Einflussfaktoren anzusprechen:

- Die Höhe des Pro-Kopf-Einkommens (auf Basis von Kaufkraftparitätenzahlen, die internationale Vergleiche erlauben): Je höher das Pro-Kopf-Einkommen, desto größer das Interesse an sauberer Umwelt und sicherer, risikoarmer Energieversorgung
- Die Bevölkerungsdichte: Je höher die Bevölkerungsdichte ist, desto größer sind die Risiken der Atomstromerzeugung – bei einer Evakuierung sind große Menschenmassen in komplizierten „Manövern" aus der Umgebung des havarierten Atomkraftwerkes wegzubewegen; die Evakuierungskosten sind stark positiv mit der regionalen (und nationalen) Bevölkerungsdichte verbunden.

- Geographische Gegebenheiten: Die Intensität der Windverhältnisse in Küsten- und Bergregionen steht für ein Strom- und Wärmeerzeugungspotenzial, das unter geeigneten Rahmenbedingungen zahlreiche Investoren anziehen wird. Von daher ist die nachfolgend dargestellt Welt-Windkarte der NASA Anschauungsmaterial dafür, wo sich leicht Verbündete für einen internationalen Aus- bzw. Umstieg finden lassen dürften. Ein im Bereich der Windenergie so günstig aufgestelltes Land wie Deutschland dürfte leicht viele Partner für die Expansion erneuerbarer Energien finden, wie ein Blick auf die Karte nahelegt. Dabei sei betont, dass in der wissenschaftlichen Literatur eine kontroverse Debatte darüber geführt wird, wie hoch der Anteil der nutzbaren Windenergien in Küstennähe und an Land wirklich ist (MILLER/GLANS/KLEIDON, 2011; ARHCER/JACOBSON, 2005; JACOBSON/ARCHER, 2010). Wie man der Weltkarte der Windintensität entnehmen kann, gibt es nur in Afrika größere Flächen, wo nur ein geringes Windaufkommen für die Stromerzeugung in Küstennähe zur Verfügung steht. Im Fall Lateinamerikas ist zwar nur der Süden durch starke Winde – an der Küste und an Land – gekennzeichnet, aber das mögliche Windaufkommen ist so groß, dass erheblich Teile Lateinamerikas mit Windstrom durch den Export von Strom versorgt werden könnten. Insgesamt dürften rund 100 Länder in der Welt enorme Potenziale für eine windbasierte Stromerzeugung haben, die man gemeinsam erschließen könnte. Zu den grundlegenden Problemen etwa bei der Erschließung der enormen Windenergiepotenziale in Patagonien bzw. im Süden Lateinamerikas gehört die Herausforderung, dass das Aufstellen großer Windfarmen in ökonomischer Sicht nichts nützt, wenn nicht erhebliche regionale – und hochmoderne – Stromnetze gebaut werden, die den Strom zu den industriellen Verbrauchszentren und den urbanen Zentren bringen. Die Netze müssen dabei in Lage sein, die ggf. großen zeitlichen Schwankungen im Windaufkommen zu verarbeiten.

Abbildung 1: Weltkarte der Windintensität

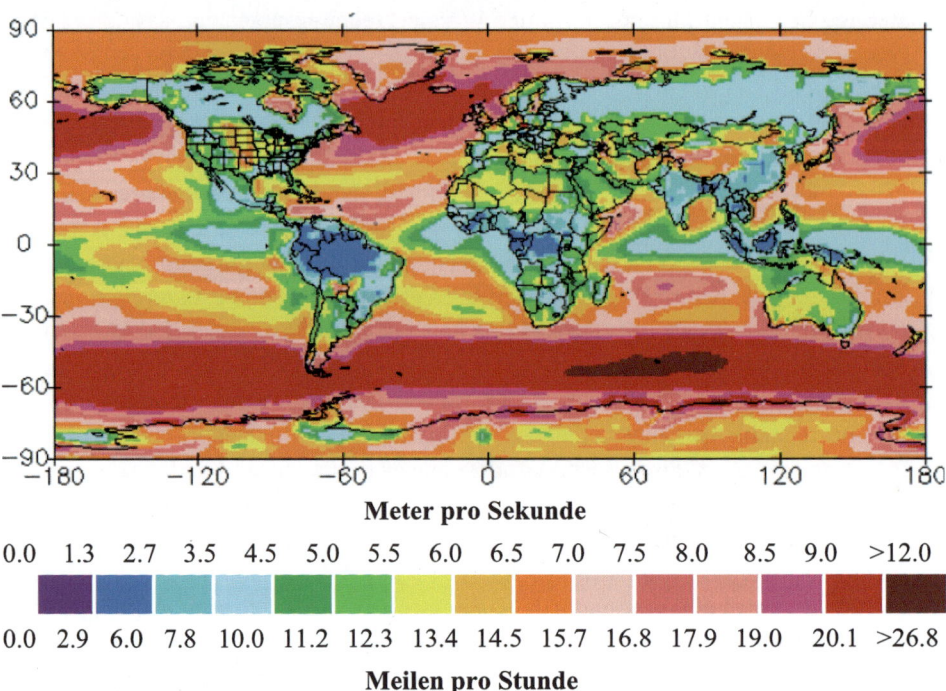

Quelle: NASA

Der Ausbau der Windkraft ist eine der großen Chancen für eine erneuerbare Stromwirtschaft. Großbritannien will die seegestützten Windstromanlagen von 1,5 Gigawatt Leistung in 2011 auf 18 Gigawatt in 2020 hochfahren. In Frankreich sollen bis 2016 drei Gigawatt-Leistung bereit stehen – mit einem Investitionsvolumen von etwa 10 Mrd. € verbunden. In Deutschland wird mit Kapazitäten bei meeresbasierten Windfarmen von etwa 10 Gigawatt gerechnet, was etwa der Leistung von 9 Atomkraftwerken entspricht. Der Ausbau landbasierter Windfarmen ist allerdings kostengünstiger als Off-shore-Anlagen; letztere haben in der Regel mit Blick auf die Stetigkeit und Stärke der Windströmung allerdings tendenziell Vorteile. Der Ausbau der Windenergie trifft bei der Bevölkerung teilweise auf Widerstände und in jedem Fall stellt sich die doppelte Herausforderung, dass im Bereich Netzausbau und beim Netzmanagement zusätzlich investiert werden muss. Dies gilt grundsätzlich auch mit Blick auf Solaranlagen, wobei hier wie beim Windstrom neue Energiespeichertechnologien zu entwickeln sind; es gibt allerdings bereits erste Ansätze und von daher könnten die Lernkurven- bzw. Kostendegressionseffekte längerfristig erheblich sein. Zu Pessimismus besteht kein Anlass. Sicherlich kommt in Sachen Netzplanung und –ausbau eine große Herausforderung auf die Politik zu, wobei in Deutschland mit der Bundesnetzagentur ein zentraler Akteur im Regulierungsbereich aktiv ist; hier werden automatisch

auch zahlreiche relevante Daten gesammelt, die gegebenenfalls auch auf Unstimmig-
keiten in der Planung von Bund und Ländern hinweisen dürften. Im Übrigen hat die
Bundesnetzagentur durch die Genehmigungsaktivitäten bei Strom- bzw. Leitungsnut-
zungsentgelten unmittelbar die Möglichkeit, hinreichende Anreize für den Netzausbau
zu setzen.

Im Jahr 2011 waren die erneuerbaren Energien mit rund 20% Anteil bereits als
Stromquelle wichtiger in Deutschland als die Atomenergie mit etwa 18% Anteil, wie
der Bundesverband Energie- und Wasserwirtschaft im Januar 2012 verlautbarte. Die
Braunkohle mit 25% und die Steinkohle mit 19% Anteil waren weitere wichtige Quellen der Stromerzeugung. Eine weitere Förderung des Solarstroms in Deutschland ist
dabei problematisch, denn pro Jahr zahlen die privaten Haushalte schon etwa 8 Mrd. €
für die Solar-Einspeisevergütung; die Einspeisevergütung wird ja für immerhin 20
Jahre bezahlt und von daher sind schon Ende 2011 fast 100 Mrd. € an
Einspeisevergütungen Richtung Solarstromerzeugung in Deutschland festgelegt. Die
Belastung pro Kilowattstunde dürfte mittelfristig bei über 4 Cent liegen, was pro Haushalt dann auf eine Jahresbelastung von fast 200 € hinaus läuft. Es sollte dem Staat eigentlich egal sein, welche Art der erneuerbaren Energien besonders rasch expandiert
und von daher könnte eine Mindestquote an erneuerbaren Energien – mit dem Ziel
einer Minimierung der dafür notwendigen Förderung – erwägenswert sein. Im Kontext
mit dem Ausbau erneuerbarer Energien bzw. speziell von Solar- und Windenergie wird
die Entwicklung eines Reservekapazitätsmarktes beim Strompark notwendig sein: Es
braucht gewisse Reservekapazitäten in der EU, damit bei ungünstigen Wetterbedin-
gungen ein hinreichendes Stromangebot – trotz starken kurzfristigen Rückgangs von
Solar- und Windenergie – zuverlässig bereit gestellt werden kann. Innovationen im
Bereich der Speichertechnik werden die Problematik längerfristig allerdings ebenso
vermindern helfen wie die Entwicklung virtueller Kraftwerke, bei denen viele dezentrale Stromquellen, inklusive solcher aus erneuerbaren Energien, flexibel softwaremäßig
zusammengekoppelt werden.

Der Stromverbrauch lag in 2011 in Deutschland bei 607 Mrd. Kilowattstunden,
was etwa ½ Prozent unter dem Vorjahreswert lag, was bemerkenswert angesichts von
fast 3% Wirtschaftswachstum war. 7500 Megawatt lautete der neue Rekordwert an
Solarstromkapazitäten, wobei in 2012 von Haushalten bezahlte Einspeisevergütungen
für Ökostrom in Höhe von 17,6 Mrd. € erwartet werden – der Anteil der
Solarstromeinspeisevergütungen wird sich dabei auf gut 55% belaufen. Mit steigendem
Anteil an erneuerbaren Energien wird die Rolle des Netzausbaus bzw. eines optimierten Netzmanagements in der Stromwirtschaft zunehmen; für bestimmten Produktionsprozesse, etwa die Aluminiumproduktion, sind größere Schwankungen im Stromnetz
problematisch. Doch bieten moderne digitale Regelungstechniken sicherlich auch neuartige Möglichkeiten der Netzsteuerung.

Je komplizierter (benachbarte) Bundesländer ihre Netzgenehmigungsverfahren
ausgestalten, umso langwieriger wird der Netzausbau bzw. umso höhere Renditen

müssen privaten Investoren geboten werden, damit rechtzeitig ausreichend in den Netzausbau investiert wird. Nur dann ist sichergestellt, dass der Strom aus den entsprechenden Erzeugungsstandorten reibungslos in die oft weit entfernten Industrie- bzw. Verbrauchszentren gelangt. Zugang zum Netz sollte für unabhängige Stromerzeuger in der EU dank des EU-Binnenmarktes bzw. der Strommarktliberalisierung kein Problem sein, obwohl auch hier gelegentlich Hindernisse bzw. Verzögerungen eintreten.

Der Ausbau von Wind- und Solarstrom wird im Übrigen auch eine doppelte Herausforderung im EU-Binnenmarkt: Man wird sehen, ob gerade bei den großen Windkraftprojekten in den EU-Ländern die kostengünstigsten bzw. leistungsfähigsten Anbieter zum Zuge kommen. Obendrein ergibt sich auch eine grundsätzlich erhöhte Bedeutung des Stromhandels in der EU, was wiederum hinreichende Investitionen in die Netzkapazitäten erfordert. Bei den global führenden Solaranlagenherstellern liegen US-amerikanische und chinesische Anbieter vorn, bei den Windstromerzeugungsanlagen spielen auch deutsche, dänische, britische und französische Anbieter eine große Rolle. Mit Blick auf „grüne Exportmärkte" ergeben sich gerade für deutsche bzw. europäische Unternehmen enorme Chancen im Weltmarkt.

Die Ziele der Bundesregierung im Bereich erneuerbare Energien und Stromverbrauchssenkung sind durchaus ehrgeizig, wenn man das Integrierte Energie- und Klimaprogramm betrachtet:

- Die Treibhausgasemissionen sollen bis 2020 um 40% gegenüber 1990 zurückgehen (Ausgangspunkt: -23% in 2010), der Rückgang in 2030 soll bei -55%, in 2040 bei -70% und in 2050 bei -80% liegen.
- Der Anteil der erneuerbaren Energien an der Bruttostromerzeugung soll bis 2020 von 17% in 2010 auf 35% erhöht werden, der Anteil soll bis 2050 auf 80% ansteigen.
- Bis 2020 soll der Stromverbrauch um 10% sinken, bis 2050 um ¼ im Vergleich zu 2008 vermindert werden.
- Es gibt auch Reduktionsziele beim Primärenergieverbrauch und beim Endenergieverbrauch im Verkehrssektor.

Das Energiepaket der Bundesregierung (nach SVR, 2011, S. 223f.)

Mit dem Begriff „Energiepaket" bezeichnet die Bundesregierung ein Paket von acht Gesetzen, die am 30. Juni 2011 im Deutschen Bundestag und am 8. Juli 2011 im Bundesrat verhandelt wurden. Mit Ausnahme des Dreizehnten Gesetzes zur Änderung des Atomgesetzes sollen die anderen sieben Gesetze jeweils zur Umsetzung des von der Regierung im September 2010 beschlossenen Energiekonzepts beitragen. Im Einzelnen handelt es sich um die folgenden
Gesetze:
Das **Dreizehnte Gesetz zur Änderung des Atomgesetzes** nimmt die erst am 28. Oktober 2010 vom Deutschen Bundestag beschlossene Verlängerung der Laufzeiten der Atomkraftwerke zurück.

Das Gesetz beendet die Nutzung der Kernenergie zur gewerblichen Erzeugung von Elektrizität bis Ende des Jahres 2022. Für alle Kernkraftwerke wird darin ein verbindliches Ende der Berechtigung zum Leistungsbetrieb festgelegt. Die sieben vom Moratorium betroffenen Kernkraftwerke und der wegen zahlreicher Zwischenfälle zurzeit ohnehin abgeschaltete Reaktor Krümmel werden nicht wieder ans Netz gehen. Je nachdem, wie die Betreiber der Atomkraftwerke von den im Atomgesetz des Jahres 2002 vorgesehenen Übertragungsmöglichkeiten für Restlaufzeiten Gebrauch gemacht hätten, könnte das letzte Atomkraftwerk nun unter Umständen sogar etwas früher abgeschaltet werden.

Mit dem **Gesetz zur Neuregelung des Rechtsrahmens für die Förderung der Stromerzeugung aus erneuerbaren Energien (EEG-Novelle 2012)** will die Bundesregierung die Kosteneffizienz bei der Förderung der erneuerbaren Energien verbessern, die Markt- und Systemintegration fördern und zur Vereinfachung und Transparenz des EEG beitragen. Die EEG-Novelle behält die bisher geltenden Vergütungsstrukturen im Wesentlichen bei. In einigen Punkten wurde das Vergütungssystem jedoch stark vereinfacht. Für die Windenergie an Land wurde der Systemdienstleistungsbonus für Neuanlagen bis zum 31. Dezember 2014 (bisher befristet bis zum 31. Dezember 2013) und für Bestandsanlagen bis zum 31. Dezember 2015 verlängert. Zur Förderung der Markt- und Systemintegration wurden eine **optionale Marktprämie** und eine **Flexibilitätsprämie** in das Gesetz aufgenommen, durch die zusätzliche Anreize zur Stromeinspeisung in Zeiten starker Nachfrage gesetzt werden sollen. Zugleich wurden die Anspruchsschwellen für eine Ausnahme von der EEG-Umlage für Unternehmen des Produzierenden Gewerbes deutlich abgesenkt.

Das **Gesetz zur Stärkung der klimagerechten Entwicklung in den Städten und Gemeinden** fügt dem Baugesetzbuch eine Klimaschutzklausel hinzu, die vorsieht, dass Bauleitpläne künftig dazu beitragen sollen, „den Klimaschutz, insbesondere auch durch eine klimagerechte Stadtentwicklung, zu fördern". Das Gesetz erleichtert ferner die Festsetzungsmöglichkeiten zum Einsatz und zur Nutzung insbesondere von Photovoltaikanlagen an oder auf Gebäuden. Um das sogenannte Repowering – also den Ersatz alter, durch leistungsstärkere Anlagen – zu unterstützen, kann in Zukunft in Bebauungsplänen festgehalten werden, dass Windenergieanlagen nur zulässig sind, wenn nach deren Errichtung andere Windenergieanlagen innerhalb einer Frist zurückgebaut werden.

Der **Gesetzentwurf zur steuerlichen Förderung von Energetischen Sanierungsmaßnahmen an Wohngebäuden** sieht vor, dass bei Wohngebäuden, die vor 1995 gebaut wurden, Aufwendungen für solche Maßnahmen, die im Regelfall als nachträgliche Herstellungskosten mit 2 vH oder 2,5 vH hätten abgeschrieben werden können, nun mit 10 vH abgeschrieben werden dürfen.

Das Gesetz hätte die öffentlichen Haushalte, bei voller Jahreswirkung, mit einer Summe von 1,5 Mrd € belastet, von der mehr als die Hälfte von den Ländern und Gemeinden zu tragen gewesen wäre. Der Bundesrat hat deshalb dem Gesetz bislang die Zustimmung verweigert. Das **Erste Gesetz zur Änderung schifffahrtsrechtlicher Vorschriften** zielt darauf ab, Vorratshaltungen von Genehmigungen für Offshore-Projekte zu vermeiden und Genehmigungen zu bündeln. Die Notwendigkeit dieses Gesetzes zeigt sich an der Tatsache, dass gegenwärtig zwar 25 Windparks auf See genehmigt, aber erst drei errichtet sind.

Mit dem **Gesetz über Maßnahmen zur Beschleunigung des Netzausbaus Elektrizitätsnetze (Netzausbaubeschleunigungsgesetz)** soll der Ausbau der Stromnetze der Höchstspannungsebene und der Hochspannungsebene beschleunigt werden. Das Gesetz führt für die Transportleitungen von Elektrizität mit überregionaler Bedeutung eine bundeseinheitliche Fachplanung unter dem Dach der Bundesnetzagentur ein.

Das **Gesetz zur Neuregelung energiewirtschaftsrechtlicher Vorschriften** beinhaltet in erster Linie Änderungen des Energiewirtschaftsgesetzes, mit denen die Bedarfsplanung für die Übertragungsnetze neu geregelt wird. Mit dem Gesetz wird erstmals eine koordinierte, gemeinsame Netzausbauplanung aller Übertragungs- und Fernleitungsnetzbetreiber gewährleistet. Ferner ist der Staat nun durch die Bundesnetzagentur auf sämtlichen Stufen der Bedarfsplanung mit einbezogen.

Durch die Verkürzung der Laufzeiten sind keine Einnahmen aus den Zusatzgewinnen der Kernkraftwerksbetreiber mehr zu erwarten. Ein Teil dieser Einnahmen sollte ursprünglich das Sondervermögen „Energie- und Klimafonds" speisen. Ebenfalls sinken die Einnahmen aus der Kernbrennstoffsteuer. Zur Kompensation dieses Einnahmeausfalls weist das **Gesetz zur Änderung des Gesetzes zur Errichtung eines Sondervermögens „Energie- und Klimafonds"** dem Fonds jetzt alle Einnahmen aus der Versteigerung von Emissionszertifikaten zu. Ursprünglich vorgesehen war, nur den über 900 Mio. € hinausgehenden Teil der Versteigerungserlöse hierfür heranzuziehen.

Methodisch angreifbar sind die von verschiedenen Instituten vorgelegten Berechnungen zum Entwicklung des Bruttoinlandsproduktes bzw. zur Strompreisentwicklung bei einer Laufzeitenverlängerung der Atomkraftwerke. Die diversen Berechnungen (Übersicht SVR, 2011) behaupten, dass es zu einem Rückgang der Strompreise kommen werde; nicht berücksichtigt wird aber, dass eine Laufzeitenverlängerung natürlich auch verlängerte Atromstromrisiken für die Wirtschaft bzw. die Menschen in Deutschland und den Nachbarländern bedeutet. Auch hier sieht man, dass eine Nichtberücksichtigung von Risikokosten zu falschen Schlussfolgerungen führt.

Von einem isolierten Atomstromausstieg Deutschlands ist tatsächlich wenig zu halten, befürwortet werden hier von vorn herein klare Schritte zu einem europäischen Aus- und Umstiegskonzept. Dabei muss man sich vor Augen führen, dass tatsächlich die Widerstände gegen einen Atomausstieg in Europa und weltweit groß sein werden. Nukleare Kraftwerke gelten als Spitzenleistungen der Ingenieurskunst, die Rendite von Atomstrom ist – solange Atommeiler grotesk unterversichert sind – sehr hoch und technischer Fortschritt ist bei Nuklearanlagen ein Argument wie bei vielen anderen Technologien, dass man noch höhere Renditen erwarten kann. Nachrüstungen für bestehende Kraftwerke erhöhen die Sicherheit und die Verfügbarkeit von Atommeilern, letzteres wirkt nicht nur wie ein Ausbau des nuklearen Kraftwerksparks, sondern bringt vor allem eine Renditesteigerung. Von daher klingen für die Atomindustrie die Worte Laufzeitverlängerung und Neubau von Atomkraftwerken wie Superrendite. Merkwürdig bei all diesen Berechnungen ist allerdings, dass die Atomstromproduktion nicht wie eine normale Industrie behandelt wird. Für Atomkraftwerke gelten Sondergesetze beim geforderten Haftpflichtschutz; in Deutschland ist eine Versicherung von 2,5 Mrd. €

vorgeschrieben, das ist unter günstigen Umständen 1/100 bis 1/1.000 der Schadenssumme bei einem GAU oder Super-GAU. Es ist so, als könnten die Autofahrer damit durchkommen, dass sie eine Haftpflichtversicherung nur für das rechte Vorderrad abschließen würden. Atomstromproduktion ist eine hochspekulative Form der Energieerzeugung, bei der die Betreiber, die Aktionäre und die Mitarbeiter darauf setzen, dass ein schwerer Atomunfall nicht eintritt. Sollte er dennoch in Form eines Super-GAUs eintreten, dann entziehen sich weltweit die Atomstromproduzenten dem meist vollmundig versprochenen Schadensersatz bzw. der vollen Haftung durch Konkurs. Der Staat bzw. die Steuerzahler werden dann – nach dem schon bekannten Muster der Transatlantischen Bankenkrise – zur Kasse gebeten, zur Ader gelassen. Während im Zuge der Transatlantischen Bankenkrise im Durchschnitt der westlichen Industriestaaten die staatliche Schuldenquote um 30% anstieg und einige Länder mit der Gefahr eines Staatskonkurses konfrontiert werden, wäre ein Super-GAU mit staatlicher Übernahme der Entschädigungszahlungen in einem EU-Land eigentlich auch gleich einem Staatskonkurs. Da aber der Staat nicht Konkurs gehen kann bzw. soll, wird logischerweise eben auch keine richtige Entschädigungszahlung aufgebracht werden. Die in Japan, der Schweiz und Deutschland gängige Formel von der unbegrenzten Haftung der Atomstrombetreiber ist eine hohle Phrase; sie baut eine Versicherungsillusion auf – eine perfekte Fata Morgana, hinter der das hohe Risiko der Atomstromerzeugung unsichtbar wird.

Selbst in Japan mit seinem traditionell hohen Konsensdruck hat man nach dem Fukushima-Unglück eine kontroverse Debatte über die Atomkraft und Erneuerbare Energien begonnen. Zwar will die japanische Regierung an der Kernenergie festhalten, aber immerhin erteilte Japans Premier Naoto Kan Anfang Mai 2011 eine Anordnung, das in einem von Erdbeben besonders gefährdeten Gebiet liegende Atomkraftwerk Hamaoka zu schließen; zugleich erklärte Handelsminister Banri Kaieda am 8. Mai in einem TV-Interview, dass man den Ausbau der erneuerbaren Energien verstärken und beschleunigen werde; Investitionen in erneuerbare Energien sollten zum Wirtschaftswachstum beitragen, die Ausbauziele beim Atomstrom gelte es zu überprüfen (O.V., 2011, 14). Japan wird, so man den Ankündigungen der Regierung vertrauen darf, keinen weiteren Ausbau der Atomstromerzeugung anstreben. Wie man sieht, ist die Debatte über eine Energiewende in Japan angekommen, es findet in Japan und in vielen anderen OECD-Ländern eine risikomäßige Neubewertung der Investitionsalternativen in der Stromwirtschaft statt.

Wenn man im Leben zwischen relativ riskanten und weniger riskanten Formen der Stromerzeugung die Wahl hat, dann wird man sich unter Berücksichtigung aller Risikoaspekte für die weniger riskante Form der Energieproduktion entscheiden, sofern beide Formen der Stromherstellung etwa dasselbe kosten oder sofern die Risiken hoch bewertet werden. Indirekt kommt die Bewertung von Risiken natürlich in der Höhe der Versicherungsprämie zum Ausdruck, die man zahlen muss. Die Mindestabsicherung in Sachen Versicherung von Atomkraftwerken legt überall auf der Welt jeweils der Staat fest. Es gibt bei vielen Industriebranchen Risiken und natürlich nimmt man als Gesellschaft bzw. als Staat immer auch ein Restrisiko hin – es sollte allerdings, wie das Wort nahe legt, der kleinere Teil des Gesamtrisikos sein. Dies ist beim Betrieb einer Fluggesellschaft oder eines Chemieunternehmens der Fall, nur bei Atomkraftwerken ist alles ganz anders. Während also die Lufthansa, die Air France, die British Airways und jede andere große Fluggesellschaft ihre Flugzeuge vernünftig versichert haben muss, um überhaupt an den Start gehen zu können bzw. eine Landeerlaubnis zu erhalten, konnten die Atomstrombetreiber in vielen Ländern seit Jahrzehnten ohne vernünftige Haftpflichtversicherung operieren.

Wenn man die Risiken der Atomstromerzeugung ausblenden kann und sich zugleich als Klimaretter zu präsentieren vermag, dann steht die Nuklearindustrie in den Augen der Öffentlichkeit gut da. In der öffentlichen Debatte um die Klimaerwärmung wurde seit den 90er Jahren zunehmend darauf verwiesen, dass Atomstrom grüner Strom sei, da fast kein Kohlendioxid (CO_2) bei der Atomstromproduktion anfällt. Einflussreiche Länder wie die USA, China und Russland sowie Japan halten ohnehin – so scheint es – am Ausbau der Kernenergie fest. Nur in Japan sind nach dem Fukushima-Desaster Zweifel aufgetaucht, ob man denn mit dem geplanten Ausbau der Atomkraft vorangehen sollte. Ob man mit der Energiewende in Deutschland ein international vorzeigbares Umstiegsmodell für sicheren und bezahlbaren Strom wird entwickeln können, bleibt mit Blick auf die Praxis abzuwarten. Die vorliegende Analyse zeigt jedenfalls die Eckbausteine für eine erfolgversprechende, bezahlbare und vernünftige Energiewende.

Es finden sich in der Debatte zahlreiche Einwände gegen die Energiewende, wonach bei einem Ausstieg aus dem Atomstrom die Stromkosten stark ansteigen werden, Arbeitsplätze und die Konkurrenzfähigkeit deutscher Industrien über Nacht verschwunden sind. Deutschland schließt sich – so wird von Kritikern behauptet – mit seinem Ausstieg aus dem Atomstrom auf einem Sonderweg ein, der auch gleich den ökonomischen Abstieg einschließt. Oder aber wird es vielmehr so sein, dass viele Länder dem scheinbaren deutschen Sonderweg mit dem Focus auf der Energiewende als Überholspur bei der Wohlstandsschaffung folgen, womit aus dem anfänglichen Sonderweg eine Startrampe für eine Zukunft mit erneuerbaren Energie wird? Was gilt es politisch und ökonomisch zu unternehmen, um aus einer deutschen Ausstiegsinitiative eine international attraktive Umstiegsallianz zu machen? Die vier Hauptvoraussetzungen heißen: Die Energiewende

- muss innerhalb einer realistischen Zeit technologisch machbar sein;
- muss ökonomisch verdaubar bzw. förderlich für Jobs, Wachstum und Steuereinnahmen sein;
- sollte auf lange Sicht Vorteile beim Wohlstand – inklusive Risikoaspekten – bringen;

- sollte im Rahmen einer internationalen Allianzlösung preiswerter zu erreichen sein, als wenn ein Land allein eine Art Sonderweg mit isoliertem Ausstieg aus der Atomstromproduktion betreibt.

Eine Allianzlösung wird sich am ehesten in der EU anbieten, wo man in vielen Ländern auf Deutschland als ökonomisch-politisch-technologisches Modell-Land schaut. Es liegt nun an Deutschland selbst, eine durchdachte und vorbildliche Energiewende zu konzipieren. Hierbei sind die Unternehmen zuallererst gefordert und natürlich gibt es besondere Chancen für innovationsstarke Firmen mit einer Spezialisierung im Bereich Erneuerbare Energien einerseits und Erhöhung der Energieeffizienz andererseits.

In Deutschland läuft die politische Diskussion nicht selten mit extremer Positionierung oder kaum verständlicher Zuspitzung in der Argumentation. Exemplarisch ist hier die Darlegung eines Abgeordneten der Regierungskoalition, der folgende widersprüchliche Überlegung am 9. Mai in der Frankfurter Allgemeinen unter der Überschrift Standpunkte formulierte: „Die Forderung nach einem Atomausstieg ist in aller Munde und scheinbar Konsens in allen Parteien. Das verwundert wenig, schließlich ist sie gerade sehr en vogue, schnell formuliert, und die Folgen sind erst in etlichen Jahren absehbar. Im Kern war das schon das Prinzip des von SPD und Grünen beschlossenen Atomausstiegs: heute beschließen, morgen bezahlen lassen, von wem auch immer. Denn gerade bei dem rot-grünen Atomausstieg wurden wesentliche Fragen außer Acht gelassen. Weder gab es einen belastbaren Ausstiegsplan, wann welche wegfallenden Energiekapazitäten durch welche ersetzt werden sollen, geschweige denn ein Konzept dazu, wie Deutschland dies als Industrienation bewältigen soll." Man kann sich nur wundern, dass ein liberaler Volksvertreter beim Thema Energiewende nun zuallererst nach einer Art planwirtschaftlichem Ausstiegsmodell fragt, statt in der Tradition des Liberalismus die Rahmenbedingungen so anzupassen, dass unternehmerische Kreativität und Wettbewerb bzw. Innovationen im Bereich der erneuerbaren Energien und der Stromspeicherproduktion den Weg zu einer risikominimalen Energieversorgung zu minimierten Kosten weisen können.

Man hätte von einem liberalen Vorsitzenden des Finanzausschusses im Bundestag zumindest ein Plädoyer gegen die milliardenschweren „Schattensubventionen" der Atomkraft erwartet: Auf Basis von jährlich etwa 5.000 Mrd. Kilowattstunden (kWh) Stromerzeugung ergibt sich überschlägig bei 1/5 Marktanteil des Atomstroms nämlich eine versteckte Subvention von 500 Mrd. € (20% des Bruttoinlandsproduktes), wenn man von 0,5 € geschenkten Versicherungskosten pro kWh ausgeht. Pro Haushalt sind das jährlich 12.500 € Schattensubventionen, die hier für eine angeblich so preiswerte Kernenergie anzurechnen sind, wobei dieser Subventionsbetrag quasi eine Art anteilige Vorabrechnung für das versicherungsmathematisch in einer gewissen Zukunft erwartete große Atomunglück ist – Details zu den Versicherungsfragen werden im weiteren noch präsentiert. Wenn man Menschen fragte, ob sie derartige Schattensubventionen für angemessen halten, dann kann man sicher sein, dass die Antwort bei 100% der eingehenden Antworten ein festes Nein ist. Selbst wenn man sehr günstige Wahrscheinlichkeitsannahmen für die Atomstromindustrie bzw. mit Blick auf Unfallrisiken ansetzt, sind die Schattensubventionen nicht geringer als 0,25 € pro kWh, was pro Haushalt in Deutschland immer noch auf 6 250 € Schattensubventionen hinausläuft. Während sich Nachrichtensprecher darüber entrüsten, dass jeder Bundesbürger fast 25.000 € Staatsschulden mit sich trägt, die über Jahrzehnte für den Staat insgesamt angesammelt wurden, schafft es die kleine Atomstromwirtschaft, quasi unsichtbar hinter jedem Bewohner Deutschlands in nur vier Jahren rund 25.000 € zusätzliche „stille Verschuldung" anzuhäufen: Eben anteilige Gegenwartsbeträge, die bei einem Super-GAU dann als Entschädigungsrechnung für die Gesellschaft bleiben. Für das kleine und vielleicht kurze Glücksgefühl, preiswerten Atomstrom zu produzieren, gibt man sich der billigen Illusion hin, der Hauptteil der Rechnung für die Nuklearenergie werde niemals präsentiert. Das ist ein massiver Verstoß gegen die Vernunft und den Grundsatz der Generationengerechtigkeit bzw. der Nachhaltigkeit.

Der Bundestagsabgeordnete fährt fort „Auch in der jetzigen Debatte spielt dieser Aspekt anscheinend eine untergeordnete Rolle. Dabei zeigt gerade die aktuelle wirtschaftliche Entwicklung, wie sehr sich die Situation der Industrie auf unseren Wohlstand auswirkt. Es wird zwar viel über den Atomausstieg, aber viel zu wenig über die Zukunft Deutschlands als Industrienation geredet. Das hat auch mit der grünen Dominanz in der öffentlichen Debatte zu tun. Was kümmert es den grünen Oberstudienrat, wenn ein Arbeiter bei der BASF wegen höherer Energiepreise infolge eines übereilten Atomausstiegs seinen Job verliert? Die Industrie verpestet ihm die Luft und versaut ihm die Landschaft, Atomenergie ist ihm zu riskant und der Chemiearbeiter kann ja künftig Windräder montieren. Diesem Schema folgt die stereotype Argumentation der Grünen, der Atomausstieg koste nichts und schaffe obendrein neue Arbeitsplätze. Doch während die Arbeitsplätze, die durch den Atomausstieg gefährdet sind, hochproduktiv sind und zu unserem Wohlstand beitragen, sind die in der Branche der erneuerbaren Energien zum überwiegenden Teil hochsubventioniert und kosten Wohlstand." Es ist zwar richtig, dass es im Bereich erneuerbare Energien auch einige unvernünftig hohe Subventionen gibt, etwa bei der Solarenergie; aber man muss schon verstehen, dass sie eigentlich Ausgleichssubventionen für die Situation mit einem durch Schattensubventionen hochsubventionierten Atomstrom sind. Sicherlich ist es auch richtig, dass bei einem veränderten relativen Energiepreis – nach Atomausstieg – die Produktionsstrukturen sich gegenüber 2011 verändert haben werden. Doch ist dies Teil eines normalen Strukturwandels, dessen Ausrichtung der Wettbewerbs- bzw. Innovationsprozess bestimmen wird. Sicherlich ist es im Rahmen einer Mehr-Sektoren-Betrachtung auch richtig, dass dem Zugewinn an Arbeitsplätzen etwa bei Windanlagenbauern gegebenenfalls negative Job-Effekte in der Aluminiumindustrie gegenüberzustellen sind, die sich zumindest zeitweise auch mit einer Stromverteuerung und ggf. nachfolgender Einschränkung der Produktion (und eben weniger Jobs) konfrontiert sehen dürfte.

Als Partei der Marktwirtschaft könnte man eigentlich von einem liberalen Politiker am allerersten erwarten, dass er sich einsetzt für das Euckensche Prinzip der vollen

Haftung der Produzenten und daher eine Atomstromproduktion nur akzeptiert, wenn eine umfassende Haftpflichtversicherung der Atommeiler umgesetzt wird. Nachdem man aus Nachlässigkeit und Ignoranz über viele Jahre marktwirtschaftliche Grundsätze wie Kostenwahrheit und Haftungsgrundsätze bei der Atomkraft außer Kraft gesetzt hat und damit eine nukleare Privilegienwirtschaft aufgebaut hat, wäre es nach dem neuen Nachdenken nach Fukushima sehr angebracht, alte Fehler nicht blind weiterzuführen. Diejenigen anzuklagen, die einen Aus- und Umstieg organisieren wollen, ist unfair und dokumentiert außerdem, dass es bei manchen Abgeordneten eine Flucht aus der Verantwortung gibt. Billige Polemik gegen Lehrer und Lehrerinnen, die hier als dumm und egoistisch dargestellt werden, sind offenbar Teil einer Kampagne gegen die Vernunft in diesem Lande; während man von Lehrern klares Denken und gute Bildung erwarten kann, gibt es beim Schreiber des Standpunktes zumindest mit dem klaren Denken scheinbar Probleme. Man kann nur hoffen, dass das nicht ein neuer Markenkern der FDP sein soll, deren Freiburger Programm von 1972 einmal für die erste umweltpolitische Programmatik der bundesdeutschen Parteien stand. Statt Grüne, Sozialdemokraten und Konservative mit Bereitschaft zum Um- und Ausstieg zu beschimpfen und eigene Unbelehrbarkeit zu dokumentieren, wäre es doch wohl angebracht, darüber nachzudenken, wie die Kräfte des Wettbewerbs eingesetzt werden können, um die Energiewende auf effiziente Weise zu schaffen. Gerade der Wettbewerb unter verschiedenen erneuerbaren Energieträgern ist außerordentlich wichtig für einen effizienten Anpassungspfad. Jedes Land sollte im Wettbewerb selbst die jeweils besten Lösungen auf dem Weg zu einem massiv erhöhten Anteil an erneuerbaren Energien zu entwickeln helfen, wobei es die Unternehmen und Haushalte sind, die durch Innovations,- Investitions- und Kaufimpulse das Tempo des Strukturwandels hin zu einer nachhaltigen Wirtschaft bestimmen.

Im Übrigen sei darauf verwiesen, dass das Spektrum der Befürworter einer Energiewende sicherlich alle Parteien im Bundestag umfasst. Von Umweltminister Röttgen ist außerdem bekannt, dass er seit vielen Jahren eine recht differenzierte Einschätzung der Rolle der Nuklearwirtschaft vertreten hat. Dabei hat der Umweltminister auf EU-Ebene durchaus auch Ansatzpunkte einer Energiewende bzw. eines deutlichen Ausbaus der erneuerbaren Energien bei mehreren Ratssitzungen befürwortet. Es gibt jedenfalls in allen im Bundestag vertretenen Parteien Politikerinnen und Politiker, die sich für eine Energiewende ausgesprochen haben. Die hierbei bestehenden technologischen, ökonomischen, juristischen und organisatorischen Herausforderungen klug zu bewältigen, ist eine interessante Herkulesaufgabe, der sich vermutlich die Mehrheit der Unternehmen und der Bürgerschaft in Deutschland gerne stellt. Im Zeitalter von Internet und Internationalisierung bieten sich bei der Bewältigung der Herausforderung natürlich auch Aktivitäten in Netzwerken an – wie etwa bei www.energiewende.de.

Eine Energiewende, die mehr als ein deutscher Sonderweg in Sachen Atomausstieg sein soll, wird sich nicht von selbst einstellen. Es gilt, neue Märkte für Erneuerbare Energien in vielen Ländern zu organisieren und aus deutscher bzw. westeuropäischer

Sicht sollte man sich beizeiten nach Verbündeten umsehen: Das können US-Bundesstaaten wie Kalifornien, Texas, Iowa und Florida sein, wo man auf eine Politik der Energiewende setzt; oder es kann sich um ein Bündnis von Städten in Deutschland und anderen Ländern mit klarer Orientierung Richtung Energiewende handeln. Kaliforniens neue Gesetzgebung vom April 2011 schreibt vor, dass bis 2020 1/3 des Stroms aus erneuerbaren Energien kommen muss. Die Bedingungen für erneuerbare Energien sind von der Geographie des Bundesstaates her günstig, zugleich sind in Kalifornien führende innovative Firmen aus allen Branchen präsent. In Deutschland gibt es sicher mehrere Bundesländer, die sich in einer Führungsposition bei der Energiewende sehen möchten und es dürfte kaum Zweifel geben, dass Baden-Württemberg, Bayern, Nordrhein-Westfalen, Niedersachsen und Hamburg besonders gute Anknüpfungspunkte hierbei haben. Hamburg als Umwelthauptstadt 2011 der EU und Stockholm – mit dem Titel von 2010 – stehen für Erfolgsbeispiele ökologisch innovativer Großstädte und weitere Städte werden folgen. Das EU-Projekt Zug der Ideen – eine rollende Ausstellung mit umweltfreundlichen Visionen für das Leben in der Stadt – steht für eine europäische Vernetzungsidee, die sich auch beim Atomausstieg anbietet: Informationen zur Energiewende gilt es in die Städte der Welt, in die urbane Diskussion hineinzutragen; und hier sind viele Kommunikationswege nützlich.

Will man eine Energiewende in Deutschland – oder einem anderen Land –, dann bedarf es zunächst einer Bestandsaufnahme: Welche Struktur der Energie- bzw. Stromversorgung besteht, welche Kosten und Risiken bedeuten die bestehenden Strukturen? Welche Umstiegsmöglichkeiten zu welchen Kosten bieten sich an, wo sollte der Staat möglicherweise mit besonderen Anreizen bei der Nutzung von erneuerbaren Energien in der Stromerzeugung Expansionsimpulse setzen. Aus ökonomischer Sicht kann man besondere staatliche Anreize nur rechtfertigen, wenn damit ein gesellschaftlicher Zusatznutzen entsteht – etwa bei Forschung & Entwicklung im Bereich der erneuerbaren Energien. Grundsätzlich kann man aber auch argumentieren, dass erneuerbare Energien wie etwa Wind oder Biomasse oder Solarstrom eine Förderprämie brauchen, da die Expansion risikoarmer Stromerzeugungsformen die Verdrängung künstlich geförderter Atomstromherstellung mit ihren besonderen möglichen Risiken bedeutet.

Wie kann eine vorbildliche Energiewende aussehen? Je mehr Länder bei der Energiewende mitmachen, desto größer sind die Märkte für erneuerbare Energien, desto größer die internationalen Absatzmöglichkeiten der führenden Unternehmen, die etwa Windmühlen, Solaranlagen oder Turbinen für Wasser- oder Gaskraftwerke erzeugen. Da die Stromversorgung aus erneuerbaren Energien zeitlichen Schwankungen unterliegt, bzw. weil im 24-h-Rhythmus Nachfragespitzen entstehen, ist man auf schnell hochfahrbare Gaskraftwerke und Stromspeicher mittelfristig verstärkt angewiesen. Hier gibt es jedenfalls auch Investitionsimpulse und in einer gesamtwirtschaftlichen Betrachtung im zweiten Teil des Buches werden diese und andere Aspekte in die Gesamtüberlegungen einbezogen.

Eine Energiewende, die ausländische Partnerländer fasziniert und inspiriert für ein eigenes Nachfolgeprogramm, gilt es sorgsam zu konzipieren und umzusetzen: Aus Sicht der Wirtschaftspolitik geht es hier nicht nur um die Energiepolitik im engeren Sinn, sondern auch um die Schaffung günstiger Rahmenbedingungen für die internationale Expansion erneuerbarer Energien; diese Energien sollte man natürlich nicht übermäßig fördern, aber eine zeitweise transparente Förderung wäre durchaus begrüßenswert.

Es bedarf für eine beispielhafte nationale Energiewende in Deutschland führender innovationsstarker Konzerne und eines dynamischen expansiven Mittelstands im Bereich der Produktion erneuerbarer Energien. All dies ist in Deutschland vorhanden: Von den größten und effizientesten Turbinen bis zu den modernsten Windmühlen und Solaranlagen finden sich in Deutschland alle Anknüpfungspunkte für einen „Raketenstart" Richtung atomstromfreie Energiezukunft auf Basis erneuerbarer Energien. Dem steht entgegen ein enormes Beharrungsvermögen der Atomstromkonzerne in Frankreich, Großbritannien und den USA. Eine gewisse Ratlosigkeit herrscht im Übrigen in Japan, wo man sich auf politischer Ebene scheut, eine größere Abhängigkeit vom Import fossiler Brennstoffe – etwa Öl und Gas – zu akzeptieren, die sich zumindest für eine Dekade bei einem schrittweisen Ausstieg aus der Kernenergie ergeben dürfte. Atomkraftwerke könnten in Japan am ehesten durch Gas- und Kohlkraftwerke ersetzt werden. Ökonomisch am meisten attraktiv ist der Bau von Gaskraftwerken, da die zunehmende Förderung von „nicht-konventionellem Gas" (bisweilen Schiefer-Gas genannt) in den USA, Europa und Asien das weltweite Gasangebot steigen und die Gaspreise sinken lässt. Binnen weniger Jahre sind die USA durch die Förderung von nicht-konventionellem Gas, das sich dank technischer Fortschritte auch aus kleinen Lagerstätten mit Gewinn fördern lässt, zum weltgrößten Gasproduzenten geworden. Dabei wird von Umweltschützern in den USA, Kanada und der EU zwar kritisiert, dass bei der Förderung von Erdgas aus unkonventionellen Lagerstätten auch das Grundwasser belastende Chemikalien eingesetzt werden. In Paris hat die französische Regierung in 2011 festgelegt, dass zu diesem Fragenkomplex erst einmal wissenschaftliche Gutachten eingeholt werden sollen, bevor die Regierung weiteren Erkundungsbohrungen in Frankreich zustimmen wird. Es besteht aber kaum ein Zweifel, dass die Lagerstätten mit unkonventionellem Erdgas in globaler Betrachtung relativ groß sind. Soweit etwa in einem Umfeld mit starkem Ausbau der Stromerzeugung aus erneuerbaren Energien wegen deren zeitweise instabiler Angebotsmenge – etwa bei plötzlicher Windflaute in Nächten –Strom kurzfristig zusätzlich zu produzieren ist, sind eben neue Gaskraftwerke eine sinnvolle Übergangslösung. Dabei geht es um zeitliche Übergangsfristen von zwei bis drei Jahrzehnten.

Wenn allerdings viele Industrie- und Schwellenländer die Energiewende auf Basis der Gleichung mehr erneuerbare Energien plus neue Gaskraftwerke umsetzen wollen, dann wird sich mittelfristig wohl doch auch eine gewisse Preissteigerung bei Erdgas ergeben. Eine solche Entwicklung wird zum Vorteil der Hauptlieferländer von Erdgas

sein. Hier wird es also Verschiebungen der ökonomischen Gewichte in der Weltwirtschaft geben; reine Ölförderländer könnten an Bedeutung verlieren, Länder mit hoher
Gas- und Ölförderung dürften gewinnen. Durch die zunehmende Verfügbarkeit von
Flüssiggas (mit einem globalen Weltmarktanteil am Gasmarkt insgesamt von etwa 15%
in 2020), das mit Schiffen an verschiedene Nachfragepunkte der Erde leicht zu versen-
den ist, könnte sich der Gasmarkt mittelfristig erheblich verändern: Es entsteht mehr
Wettbewerb in allen Regionen auf den Öl- und Gasmärkten; der Gaspreis könnte sich
dabei vom Ölpreis sogar weitgehend abkoppeln. Wenn Gas im Zuge des Ausbaus von
Gaskraftwerken in Deutschland an Bedeutung zunehmen sollte, dann nehmen natürlich
auch die Abhängigkeiten vom Lieferland Russland zu; mit der Nordstream-Pipeline hat
sich Russland seit Sommer 2011 eine stärkere Position im EU-Gasmarkt erarbeitet. Ein
gewisses politisches Risiko besteht aus Sicht der Gasimportländer im Gasmarkt insofern, als eben die Hauptgaslieferländer der Welt – abgesehen insbesondere von Norwegen – nicht als stabile etablierte Demokratien eingestuft werden können.

Wie groß ist das Risiko, dass Deutschland bei der Energiewende auf einem energiepolitischen Sonderweg allein hängen bleiben wird? Das ist zunächst eine Frage nach
der Entwicklung der internen bzw. internationalen Diskussion zum Thema Energiewende in den EU-Ländern. Das ist nicht nur eine Frage, wie die Diskussion in Exper-
tenforen und den Medien läuft. Vielmehr geht es auch um die Positionierung wichtiger
bzw. einflussreicher Gruppen wie Kirchen und Gewerkschaften, die teilweise auch
international organisiert sind. Hier sind die entsprechenden Aussagen aus der von
Kanzlerin Merkel eingesetzten Ethik-Kommission „Sichere Energieversorgung" durchaus bemerkenswert; diese Kommission empfiehlt (in einem ersten Berichtsentwurf)
einen Ausstieg aus der zivilen Kernenergienutzung bis 2021 oder früher und setzt u.a.
auf verstärkte energetische Gebäudesanierung und stärkere Förderung von Kraft-
Wärme-Kopplung als Mittel zur Steigerung der Energieeffizienz. Es scheint, dass in
vielen EU-Ländern Kirchen- und Gewerkschaftsvertreter zu den Skeptikern der Atomstromerzeugung zählen. Mit Blick auf ein katholisches EU-Land Osteuropas gilt dies
aber offenbar eher nicht – Polen zählt zu den Ländern, in denen sich noch eine große
Mehrheit für den Einstieg in die Atomstromproduktion findet. Man fürchtet in Polen
von Seiten führender Politiker, dass der Verzicht auf Atomstromproduktion Wachstumsverluste bedeutet; selbst wenn das richtig wäre, so muss aber eine rationale Gesamtbetrachtung doch auch die erheblichen Risiken der Atomstromwirtschaft in die
Analyse einbeziehen. Wie auch immer die Positionen in den EU-Ländern sind, eine
breite offene Diskussion zur Energiewende ist sicherlich nützlich und unter demokrati-
schen Aspekten unbedingt erforderlich.

Es stellt sich aber auch die Frage, inwieweit Deutschland das Thema Energiewende
zu einem strategischen Anliegen macht, dass in allen Politikfeldern auf EU-Ebene
einzubringen ist. Ob es um mehr EU-Strukturfondsmittel (Gelder u.a. für die Förderung
armer Regionen) oder EU-Innovationsgelder oder EU-Agrarausgaben für bestimmte

EU-Länder geht, stets ist das strategische Ziel Energiewende von Seiten der Bundesregierung einzubringen.

Es gibt bei aller Konkurrenz von Firmen im grünen Energiemarkt in EU-Ländern durchaus auch gemeinsame strategische Interessen, die sich aus dem Vorhandensein etwa führender Turbinenhersteller – z.B. in Deutschland, Dänemark, Schweden, Großbritannien, Frankreich, Niederlande und Spanien – ergeben. Die gemeinsamen Expansionsinteressen von Anbietern im Sektor der erneuerbaren Energien kann die politische Zusammenarbeit der genannten Länder erleichtern; die Bundesregierung hat hier also gewichtige Kooperationsmöglichkeiten.

Auch bei der internationalen Zusammenarbeit von Bundesländern – man denke etwa an Baden-Württemberg mit Regionen in Frankreich oder der Schweiz oder die Kooperation Nordrhein-Westfalens mit den Niederlanden (Atomstromland) und Belgien (ebenfalls Atomstromland) – könnten entsprechende klare Akzente gesetzt werden: Förderung von Projekten im Bereich erneuerbare Energien und Impulse für den Ausstieg aus dem Atomstrom.

Betrachten wir also nachfolgend zunächst grundlegende Probleme der Atomwirtschaft und dann im Schlusskapitel die Perspektiven für den Aus- und Umstieg – inklusive der Fragen nach der Problematik eines deutschen Sonderwegs bzw. den Möglichkeiten für eine internationale Umstiegsallianz bei der Energiewende. Dabei wird deutlich werden, dass diese Frage ein wichtiger Problemaspekt ist. Aber zugleich wird deutlich, dass es zahlreiche ökonomische und politische Ansatzpunkte gibt, den Umstieg in vielen Länder gleichzeitig – wenn auch mit individueller Anpassungsgeschwindigkeit – auf die Schiene zu setzen. Dabei reichen die Koordinierungsmöglichkeiten von einer internationalen Ethik-Kommission, die durchaus auch auf EU- und UN-Ebene arbeiten könnte, bis hin zu gezielten EU-Initiativen, bei denen Deutschland ein Antreiber sein kann. Dass eine solche Situation nicht unproblematisch mit Blick auf die deutsch-französische politische Zusammenarbeit ist, erscheint offensichtlich, zumal Polen die Errichtung eines ersten Atomkraftwerkes plant und dabei auf französische Hilfe setzt – die Nuklearindustrie Frankreichs dürfte nach dem Fukushima-Unglück, das die Ausbaumöglichkeiten in Frankreich bei Atomstrom deutlich beschränkt, besonderes Interesse an einer Expansion im Ausland haben. Die Europäische Union selbst hat ja mit ihrem 20:20:20-Ansatz unter der deutschen Ratspräsidentschaft schon die Mindestmarke von 20% Anteil an erneuerbaren Energien im Energiemix bis 2020, eine Reduzierung der Klimagase um 20% und eine Erhöhung der Energieeffizienz um 20% gegenüber 1990 bzw. einem Standardreferenzszenario vorgegeben. Es wird mit Blick auf 2025-2030 eine weitaus ehrgeizigere Marke gemeinsam zu setzen gelten und man wird sehen müssen, ob man die entstandenen falschen Weichenstellungen in der nationalen Energiepolitik vieler EU-Mitgliedsländer wird beseitigen können. Die lange Zeit der unklaren Orientierung der EU-Politik gilt es zu überwinden. In einer Zeit, in der ein neuer Nationalismus vor dem Hintergrund der Staatsschuldenkrise droht, kann das Projekt Energiewende gemeinsame EU-Interessen mobilisieren. Mit dem Klima-

Aktionsprogramm bzw. der Entwicklungskarte für eine Gesellschaft mit minimalem CO_2-Ausstoß hat die Europäische Kommission einen wichtigen Impuls für mehr Nachhaltigkeit bis 2050 gegeben; in der 2011 vorgelegten Energy Roadmap 2050 hat die Kommission ehrgeizige Ziele bzw. Szenerios präsentiert – der Anteil der erneuerbaren Energien, gemessen am Brutto-Endenergieverbrauch, wird demnach von 10 auf mindestens 55% ansteigen. Zugleich steigen die Energiekosten.

2. Energie als Basis von Produktion, Atomstrom als Konfliktfeld

Energie ist ein für alle Produktions- und Lebensbereiche unerlässlicher Faktor, für die Wertschöpfung aller Sektoren ist er neben Kapital, Arbeit und technischem Wissen unverzichtbar. Strom kommt dabei nur auf den ersten Blick aus der Stockdose. Strom gilt es unter Einsatz von Energieträgern wie Kohle, Gas, Sonne, Wind etc. zu erzeugen und zum Kunden zu bringen: in Millionen Haushalte und Unternehmen. Das geschieht sonderbarerweise in vielen EU-Ländern zu ganz unterschiedlichen Kosten und im Übrigen häufig mit angeblich billigem Atomstrom. Die schwere Havarie im Atomkraftwerk Fukushima hat die Debatte über die Kosten und Risiken sowie den Nutzen von Atomstrom weltweit neu angefacht und ist eine Aufforderung an alle, die Argumente in der Nukleardiskussion verschärft zu beleuchten. Das gilt auch für die Kostenrechnung des nur scheinbar günstigen Atomstroms, dessen wahre Kosten man nun bei dem Fukushima-Unglück ansatzweise zu begreifen beginnt: Atomstromproduktion hat bei pannenloser und unfallfreier Stromerzeugung geringe Kosten, wenn man von der hohen Rechnung für den über Jahrtausende sicher zu deponierenden Atommüll einmal absieht; bei einer Havarie in einem Atomkraftwerk aber wird der Atommeiler zu einer tickenden Kostenbombe für das betreffende Kraftwerksunternehmen und für die Gesellschaft, deren Staat im Zweifelsfall gigantische Schäden abzudecken gezwungen sein wird. Der Bau eines modernen Atomkraftwerkes kostet etwa sechs Mrd. €, der mögliche Schaden bei einem Super-GAU, dem größten denkbaren Unfall, liegt bei dem 1.000-fachen des Betrages und die Hinterlassenschaft bei einem Austritt von Plutonium belastet nachfolgende Generationen für mehr als 24.000 Jahre. Denn die Halbwertzeit von Plutonium, das in vielen Mox-Brennstäben in einem Teil der 400 Atomkraftwerke in der Welt zu Beginn 2010 enthalten war, liegt eben bei dieser Jahreszahl – erst dann ist die Radioaktivität von heute auf die Hälfte abgeklungen; und das könnte immer noch tödlich sein. Man kann nur dankbar sein, dass die alten Ägypter nicht schon über Atomkraftwerke verfügten, die nach einer Havarie Teile der Welt für uns heutige Erdnutzer unbewohnbar gemacht hätten.

Die lange Zeit als preiswert und sicher propagierte Atomstromproduktion und seine Lobby geriet in Deutschland und Europa durch das Fukushima-Unglück unter massiven Druck: Das Handelsblatt veröffentlichte am 24. März auf Seite 1 die Titelzeile: Die wahren Kosten der Atomkraft. Der Text der ersten Spalten lautet: „Die Kernkraft „ist sauber, bezahlbar und sicher", sagte RWE-Chef Jürgen Großmann noch im vergangenen Sommer. Damals warb er mit seinen Kollegen von E.ON, Vattenfall und EnBW für eine Verlängerung der Laufzeiten der 17 deutschen Atomkraftwerke. Doch die Botschaft vom preiswerten Atomstrom stimmt nur im Fall des Normalbetriebs. Die Katastrophe im japanischen Kernkraftwerk Fukushima zeigt die wahren Kosten der

Kernenergie: Der Kernkraftwerksbetreiber Tokyo Electric Power musste jetzt japanische Banken um Kredite von umgerechnet 17,4 Milliarden € bitten. Nach den Erfahrungen mit der Atomkatastrophe von Tschernobyl dürfte diese Summe nur eine Anzahlung sein. Die Assekuranz lehnt es daher seit jeher ab, Atomkraftwerke zu versichern. Es sei „nicht verantwortbar", solche Risiken als Versicherer einzugehen, sagt Nikolaus von Bomhard, Chef des weltgrößten Rückversicherers Munich Re. Paul Welfens, Präsident des Europäischen Instituts für internationale Wirtschaftsbeziehungen in Wuppertal, hält die Preiskalkulationen der Energiewirtschaft deshalb für unzureichend: Wären Atomkraftwerke „verpflichtet, einen vollen Haftpflicht-Versicherungs-Schutz zu kaufen, wäre Atomstrom nicht wettbewerbsfähig", so Welfens in einem Beitrag für das Handelsblatt.

Das Thema Kostenwahrheit bei Kernkraftwerken lief durch die Medien, von Handelsblatt bis SPIEGEL, wurde im TV und im Internet diskutiert. Dabei entdeckte man doch nur, was die Münsteraner Wirtschaftswissenschaftler Hans-Jürgen Ewers und Klaus Rennings schon im Jahr 1991 veröffentlicht hatten – basierend auf Überlegungen, die Ewers offenbar schon seit Ende der 80er Jahre beschäftigten. Die Bundesregierung bekam eine erweiterte EWERS/RENNINGS-Studie in 1992 via Prognos-Gutachten geliefert, aber die Studie verschwand im Ministerium; veröffentlicht wurde sie nicht: Eine unbequeme, aber einfache und wichtige Wahrheit wurde unterdrückt. Ein Atomkraftwerk hatte damals eine Haftpflichtversicherung von gerade einer halben Milliarde €, relativ zu den von EWERS/RENNING geschätzten Kosten eines Super-GAUs eine absurd niedrige Absicherung. Die Atomstromproduzenten in Japan, Deutschland und der Schweiz fuhren indes in den beiden folgenden Jahrzehnten fort zu betonen, dass die Atomstromproduzenten in unbegrenzter Höhe hafteten. Das aber ist eine Pseudohaftung bei einer schweren Havarie, denn eine solche wie in Fukushima bringt den Atomstromproduzenten rasch an den Rand des Konkurses – da gibt es nur eine faktisch minimal begrenzte Haftung des Betreibers und das gilt praktisch für alle 400 Atomkraftwerke weltweit. Ein echtes Restrisiko, im Sinne eines kleinen Risikos, ist bei den Atomkraftbetreibern, das echte Risiko ist bei einem Super-GAU beim Staat. In der EU bedeutet das, dass der EU-Binnenmarkt für Strom durch einen gigantisch verzerrten Wettbewerb zugunsten von Atomstrom manipuliert ist. Damit aber kann der in Marktwirtschaften doch sonst hochgelobte Wettbewerb keine optimalen Ergebnisse bzw. keine Wohlstandsmaximierung erbringen. Im Gegenteil, risikoarme Stromerzeugungsalternativen werden aus dem Markt gedrängt, während die Atomstromproduzenten ungestört von der EU-Beihilfenaufsicht und der Politik dank „Schattensubventionen" prächtig gedeihen und das Management einer Art Spekulation nachgeht: Solange die Atomkraftwerke im Normalzustand funktionieren, werden hohe Gewinne erzielt, falls es eine schwere Havarie im Kraftwerk oder gar einen Super-GAU gibt, dann muss man eben das Feld räumen und dem Staat die faktische Entschädigung von Abertausenden oder Millionen Menschen zuschieben. Der Evakuierungsradius von 20 km um das Fukushima-Kraftwerk könnte für 50-100 Jahre unbewohnbar für Menschen sein, die Zahl zusätzlicher Krebstote in Japan könnte in die Hunderte gehen, die Produktionsstörungen der japanischen Wirtschaft und die Verseuchungsschäden von Meer und Natur könnten viele Milliarden an Schäden verursachen. Das ist eine denkwürdige Bilanz zum Thema billiger und sicherer Atomstrom. Die Atomstromwirtschaft kann man aus analytischer Sicht so ansatzweise einer besonderen Nische hochgradig riskanter Spekulationsaktivitäten zurechnen. Fatal erinnern bestimmte Mechanismen der Atomstromwirtschaft und ihres Risikomanagements an die Transatlantische Bankenkrise, wo ja auch schon die Rechnung von Großbanken mit überzogener Risikolust an die Steuerzahler in Form gigantischer Milliardenrechnungen weitergeleitet wurden – mit nachfolgender Staatsverschuldungskrise in vielen Industrieländern. Eine ökonomische und wettbewerbsverträgliche Form der Stromproduktion ist Atomstrom jedenfalls nicht. Die Rechnung für Erdbeben- und Tsunami- plus Atomunfallschaden von Fukushima könnte Japans schon hohe Staatsverschuldung in eine höchst kritische Größenordnung katapultieren: Ein mittelfristiger Absturz der Wirtschaft Japans kann – auch wenn man auf expansive Konjunktureffekte durch Wiederaufbauprogramme kurzfristig hoffen mag – nicht ausgeschlossen werden.

Für ein Mehr an Atomstrom – für 8-15 Jahre längere Laufzeit – hat die Bundesregierung im September 2010 die Weichen gestellt. Zentrale Begründung: Das sei eine gute „Brücke" in eine zukünftige Phase mit mehr erneuerbaren Energien, zumal die Atomstromproduzenten Zusatzabgaben zu leisten hätten für einen Fonds zur Förderung erneuerbarer Energien. Die Märkische Allgemeine erschien in Potsdam am 8. September 2010 indes mit der Schlagzeile: Atomkraft gefährdet Investitionen. Die kommunalen Versorger erwarten als Konsequenz der durchschnittlich etwa zwölfjährigen Laufzeitenverlängerung, dass 4,5 Mrd. € weniger an Investitionen kommunaler Versorger zu verzeichnen sein werden – so jedenfalls bezifferte dies Albert Filbert, der Vorsitzende der Stadtwerkevereinigung 8KU. Die großen Energiekonzerne wiederum verweisen gerne darauf, dass sie in einem Vergleich mit kleinen und mittleren Stromfirmen effizienter bei in der Netznutzung seien (so eine WIK-Studie). Es hat in der Vergangenheit durch großtechnische Kohle- und Kernenergieverstromung – unter Absehung von den externen Kosten – durchaus Kostenvorteile für Energiekonzerne geben, aber man muss beim Vergleich kommunaler Anbieter mit Energiegroßkonzernen auch den Aspekt sehen, dass kleinere Anbieter z.B. durch Anlagen der Kraft-Wärme-Kopplung eher auf die Wünsche ihrer regionalen und lokalen Kundschaft bei Strom, Wärme und Dampf eingehen und wegen relativ geringer Marktanteile auf dem Strommarkt auch weniger Marktmacht haben als Großkonzerne: also dürften kommunale Anbieter mit guter Unternehmensführung bei verstärktem Wettbewerb auch die Preise niedriger halten als manche Großkonzerne. Hinzu kommt, dass hinsichtlich der Förderung der Energieeffizienz und der erneuerbaren Energien dezentrale und kommunale Unternehmen schon immer die innovativeren Akteure waren (vergl. auch Kapitel 7).

Immerhin hat die Bundesregierung die Laufzeitenverlängerung unmittelbar nach dem Fukushima-Unglück mit einem dreimonatigen Moratorium versehen und während dieser Zeit sieben ältere Kernkraftwerke zur Sicherheitsüberprüfung abgeschaltet – das AKW Krümmel, das wegen Störfällen gerade ohnehin außer Betrieb war, bleibt zunächst ebenfalls vom Netz. Die Folge ist, dass zeitweise mehr Strom importiert wird, wesentlich aus Frankreich und Tschechien, die beide hohe Anteile an Atomstrom haben. Das ist eine stunden- oder tageweise Folge der Abschaltung der sieben AKWs, sollte aber hinsichtlich langfristiger strategischer Fragen der Energiewirtschaft bzw. einer Energiewende hin zu erneuerbaren Energien keine Rolle spielen.

Energie in der Form von Strom, Wärme, Prozessdampf oder Treibstoff ist weitgehend[1] unverzichtbar für die Produktion, für den Transport, für das Heizen in einer modernen Industriegesellschaft. Allerdings kann Energieeinsatz auch durch die anderen Produktionsfaktoren wie z.B. Effizienztechniken, optimierte Organisation, anderes Verhalten teilweise ausgetauscht werden. Die Struktur der Energieerzeugung hat Auswirkungen auf die Produktionskosten einerseits und die Emissionen bzw. den Klimawandel andererseits. Im Interesse der Begrenzung des Klimawandels sind Treibhausgase zu begrenzen, was nach einem vernünftigen Energie-Mix verlangt, der CO_2-arm sein sollte bzw. geringe Treibhausgas-Emissionen bedeutet. In der EU hat man sich politisch darauf verständigt, bis 2020 die CO_2-Emissionen um 20% zu reduzieren und den Anteil der erneuerbaren Energien auf 20% zu erhöhen: Die prägnante Formel 20:20:20 entstand. Über eine CO_2-Reduktion um 30% bis 2020 wird lebhaft diskutiert. In vielen EU-Ländern spielte bei den Reduktionsversprechen die Überlegung eine wichtige Rolle, dass man mit der Erzeugung von (fast) CO_2-freiem Atomstrom einen wichtigen und sicheren Ansatzpunkt in der Hand hielt, um den Zuwachs an Emissionen bei Treibhausgasen zu begrenzen. Japan und die USA sowie einige Schwellenländer haben auf UN-Ebene Reduktionsversprechen beim CO_2-Ausstoß gemacht, die wohl auf nationalen Expansionsplänen bei der Atomstromproduktion basieren.

In Deutschland hatte die rot-grüne Regierung unter Kanzler Schröder im Jahr 2000 einen sogenannten „Atomkonsens" mit den Atomstromkonzernen erreicht, der einen Ausstieg aus der Kernenergie im Zeitfenster bis etwa 2024 vorsah. Die Tatsache, dass die Partei Die Grünen – wesentlich als Anti-Atomstrompartei entstanden – diesen Vertrag politisch mitgetragen hatte, konnte man als Anzeichen dafür sehen, dass die scharfen Gegensätze zum Thema Atomstrom in der Gesellschaft überwunden worden waren. Diesen mit viel politischer Mühe erreichten historischen Atomkonsens hat die schwarzgelbe Regierung unter Kanzlerin Merkel aufgekündigt: Die neue 11. Novelle des Atomgesetzes erhöht die Reststrommengen gegenüber dem ursprünglichen Umfang des Atomkonsenses um 69% und als Zeithorizont für das Abschalten des letzten Atomkraftwerkes in Deutschland ergibt sich etwa 2040[2]. Die Regierung Merkel hat den

---

[1] „Weitgehend" bedeutet, dass zum Beispiel in „Plus®Energie"-Gebäuden in der Gesamtbilanz mehr Energie (z.B. durch Solarstrom) hergestellt werden kann als das energetisch optimierte Gebäude selbst verbraucht.

[2] Vergl. auch VDW, 2011. Da bei der Laufzeitverlängerung erneut „Reststrommengen" vereinbart wurden hängt es von der tatsächlichen Produktionsmenge eines AKW pro Jahr ab (unter Berücksichtigung von

Atomkonsens der Vorgängerregierung durch eine für die Atomstromkonzerne günstige Regelung geändert, die jedoch nach dem Unglück im Fukushima-Atomreaktor neu in Frage gestellt ist. Es ist interessant, sich die 11. Atomgesetz-Novelle mit ihren Bestimmungen näher anzusehen, die mit den sogenannten freiwilligen Vorab-Steuerzahlungen der Stromkonzerne mindestens ein sonderbares Element enthält (jedenfalls kann sich ein Steuerzahler individuell nicht durch Vorab-Steuerzahlungen Gefälligkeiten von Kommune, Land oder Bund legal organisieren):

- Es gibt Sondereinnahmen des Staates, denn es wird eine Kernbrennstoffsteuer auferlegt, wobei 145 € pro Gramm Kernbrennstoff eingenommen werden. Die Steuereinnahmen dienen der allgemeinen Haushaltskonsolidierung.

- Es gibt einen Fonds zur Förderung von Energieeffizienz- und Klimaschutzmaßnahmen: Aus freiwilligen Vorauszahlungen der Atomstromkonzerne von 300 Mio. € in 2011 und 2012 und je 200 Mio. € im Zeitraum 2013-16 soll ein besonderer staatlicher Fonds für Energieeffizienz- und Klimaschutzmaßnahmen gespeist werden; ab 2017 werden sogenannte Gewinnausgleichszahlungen freiwillig eingeführt, und zwar werden die Atomstromkonzerne 9 €/MWh zahlen, die wiederum Energieeffizienz- und Klimaschutzmaßnahmen finanzieren sollen. Für die Zeitperiode 2017-2022 werden die zuvor genannten Vorauszahlungen angerechnet. Damit lässt sich die Regierung gewissermaßen von der Atomstromindustrie als Gegenleistung für die längere Duldung von Atomstromrisiken Schritte in Richtung mehr erneuerbare Energien bezahlen, was aber nur scheinbar nach einer moralisch vertretbaren Verwertung der Extragewinne der Atomstromkonzerne klingt (nach einer ähnlichen Logik könnte man diese Konzerne auch für einen Sonderfonds Schulbildung oder Entwicklungshilfe zur Kasse bitten – und das käme doch den meisten Menschen sehr sonderbar vor; in jedem Fall ist aus Sicht des Kategorischen Imperativs von Kant hier ein sehr großes Fragezeichen anzumelden).

Die zwischen der Regierung und den Atomstromkonzernen vereinbarte Regelung läuft insgesamt darauf hinaus, dass die Regierung höhere Steuereinnahmen erhält und sich einen Sondertopf für Klimaschutzprojekte von den Atomstromproduzenten finanzieren lässt. Damit macht sich die Regierung finanzpolitisch erpressbar, weil der nach Fukushima diskutierte schnellere Atomausstieg automatisch auch zu Lasten von Bundes-und Länderhaushalten (z.B. bei EnBW in Baden-Württemberg) gehen würde. Eine vernünftige ökonomische Logik hierzu ist kaum erkennbar. Wenn die Regierung verstärkte Klimaschutzmaßnahmen für wichtig hält, dann kann sie diese aus dem allgemeinen Steueraufkommen vorfinanzieren und auf Grund der induzierten gesamtwirtschaftlichen Multiplikatorwirkungen durch zukünftig erhöhte Steuereinnahmen refinanzieren (vgl. hierzu die Modellrechnungen in Teil II). Es ist nicht notwendig, die Bevölkerung in Deutschland für 15 Jahre den nicht geringen Gefahren der Atomstromerzeugung

---

geplanten oder ungeplanten Stillständen) wie viele Jahre ein AKW tatsächlich am Netz ist; das kann auch über das Jahr 2040 hinausgehen.

auszusetzen, nur um einige zusätzlich Milliarden € von den Atomstromproduzenten in einem Klimaschutzfonds der Atomstrombetreiber zu bekommen, den am Ende ohnehin die privaten Haushalte über höhere Strompreise zahlen. Vollständig unabhängig von einer Laufzeitverlängerung ist eine Kernbrennstoffsteuer zweifellos erwägenswert, wenn damit etwa die ungedeckten Haftpflichtrisiken – sie werden faktisch vom Staat übernommen – abgedeckt werden sollen. Allerdings müsste eine solche Kernbrennstoff-Steuer für einen solchen Zweck ein Vielfaches der jetzigen Kernbrennstoff-Steuer ausmachen. Aus einem ordoliberalen Verständnis von Marktwirtschaft, das auf Leistungswettbewerb und Vollständigkeit der Wirtschaftsrechnung setzt, hätte man schon seit Jahrzehnten die volle Haftung der Atomstrombetreiber verlangen müssen; und einige Ökonomen haben immerhin in dieser Richtung argumentiert, wie noch zu zeigen sein wird. Im politischen Raum haben aber gerade die Vertreter eines marktliberalen Ansatzes die Forderung nach voller Haftung der Atomstromkonzerne in Deutschland nicht erhoben; offenbar aus durchsichtigen Gründen. Das ist weder vernünftig aus ökonomischer Sicht, noch trägt es zur politischen Glaubwürdigkeit bei.

Es wird zu zeigen sein, dass man in große Probleme hineinläuft, wenn die Grundprinzipien der Marktwirtschaft in wichtigen Bereichen außer Kraft gesetzt werden; das gilt für den Finanz- bzw. Bankensektor nicht weniger – da schrammt die Weltwirtschaft im Herbst 2008 gerade an einer „Kernschmelze" knapp vorbei – als für den Stromsektor. Widersprüchliche Preisbildungselemente und falsche Anreize in den beiden Sektoren, die zusammen in vielen Industriestaaten etwa 10% der Wertschöpfung ausmachen, könnten aber unter ungünstigen Umständen durchaus längerfristig zum Ende der Marktwirtschaft führen, wie wir sie kennen. Es lohnt von daher, sich den Mühen der Analyse und der Debatte um die politischen Konsequenzen zu stellen. Es mangelt durchaus auch nicht an kritischen Beiträgen zum Umgang mit der Natur, an der man über Jahrzehnte teilweise einen blinden Raubbau betrieben hat (z.B. VON WEIZSÄCKER, 1992; WELZER/WIEGANDT, 2011)

Nach dem Fukushima-Atomunglück stellt man in Deutschland bzw. den EU-Ländern und auch in den USA und Japan sowie in vielen anderen Ländern der Welt die Frage neu nach Kosten, Nutzen und Risiken der Atomstromproduktion. Die Regierung in Deutschland hat ein dreimonatiges Moratorium für die Anwendung der 11. Novelle zum Atomgesetz verhängt, wobei das Verfahren „Moratorium" – also Aussetzen des Vollzuges eines Gesetzes – merkwürdig ist und vor Gericht zu überprüfen sein wird. Zudem hat die Regierung angeordnet, dass man eine besondere Sicherheitsüberprüfung der Atomkraftwerke in den drei Monaten durchführen werde, wobei dies nur in Verbindung mit den Bundesländern mit Atomkraftwerken möglich ist. Geprüft werden soll unter anderem die Sicherheit gegen Terrorangriffe mit Flugzeugen – intern sind hierzu schon lang Analysen bekannt – und auch die Risiken von Cyber-Attacken, also Hacker-Angriffen auf die computerbasierten Steuerungszentralen von Atomkraftwerken, sollen ausgeleuchtet werden. Bislang hat man Atomkraftwerke in Deutschland dahingehend überprüft, ob sie denn einem Terrorangriff mit einer gekaperten Boeing 747 oder einem

Airbus A340 standhalten könnten und die Ergebnisse sind für die älteren Nuklearmeiler sehr schlecht. Die Frage mag noch eine gewisse Berechtigung in Sachen Sicherheitsüberprüfung haben, aber die wichtigere Frage lautet, wie schnell kann man einen Ausstieg aus der Atomstromproduktion ohne Gefährdung der Stabilität des Stromnetzes erreichen bzw. welche Investitions- und Stabilisierungsmaßnahmen sind notwendig, um im Grundlastbereich (im täglichen Dauerbetrieb) bislang tätige Atomkraftwerke dauerhaft vom Netz nehmen zu können.

Im Windschatten der Fukushima-Havarie, die so viel zusätzliches Leid über die japanische Bevölkerung gebracht hat (neben den Erdbeben- und Tsunami-Schocks), ergab sich für Deutschland bereits eine erhebliche politische Veränderung: Im Atomkraft-Land Baden-Württemberg wurde Ende März 2011 erstmals überhaupt in einem Bundesland eine grün-rote Mehrheit für den Landtag gewählt und erstmals wird ein Grüner Ministerpräsident in einem Bundesland. Der von einigen Experten und manchen Industrievertretern der 60er Jahre verheißene Traum, dass man in Deutschland preiswerten und sicheren Atomstrom im Überfluss werde produzieren können, ist damit auch sichtbar politisch mit einem großen Fragezeichen versehen worden. Zu diesem politischen Fragezeichen kommen allerdings die zahlreichen ökonomischen Zweifel, denn die Kosten bzw. Risiken der Atomstromerzeugung werden bislang nicht richtig kalkuliert; jedenfalls nicht in der Kostenrechnung der Atomstromkonzerne und ganz sicher auch nicht in den Kosten-Nutzenrechnungen mancher Ministerien und Behörden. Durch das Fukushima-Unglück verstehen viele Politiker und Manager und viele Bürger erstmals, dass man ein Atomkraftwerk ohne weitere Stromversorgung für eine andauernde Kühlung nicht einfach mit einem Knopfdruck abstellen kann: Der radioaktive Zerfallsprozess geht noch Monate weiter und wenn die Brennstäbe im Reaktor und in den Abklingbecken – für Altbrennstäbe – nicht ununterbrochen vernünftig gekühlt werden, dann kann eine Kernschmelze eintreten. Die dabei entstehende gewaltige Hitze von über 2.000 Grad Celsius lässt den Reaktorkern schmelzen, dieser kann in den Boden eindringen und von dort aus in die Umwelt: Luft, Wasser, Boden können schwer radioaktiv verseucht werden, die Hülle der Reaktorgebäude kann in die Luft fliegen: Arbeiter, Einwohner der Region und – je nach Windrichtung – auch entfernt Lebende können massive Schäden an Leib und Leben sowie an ihrem Eigentum erleiden. Es muss nicht zynisch klingen, wenn man sich überlegt, dass das Fukushima-Unglück nur dank günstiger Winde keine Massenpanik in der 35 Mio. Metropole Tokio ausgelöst hat und das auch kein Kreuzfahrtschiff mit US-Bürgern zum Zeitpunkt des Atomunglücks an Fukushima vorbeifuhr – die dann zu erwartenden milliardenschweren Schadensersatzklagen radioaktiv verseuchter Passagiere hätten sicher das wirtschaftliche Ende des Atomstromkonzerns Tokyo Electric Power Company bedeutet und zudem eine schwere Belastung der japanisch-amerikanischen Beziehungen. Das Atomunglück von Fukushima hätte viel schlimmer noch verlaufen können, als es tatsächlich eingetreten ist; immerhin waren ja zwei der sechs Atommailer des Kraftwerkes zufällig gerade außer Betrieb, als Erdbeben und Tsunami die Kernkraftanlage trafen. Für das rohstoffarme Japan stellen sich mit dem Atomunglück ebenso fundamental Fragen neu wie für Europa, die USA, Russland, China, Indien und andere Länder mit AKWs. Statt von vornherein aus der Knappheit an fossilen Energieträgern den Schluss zu ziehen, dass letztlich nur aus der unerschöpflichen Sonnenenergie und dem hocheffiziente Umgang mit Energie Wohlstand und Energiesicherheit gewonnen werden kann, hat man Wirtschaft und Gesellschaft von der Wette abhängig gemacht, dass das Restrisiko der Atomenergie niemals eintreten würde. Ein fataler Irrtum!

Mit der Atomenergie schien man in den 60er Jahren in den Industrieländern einen neuen preiswerten Energieträger gefunden zu haben, bei dem man dank Wiederaufbereitung der Brennstäbe trotz begrenzter natürlicher Uranvorräte eine preiswerte Brennstoffversorgung in der Hand halten wollte. Die Kapazität von Atomkraftwerken wuchs in den 60er bis 80er weltweit stürmisch, um dann im Saldo (aus Neuzugängen und Abschaltungen) seit etwa 1990 bis heute weitgehend zu stagnieren. Mit der nuklearen Atomstromproduktion schien man in den Industrieländern ein preiswertes Füllhorn für großtechnische Energieproduktion in der Hand zu haben. In den 70er Jahren – nach den OPEC-Ölpreis-Schocks – wurde die Zahl der Neubauten beschleunigt, denn Atomstrom versprach eine gewisse Unabhängigkeit von den politisch latent instabilen Öllieferländern des Nahen Ostens. Frankreich setzte unter allen westlichen Industriestaaten am stärksten auf den Ausbau der Atomstromerzeugung. AKWs liegen, da sie riesige Mengen von Wasser zur kontinuierlichen Kühlung brauchen, an Flüssen oder auch am Meer. In Japan liegen sie alle an der Küste; einige auch an der dem offenen Pazifik zugewandten Ostküste – so wie die Atommeiler in Fukushima – und das bedeutet, dass man schweren Tsunamis bzw. großen Wellen oberhalb der Auslegungsgrenze relativ schutzlos ausgeliefert ist. Aber eigentlich kann, so dachten viele Experten, nichts in einem modernen Atomkraftwerk passieren. Denn bei Erdbeben greift eine Schnellabschaltung, gegen Monsterwellen schützen sechs Meter hohe Schutzwände Richtung Meer. Dennoch sind in Fukushima im März 2011 gleich vier Atommeiler und obendrein die Abklingbecken mit ausrangierten Brennstäben zeitweise außer Kontrolle geraten. Japan steht nach einem Erdbeben und einer nachfolgenden Tsunami-Welle vor einem Atomstrom-Schock. Die Welt schaut über Wochen auf das Drama in Fukushima, auf ein Atomstrom-Unternehmen mit Namen Tokyo Electric Power Company, dessen Direktor sich gleich in der ersten Woche krankschreiben lässt und dann auf dem Höhepunkt der Tragödie vorübergehend abtaucht. Natürlich kann man fragen, wie groß das Desaster in Japan ist und welche Schlussfolgerungen man in anderen Ländern mit Atomstromerzeugung ziehen sollte. Man kann aber auch die weitergehende Frage stellen, wieso eine grundlegend falsche Wirtschaftsrechnung in Sachen Atomstromerzeugung in führenden Marktwirtschaften über Jahrzehnte aufgemacht werden konnte. Wieso wurden Risiken der Atomkraft grundlegend unter Wert bepreist, wieso liegt z.B. in Deutschland die Haftpflichtversicherung eines Atomkraftwerkes bei 2,5 Mrd. €, während der größte anzunehmend Unfall, der Super-GAU, wohl mit 5.000-6.000 Mrd. € anzusetzen ist: Das zweieinhalbfache des jährlichen Bruttoinlandsproduktes in

Deutschland. Niemand kann ein Auto fahren und nur für ein Rad eine Haftpflichtversicherung abschließen – bei den Atomstrombetreibern aber ist eine solche Miniatur-Haftpflicht Standard. Einen vernünftigen Umgang mit Großrisiken hat jedenfalls die Marktwirtschaft bislang nicht gelernt. Das gilt für Finanzmarktkrisen, wie sich in der Transatlantischen Bankenkrise gezeigt hat (WELFENS, 2009b), das gilt erst recht für den Umgang mit Risiken bei der Atomstromerzeugung.

Wenn man sich einen möglichen Super-GAU für ein Kernkraftwerk in Deutschland oder Frankreich vorstellt, dann hätte das furchtbare und langwierige Folgen für die Menschen, für Flora und Fauna. Es wäre aber auch eine europapolitische Zäsur, denn im Gefolge eines Super-GAUs in einem Atomkraftwerk in Deutschland oder Frankreich wäre auch der Euro bzw. die Währungsunion am Ende. Es ist nicht vorstellbar, dass bei unterversicherten und letztlich unversicherbaren Atomkraftwerken der betroffene Staat auch nur die Hälfte der zu erwartenden Schäden im Wege einer Kreditaufnahme über viele Jahre oder Jahrzehnte würde finanzieren können – wie noch zu zeigen sein wird. Jede Art finanzieller Rettungsschirm, wie er gerade in 2010 bzw. für 2013 – dann als Dauereinrichtung – in der Eurozone eingerichtet wird, ist bei einem Super-GAU in Deutschland oder Frankreich wertlos und damit wären gigantische Kapitalabflüsse, riesige Zinserhöhungen und vermutlich hohe Inflationsraten und ökonomisch-politisches Chaos die Folge.

Der noch überschaubare Störfall in Fukushima setzt Wirtschaft und politisches System sowie die Natur in Teilen Japans unter großen Stress; ob das Land als politisch-ökonomisches System einen Super-GAU überleben könnte, ist offen. Man kann jedenfalls die Frage stellen, ob die Entscheidung für angeblich billigen Atomstrom eine nachvollziehbare ökonomische Vernunftbasis hat bzw. wie viel Wunschdenken bei der Errichtung von Atomkraftwerken eine Rolle gespielt hat. Der vordergründig so preiswerte Atomstrom hat in jedem Fall zu einer weltweiten künstlichen Stromverbilligung geführt und dies hat in vielen Industrieländern den Ausbau von energieintensiven Industrien und Produkten begünstigt. Japans Atomstromprogramm hat sicherlich zu den hohen Exportüberschüssen des Landes beigetragen, denn die Hauptexportgüter Japans sind energieintensiv: Produkte aus Eisen und Aluminium gehörten über viele Jahre in besonderem Maße dazu und ähnlich gilt dies für Deutschland, Frankreich, die USA und Großbritannien sowie die Sowjetunion/Russland. Die Produktions- und Exportstruktur der Weltwirtschaft wäre ohne den über Jahrzehnte künstlich verbilligten Atomstrom zu anderen Wirtschaftsstrukturen gelangt als die Strukturen, die sich tatsächlich ergeben haben. Eine grundlegende Neubewertung der Atomstromproduktion bzw. ein Blick auf die wahren Kosten des Atomstroms läuft darauf hinaus, auch einige bittere weltwirtschaftliche Wahrheiten zur Kenntnis zu nehmen.

Marktwirtschaften sind jedoch prinzipiell anpassungsfähig und moderne Gesellschaften auch, wenn neue Weichen endlich politisch gestellt werden. Eine sich daraus ergebende Hauptroute lautet: Vorrang für Energieeffizienz und für erneuerbare Energien, nicht für alle und überall mit gleicher Priorität, aber in jedem Fall ist eine umfassende Energiewende nicht nur zu erwägen und vernünftig, sondern auch überfällig. Es ist allerdings auch eine Energiewende, die paradoxe Reaktionen hervorrufen wird. Denn die Atomstromproduzenten werden behaupten, dass sich beim Ausstieg aus der Kernenergie die Stromkosten verteuern. Das Argument ist aber nur oberflächlich korrekt: Denn nur beim ersten Anschein ist Atomstrom bzw. unter Ausblendung einer vernünftigen Haftpflichtversicherung – sie wäre eigentlich der größte Kostenblock des Atomstroms – eben billig. Zu den alten falschen Preisen gerechnet kann man sagen: Da der letzte für die Stromversorgung noch zugeschaltete teuerste Stromanbieter an der Strombörse den Börsenpreis bestimmt, ergibt sich beim Abschalten von Atomkraftwerken nur dann eine Preiserhöhung, wenn ersatzweise alte oder neue Gas- und Kohlekraftwerke mit höheren Kosten als bisher zugeschaltet werden müssen. Eine auf Basis der wahren Kosten von Atomstrom erfolgende Wahrnehmung bei der Energiewende würde sich jedoch wie folgt darstellen: Ein mit Schattensubventionen (Verzicht des Staates auf vernünftige Haftpflichtvorgaben) künstlich herunter subventionierter Energieträger, der am Markt seine wahren Kosten nicht verdienen kann, geht verdientermaßen vom Netz. Es mag Staaten geben, die weiterhin auf Basis einer falschen Kostenrechnung ihre Atomkraftwerke weiterlaufen lassen – das hat dann aber wenig mit Rationalität und Ökonomie zu tun, eher mit Ideologie, Macht, Prestigedenken, Vabanque-Spiel oder Risikoignoranz und auf jeden Fall mit einem politisch bedingten geringen Interesse an Sicherheit.

Fragen nach der Sicherheit der Atomstromerzeugung wurden über Jahrzehnte vor allem als technologische Frage betrachtet – mit hinreichendem technologischen Aufwand schien es möglich, sichere Atomkraftwerke zu bauen. Die Standards setzte der Staat, im Einvernehmen mit der Atomindustrie und oftmals auch einfach in staatlichen Atomkraftwerken. Das sogenannte Restrisiko, das angeblich sehr gering sei, dass es praktisch nicht zu berücksichtigen war, wurde faktisch der Gesellschaft, späteren Generationen und den Steuerzahlern zugeschoben. Die Frage, wie hoch die Risiken und die wahren Kosten der Atomstromerzeugung sind, muss aber nach dem Fukushima-Atomunglück grundlegend neu gestellt werden.

Die Nutzung von Energie ist für Industrieländer unerlässlich, zugleich ist der Energiemarkt aber stark politisiert. Die deutliche Politisierung ergibt sich aus mehreren Gründen:

- Die Lagerstätten wichtiger Energieträger wie Gas und Öl sind auf eine geringe Zahl von Ländern, die z.T. als politisch wenig stabil gelten, konzentriert. Bei den Ölförderländern besteht zudem eine hohe Konzentration auf der Angebotsseite, nämlich in Form der OPEC. Sie konnte zweimal in den 70er Jahren jeweils eine annähernde Vervierfachung der Ölpreis durchsetzen, was zumindest für eine mittelfristige Marktmacht spricht. Wegen der Lieferung von Rohöl über eine Flotte von Tankern hat sich ein wirklicher Weltmarktpreis herausgebildet; es gibt zwischen dem Ölpreis etwa in New York und dem in Hamburg oder Singapur nur geringe Unterschiede. Diese sind im wesentlichen Ausdruck der Transportkosten.

- Auch bei den Gasförderländern gibt es eine relativ kleine Zahl von Förderländern, die zusammen einen hohen Markanteil aufweisen; zu den führenden Gas-Exporteuren gehört auch ein europäisches Land, nämlich Norwegen. Allerdings gibt es keine Gas-OPEC, obwohl es auf Seiten der Anbieterländer durchaus seit einigen Jahren solche Überlegungen gibt. Die Entwicklung des Gas-Preises ist allerdings in den meisten europäischen Ländern seit den 70er Jahren an die Entwicklung des Ölpreises gekoppelt, so dass sich indirekt die Marktmacht der OPEC – so sie denn längerfristig vorhanden ist – auch auf die Gasmärkte auswirkt. Gas wird primär über Pipelines an Kunden (z.B. in EU-Ländern oder in Asien) herangeführt, wobei es häufig ein politisch sensibles Thema, nämlich das der Transitländer gibt. Wiederholt haben Konflikte etwa zwischen der russischen Gazprom, dem führenden Gasexporteur, und der Ukraine zu einer Situation geführt, dass Westeuropas Gasimporteure um die sichere Belieferung durch russisches Gas fürchteten. Solche Konflikte um Transitgebühren oder nicht bezahlte Gasrechnungen haben zwar bislang für westeuropäische Kunden keinen Schaden verursacht, aber die Furcht vor einer Unterbrechung russischer Gaslieferungen besteht in einigen EU-Ländern durchaus; dies gilt auch in südosteuropäischen Ländern, wo man unter Gasliefer-stops im Winter bereits zeitweise leiden musste.
- Eine wichtige geostrategische Rolle spielt in OECD-Ländern die Atomstromerzeugung auch deshalb, weil der Nuklearsektor naturgemäß eine latente Verbindung zum Militärischen aufweist. Die friedliche Nutzung der Kernenergie ist von den führenden Atommächten USA, Russland/Sowjetunion, Großbritannien und Frankreich über viele Jahre nicht zuletzt mit dem Argument international gefördert worden, dass man gerne seitens dieser Länder Technologietransfer für die Atomstromerzeugung leiste, aber erwarte, dass die betreffenden Länder sich an den Atomwaffensperrvertrag hielten bzw. diesen Vertrag unterschreiben sollten.
- In Deutschland spielte in den 50er und 60er Jahren eine Diskussion um eine angebliche Energielücke eine große Rolle, wobei hier der Anstieg der Kohlepreise in den 60er Jahren mit im Vordergrund stand; die Reaktorentwicklung wurde dabei – mit SIEMENS und AEG als deutschen Lieferanten (auf Basis von US-Technologie) – mit Blick auf das Problem Energielücke, die angeblich ab Mitte der 70er Jahre drohte, vorangebracht, zugleich machten sich auch schon Exportinteressen der Atommeiler-Produzenten im politischen Raum bemerkbar (RADKAU, 1983, S. 144ff). Auch gab es im Rahmen der Euratom-Verträge von 1957 alsbald eine Kooperation mit den USA, die wiederum ihre Atommeiler exportieren wollten. Die Industrie befürwortete die Atomstromerzeugung, weil Atomstrommeiler in der Standortplanung flexibler als Kohlekraftwerke mit ihrer Anbindung an regionale Kohlevorkommen waren und die industriellen Großabnehmer von Strom erwarteten sich Preisvorteile, wenn – wie üblich – die Fixkosten der Stromerzeugung vor allem den Haushalten angelastet würden (wie damals schon üblich; die Fixkosten beim

Atomstrom waren relativ hoch). Das Thema Energielücke ist ein Klassiker im Denken moderner Politik und der Industrie.

Spätestens seit der Industriellen Revolution ist die allgegenwärtige Nutzung von Energie für die Menschen unerlässlich. Energie gibt es als Primärenergie (z.B. Gas, Kohle,
Geothermie) bzw. in der umgewandelten Form als Sekundärenergie etwa in Form von
Strom oder Wärme. Energie wird für die Güterproduktion, den Transport und auch
beim Konsum von Gütern und Dienstleistungen genutzt. In vielen Produktionsberei-
chen ist Energie eine Art Vorprodukt: So wird etwa Strom für den Antrieb von Maschinen und Anlagen eingesetzt, natürlich auch für die Beleuchtung am Arbeitsplatz.

In 2008 lag für das Verarbeitende Gewerbe in Deutschland der durchschnittliche
Anteil der Energiekosten an der Bruttowertschöpfung bei 8%, in den energieintensiven
Branchen Aluminium, Zement, Eisen & Stahl liegt der Anteil bei gut 50%, 45% bzw.
etwa 35%. Auch die Grundstoffchemie, Papier, Nichteisen-Metalle und Glasherstellung
weisen Energiekosten von über 20% auf (FRONDEL, 2010); allerdings gehören die
energieintensiven Industrien auch zu den besonders innovationsstarken Sektoren in
Sachen Steigerung der Energieeffizienz im Zeitablauf: Die Minderung des Energieverbrauchs je Produkteinheit im Zeitraum 1990-2008 erreichte bei Zement und Eisen &
Stahl über 80%, bei Papier, NE-Metallen und Glas gut 70%, im Chemiesektor gut 60%.
Der Energieeinsatz in Russland und China lag bei der Stahlerzeugung deutlich höher
als in Deutschland (in China um den Faktor 2, in Russland um den Faktor 3), so dass
Deutschlands Unternehmen in diesem Sektor und bei anderen energieintensiven Sektoren eine starke Innovationsleistung vorzuweisen haben – sicherlich auch getrieben von
im Zeitablauf steigenden Energiepreisen und einem harten Preis-, Qualitäts- und Innovationswettbewerb.

Eine gewisse Renaissance der Atomkraftwerke schien seit Beginn des 21. Jahrhunderts durch die zunehmend intensive Debatte über das Problem der Klimaerwärmung
und den CO_2-Ausstoß begünstigt zu werden. VOSS (1997, S. 71) hat in einer vergle-
chenden Analyse der Windenergie, der Photovoltaik, der Steinkohle und der Kernenergie die relevanten Zahlen für SO_2, NO_x, Staub und CO_2 aufgezeigt (siehe Anhang):
Wenn bei den genannten Energieträger vorgelagerte Prozessketten berücksichtigt werden, dann ist die Windenergie beim CO_2-Ausstoß etwa mit der Kernenergie zu vergleichen. Denn zumindest die direkten CO_2-Emissionen des Atomstroms sind relativ gering. Ein wenig sonderbar muten Argumente von Atomstrombefürwortern an, die darauf hinweisen, dass die Herstellung von Atomstrom ja CO_2-freie Produktion von
Energie sei – zu welchen Risiken dies geschieht wird aber bei diesem Argument, das
auf die Klimaerwärmungsdiskussion abzielt, gerne verschwiegen; und erst recht gilt
dies für das Ausmaß der potenziellen negativen externen (Schadens-)Effekte, die aus
ordnungspolitischer Sicht in einer Marktwirtschaft eigentlich durch eine entsprechende
Haftpflichtversicherung vom jeweiligen Atomkraftbetreiber abzudecken wäre. Eine
umfassende Haftpflichtversicherung von Atomkraftwerken aber gibt es nicht; aktualisierte Schätzungen für einen Super-GAU in Deutschland, die im weiteren dargelegt

werden, bedeuten, dass von den zu erwartenden Schäden kaum 1% des Schadens durch eine Versicherung abgedeckt wird (bezogen auf einen Autofahrer oder eine Autofahrerin hieße dies in einer etwas vereinfachten Betrachtung, das man statt einer Jahresprämie von 1.000 € für eine unbegrenzte Haftpflichtversicherung für einen Mittelklassewagen mit 10 € Versicherungsbeitrag auskäme, was indirekt einer PKW-Schattensubvention bzw. einer verdeckten Subventionierung von 990 € entspräche).

2.1 Subventionen und Schattensubventionen

Für die Allokation von Ressourcen in einer Marktwirtschaft sind Kosten und relative Preise entscheidend. Die Verwendung von Ressourcen für alternative Zwecke – z.B. Heizen oder Autofahren beim Öl – wird gemäß ökonomischem Lehrbuch von den relativen Grenzkosten und den Preisen bestimmt. Verzerrungen und damit Abweichungen von einem optimalen Einsatz von Ressourcen bzw. Wohlstandsverluste entstehen insbesondere bei zwei Fällen:

- Monopol- oder Kartellpreise: Hier ist das OPEC-Kartell ein Problem beim Öl, beim Strom sind regionale oder nationale Monopolstellungen bei Produktion, Transport oder Verteilung tendenziell problematisch.
- Negative externe Effekte: Hier werden vom jeweiligen Stromproduzenten anderen Wirtschaftsakteuren – Produzenten oder aber privaten Haushalten – unsichtbare Zusatzkosten auferlegt, die bei der Produktionsentscheidung ignoriert werden: Die gesellschaftlichen Kosten des Atomstroms sind, so zeigt etwa das Beispiel der Fukushima-Atomanlage bei der Havarie in 2011, viel höher als die private Kostenrechnung des Atomstromkonzerns Tepco bisher angezeigt hat. Millionen Menschen und Tausende Unternehmen sind mit zusätzlichen Kosten bzw. Schäden konfrontiert, die der Konzern bislang in seiner Investitions- bzw. Stromproduktionsplanung und bei der Preissetzung ignoriert hat.

Der Begriff und eine quantitative Anwendung des Konzepts der Schattensubventionen wurde in der Fachliteratur erstmals im Kontext des Autoverkehrs diskutiert, wo es ebenfalls recht erhebliche Schattensubventionen gibt (WELFENS/GERKING/ HOKKELER/STILLER, 1996). Während normale Subventionen – Steuervergünstigungen oder Beihilfen – im zweijährig in Deutschland erscheinenden Subventionsbericht aufgeführt sind, muss man beim Thema Schattensubventionen Experten aus der Wissenschaft nach Größenangaben fragen. Für die Begünstigten besteht natürlich kein Anreiz, auf die Höhe der Schattensubventionen hinzuweisen. Bei der Atomstromindustrie sind sie immerhin so hoch, dass der Atomstrom in Deutschland in 2010 für etwa 22% der Stromerzeugung stand; eine Spezies, die im marktlichen Wettbewerb normalerweise – bei voller Haftpflicht – gar nicht existieren dürfte, hat sich zum bewunderten Kostenführer der Stromwirtschaft entwickelt. Der Wirtschaftspolitik vieler Länder muss man daher vorwerfen, dass sie das ABC der ökonomischen Lehrbücher vielfach ignoriert hat; vielleicht kann man bis zu den ersten großen Unfällen in Atomkraftwer-

ken ein gewisses Maß an Unwissen bzw. Ahnungslosigkeit als nachvollziehbaren Ent-
schuldigungsgrund für fragwürdige Weichenstellungen ansehen; die Phase der ent-
schuldbaren Ahnungslosigkeit ist aber längst vorbei

Was die negativen externen Effekte bzw. Zusatzkosten in Form von Klimaschäden
angeht, so hat man immerhin mit Blick auf die Treibhausgase in Europa die physische
Mengenbegrenzung („cap") und den Handel mit Emissionszertifikaten eingeführt:
Jeder Produzent, der fossile Energieträger verbrennt bzw. CO_2 oder äquivalente Gase
freisetze, die zur Klimaerwärmung beitragen, muss solche Zertifikate nachweisen – er
muss sie erwerben oder als Geschenk von der Regierung erhalten. Tatsächlich hat die
Bundesregierung in einer ersten Verpflichtungsperiode gerade energieintensiven Branchen hohe CO_2-Emissionszertifikate quasi geschenkt. Dabei hat man im politischen
Prozess übersehen, dass die Produzenten trotz geschenkter Zertifikate die Preise erhöhten, da sie als gewinnmaximierende Unternehmen (was abzusehen war) die Marktpreise der Zertifikate in der Kostenrechnung berücksichtigten (DE BRUYN, 2010). Der
Belastungsimpuls von verschiedenen Energieträgern lässt sich unmittelbar am spezifischen CO_2-Inhalt festmachen.

2.2 CO_2-Intensität von Energieträgern

Der Energieverbrauch ist je nach Art des Primärenergieträgers mit CO_2-Emissionen
verbunden. Sehr emissionsintensiv sind vor allem Braun-, aber auch Steinkohle, die
beim Verbrennungsprozess in Kraftwerken hohe Emissionen pro Energieeinheit erzeugter Strom mit sich bringen. Atomstrom hingegen weist geringe direkte CO_2-
Emissionen auf, jedenfalls beim Blick auf die direkten Effekte bei der Stromerzeugung.
Öl ist der wesentliche Energieträger im Bereich Transport bzw. Mobilität; Elektroautos
bzw. Hybrid-Fahrzeuge nehmen seit Beginn des 21. Jahrhunderts allmählich eine wichtigere Rolle ein, aber es dürfte einige Jahrzehnte dauern und es bedarf klarer neuer
Rahmenbedingungen, bis Elektroautos die etablierten Benzin- und Dieselfahrzeuge
beim Verkehr dominieren. Die Frage, welche Energieträger für welche Zwecke eingesetzt werden, hängt von Bequemlichkeits- und Sicherheitsfragen ab, aber natürlich auch
vom relativen Preis der jeweiligen Energieträger. Der Preis verschiedener Energieträger
hängt von den staatlich gesetzten Rahmenbedingungen und der Wettbewerbsintensität
auf den Märkten ab. Zu den Rahmenbedingungen gehören auch die Vorgaben zur
Haftpflichtversicherung in der Atomstromerzeugung, wobei in Japan, Deutschland, der
Schweiz und einer Reihe anderer Länder die Atomstromerzeugung weitgehend von den
Haftungsrisiken freigestellt ist. Ein sogenannter Super-GAU (mit Kernschmelze wie in
Fukushima oder beim Tschernobyl-Unfall) gilt als Restrisiko, das von den Versicherungen aber offensichtlich als so real eingeschätzt wird, dass es versicherungsmäßig
nicht abgesichert werden kann.

Wenn der relative Preis eines Primärenergieträgers im Zeitablauf fällt, dann wird
sich der Marktanteil des entsprechenden Energieträgers erhöhen. Von daher sind die

jeweiligen Energieerzeugungskosten von großer Bedeutung. Aus ökonomischer Sicht sollte natürlich in den jeweiligen Kostenrechnungen der Unternehmen bzw. der Energieerzeuger alle relevanten Kosten enthalten sein. Das ist allerdings durchaus nicht der Fall, wenn man bedenkt, dass zu den gesellschaftlichen Zusatzkosten bei den Energieträgern – abgesehen von den erneuerbaren Energien – auch die jeweiligen CO_2-Emissionen zählen. Diese Emissionen gelten mit Blick auf das Problem der globalen Klimaerwärmung als unerwünscht, und daher gibt es gesellschaftlich ein besonderes Interesse an erneuerbaren Energien, die kaum CO_2-Emissionen verursachen. Eine wichtige Frage betrifft im Übrigen auch die Höhe der notwendigen Haftpflichtversicherungskosten, die bei verschiedenen Energieträgern bzw. bei der Stromerzeugung unterschiedlich sind. Wenn ein Energieträger von einer umfassenden Haftpflichtversicherung verschont wird, dann wird der Wettbewerb der Energieträger untereinander verzerrt.

Die Wirtschaftspolitik betont bei der Energieversorgung drei Perspektiven:
- Effizienz bzw. Günstigkeit des Energieträgers. Man wünscht sich von Seiten der Energienutzer her preiswürdige Energie, die flexibel und überall eingesetzt werden kann. Hier kommt sicherlich allgemein dem Strom eine große Rolle zu, ohne den weder Unternehmen noch private Haushalte vernünftig funktionieren könnten. Wenn etwa Strom bzw. Energie relativ preiswert ist, dann gibt es Anreize zum Ausbau energie- bzw. stromintensiver Industrien. So ist etwa die Herstellung von Aluminium aus Bauxit und auch die Herstellung von Stahl relativ energieintensiv. Island konnte daher wegen seines preiswerten Stroms, der auf Geothermie basiert, den Zuzug eines Aluminiumwerkes vermelden.
- Sicherheit im Sinn eines relativ geringen Belieferungsrisikos; hier wird etwa auf Unsicherheiten bei den russischen Gaslieferungen hingewiesen, wobei diese Unsicherheiten im Kern an Streitigkeiten zwischen Russland und der Ukraine beim Thema Gas-Transit hängt. Mit Nordstream wird nun eine direkte Gaspipeline zwischen Russland und Deutschland ab 2012 zur Verfügung stehen. Dennoch hört man auf deutscher Seite nicht selten den Hinweis aus der Politik, dass Deutschland stark von russischen Gaslieferungen abhängig sei. Es ist wohl einerseits vernünftig, für eine gewisse geographische Diversifizierung beim Gas-Bezug zu sorgen, also auch Gas aus Norwegen und den Niederlanden – oder neuen Quellen im Inland – eine gewisse Rolle zu geben und zudem die Option eines Bezuges von Flüssiggas via Tanker zu bedenken. Aber als Land mit wenig eigenen Energieressourcen wird man beim Energiebezug immer eine gewisse Abhängigkeit von Handelspartnern haben. Umgekehrt sind viele Handelspartner eben auch von deutschen Lieferanten stark abhängig: man denke nur an den Maschinen- und Anlagenbau.
- Umweltverträglichkeit: Hier geht es insbesondere um den CO_2-Ausstoß, der bei den einzelnen Energieträgern recht unterschiedlich ist. Je größer der CO_2-Ausstoß, desto stärker ist der Impuls zur Klimaerwärmung. Von der Deutschen Bundesregierung ist im September 2010 ein Energieprogramm vorgelegt worden, wonach u.a. bis

2050 der CO_2-Ausstoß um mindestens 80% vermindert werden soll. Die EU will den Anteil erneuerbarer Energien bis 2020 auf durchschnittlich 20% erhöhen. Dieser durchaus ambitionierte EU-Durchschnittswert umfasst nicht nur Strom, sondern auch Wärme und Kraftstoffe. Die EU-Mitgliedsländer und die Europäische Kommission haben Unterstützung für den Ausbau von intelligenten Stromnetzen signalisiert, durch die eine flexiblere Nutzung von Strom verbrauchenden Geräten im 24h-Zyklus möglich werden soll, aber auch eine bessere Speicherung zeitweise überschüssigen Stroms aus erneuerbaren Energiequellen steht im Fokus – an einem heißen windstarken Tag könnte die Kombination von Strom aus Biomasse, Geothermie bzw. Erdwärme und Wind und Solar in Verbindung mit den Grundlast-Kraftwerken (meist Kohlkraftwerke oder Atomkraftwerke) zu einem Überschussangebot während des Tages führen.

Zu den von Seiten der Politik geförderten Energiearten gehören seit den 90er Jahren die erneuerbaren Energien, zu denen man folgende Energieträger zählt:

- Wind
- Sonne
- Wasser
- Geothermie
- Biomasse (in fester, flüssiger oder gasförmiger Form)
- Wellen und Gezeitenenergie

Erneuerbare Energien haben den großen Vorteil, dass sie kaum eine CO_2-Emission mit sich bringen. Das ist angesichts des anhaltenden Problems der globalen Erwärmung bzw. der Klima-Problematik ein wichtiger Aspekt. Bei Biomasse müssen allerdings andere Treibhausgase wie z.B. N_2O oder Methan berücksichtigt werden. Während etwa Wasserkraftwerke seit Jahrzehnten einen festen Bestandteil des Stromangebotes darstellen, sind Wind, Sonne, Geothermie und Biogas relativ junge Energieträger in der modernen Industriegesellschaft. Natürlich sind Windmühlen – wie man an vielen Orten der Welt sehen kann – historisch alte Energieerzeuger. Besonders die Häufung und die Größe moderner Windkraftanlagen beeinflussen allerdings das Landschaftsbild deutlich anders als etwa romantische holländische Windmühlen.

Windkraftanlagen mit großer Energieausbeute finden sich in Landstrichen mit starken Winden und natürlich im Meer (offshore) – nahe der Küste – wo es fast immer erhebliche Winde gibt; mit etwa 4.000 Nutzungsstunden pro Jahr kommen Anlagen in Nord- und Ostsee auf ansehnliche Jahresproduktionswerte, wobei in Deutschland 27 von gut 50 genehmigten Offshore-Anlageprojekten Anfang 2011 aktiviert sind; die in 2008/09 im Zuge der Transatlantischen Bankenkrise (WELFENS, 2009b) eintretenden Finanzierungsprobleme dürften im Jahr 2011 als überwunden gelten. Viele kleinere Windkraftpioniere wurden von großen Energiekonzernen aufgekauft, wobei deutsche Stromkonzerne auch in Großbritannien im küstennahen Windparkgeschäft aktiv sind. Windmühlen erzeugen im Nahbereich gewisse Schallemissionen und es wächst die Kritik an der „Verspargelung" der Landschaft oder unsensibel in die Landschaft gebauten Windmühlen. Mit transparent ausgewiesenen und gut begründeten Vorrang- bzw. Naturschutzgebieten sollte auf die Kritik geantwortet werden, auch die Frage, welchen ökonomischen Nutzen die jeweiligen Standortregionen hieraus ziehen ist bedeutsam. Windenergie hat wie die Sonnenenergie den Nachteil, dass sie nicht kontinuierlich zur Verfügung steht. Aber beide Energieformen haben zugleich den Vorteil, dass sie durch (teilweise noch erhebliche) Kapitalkosten vorfinanziert werden müssen, dann aber weitgehend kostenlos Naturenergie bereitstellen.

Klimawandel und Kyoto-Protokoll

Das Kyoto-Protokoll ist auf Basis von UN-Konferenzimpulsen – zunächst der Rio-Konferenz von 1992 mit der Verabschiedung der Klimarahmenkonvention – entstanden. Es geht beim Kyoto-Protokoll um ein am 11. Dezember 1997 angenommenes Zusatzprotokoll, mit dem die Klimarahmenkonvention der Vereinigten Staaten (UNFCCC) ausgestaltet wird. 150 Länder haben sich auf der Kyoto-Konferenz verpflichtet, die CO_2-Emissionen und die Emission anderer klimaschädlicher Gase zu verringern. Das Abkommen ist am 16. Februar 2005 in Kraft getreten – nachdem eine hinreichende Zahl von Mitgliedsländern unterschrieben hat, wobei die USA keine Unterschrift leisteten. Das Abkommen gibt völkerrechtlich verbindliche Vorgaben beim Ausstoß von Treibhausgasen der Industrieländer. Diese übernehmen bestimmte mengenmäßige Reduktionsziele. Im Vergleich zu 1990 soll im Rahmen der ersten Verpflichtungsperiode 2008-2012 erreicht werden, die Emission von Treibhausgasen um 5,2% zu vermindern. Für die vorgesehene zweite Verpflichtungsperiode 2013 konnten die Verhandlungen nicht wie ursprünglich erhofft auf der Kopenhagen-Konferenz im Dezember 2009 abgeschlossen werden. Während es die USA nach wie vor kategorisch ablehnen, das Kyoto-Protokoll oder ein ähnlich konzipiertes Nachfolgeprotokoll mit schärferen Reduktionszielen anzuerkennen, hat auch China zu einer Blockadeproblematik beigetragen. Denn China fürchtet, dass seine bislang hohe Wachstumsdynamik geschwächt werden könnte, wenn es sich zu einer deutlichen Verminderung der Treibhausgase entschließen bzw. entsprechende Zusagen machen sollte. In China geht eine große Vielzahl von Kohlkraftwerken jedes Jahr neu ans Netz und die Einführung von CO_2-Abscheidestrategien (CCS) würde die Stromerzeugung erheblich verteuern. Auf der 16. Vertragsstaatenkonferenz von Cancun (Mexiko) in 2010 gab es daher nur geringfügige Fortschritte bei der Suche nach einem neuen globalen Klimaschutzkonsens (vgl. zu Details STERK, 2011).

Die Emission von CO_2, Methan, Ozon, Stickstoffdioxid, FCKW verhindert, dass langwellige Wärmeabstrahlung der Erde ungehindert in die Atmosphäre abgestrahlt wird. Es kommt zu einer Klimaerwärmung. Pflanzen bzw. Bäume binden CO_2, so dass Biomasse bei der Verbrennung nur das CO_2 wieder freisetzt, das zuvor durch Assimilation aus der Atmosphäre absorbiert worden ist. Da seit der Industrialisierung massiv CO_2 in den Industrieländern via Verbrennung von fossilen Brennstoffen in die Atmosphäre entlassen wird, ist die CO_2-Konzentration seit Beginn der Industrialisierung von

280 ppm auf derzeit (Anfang 2011) etwa 390 ppm angestiegen. Es dauert rund 12 Monate, bis die CO_2-Emissionen in der Troposphäre (bis etwa 10 km Höhe über der Erde) sich weltweit ausbreiten. Rund die Hälfte der CO_2-Emissionen wird von den Meeren absorbiert, die andere Hälfte wird jedoch auf viele Jahre in der Atmosphäre verharren. Für 2005 nennt WAGNER (2007, S. 180) eine Verbrennung von global 7,9 Mrd. Tonnen Kohlenstoff, was rund 29 Mrd. Tonnen CO_2-Emissionen in die Atmosphäre bedeutet. 1995 lagen die globalen CO_2-Emissionen bei 23 Mrd. Tonnen, die weltweiten CO_2-Emissionen werden noch eine ganze Reihe von Jahren ansteigen. Denn die Weltbevölkerung steigt mindestens noch bis 2050 – so UN-Prognosen – und das weltweite Wirtschaftswachstum sorgt auch für global zunehmende CO_2-Emissionen. Die spezifischen CO_2-Emissionen sind für die einzelnen Energieträger unterschiedlich (WAGNER, 2007, S. 1982):

- Erdgas ist mit 1,8 kg CO_2 pro m^3 relativ CO_2-arm (56 kg CO_2 pro Gigajoule Heizwert)
- Öl weist 2,3-2,7 kg CO_2 pro Liter auf, was 72-75 kg CO_2 pro Gigajoule Heizwert entspricht
- Steinkohle enthält 2,7 kg CO_2 pro kg Steinkohle – das macht 93 kg CO_2 pro Gigajoule Heizwert.
- Braunkohle steht für 3,1 kg CO_2 pro kg Braunkohle, was 109 kg CO_2 pro Gigajoule Heizwert ausmacht.

Als Mittelwert für Strom in Deutschland gibt WAGNER (2007) 0,65 kg pro kWh an, was deutlich geringer als die 0,82 kg pro kWh bei Steinkohle-Strom ist. Der Atomanteil von rund 20% an der Gesamtstromerzeugung trägt zu einem relativ geringen CO_2-Ausstoß beim Strom bei; das gilt noch mehr für die erneuerbaren Energien, deren Anteil in 2011 in Deutschland bei 17% liegen dürfte.

Die Messung der CO_2 Emission hat 315 ppm für das Jahr 1958 ergeben, wobei sich bis 2004 ein Wert von 380 ppm einstellte (0,038 Volumenanteil an der Luft). Mit einer steigenden CO_2-Konzentration in der Atmosphäre erhöht sich die Oberflächentemperatur der Erde. Das Kyoto-Protokoll, das die USA und Australien nicht unterschrieben haben, legt fest, dass gegenüber 1990 – dem Basisjahr – die CO_2-Emissionen in den westlichen Industrieländern plus Russland und Japan in den Jahren 2008-2012 zu vermindern sind. Deutschland hat sich verpflichtet, die Emissionen um 25% zu vermindern, wobei Deutschland relativ gute Ansatzpunkte für eine CO_2-Verminderung hat. Das Kyoto-Protokoll gibt vier Möglichkeiten zur Verminderung der Treibhausgase:

- Da für die globalen Treibhausgase nicht relevant ist, aus welchen Ländern CO_2-Emissionen herkommen, ist es wichtig, dass möglichst viele Länder ihre CO_2-Emissionen trotz steigender Produktions- bzw. Konsumniveaus vermindern. Das Kyoto-Protokoll gibt den Unterzeichnerländern mit Senkungsverpflichtungen – die Entwicklungsländer waren hier ausgenommen – eine gewisse Flexibilität bei den CO2-Minderungen. Dabei ist ein wichtiges Anreizinstrument die Ausgabe von CO2-Emissionszertifikaten in der EU, wobei die erste Ausgaberunde in den EU-

Ländern kostenlos war. Der Handel mit Zertifikaten erlaubt es Ländern mit CO_2-Reduktion Verpflichtungen den Zukauf von Zertifikaten, wenn auf nationale Reduktionsmaßnahem verzichtet wird. Durch das Zusammenspiel von Angebot und Nachfrage ergibt sich ein Marktpreis für CO_2-Emissionen; der ökonomische Vorteil von CO_2-Emissionszertifikaten liegt darin, dass Anreize entstehen, eine vorgegebene CO_2-Minderung bzw. ein gewünschtes CO_2-Niveau möglichst kostengünstig, im eigenen Land oder durch Zukauf von anderen Ländern, erreicht wird. Denn Firmen mit kostengünstigen Möglichkeiten zur Verminderung von CO_2 werden diese Aufgabe der CO_2-Emissionssenkung rasch angehen und überschüssige Zertifikate an solche Firmen verkaufen, die mit Blick auf ihre gewünschte Expansion zu wenig Emissionszertifikate haben. Für jedes Unterzeichnerland des Kyoto-Protokolls wurde eine kostenlose Anfangsausstattung festgelegt, die letztlich auf Basis der Emissionen der industriellen Hauptemittenten (Kraftwerke, energieintensive Industriebranchen) festgelegt wurden. Länder mit überschüssigen Zertifikaten können Emissionszertifikate verkaufen; so hat etwa Russland wegen der Systemtransformation und des industriellen Strukturwandels im neuen Russland einen Überschuss an CO_2-Emissionszertifikaten. In Deutschland wurden für 2600 Firmen CO_2-Emissionszertifikate zugewiesen, was rund 60% des CO_2-Emissionsvolumens ausmachte (WAGNER, 2007, S. 188).

- Mehrere Länder können sich zu einem Emissionspool zusammenschließen; dies haben die EU-Länder pionierhaft vorgemacht.
- „Gemeinsame Umsetzung" (Joint Implementation); Industrieländer können auch in anderen Industrieländern Reduktionsprojekte durchführen und sich dann die Reduktionsergebnisse entsprechend als Erfolge bei den Zielvorgaben anrechnen lassen.
- „Mechanismus für umweltverträgliche Entwicklung" (Clean Development Mechanism): Hier können Firmen aus Industrieländern Minderungsprojekte in Entwicklungsländern realisieren – dann können die Reduktionsergebnisse den Industrieländern gut geschrieben werden.

Viele EU-Länder bzw. viele europäische Firmen haben Projekte zum Clean Development Mechanism mit China umgesetzt. Dabei gibt es in China ein starkes Interesse an Technologietransfer. China hofft über Minderungsprojekte verbesserten Zugang zu westlichem Know-how zu erreichen. Es gibt bisweilen seitens der chinesischen Regierung kaum Weichenstellungen für internationale Zusammenarbeit, wenn auf mittlere Sicht seitens Chinas nur geringe Technologietransfereffekte erwartet werden. China hat beim Kyoto-Protokoll keine Minderungsverpflichtungen auf sich genommen. Wegen seines hohen Wirtschaftswachstums ist China in 2010 größter Emittent von CO_2-Emissionen geworden, noch vor den USA, pro Kopf liegen Chinas CO_2-Emsssionen aber noch immer etwa um einen Faktor 4 unter denen der USA . Sicherlich hat Chinas Regierung schon aus ökonomischen Gründen ein Eigeninteresse, langfristig Wirtschaftswachstum und Ressourcenverbrauch bzw. die Emissionen von CO_2-Emissionen zu entkoppeln, insbesondere auch durch Steigerung der Energieeffizienz. Hier gibt es angesichts enormer Bautätigkeit in China auch besondere Möglichkeiten, sofern hohe Standards bei der Energieeffizienz von Häusern umgesetzt werden. Daher hat sich China in seinen Fünfjahresplänen die weltweit ehrgeizigsten Ziele für Effizienzsteigerung gesetzt, die aber in der Realität nicht immer erreicht werden. Allerdings gab es vor dem Fukushima-Atomunglück auch große Pläne, einen breiten Ausbau der Atomstromproduktion auf lange Sicht vorzunehmen. Hier ist aber nach der Fukushima-Havarie auch in China eine Debatte über Kosten und Risiken der Kernenergie entstanden.

Die chinesische Regierung richtet ihr Handeln nach den Überlegungen in der Kommunistischen Partei. Aus Sicht der Partei besteht unbedingt die Notwendigkeit, in China weiterhin hohes Wirtschaftswachstum beizubehalten; denn reales Einkommenswachstum für die große Mehrheit der Bevölkerung ist die weiße Salbe, die für politische Ruhe im Land sorgt. Von daher ist preiswerter Strom ein wichtiges Schmiermittel für das Wachstum und einen Verzicht auf den Ausbau der Kernenergie wird man nur ungern akzeptieren. Die Alternative in China wäre, dass man den Stromhunger der Wirtschaft und der privaten Haushalte mit dem Bau von noch mehr Kohlekraftwerken abdeckt, die große Mengen an CO_2 in die Luft pusten und Chinas Bilanz beim Thema Klimaschutz verhageln. Allerdings ist man in China auch entschlossen, die Möglichkeiten von Wasserkraft, Windenergie und Solarstrom sowie Biogas im Land forciert auszubauen. Das Thema Erneuerbare Energien hat bislang aber in China keine Priorität gehabt; nach Fukushima könnte das anders werden, zumal dann, wenn man eine Innovationspartnerschaft mit der EU oder den USA im Bereich Erneuerbare Energien hinbekäme. China ist aus einem wichtigen Grund stärker noch als die EU oder die USA auf eine nachhaltige Energiewirtschaft angewiesen. Denn die Chinesische Akademie der Wissenschaften hat der Parteiführung schon Anfang des 21. Jahrhunderts geraten, erst gar nicht den Versuch zu machen, dass man gegenüber den führenden Autobauern in Europa und Japan in den Bereichen klassische Verbrennungsmotoren (Diesel-Motor, Otto-Benzinmotor) aufholen will; der Vorsprung des Westens und Japans sei einfach zu groß. Da sei es vernünftiger, sich gleich auf das neue Thema moderne Elektromotoren zu konzentrieren. Entsprechend hat man in China eine starke Subventionierung von Elektroautos eingeführt und von daher kommt eben einem funktionsfähigen preiswerten Stromsektor eine entscheidende Rolle zu. Chinas Parteiführer werden sich vermutlich nach Fukushima für eine reduzierte Ausbauplanung bei den Atomkraftwerken entscheiden. Allerdings gibt es auch in Peking warnende Stimmen in der Partei, die mit Blick auf Fukushima darauf hinweisen, dass möglicherweise eines Tages ein schwerer Kernkraftwerk-Unfall die Legitimität bzw. Akzeptanz der Kommunistischen Partei Chinas massiv untergraben könnte. Für Deutschland ist jedenfalls absehbar, dass China durchaus großes Interesse an einer Zusammenarbeit bei der Forschung zum Thema Erneuerbare Energien haben dürfte. Deutschlands Ausstieg aus der Atomstromwirtschaft wäre eine bemerkenswerte Erfolgsgeschichte mit internationaler Auswirkung, wenn es gelänge, China von der bisherigen Ausbauplanung abzubringen und stärker und schneller als bisher zu einer Planung Richtung Ausbau erneuerbarer Energien zu schreiten.

Da in China die Genehmigungszeiten im Vergleich zu Deutschland um einen Faktor 5-10 kürzer sind, könnte China sogar eine Energiewende vergleichsweise schnell einleiten. Dabei wird China im Bereich von Windanlagen sicherlich besonders ehrgeizig sein, denn schon in 2010 stammten einige der führenden Windanlagenbauer aus China. Chinas Kommunistische Partei hat sich längst eine Weltkarte der Windregionen bestellt, aus der Dutzende Staaten mit großem Windfarmen-Potenzial zu entnehmen sind; und zwar auf allen Kontinenten. Natürlich wird Chinas ökonomischer und politischer Einfluss wachsen, wenn es vor allem chinesische Firmen bzw. Investoren sind, die massiv ins Geschäft mit Windfarmen etwa in Lateinamerika oder Afrika und Asien einsteigen. Argentinien und Chile sind Traumlander für Windfarmen; man könnte mit der Windenergie aus dem windstarken südlichen Patagonien Energie für fast ganz Lateinamerika liefern, aber es fehlt bislang in den beiden genannten Ländern an Investitionen in Windfarmen und zudem mangelt es an einer ausreichenden Leitungsinfrastruktur. Bei der Windenergienutzung führend waren 2010 die Länder China, USA und Deutschland, gefolgt von Spanien, Indien, Italien, Frankreich, Großbritannien, Kanada, Dänemark, Portugal, Japan, Niederlande, Schweden, Österreich, Irland, Türkei, Griechenland, Österreich, Polen und Brasilien. Deutschland ist Sitz (Bonn) der World Wind Energy Association; über diese internationale Organisation lässt sich eine Menge Wind für die Energiewende machen.

Die USA werden China allerdings in Lateinamerika – ihrem traditionellen Hinterhof – nicht gerne große Geschäftsfelder mit Wind- und Solaranlagen überlassen. Das heißt, dass die US-Regierung aus strategischen Interessen heraus ihrerseits führende US-Firmen in der Wind- und Solarenergiebranche aktivieren wird, um die neuen Expansionsfelder in Lateinamerika auszuloten. In Afrika wird China auf harte Konkurrenz vor allem aus den USA und vor allem der EU treffen. Deutsche, britische, französische, niederländische und italienische sowie spanische Firmen sind in Afrika – auch südlich der afrikanischen Mittelmeerländer – aktiv. Die USA und die EU könnten hier in großem Maß Gelder der Weltbank für neue Projekte mit erneuerbaren Energien mobilisieren. Dabei muss man wissen, dass große Teile Afrikas im Bereich südlich der Sahara-Länder keine volle Stromversorgung haben (von Südafrika abgesehen).

China wird keinesfalls untätig zusehen, wenn Firmen aus Europa, den USA und Japan anfangen sollten, Windenergie und Solarthermie in Asien zu forcieren. Schon in 2010/11 war vielfach erkennbar, wie China über internationale Infrastrukturprojekte versucht, den regionalen Handel und zugleich Chinas Einfluss in der Region zu fördern. China hat Vorschläge unterbreitet, wie man über Vietnam und Kambodscha eine neue Eisenbahnlinie in das Finanz- und Hafenzentrum Singapur bauen könnte; und die ersten Teilprojekte werden bis 2015 bereits abgeschlossen werden. Eisenbahnen, die elektrifiziert sind, gelten spätestens seit dem Fukushima-Unglück bzw. der in Deutschland geführten Diskussion über die Nutzbarkeit der Stromtrassennutzung der Bahn für

die Stromübertragung als doppelt strategisch interessant. Es liegt wiederum an
Deutschland und der Deutschen Bahn AG, dass man die neuen Erfahrungen beim Ausbau der Bahn-Stromtrassen gezielt nutzt bzw. Richtung Asien, Afrika und Lateinamerika weiterzugeben sich bemüht. Die Neuaufstellung der Deutschen Bahn AG, die sich
als internationaler Logistikkonzern versteht, hat durchaus einen besonderen Reiz, wenn
man daran denkt, ein Modell Deutschland für den Ausstieg aus der Atomenergie bzw.
die Energiewende zu entwickeln.

3. Kosten der Stromerzeugung, Unfallrisiken und Versicherungsfrage

In einer Marktwirtschaft gilt als Leitbild, dass Unternehmen im Wettbewerb eigenverantwortlich handeln und sich in einer Preis- und Qualitätskonkurrenz am Markt zu behaupten versuchen. Die Unternehmen versuchen, die Kosten der Produktion durch den Verkauf von Gütern bzw. Dienstleistungen zu decken. Neben der Konkurrenz der Anbieter am Markt wirkt dabei auch die potenzielle Konkurrenz, sofern die Barrieren des Markteintritts gering sind. Sofern es keine positiven oder negativen externen Kosten gibt, ergibt sich bei funktionsfähigem Wettbewerb nach der ökonomischen Theorie ein Wohlfahrtsoptimum. Problematisch ist jedoch, dass Marktprozesse in der Realität häufig verzerrt werden durch

- negative externe Effekte, wie etwa Emissionen oder Schädigung Dritter in Gegenwart oder Zukunft (ein negativer externer Effekt bezeichnet die Differenz zwischen den gesellschaftlichen Grenzkosten der Produktion und den privaten Grenzkosten der Produktion, also den vom produzierenden Unternehmen auf der Ebene des Managements wahrgenommenen Kosten);
- Barrieren beim Markteintritt oder beim Marktaustritt (Hindernisse beim Marktaustritt bedeuten logischerweise, dass es Probleme beim Markteintritt gibt);
- Beihilfen, die das Ausmaß positiver externer Effekte – etwa im Markt für Innovationsdienstleistungen – übersteigen. Beihilfen, die ohne vernünftige ökonomische Berechtigung gegeben werden, sind eine Verzerrung des Wettbewerbsprozesses, was im Fall handelsfähiger Güter gegebenenfalls durch die EU-Beihilfenaufsicht oder auch die Welthandelsorganisation juristisch aufgearbeitet werden könnte. Als Beihilfen gelten Steuervergünstigungen oder Subventionen an Unternehmen. Aus ökonomischer Sicht als Beihilfen-äquivalent muss jedoch auch die Übernahme von Risiken durch den Staat gelten, sofern sie nicht etwa im Kontext mit Innovationen mit entsprechenden positiven externen Effekten entstehen (dann könnten sich Risiken als quasi-negative externe Effekte mit positiven externen Effekten im Grenzfall zu Null saldieren). Ein nachfolgend aufgezeigtes Problem der Atomstromerzeugung besteht nun gerade darin, dass der Staat in massiver Weise Schattensubventionen für die Nuklearenergie leistet bzw. den Steuerzahlern verdeckte Schuldnerpositionen aufbürdet: Das Restrisiko der Atomstromerzeugung wird der Allgemeinheit aufgebürdet, die Größe dieses sehr erheblichen Risikos bleibt infolge mangelnder Transparenz der Haftpflichtversicherungen unklar und die Atomstromkonzerne reduzieren im Rahmen völlig legaler Rechtskonstruktionen – etwa die Einbringung eines Atomkraftwerkes in eine GmbH – auch noch die Haftungsmasse. Zugleich aber wird behauptet, dass bei einem Atomunfall eine unbegrenzte Haftung des Atomstromkonzerns bestehe, während doch in Wahrheit eine Durchgriffshaftung

nur in Höhe von 2,5 Mrd. € von der GmbH auf die Muttergesellschaft vorgesehen ist. Das deutsche Atomgesetz sieht vor, dass der Staat für den Fall, dass die 2,5 Mrd. € nicht durch die Unternehmen abgesichert sind deckungsmäßig eintritt; d.h. wenn ein Unternehmen eine Erstversicherung hat und diese bei der deutschen Kernreaktor Versicherungsgemeinschaft (DKVG) in Höhe von 256 Mio. € abgesichert hat, dann tritt in bis zur Höhe von 2,5 Mrd. € eine Durchgriffshaftung auf die Muttergesellschaft der GmbH ein – eine etwaige Lücke wird dann subsidiär von den Mitgliedsunternehmen, DKVG erbracht, danach haftet der Staat bis zu 2,5 Mrd. €. Im Fall schwerer Naturkatastrophen außerordentlichen Charakters werden die Versicherungen jedoch nicht wirksam – ob ein Erdbeben oder eine lange Sommerdürre hier einzuordnen sind, müssten Experten bzw. Gerichte klären. Bei der DKVG ist es merkwürdig, dass es alles Atomkraftwerke unabhängig von den Standortmerkmalen (z.B. Grad der Erdbebengefährdung, Bevölkerungsdichte) zu gleichen Konditionen versichert werden (es gibt nur eine dreistufige Differenzierung der Tarife nach der Leistungsgröße des Kraftwerks). Nur deshalb können Banken Versorgeraktien von Energieunternehmen mit Atomkraftwerken als Aktien mit geringem Renditerisiko empfehlen, wie dies regelmäßig geschieht. Könnten Geschädigte bei einem Atomunfall auf die Vermögensmasse des Konzerns tatsächlich zugreifen, dann wäre eine Aktie eines entsprechenden Versorgers ja wie ein Katastrophen-Bonds bzw. als potenziell relativ riskante Vermögensanlage einzuordnen.

Betrachten wir nun im nächsten Schritt die Kosten der Stromerzeugung. Diese Kosten setzen sich zusammen aus den Kraftwerkskosten (ca. 5-6 Cent/kWh; hier inklusive Marketing- und Versicherungskosten), den Netznutzungskosten (Hochspannungsnetz, Mittelspannungsnetz, Niederspannungsnetz 4-5 Cent/kWh), Messkosten (ca. 1 Cent/kWh) und politisch motivierte Kosten (Konzessionsabgabe von knapp 2 Cent/kWh, die in Deutschland den Gemeinden als eine Art Preis für die Nutzung von Wegerechten zufließt; Öko-Steuern und ähnliche Abgaben von etwa 3 Cent/kWh und im Fall der privaten Haushalte die Mehrwertsteuer – ca. 3 Cent/kWh), was zusammen mit den Abgaben im Kontext des Erneuerbare-Energien-Gesetz und des Kraft-Wärme-Kopplungsgesetzes auf einen Preis für private Haushalte von etwa 23 Cent/kWh in 2010 hinausläuft. Diese Kostenaufstellung basiert auf den Angaben von WAGNER (2007, S. 122), wobei dessen auf 2006 bezogene Werte für einen Haushalt mit mittlerem Verbrauch von 4.000 kWh hier für 2010 aktualisiert wurden. Der durchschnittliche Strompreis eines deutschen Haushalts betrug im Jahr 2010 23, 69 cts/kWh. Nach Angaben der Bundesnetzagentur setzte sich der Strompreis in 2010 für private Haushalte mit einem Jahresverbrauch von 3500 kWh wie folgt zusammen:

- Kosten für die Strombeschaffung und für den Vertrieb, inklusive Marge: 34,6%
- Kosten für Netznutzungsentgelte: 21,4%
- Staatliche Abgaben, nämlich Konzessionsabgabe Umlage nach dem Erneuerbare-Energien-Gesetz (EEG) und dem Kraft-Wärme-Kopplungsgesetz (KWKG): 15,9%
- Steuern: Mehrwertsteuer, Stromsteuer: 25,7%

• Messung, Messstellenbetrieb und Abrechnung: 3,4%.

Die politischen Kosten betragen also 41,2% des Gesamtpreises. Dabei ist unklar, ob diese Kostenbestandteile ökonomisch sinnvoll begründet werden können.

Die Bundesnetzagentur ist von der Aufsichtsfunktion her zuständig für einen Teil der Gesamtstromkosten, nämlich für die Kosten des Stromtransports über Stromnetze. Hier geht es aus Sicht der Bundesnetzagentur im wesentlichen darum, diskriminierungsfreien Zugang zum Stromnetz zu ermöglichen und für Wettbewerb zu sorgen; Wettbewerb im Stromnetzmarkt sollte dazu führen, dass die Preise der Netznutzung sich im wesentlichen an den langfristigen Durchschnittskosten orientieren. Trotz der seit 2007 bestehenden allgemeinen EU-Richtlinie zur Entflechtung („unbundling") der vertikal integrierten großen Stromkonzernen in Deutschland – haben die Stromkonzerne de facto noch immer in einigen Regionen über Produktion, Transport und Verteilung eine weitgehende Kontrolle. Ein integrierter Betreiber hat nicht ohne weiteres ein Interesse preiswerte Drittanbieter zu kostenbasierten Nutzungspreisen sein Netz zur Durchleitung zu nutzen. Bekannt ist der Fall eines Tankstellennetzes, wo der Ölkonzern als Eigner des Tankstellennetzes in der Schweiz preiswert Strom einkaufen wollte, dann aber feststellen musste, dass die hohen Nutzungspreise, die die großen Stromkonzerne verlangten, das scheinbar so gute Geschäft nicht länger rentabel machten. Der Gesetzgeber in Deutschland bzw. die Europäische Kommission haben Vorgaben für eine organisatorische Trennung von Stromerzeugung und Stromnetzbetrieb gemacht. Seitens der Kommission gibt es auch Druck, dass Stromkonzerne ihr Netz veräußern, damit stärkerer Wettbewerb entsteht. All dies kann jedoch nur ein erster Schritt zu einem wirklich wettbewerbsorientierten Stromsystem sein, zumal immer noch 80% der Stromerzeugungskapazitäten in Deutschland in den Händen der vier Stromkonzerne, allen voran E.ON und RWE, konzentriert sind.

Für die Unternehmen, die Strom beziehen, sind die Preise geringer als bei den privaten Haushalten, da die Unternehmen eine größere Einkaufsmacht haben als einzelne Haushalte, weil die Einkaufsmengen größer sind und weil ein größerer Transportkostenanteil auf Hochspannungsleitungen entfällt (im Hochspannungsnetz sind Kosten von kaum 1 Cent/kWh fällig, im Niederspannungsnetz 4-5 Cent/kWh); ein Teil der politischen Abgaben (zum Beispiel die Umlage nach dem Erneuerbaren Energien Gesetz (EEG)) ist zudem für stromintensive Branchen bei nur 0,05 Cent pro kWh gedeckt.

Die Strompreisbildung für Unternehmen erfolgt auf Basis der Kassa- und Terminkurse für Strom an der Strombörse, wobei in der Regel langfristige Einkaufsverträge gelten – aktuelle Änderungen des Preises an der Strombörse schlagen also erst mit Verzögerung auf die Unternehmen durch. Bemerkenswert ist schließlich noch, dass in der EU die Stromerzeuger je nach Energieträger bzw. dessen CO_2-Gehalt Emissionszertifikate erwerben und halten müssen, so dass in Höhe des CO_2-Preises – typischerweise zwischen 0 und 25 € pro Tonne CO_2 – noch ein Kostenzuschlag beim Strom fällig wird (bei einem Überschussangebot von Strom an der Strombörse kann im Übrigen kurzfristig auch ein negativer Strompreis zustande kommen. Das kurzfristige

Überangebot, das im Interesse der Stabilität des Stromnetzes verkauft werden muss, ist ohne das Gewähren eines Zuschusses an potenzielle Stromnutzer sonst nicht absehbar. Neben den direkten Kosten der Stromerzeugung, die nur einige Cent pro kWh betragen, gibt es bei Atomstrom zusätzliche Kosten, wie etwa für den späteren Rückbau von Atomkraftwerken – hierfür werden Rückstellungen gebildet. Zudem gibt es „Risikokosten", die sich aus den Risiken des Betreibens eines Atommeilers ergeben. Diese Risikokosten beinhalten entsprechende Aufwendungen für Versicherungskosten. Soweit eine unvollständige Haftpflicht besteht – also dem Staat die Restrisiken quasi versicherungsmäßig angelastet werden– gibt es negative externe Effekte der Produktion: Der Atomstrom wird dann im Marktgleichgewicht zu einem zu günstigen Preis angeboten und verkauft, wobei seit Jahrzehnten die Haftungsrisiken – gemessen an einem Super-GAU (größtmöglicher Störfall) – zu weniger als 1/1.000 versichert sind. Das läuft auf erhebliche verdeckte Schattensubventionen für Atomstrom hinaus.

Betrachtet man die Berechnungen für neue Kraftwerke bei verschiedenen Energieträgern, dann zeigen die Berechnungen von WISSEL et. al. (2008), dass Atomstrom am preisgünstigsten ist; dabei wird allerdings von einem Fortbestehen der bislang völlig unzureichenden Haftpflichtversicherungen für Atommeiler ausgegangen: Die Zahlenangaben der Autoren (siehe Anhang) sind von daher nur mit großem Vorbehalt zu verwenden. Zu beachten sind im Übrigen die Aussagen der Autoren zur Relevanz der CO_2-Emissionszertifikatepreise für die Wettbewerbsfähigkeit verschiedener Energieträger (WISSEL et. al., 2008, S. 30):

„Die mit Berechtigungen zur CO_2-Emission verknüpften CO_2-Emissionszertifikate haben eine starke Kostenprogression für die fossilen Kraftwerke zur Folge. Bereits bei einem Zertifikatspreis von 8 €/tCO_2 stellt die Kernenergie die Stromerzeugungsoption mit den geringsten Stromgestehungskosten (35 €/MWh) dar. Ab einem CO_2-Zertifikatspreise von rund 22 €/t CO_2 ist die Stromerzeugung auf Basis von Erdgas kostengünstiger als Braunkohle und Steinkohle.

Die in Entwicklung befindlichen CCS-Kraftwerke werden Strom zu deutlich höheren Kosten erzeugen. Aufgrund des für Vergasung, Gasaufbereitung und Abtrennung erforderlichen zusätzlichen Aufwands erhöhen sich die Kapital- und Betriebskosten sowie wegen des geringeren Wirkungsgrades die Brennstoffkosten der CCS-Kraftwerke gegenüber herkömmlichen fossilen Kraftwerken. Dieser Kostenzuwachs ist mit 43 bis 49% je nach Energieträger erheblich. Entscheidend für die Kostenunterschiede zwischen CCS- und herkömmlichen fossilen Kraftwerken sind die Zertifikatspreise. So ist die CCS-Technik bei niedrigen Zertifikatspreisen von 8 €/t CO_2 nicht wettbewerbsfähig, wohl aber bei höheren Zertifikatspreisen als 19 €/t CO_2 (Braunkohle) bzw. 28 €/t CO_2 (Steinkohle)."

Wie man sieht, hat die Höhe des CO_2-Emissionszertifikatepreises einen Einfluss auf die Wettbewerbsfähigkeit bestimmter fossiler Energieträger. Die Berechnungen von WISSEL et. al. (2008) sind allerdings insgesamt insofern zweifelhaft, also sie als Preisbasis die bisherige viel zu geringe Haftpflichtversicherung der Atomkraftwerke als

Berechnungsbasis hat. Das mögliche Gegenargument, dass Atomstromkonzerne aus ihrem Vermögenswert heraus für Schäden ja unbegrenzt haften – jedenfalls in Japan, Deutschland und der Schweiz – muss vor dem Hintergrund bekannter Zusammenhänge verworfen werden: Ein schwerer Atomunfall wie in Fukushima (ganz zu schweigen von einem Super-GAU) bedeutet, dass das Vermögen des Atomstromkonzerns massiv physisch beschädigt wird – der Kapitalbestand schmilzt und typischerweise sind die Sachversicherungen von Atomkonzernen ebenfalls recht bescheiden – und zugleich wird an der Börse eine Abwertung im Kursniveau erfolgen. Die angebliche unbeschränkte Haftung der Atomstromkonzerne via eigene Vermögenswerte ist weitestgehend eine Fiktion auf Papier. Investoren in Atomstromkonzernen sollte im Übrigen das Fukushima-Unglück zu denken geben, was Investitionen angeht. Investitionen in Energiekonzerne, die lange als fast risikolos galten, sind offenbar besonders riskant – jedenfalls wenn der betreffende Energiekonzern auch Atommeiler betreibt. Während etwa BP für die fast 50 Mrd. $ teure Regulierung des Schadensfalls von 2010 bei der Bohrinsel Deepwater Horizon umfangreiche Kredite aufnehmen konnte und musste, wäre es in einem GAU-Fall für den betreffenden Atommeiler-Produzenten unmöglich, hinreichend hohe Kredite aufnehmen zu können; denn ein GAU-Fall wird in der Regel fast sofort eine Überschuldung des betreffenden Atomstromkonzerns bedeuten – für solche Firmen aber gibt der Kapitalmarkt keinen Kredit.

Sofern Atommeiler in Deutschland bzw. weltweit vom Netz genommen werden, ist davon auszugehen, dass in der Stromwirtschaft die Nachfrage nach CO_2-Emissionzertifikaten steigt; sofern sich EU-weit bzw. weltweit der Zertifikatpreis deutlich erhöht, ist die Verstromung von Kohle mit CO_2-Abscheidung rentabel. Dabei bleibt allerdings umstritten, ob es einen gesellschaftlichen Konsens in Sachen Akzeptanz von CO_2-Abscheidungsprojekten gibt und als wie sicher solche Anlagen gelten können. In Deutschland wurde ein mögliches Abscheidungsprojekt für Brandenburg in 2011 per Bundesrat gestoppt. In diesem Feld wird man erst nach Pilotversuchen eine genauere Einschätzung geben können. Besser als CO_2-Abscheidung wäre eine Nutzung von CO_2 als Rohstoff für die Produktion nützlicher Stoffe und Produkte – hier ist die Innovationspolitik mit entsprechenden Förderanreizen für Forschung und Entwicklung gefragt. Allerdings wird diese allein schon wegen der jährlich emittierten CO_2-Mengen immer nur ein marginaler Verwendungsbereich bleiben.

Schattensubventionen bei der Kohleverstromung und Politikimpulse im Energiesektor

Auch bei einer kritischen Betrachtung von Risiken der Atomenergie gilt es natürlich nicht, die Risiken bestimmter fossiler Energieträger zu ignorieren. Auf Basis einer sorgfältigen US-Studie (EPSTEIN et. al., 2011) für den Einsatz von Kohle in der Stromerzeugung ergibt sich auf Basis einer Lebenszyklusanalyse, dass in den USA die externen Kosten – die heimlichen Zusatzkosten – von Kohlestrom darauf hinauslaufen, dass der Marktpreis eigentlich um 100% höher sein müsste als der tatsächliche Preis.

Lebenszyklusanalyse bedeutet, dass man Umwelt- und Gesundheitsschäden nicht nur der eigentlichen Kohleverstromung erfasst, sondern auch die vorgelagerten ähnlichen Effekte beim Kohleabbau. Dabei steht die Kohleverstromung für etwa die Hälfte des Stroms, der in den USA in der Dekade nach 2005 produziert wurde. Die Autoren weisen darauf hin, dass in den vergangenen 100 Jahren rund 330.000 Todesfälle beim Abbau von Kohle in den USA zu beklagen waren, davon gut 100.000 durch Unfälle in Minen und über 200.000 durch Lungenkrankheiten (Staublunge) und andere berufsbedingte Krankheiten. Dabei erscheint Kohle, die für etwa 40% der weltweiten Stromerzeugung und der CO_2-Emissionen in 2005 stand, als ein Energieträger, dessen globale Vorkommen sich zu 2/3 auf vier Länder konzentrieren: die USA mit 28%, Russland mit 19%, China mit 14% und Indien mit 7%. Die Studie von EPSTEIN et al. ist ein wichtiger Analysebeitrag für die USA, der Arbeiten des NATIONAL RESEARCH COUNCIL (2009) ergänzt, der bereits über die versteckten Kosten der Energie veröffentlicht hatte. Um eine ökonomische Bewertung von Todesfällen, die durch Kohleförderung verursacht wurden, vornehmen zu können, nahmen EPSTEIN et al. auf Basis von Annahmen der Nationalen US-Umweltbehörde (U.S. Environmental Protection Agency) 6 Mio. $ als quasi versicherungsmathematischen Wert für einen Unfalltod. Die CO_2-Emissionen, die durch Tagebauaktivitäten für Kohleförderung entstehen, sind für die USA als hoch anzusetzen, wozu noch Bergbauschäden und die beim Abbau sich ergebenen hohen Methan-Emissionen (also stark negativ wirkende Klimagase) kamen. Hinzu kommen schließlich gesundheitsschädliche Emissionen bei der Kohleverstromung, die Kohlendioxid, Methan, Staub und Stickoxide sowie Schwefeldioxid und Quecksilber plus Schwermetalle und krebserzeugende chemische Verbindungen betreffen. Auch die hohen Zusatzkosten einer Kohlendioxidspeicherung – also ein sogenannter CCS-Ansatz (CCS: carbon capture & storage = Speicherung von CO_2) – bei der Kohleverbrennung werden thematisiert. Insgesamt ergibt sich dann für die heimlichen Zusatzkosten ein Schätzbereich von 9,42-28,89 US-Cent/Kilowattstunde Strom, was auf eine mittlere Schätzung von 17,84 US-Cent/kWh Strom hinausläuft. Die jährlichen Schattensubventionen für die Kohleverstromung in den USA erreichen in mittlerer Schätzvariante etwa 345 Mrd. $, in einer „hohen Schätzvariante" 523 Mrd. $, was etwa 3% des US-Bruttoinlandsproduktes entspricht (niedrige Schätzvariante: 175 Mrd. $); so gesehen ist die echte Wertschöpfung von Kohleförderung und Kohleverstromung in den USA negativ – es wäre für die Volkswirtschaft der USA eigentlich sinnvoll, den Kohlebergbau und die Kohleverstromung einzustellen (WELFENS, 2011b).

Betrachtet man die hohen versteckten Subventionen in den USA für die Kohleverstromung und die ebenfalls hohen Schattensubventionen für Atomstrom – im Kern die massive Unterversicherung der Branche –, dann ergibt sich die Schlussfolgerung: Die eigentlich vernünftige Expansion von relativ risikolosen Energien wie Wind-, Solar-, Bioenergie- und Wasserkraftwerken wird durch absurd hohe Subventionen für Kohle und Kernenergie in den USA massiv behindert.

Auch wenn man die genannten Zahlen für die USA nicht ohne weiteres als Schätzgröße für die Zusatzkosten der Kohleverstromung in anderen Industrieländern und in Schwellenländern verwenden kann, so sei doch hier darauf verwiesen, dass sich grundsätzlich ähnliche externe Kostenelemente in anderen Ländern finden wie in den USA; die versicherungsmathematische Bewertung eines Menschenlebens mag geringer ausfallen in den USA. Aber insgesamt besteht kein Zweifel, dass die unsichtbaren Zusatzkosten der Kohleverstromung in EU-Ländern in einer ähnlichen Größenordnung sein dürften wie in den USA. Da muss es schon sehr überraschen, wenn die Europäische Kommission von Seiten der Generaldirektion Energie und Transport in einer Studie verkündet, dass die externen Kosten in EU-Ländern bei der Kohle nur bei etwa 7 Cent/Kilowattstunde liegen; der höchste Wert wird bei Frankreich mit 7-10 bzw. bei Belgien mit 4-15 €-Cent/kWh angegeben (EUROPEAN COMMISSION, 2010, S. 13). Es ist sehr unplausibel, dass die Werte für EU-Länder in einer Größenordnung von etwa 4-15 €-Cent/kWh liegen sollen, während sie in den USA etwa 7-23 €-Cent/kWh erreiche. Die Europäische Kommission gibt im Übrigen bei der Kernenergie externe Kosten von kaum 0.5 Cent/Kilowattstunde an, wobei die groteske Unterversicherung der Atomstromproduktion als der größte Kostenblock an Schattensubventionen einfach ausgeblendet wird. Damit aber erscheint die Analyse der Europäischen Kommission als in höchstem Maße zweifelhaft. Eine Politik der EU, die auf solchen falschen Analysezahlen aufbauen will, wird absehbar keine wirkliche nachhaltige Wohlstandssteigerung erreichen können.

Natürlich ist die Europäische Kommission grundsätzlich ein wichtiger Akteur in der Klima- bzw. Energiepolitik. Mit dem Ziel 20:20:20 hat man für 2020 eine griffige dreifache Zielvorgabe gemacht: Der Anteil der erneuerbaren Energien soll auf 20% anstiegen, die Energieeffizienz soll um 20% ansteigen und der CO_2-Ausstoß gegenüber 1990 um mindestens 20% sinken. Die Europäische Kommission ist gehalten, Verzerrungen im Binnenmarktwettbewerb zu verhindern. Tatsächlich aber zählen die national unterschiedlichen Haftpflichtprämien für Atomanlagen zu den wichtigen Verzerrungsfaktoren im Energiebinnenmarkt. Die Bundesregierung hat im Übrigen beschlossen, dass der Anteil der Erneuerbaren Energien in Deutschland bis 2020 mindestens 35% erreichen soll und bis 2050 auf 80% steigen soll. Während es Kritiker der Energiewende gibt, die aus dieser erhebliche Steigerungen der Stromkosten bzw. der Strompreise erwarten, kann man auch gegenteilige Analysen formulieren: Danach ist es durchaus möglich, dass Massenproduktionsvorteile bei Windstromanlagen und Solaranlagen längerfristig zu erheblichen Kostensenkungen führen, die zumindest zu einem erheblichen Teil den Kostentreiber der staatlichen garantierten Einspeisevergütung für Wind- und Solarstromproduzenten aufwiegen. Die Einspeisevergütungen in Deutschland dürften in 2010 bei etwa 13 Mrd. € gelegen haben, was gut 0,5% des Bruttoinlandsproduktes entspricht. Die Vergütungszahlungen nach dem Erneuerbare-Energien-Gesetz sollen sich bis 2025 in etwa verdreifachen (TECHNISCHE UNIVERSITÄT BERLIN, 2011, S.59): „Unter der Annahme eines Strompreisanstiegs von durchschnittlich 2,7

Prozent pro Jahr werden sich die Erlöse der Übertragungsnetzbetreiber bis 2030 annähernd verdoppeln. Bis zum Jahr 2025 dürften die direkten Kosten der EEG-Förderung auf netto rund 21 Milliarden ansteigen, um danach bis zum Jahr 2030 auf 15 Milliarden zu sinken. Bei einem angenommenen Kalkulationszinssatz von vier Prozent liegt der Barwert der zwischen 2010 und 2030 zu erwartenden direkten EEG-Kosten bei insgesamt 250 Milliarden €. Die direkten EEG-Kosten werden über die EEG-Umlage finanziert. Nachdem diese im Jahr 2011 von 2,05 ct/kWh auf 3,53 ct/kWh heraufgesetzt wurde, ist für 2012 ein Rückgang zu erwarten, doch auf der Grundlage der soeben novellierten EEG-2012 wird es bis 2025 einen Anstieg auf bis zu 6 ct/kWh geben. Das im Rahmen der parlamentarischen Beratungen formulierte Ziel, die EEG-Umlage nicht über das Niveau von 3,5 ct/kWh ansteigen zu lassen, ist vorerst nicht mit glaubwürdigen Maßnahmen unterlegt."

Tabelle 1: Gesellschaftliche Zusatzkosten – externe Kosten – für die Stromerzeugung mit den existierenden Technologien in der EU (in € cent pro kWh*)

Land	Stein- & Braun- kohle	Torf	Öl	Gas	Atom	Biomasse	Wasser	Sonne	Wind
Österreich				1-3		2-3	0,1		
Belgien	4-15			1-2	0.5				
Deutschland	3-6			1-2	0,2	3		0,6	0,05
Dänemark									
Spanien	4-7		5-8	2-3		1			0,1
Finnland	5-8			1-2		3-5**			0,2
Frankreich	2-4	2-5				1			
Griechenland	7-10		8-11	2-4	0,3	1			
Irland	5-8		3-5	1		0-0,8			0,25
Italien									
Niederlande	6-8	3-4							
Norwegen			3-6	2-3					
Portugal	3-4			1-2	0,7	0,5			
Schweden						0,2			
Vereinigtes				1-2		1-2			0-0,25
Königreich	4-7			1-2					
	2-4				0,25	0,3			
	4-7		3-5	1-2		1			0,15

* Teilsumme der quantifizierbaren externen Effekte (wie globale Erwärmung, die öffentliche Gesundheit, Arbeitsmedizin, Sachschäden)

** Biomasse zusammen mit Braunkohle befeuert

Quelle: European Commission (2010, S.23)

Es gibt also in dieser Betrachtung aus dem Klimaschutz herrührende Kostenbelastungen bzw. Preistreiberfaktoren bei der Stromerzeugung. Dabei kommen dann allerdings noch ggf. Belastungen aus dem Atomausstieg hinzu. Hierbei ist allerdings der Bezugspunkt außerordentlich wichtig, wenn es um eine vernünftige Analyse geht: Es mögen durchaus Kosten zeitweise beim Übergang auf erneuerbare Energien steigen – und die entsprechenden Preise eben auch. Aber als sinnvollen Vergleichspunkt sollte man eigentlich Atomstrom mit voller Haftpflichtversicherung nehmen und dann sähe eben das Bild auf dem Markt insgesamt anders aus.

Einen Ausstieg aus dem Atomstrom mit einer Expansion der Kohleverstromung zu verbinden, wird vor dem Hintergrund der oben aufgezeigten Argumente nicht sinnvoll sein. Im Übrigen sei darauf hingewiesen, dass die Internationale Energieagentur von erheblichen bzw. überproportionalen Wachstumsraten bei der Kohleverstromung weltweit ausgeht: Die weltweite Stromnachfrage wird bis 2030 gegenüber dem Referenzjahr 2005 um 2,7% pro Jahr steigen, die Nachfrage nach Strom auf Kohlebasis um 3,1% pro Jahr. Die CO_2-Emissionen aus der Kohleverstromung sollen pro Jahr um 2,1% ansteigen.

CCS-Technologien, bei denen Kohlendioxid, das bei der Kohleverstromung entsteht, in den Boden bzw. bestimmte Lagerstätten gepumpt werden, sind grundsätzlich mit Risiken behaftet, da Gas etwa aus Rissen austreten kann und Flora und Fauna in den Speicherregionen negativ beeinflusst werden können. Hinzu kommt, dass sich bei der Kohleverstromung ein schlechterer Wirkungsgrad einstellt, so dass letztlich mehr Kohle als bisher zur Erzielung derselben Strommenge verfeuert werden muss. Mehr Kohleförderung heißt höhere Abraummengen, höhere gesundheitsschädliche Emissionen aus dem Abbau von Kohle und auch höhere Transportvolumina für Kohlezüge (und nochmals mehr transportbezogene Emissionen) – 70% des US-Gütertransportvolumens entfällt auf Kohlentransporte.

Was die Rolle falscher und richtiger Zahlen bzw. die Rolle des Staats als Betreiber von Kernkraftwerken angeht, so ist mit Blick auf die Höhe der notwendigen Atommüll-Kosten ein Blick auf Großbritannien lehrreich: Als man die Privatisierung der britischen Kernkraftwerke durchführte, waren die privaten Investoren natürlich an realistischen Zahlen für die notwendigen Rückstellungen für Atommüll sehr interessiert; gegenüber den zuvor sehr niedrige angegebenen entsprechenden Zahlen der staatlichen Atomkraftwerksbetreiber ergaben sich nach umfassenden Berechnungen etwa 10fach so hohe Werte (MacCARRON, 1991).

Was die Fähigkeit von Ländern angeht, die Rolle von Energieträgern durch politische Maßnahmen bzw. Innovationen zu beeinflussen, so ist Schweden ein in vieler Hinsicht besonders interessantes Land: Zwischen 1980 und 2000 gelang es, u.a. über CO_2-Besteuerung – allerdings oftmals wenig effizient eingesetzt – eine massive Expansion von Bioenergie anzustoßen, die alsbald mehr Strom erzeugt als der Nuklearsektor (KABERGER, 2002). Wie man am schwedischen Beispiel bei Betrachtung der Details

zur Energie- und Steuerpolitik feststellen kann, sind gerade auch steuerpolitische Entscheidungen für Innovationsprozesse und Strukturwandel in der Energiewirtschaft
wichtig. Es ist im Übrigen sehr zu bedauern, dass die guten Ansätze in Richtung auf
eine „grüne" ökologiebezogene Erweiterung der gesamtwirtschaftlichen Gesamtrechnung – vorgeschlagen insbesondere von der Weltbank bzw. Wissenschaftlern (BAR-
TELMUS, 2009) – nicht in der Politik umgesetzt wurden; das Thema Schattensubventionen sollte man allerdings längerfristig bei einem neuen Reformanlauf unbedingt
aufgreifen.

Höhe Schadenskosten eines Super-GAUs

Dem Tschernobyl-Bericht der Internationalen Energieagentur (IAEA, 2006: S. 33) ist
zu entnehmen, dass die Ukraine fast zwei Jahrzehnte lang 6-8% der Staatsausgaben für
die Bewältigung der Folgen von Tschernobyl aufwenden musste und dass die Regierung von Weißrussland mit Ausgaben des Tschernobyl-Unglücks – über 30 Jahre gerechnet – von 234 Mrd. $ rechnet. Das Unglück im Atomkraftwerk Tschernobyl im
Jahr 1986 war nicht nur ein größter anzunehmender Unfall (GAU), sondern ein sogenannter Super-GAU, bei dem die Kernschmelze auftrat, für die Kernkraftwerke der
ersten und zweiten Generation nicht ausgelegt sind. Kernkraftwerke der dritten Generation, die in Finnland und Frankreich in 2010/11 im Bau waren, können zwar das Eindringen eines geschmolzenen Reaktorkerns ins Erdinnere bei einem schweren Störfall
verhindern; aber auch hier bleibt das Risiko, dass im Fall von Erdbeben bzw. der notwendigen Heranführung von Kühlwasser auf Wegen außerhalb des normalen Kühl-
kreislaufs eine radioaktive Verseuchung in erheblichem Maße stattfinden kann. Da mit
dem Einbauen eines Auffangbeckens für eine Kernschmelze die Reaktorbaukosten
stark ansteigen, kann eine Wirtschaftlichkeit nur über eine noch größere Leistungsdi-
mensionierung des Kernkraftwerks erreicht werden – die Baukosten steigen auf etwa 6-
10 Mrd. € an, die Masse des im Reaktorkern genutzten spaltbaren Materials erhöht sich
und damit steigt vermutlich am Ende gar das Risiko eines Super-GAUs an: In einem
ungünstigen Fall eines Lecks in der Anlage, könnte dann sogar mehr Radioaktivität in
die Umwelt gelangen als bei einem Reaktorunglück in einem Kernkraftwerk der zweiten Generation.

Da ein Super-GAU schwere Schäden für Hunderte, ja Tausende von Jahren anrich-
ten kann, ist es eine hochumstrittene Frage, ob und gegebenenfalls unter welchen speziellen Bedingen die Nutzung von Atomstrom verantwortbar ist. In Deutschland nimmt
in Kirchen, Umweltverbänden und bei Vertretern der erneuerbaren Energien die Anzahl derjenigen zu, die sowohl für die Ächtung der militärischen als auch der zivilen
Nutzung der Atomenergie eintreten (vergl. SOLARZEITALTER, 1/2011) Betrachtet
man die potenzielle Gefahr der Atomstromerzeugung bzw. den Fukushima-Unfall,
dann wird man Atomstrom grundsätzlich als nicht mit Nachhaltigkeit vereinbar einordnen wollen. Die entscheidenden Alternativen bilden die Energieeffizienz und die erneuerbaren Energien, wobei der Anteil der erneuerbaren Energien in der Stromerzeu-

gung von besonderer Bedeutung ist – dieser Anteil ist im EIIW-vita-Nachhaltigkeits-indikator eine der verwendeten drei Elemente zur Abschätzung von Nachhaltigkeit von Ländern und der Weltwirtschaft insgesamt (hinzu kommen die beiden Indikatoren echte Sparquote – gemäß Weltbank-Konzept – und die relative Wettbewerbsposition bei umweltfreundlichen Produkten; siehe Anhang).

Nach Angaben von Nuklearexperten ist die Wahrscheinlichkeit für einen sehr schweren Störfall in einem Atomkraftwerk sehr gering: mit einem solchen Störfall in 100.000 Jahren sei zu rechnen, so eine Standardantwort. Wahrscheinlichkeitstheoretisch betrachtet schließt dies weder aus, dass ein solcher Störfall im nächsten Jahr oder im Jahr 100.000 in der Zukunft passiert oder auch gar nicht in diesem Zeitraum. Entscheidend ist jedoch, dass es sich bei dieser Zahl um die durchschnittliche Kernschmelzhäufigkeit pro Anlage und Jahr handelt (Renneberg, in VDW, 2011: 70). Für Deutschland würde sich bei gleichbleibender Kapazität in einem Zeitraum von 60 Jahren immerhin eine Wahrscheinlichkeit in der Größenordnung von 1% ergeben, dass eine Kernschmelze auftritt. Aber auch diese Angabe zur Wahrscheinlichkeit für einen Super-GAU bzw. einen sehr schweren Störfall ist nicht ohne weiteres für Normalbürger zu verstehen. Umso anschaulicher ist die Wirklichkeit, denn hier gab es mit der Beinahe-Kernschmelze 1979 im US-Reaktor Three Mile Island bei Harrisburg einen gewichtigen Störfall, gefolgt von dem Super-GAU in Tschernobyl in der Sowjetunion in 1986 und nun durch den katastrophalen Unfall in Fukushima in Japan im Jahr 2011. Die Atommeiler und Abklingbecken des Stromkonzerns Tokyo Electric Power Company (Tepco), der die Anlage in Fukushima betreibt, haben zu gravierenden Schäden geführt:

- Die Atomanlage Fukushima selbst ist größtenteils zerstört; 6-8 Mrd. € Schaden am Kraftwerk werden geschätzt.
- Es gibt atomare Verstrahlungen bei Arbeitern von Tepco und vermutlich auch von Rettungskräften bzw. Feuerwehrleuten, die am Einsatzort tätig waren; auch kam es zu einer radioaktiven Belastung beim Trinkwasser in angrenzenden Regionen; in Tokio wurde zum Ende der zweiten Woche nach der Havarie Eltern abgeraten, Leitungswasser Kleinkindern oder Babys zu geben, da das Wasser erhöhte Grenzwerte aufwies, die als schädlich für kleine Kinder gelten müssen.
- Eine Region von 20 km um die Atomkraftanlage wurde geräumt – die Menschen wurden in Notunterkünften der weiteren Region untergebracht, die Produktion in der geräumten Region kam zum erliegen. Etwa 1.300 Quadratkilometer sind, so die Einschätzung zwei Wochen nach dem Unglück, wegen der Atomhavarie nicht nutzbar, bei einem geschätzten Quadratmeterpreis von 1.000 € ist allein der Bodenschaden bei 1 Mrd. €. Die US-Atomenergiebehörde hat verlauten lassen, dass nicht ein Evakuierungsradius von 20 km, sondern von 80 km dem Schadensfall in Fukushima angemessen sei.
- Der Landwirtschaft der Region Fukushima drohen erhebliche Einnahmeausfälle, wobei Tepco bereits Entschädigungen für die Landwirte versprochen hat. Japans

Lebensmittelexporte werden fallen und überhaupt könnte der Atomunfall mittelfristig zu einer Nahrungsmittelkrise in Japan führen. Denn wenn mit Blick auf Kleinkinder und Babys die Behörden die Menschen in Japan vor der Nutzung des Leitungswassers für Trink- und Kochzwecke warnen, dann wird ein allmählich zunehmendes Misstrauen im Umfeld schleichend steigender Belastungswerte dazu führen, dass die Menschen in Tokyo und auch einigen anderen Großstädten kaum noch Trinkwasser aus der Leitung nutzen und beim denkbaren Verzehr jeder Art von Frischgemüse oder Obst misstrauisch sein werden.

- Da im Zuge der Kühlung der Fukushima-Reaktoren relativ unkontrolliert von Einsatzkräften Meerwasser genutzt wurde und dieses Kühl-Meerwasser und andere Wassermassen ins nahe Meer zurückgeleitet wurden bzw. dorthin flossen, kommt es zu einer Verseuchung der nahen Meeresregion und damit zur radioaktiven Kontaminierung von Fischen. Dies führt wiederum zu einer allgemeinen Verunsicherung bei den Verbrauchern in Japan, die normalerweise regelmäßig Fisch essen; viele Meeresprodukte gelten in Japan als Bestandteil der alltäglichen Küche. Hier ist dann die Existenz der Fischer bedroht. Ebenso gilt dies für Fischhändler und viele an der Fischindustrie hängende Jobs.

- Schon in der zweiten Woche musste Tepco bei japanischen Großbanken um Sonderkredite von 17 Mrd. € bzw. zwei Bill. Yen nachsuchen. Denn die Kosten bei dem Versuch zur Eindämmung der Radioaktivität des Unglücksreaktors bzw. die Maßnahmen zur Begrenzung einer radioaktiven Verseuchung der Umwelt sind hoch, ganz zu schweigen von anstehenden Entschädigungszahlungen für Landwirte und Einwohner der Fukushima-Region. In der vierten Woche hat die Regierung Japans schließlich erklärt, dass die Klassifizierung des Atomunfalls von der bisherigen Stufe 5 auf die höchste internationale Klassifizierungsstufe 7 – das entspricht dem Tschernobyl-Unglück – angehoben werden muss.

Die Kosten der Atomhavarie von Tschernobyl werden von der Internationalen Atomenergiebehörde IAEA auf etwa 85 Mrd. $ angesetzt. Die wahren Kosten dürften weit darüber liegen. Es gibt Schätzungen von Seiten der Ukraine und Weißrusslands, wonach der Schaden aus dem Tschernobyl-Reaktorunglück – über 30 Jahre gerechnet – bei etwa 235 Mrd. $ liegen. Allein die notwendige Neuerrichtung des Sarkophags über dem Unglücksreaktor wird etwa 1,5 Mrd. € kosten; der erste Beton-Sarkophag ist nach 25 Jahren instabil bzw. porös geworden. Der Sarkophag soll die Umgebung des Unglücksmeilers für gut 100 Jahre vor dem Austreten von hoher bzw. gefährlicher radioaktiver Strahlung schützen.

Es besteht jedenfalls kein Zweifel, dass auch die Kosten der Havarie beim Atomkraftwerk Fukushima sehr hoch sein werden. Diese Kosten werden sicherlich weit über den 2 Mrd. SFR liegen, die in der Schweiz als Haftpflichtversicherung bei Atomkraftwerken gelten und auch weit über den 2,5 Mrd. €, die in Deutschland gelten. Der von Betreibern von nuklearen Anlagen zu hörende Satz, dass Geschädigte auf die unbegrenzte Haftung des Nuklearunternehmens setzen können, ist irreführend und weitgehend eine Illusion auf Papier. Denn maximal könnten Geschädigte ja auf den Börsen-wert des Atomstromunternehmens zugreifen – der Börsenwert des entsprechenden Unternehmens wird aber im Fall eines schweren Unfalls mit Kernschmelze massiv einbrechen. Von daher ist es unverständlich, dass bei der Fukushima-Havarie der Staat die Vermögenswerte des Unternehmens nicht unter Zwangsverwaltung stellt; vielmehr wurden Aktien des Unternehmens – bei reduzierten Kursen – auch in den Wochen nach der Havarie von Fukushima an den Börsen gehandelt.

Zu den externen Kosten bzw. Risiken der Atomstromerzeugung wurde 1992 eine wissenschaftliche Studie von Prof. Dr. Hans-Jürgen Ewers und Klaus Rennings (Uni-versität Münster) vorgelegt, die für Prognos bzw. das Bundesministerium für Wirt-schaft erstellt wurde: „Abschätzung der Schäden durch einen sogenannten Super-GAU" (EWERS/RENNING, 1992). Die von den Autoren ermittelte Schadensabschät-zung für einen Super-GAU, die nur einen Teil der möglichen Gesamtschäden berück-sichtigte, wurde mit 10.700 Mrd. DM oder etwa 5.000 Mrd. € angesetzt; davon ausge-hend, dass ein solcher Schaden einmal in 1666 Jahren zu erwarten ist, ergibt sich der jährliche Schadenserwartungswert bei 6,42 Mrd. DM bzw. 4,3 Pfennige je kWh Atom-strom; dabei haben die Autoren die Willingness-to-Pay-Methode und die Willingness-to-Accept-Methode bei der Bewertung der Gesundheitsrisiken herangezogen sowie indirekte Methoden wie die Humankapitalmethode und die Hedonistischen Preisanaly-se. Als Super-GAU wird der Fall eines Kernschmelzunfalls in der Definition der Ge-sellschaft für Reaktorsicherheit betrachtet, bei dem größere Mengen an radioaktiven Stoffen freigesetzt werden, da der Brennstoff stark aufgeheizt wird und eine Schmelze eintritt (GRS, 1989). Um eine entsprechende Haftpflichtversicherung zu erhalten, für die es im Rückversicherungsmarkt keine Rückversicherungspolicen gibt, ist nach SAUER (1991) von einer Versicherungsprämie von 1 DM – etwa 0,5 € – pro kWh Strom bei einer Haftungsabdeckung über private Versicherungen auszugehen. Bezogen auf 2010 dürfte eine untere Schätzgrenze bei 20-30 Cent pro kWh Atomstrom anzuset-zen sein (600 Mrd. kWh war die Gesamtproduktion an Elektrizität im Jahr 2010 in Deutschland). Damit wären die wahren Kosten des Atomstroms für den Endverbrau-cher in Industrie und Haushalten zwei- bis dreifach so hoch wie die nackten Atom-stromkosten, die sich ohne volle Haftpflichtversicherung ergeben. Atomstrom wäre damit gegenüber Windkraftwerken kaum konkurrenzfähig. Selbst wenn man nicht auf den extremen Fall eines Super-GAUs abstellt, sondern nur einen schweren Störfall wie Fukushima betrachtet, dann dürfte die Schadensrechnung bei etwa 100 Mrd. bis 250 Mrd. € liegen. Wenn man 2,5 Mrd. € als Haftpflichtversicherung nimmt, so wird hier nur 1/40 bis 1/100 des tatsächlichen Schadens abgesichert. Es ist nicht nachzuvollzie-hen, weshalb ein Atomstromproduzent nicht eine umfassendere Haftpflichtversiche-rung haben soll bzw. zum Abschließen einer Versicherung auch für einen Super-GAU verpflichtet werden sollte. Bei faktisch fehlender Haftpflichtversicherung für Atom-kraftwerke ergeben sich sehr massive Wettbewerbsverzerrungen zulasten von risikoar-men Energieträgern für die Stromerzeugung und wegen des bei Atomstrom bzw. Energieeinsatz sich ergebenden künstlichen Verbilligungseffektes der fehlenden Haft-pflichtversicherung (Nichtinternalisierung negativer externer Effekte) wird eine zu energieintensive und mithin auch zu CO_2-intensive Produktionsstruktur begünstigt.

Die Frage der Versicherung von Kernkraftwerken umfasst mehrere Aspekte, von denen drei besonders wichtig sind:

- Eine Kernschmelze in einem Nuklearreaktor gilt aus wahrscheinlichkeitstheoreti-schen Überlegungen heraus als sehr seltenes Ereignis. Eine übliche Betrachtung wäre – etwas vereinfacht (JAEGER, 2011) – etwa so, dass man die Wahrschein-lichkeit eines schweren Erdbebens betrachtet und diese beispielsweise mit 1/100 ansetzt; einmal in 100 Jahren kommt ein schweres Erdbeben am Standort eines Atomkraftwerkes vor; die Wahrscheinlichkeit für einen Tsunami beträgt ebenfalls 1/100, die Wahrscheinlichkeit einer Kernschmelze ebenfalls 1/100. Daher beträgt dann die Wahrscheinlichkeit für das gleichzeitige Auftreten von Erdbeben, Tsunami und Kernschmelze 1/1,000.000, so dass in einer Million Jahren einmal ein solches Dreierunglück zu erwarten wäre. Diese Wahrscheinlichkeitsangabe ist aber natür-lich falsch, wenn die drei Ereignisse nicht – wie hier zunächst unterstellt – unab-hängig voneinander sind. Vielmehr sorgte ja in Fukushima das Erdbeben, durch das das Nuklearkraftwerk beschädigt wurde, für einen anschließenden Tsunami, der dann wichtige Sicherheitssysteme bzw. Notstromaggregate des Kraftwerkes dann massiv zerstörte und schon war der Weg zur Kernschmelze mit großer Wahrschein-lichkeit vorgegeben. Die Wahrscheinlichkeit für eine Kernschmelze beträgt also nicht 1 zu 1 Million, sondern einfach 1 zu 100. Das entsprechende Kraftwerk findet keine private Versicherung, die eine volle Haftpflichtversicherung anbieten wollte; und selbst wenn es eine Versicherung in der Welt gäbe, die das Risiko gegen eine horrend hohe Prämie auf sich nehmen wollte, dann fände der Erstversicherer keinen privaten Rückversicherer, wo sich der Erstversicherer gegen eine entsprechende Versicherungspolice im Schadensfall einen wesentlichen Teil der Auszahlungs-summe zurückholen könnte. Große Schadensfälle bei Naturkatastrophen, die von privaten Versicherern und Rückversicherern teilweise gedeckt waren, betrafen etwa den New Orleans verwüstenden Wirbelsturm Cathrina in 2005, wobei weniger als 1/5 des sich auf etwa 100 Mrd. $ belaufenden Schadens tatsächlich versichert war.

- Wenn Kernkraftwerke ohne volle Internalisierung der Potenzialrisiken – inklusive GAU/Super-GAU – Strom erzeugen und verkaufen, dann entspricht dies einer Situ-ation, in der Atomstrom mit „Schattensubventionen" aus dem jetzigen bzw. künfti-gen Staatshaushalt in der Gegenwart künstlich verbilligt wird. Gegenüber Wind-kraft oder Solarstrom oder Wasserkraft oder geothermischen Energieanlagen – oder auch Gas, Öl oder Kohle – erlangt also der Atomstrom eine künstliche wettbe-werbsverzerrende Bevorteilung. Die künstliche Verbilligung von Atomstrom senkt insgesamt den Strompreis und begünstigt damit die Emission klimaschädlicher energieintensiver Produktionsschwerpunkte und auch entsprechende Exportgüterin-dustrien werden hiermit indirekt subventioniert. Im Fall großer Länder wie China,

Russland, USA, Frankreich und Deutschland (bzw. EU-Länder mit Atomstrom) wird dadurch der Weltmarktpreis energieintensiver Produkte heruntergedrückt; und das stimuliert wiederum weltweit die Nachfrage nach energieintensiv hergestellten Gütern – Konsumgütern und Investitionsgütern. Es kommt damit zu einer weltweit künstlich hohen Nachfrage bzw. Produktion von energieintensiv hergestellten und damit in der Regel besonders klimaschädlichen Gütern. Die angeblich so klima-schonende Atomenergie ist in Wahrheit in der globalen Gesamtwirkung klima-schädlich. Wenn durch künstlich billigen Atomstrom die Weltnachfrage nach ener-gieintensiven Gütern wächst, dann erhöht ein 1% zu günstig angebotener Atom-strom (1% Verbilligung gegenüber den wahren Kosten der Stromerzeugung) die Nachfrage nach energieintensiven Gütern um mehr als 1% und damit auch den Ausstoß schädlicher Klimagase um mehr als 1%; wäre der Effekt jeweils gerade 1%, dann bringt eine 1% Verbilligung von Atomstrom einen weltweiten Zusatzaus-stoß an CO_2 von 1%. Bei einer hier vermuteten Verbilligung des Atomstroms von 50-100% – durch fehlende Haftpflichtversicherung von Atomkraftwerken – wäre also durch den Atomstrom eine starke Erhöhung des CO_2-Ausstoßes weltweit ver-ursacht worden. Anders ausgedrückt: Wäre Strom teurer, dann ginge natürlich der Anteil energie- bzw. emissionsintensiver Sektoren an der Gesamtproduktion vieler Länder in aller Welt deutlich zurück und zudem entstünden Anreize zu mehr ener-gieeffizienten bzw. CO_2-sparsamen Innovationen. Einzurechnen sind zudem noch die vermutlich negativen realen Einkommenseffekt in der Weltwirtschaft: Wenn al-so der Atomstrom höhere Versicherungskosten enthielte oder Atomkraftwerke au-ßer Betrieb genommen würden, dann kommt es vermutlich zu einem zeitweisen Rückgang des realen Wirtschaftswachstums. Jedenfalls ist unklar, ob die zusätzli-chen Investitionen in alternative Energien das Wachstum stabilisieren. Die übliche Behauptung der Nuklearstromfirmen, dass Atomstrom die globale CO_2-Belastung mindert, ist auf Basis der vorgetragenen Argumente – mit Blick auf direkte und in-direkte Effekte der (quasi-subventionierten) Atomstromherstellung – zurückzuwei-sen.

• Radioaktive Verseuchung ist für unsere menschlichen Sinnesorgane nicht erkenn-bar. Tritt nun eine radioaktive Verseuchung von Pflanzen- und Tierwelt sowie von Flüssen/Meeren auf, dann ergibt sich ein breites Misstrauen von Verbrauchern in die gesundheitliche Unbedenklichkeit von Blattgemüse, Milch, Pilzen, Eiern, Fisch und Fleisch. Dagegen wird man sich auch nicht dadurch schützen können, dass man sich einen Geigerzähler für € 99,-- in die Küche stellt. Da braucht man in jedem Fall einen Gamma-Spektrometer, der zur Messung von Gamma-Strahlung notwen-dig ist und ein solches Gerät ist schon sehr viel teurer als ein Geigerzähler. Das Misstrauen von Verbraucherinnen und Verbrauchern in die Lebensmittel aus ver-seuchten Regionen bedeutet den Konkurs von Abertausenden Landwirten. Diese müssten durch die Betreiber des havarierten Atomkraftwerkes – in Japan beim Fall Fukushima als durch Tepco – entschädigt werden. Zudem müsste der Betreiber des

Unglücksreaktors die Konsumenten im ganzen Land (und ggf. weltweit) entschädigen für den Anstieg der Lebensmittelpreise bzw. des Preisniveaus und den entsprechenden Realeinkommensverlusten.

So erheblich die regionalen Folgen des Atomunfalls in Fukushima auch waren, so sehr muss man auch darauf hinweisen, dass es für eine hochgradig international verflochtene Volkswirtschaft wie Japan noch massivere wirtschaftliche Störeffekte aus einer Fukushima-Havarie mit größerer Freisetzung von Kernbrennstoff hätte geben können, als dies ohnehin im März 2011 der Fall war. Hieraus ergeben sich gravierende Schlussfolgerungen auch für den Exportweltmeister Deutschland. Wenn die Freisetzung von Radioaktivität durch das Zusammenspiel von Wind und Regen größere Regionen mit Exportindustrie nuklear verseuchen sollte, dann käme es zu einem weltweiten Misstrauen in den Hauptimportländern der Exportprodukte Deutschlands/Japans; ein mengen-und preismäßiger Einbruch im Exportgeschäft wäre die Konsequenz. In der Folge der Fukushima-Havarie wird nicht nur der Export japanischer Fertigprodukte einbrechen, sondern auch der Export japanischer Vorprodukte, die millionenfach in Millionen Exportprodukten von westlichen OECD-Ländern verwendet werden. Die Störung von Lieferketten durch radioaktiv verseuchte Vorprodukte kann dann zu einer schweren Belastung des internationalen Handels führen. Es reicht schon ein allgemeiner Verdacht bei Konsumenten, dass in einem Produkt radioaktiv verseuchte Vorprodukte eingebaut sein könnten, um die Produktnachfrage weltweit auf nahe Null fallen zu lassen. Da man Radioaktivität mit den menschlichen Sinnen nicht erfassen kann, gibt es hier ein potenziell massives Vertrauensproblem, das die internationale Arbeitsteilung schwer beeinträchtigen könnte: Der Außenhandel wird schrumpfen, was zu einem sinkenden Realeinkommen im Exportland (Japan) führt. Dieses Land wiederum reduziert dann die Importe, was zu einem sinkenden Export des Partnerlandes (z.B. Deutschland) führt. Kommt es zu einer Panik auf den Finanzmärkten, so sind auch weitere Verwerfungen denkbar; noch dazu gilt dies, wenn die Handlungsspielräume der Fiskal- oder Geldpolitik aktuell beschränkt sind (siehe Japan). Die Szenarien für einen Super-GAU in einem Atomkraftwerk haben bislang nicht die tatsächlich möglichen internationalen ökonomischen Verwerfungen schwerer Art in Rechnung gestellt, die sich unter ungünstigen Umständen ergeben könnten.

Die von EWERS/RENNING (1991; 1992) bezifferten möglichen Kosten eines GAU bzw. schweren Nuklearreaktor-Unfalls haben nur die lokalen Verseuchungskosten, die Kosten der Evakuierung in der von Radioaktivität bedrohten Unglücksregion und die Kosten für das Gesundheitssystem – als größtem Kostenblock – betrachtet. Zu betrachten sind aber zusätzliche Kosten in einer offenen Volkswirtschaft mit Außenhandel und Direktinvestitionen:

- Der Welthandel kann erheblich und längere Zeit negativ betroffen sein; ein Rückgang des Weltsozialproduktes um 1% ist ohne weiteres denkbar; das entspräche etwa 55 Mrd. $ pro Jahr und in einer Dekade etwa 600-700 Mrd. $ (bei normalerweise anhaltendem Wirtschaftswachstum in der Welt wird 1% des Weltsozialproduktes absolut gesehen von Jahr zu Jahr ein größerer Betrag).

- Mittelfristig wird sich das Ausbleiben von Direktinvestitionszuflüssen in das vom Atom-Unglück betroffene Land negativ bemerkbar machen: Furcht vor radioaktiven Verseuchungsrisiken wird Direktinvestoren zögerlich bei neuen Investitionsprojekten machen bzw. gar zum Verkauf von Tochterunternehmen veranlassen. Auf einen Zeitraum von einer Dekade könnten hier Wachstumsverluste entstehen, die kumuliert 5% des Bruttoinlandsproduktes ausmachen – das wären im Fall Japan 200 Mrd. $.
- Ausländische Spezialisten werden das vom Reaktor-Unfall betroffene Land verlassen bzw. sie werden von ihren Firmen mittelfristig abgezogen werden oder aber in andere Regionen des Gastlandes versetzt. Auch dies führt zu Wachstumsverlusten in dem vom Atomunfall betroffenen Land. Im Fall Japans könnten diese Verluste etwa 50 Mrd. $ in einer Dekade ausmachen.
- Eine Verminderung von Touristenströmen, die bei Abwesenheit des Reaktorunfalls sonst ins Land gekommen wären, dürfte ebenfalls zu verzeichnen sein. Hier dürfte der Verlust über eine Dekade kumuliert etwa 2% des Bruttoinlandsproduktes ausmachen; im Fall Japans sind das 80 Mrd. $.

Diese vorsichtige Abschätzung ergibt, dass die Kostenabschätzung bei EWERS/ RENNING um mindestens 20% zu niedrig angesetzt ist. Statt mit etwa 5.000 Mrd. € an Schadenskosten sind eher 6.000 Mrd. € an Schadenskosten anzusetzen. Hinzu kommen schwer monetarisierbare Kosten der psychologischen Belastungen für die Bevölkerung im Land mit der Atom-Havarie. Gemessen an einem tatsächlichen SUPERGAU ist der Fukushima-Unfall in 2011 noch als relativ glimpfliche Variante eines denkbaren Atomunfalls in einem Kraftwerk von der Größe der Fukushima-Anlage anzusehen. Es ist offensichtlich, dass die bestehenden Haftpflichtversicherungen von Kernkraftwerken in Japan, Deutschland, der Schweiz, den USA und anderen OECD-Ländern völlig unzureichend sind. Die Atomstromerzeugung kann vor dem Hintergrund der dargelegten Überlegungen als eine Art Superspekulationsstrategie der Nuklearbranche interpretiert werden, wobei es ein Too-big-to-fail-Problem ähnlicher Art wie in der Transatlantischen Bankenkrise gibt. Too-risky-to fail bedeutet hier: Die Großunternehmen, die Betreiber von Atomkraftwerken sind, verlassen sich offenbar darauf, dass sie wegen des exorbitanten Schadensausmaßes kein Konkursrisiko zu fürchten haben, weil bei einem schweren Schadensfall im wesentlichen der Staat Entschädigungen zahlen wird. Das läuft auf eine Privatisierung der Gewinne über viele Jahre – im günstigsten Fall viele Jahrzehnte oder gar Jahrhunderte – hinaus und eine Sozialisierung umfassender Verluste im Fall eines GAU hinaus. Die Kosten bei einem GAU könnten in einem kleinen Land wie der Schweiz ohne weiteres höher als das Bruttoinlandsprodukt für ein halbes Jahrzehnt sein, in einem Land wie Deutschland oder Japan könnte das Doppelte des Bruttoinlandsproduktes als Größenordnung für einen GAU-Schaden entstehen. Es ist wohl nur zu offensichtlich, dass es unverantwortlich bzw. nicht-konsensfähig ist, eine derartige riskante Stromerzeugungstechnologie zu nutzen, zumal es Dutzende Alternativen gibt.

Die Tatsache, dass die Atomstromerzeugung von großen Schattensubventionen über Jahrzehnte profitiert hat, kann vermutlich durch mehrere Aspekte erklärt werden:

- Die Atomstromerzeugung ist quasi als ziviles Nebenprodukt der Atombombe lange Zeit staatsnah organisiert gewesen – in Frankreich hat die staatliche EDF alle Atommeiler das Landes auch in 2010 noch in der Hand und in Großbritannien waren Atommeiler ebenfalls über Jahrzehnte in der Hand des Staates. Der Staat ist sich aber erfahrungsgemäß selbst ein schlechter Ordnungspolitiker; die denkbare Forderung nach voller Haftpflichtversicherung hätte ja enorme Budgetbelastungen für den Staat bedeutet und daran hatte das politische System kein Interesse.
- Der Energiesektor ist staatsnah organisiert bzw. hochgradig politisiert, zumal in den Aufsichtsgremien und Beiräten zahlreiche Politiker aus allen Parteien sitzen. Erst mit der Schaffung einer unabhängigen Infrastrukturregulierungsbehörde in Deutschland – mit der BNetzA – hat man vernünftige ordnungspolitische Schritte zur Sicherung funktionsfähigen Wettbewerbs in der Strom- und Gaswirtschaft gemacht.
- Die Risiken der Atomstromerzeugung sind höchst abstrakt und selbst bei einem Austritt von Radioaktivität ergibt sich ja das Problem, dass diese Emissionsform für die menschlichen Sinne nicht unmittelbar erkennbar ist.

Der Energiesektor insgesamt weist zahlreiche Besonderheiten auf, wozu nicht nur die Vermachtung der Ölmärkte seit 1974 durch das OPEC-Kartell exemplarisch gerechnet werden können. Vielmehr ist auch die geographische Konzentration bei Öl und Gas in einer geringen Zahl von Ländern – teilweise von politischer Instabilität geprägt – aus der Nutzersicht in OECD-Ländern problematisch: Aus dem Interesse an langfristiger Versorgungssicherheit bzw. der Furcht vor hoher Abhängigkeit von Öl- und Gasimporten entsteht eine hohe politische Bereitschaft, sich über den Ausbau des Atomstroms bei der Energieangebotsseite stärker vom Ausland unabhängig zu machen. Hinzu kommt, dass gerade die Ölpreis- und Gasdynamik in hohem Maße durch zeitweise Spekulationswellen auf den Rohstoffmärkten bzw. den mit diesen verbundenen volatile Finanzmärkten geprägt sind (WELFENS, 2009a). Auch diese Aspekte dürften indirekt das politische Interesse in vielen OECD-Ländern gestärkt haben, sich mit der billigen Atomkraft eine scheinbar günstige quasi-heimische Energiesäule zu besorgen. Technologisch führende OECD-Länder sahen hier offenbar eine relativ einfache Möglichkeit, ihren Bestand an komplexem Ingenieurwissen zugunsten einer scheinbar ewig ergiebigen Atomstromwirtschaft einzusetzen. Da Atomstrom aber nur über komplizierte technologische Umwege, hohe Umwandlungsverluste und höhere Kosten (z.B. in Form von Atomstrom zur E-Mobilität oder zur Elektrolyse für die Wasserstofferzeugung) nutzbar ist, trägt das Argument „Versorgungssicherheit" nicht. Ganz im Gegenteil: Angenommen, Frankreich würde sich noch mehr als bisher auch im Sektor Mobilität von Atomstrom abhängig machen, dann würde ein katastrophaler Unfall in einem französischen

Atomkraftwerk nicht nur die Stromerzeugung, sondern auch noch das Verkehrssystem zum Erliegen bringen.

Treiber für eine internationale Ausstiegsallianz

Natürlich sollte man auch die ökonomische Logik bedenken, die für eine internationale Allianz für den Ausstieg aus der Kernenergie und die Expansion der erneuerbaren Energien spricht. Die hohen Fixkosten für Forschung & Entwicklung werden sich mit zunehmender Zahl von bei der Energiewende aktiven Ländern auf mehr Köpfe verteilen; der Aus- bzw. Umstieg wird dann preiswerter. Je größer die Weltmärkte für Solar- und Windenergie sind, desto eher lassen sich Massenproduktionsvorteile bei vielen Komponenten für die Erzeugung dieser beiden Energieformen erzielen. Solche Massenproduktionsvorteile bedeuten, dass mit steigender Zahl abgesetzter Windmühlen und Solarstrom-Panels die Stückkosten bzw. die Preise sinken; sinkende relative Preise für Windmühlen und Solarstrom-Panels aber stimulieren natürlich die Nachfrage. Ein Teil der Einwände gegen hohe Förderungen des Solarstroms in Deutschland erledigt sich vor dem Hintergrund einer sinnvollen globalen Betrachtung der statischen und dynamischen Massenproduktionsvorteile.

Bei den statischen Massenproduktionsvorteilen ergeben sich Senkungen der Stückkosten dadurch, dass große Produktionsmengen pro Zeiteinheit – also etwa in einem Jahr – hergestellt werden. Bei dynamischen Massenproduktionsvorteilen kommt es darauf an, dass man durch Lerneffekte im Zeitablauf eigene Kostensenkungseffekte hat: Wenn etwa die Ausschussquote bei Computerchips oder Solarpanels bei den ersten 100.000 Stück einer Produktionsserie bei 20% liegt und, bei den folgenden 100.000 Stück dann immer um 1%-Punkt sinkt, dann ist klar, dass über die Zeit hinweg kumulierte (addierte) hohe Gesamtstückzahlen auch eine Minderung der Stückkosten und damit der Preise zur Folge haben. Bei der Windenergie wie bei Ausrüstungsgütern für den Solarstrom ist offensichtlich, dass die mittel- und langfristigen Kostensenkungsmöglichkeiten noch sehr groß sind. Offensichtlich ist es also so, dass die zeitweise wachsende Zahl von Windanlagenproduzenten und Solar-Panel-Anbietern mittelfristig eigene Interessen entwickeln wird, die Weltmärkte für Windfarmen und Solarstromerzeugung expandieren zu lassen. Damit aber entstehen dann allmählich auch Lobby-Gegengewichte gegen traditionelle Atomstromkonzerne. Nicht auszuschließen ist, dass die Atomstromkonzerne in westlichen Ländern sich alsbald weitgehend aus der Atomstromproduktion zurückziehen bzw. Richtung erneuerbare Energien expandieren werden, da ein Stromkonzern (in der Form einer Aktiengesellschaft) mit hohem Anteil an Atomstrom von Investoren – nach Fukushima – als riskantes Börsenpapier wahrgenommen wird. Viele Anleger mit Interesse an relativ sicherer Wert- und Dividendenentwicklung wird nach Fukushima daran gelegen sein, rationalerweise aus Versorgerwerten mit Atomstromproduktion auszusteigen, in denen hohe Anteile an Atomstromerzeugung enthalten sind. Die Logik nationaler und internationaler Kapitalmarktakteure dürfte auf mittlere Sicht hier in den OECD-Ländern überall ähnlich sein. Hier erzeugt dann also ein international wirkender Marktmechanismus indirekt parallele Impulse für einen Ausstieg aus der Atomstromwirtschaft bzw. einen Umstieg Richtung deutliche Erhöhung des Anteils der erneuerbaren Energien an der Stromerzeugung.

4. Versicherung von Atomkraftwerken und Auswirkungen eines Super-GAUs auf die Staatsschuldenquote sowie die Euro-Stabilität

Eine funktionsfähige Marktwirtschaft, die Wohlstand für alle maximieren soll, braucht Kostenwahrheit; negative externe Effekte bzw. Zusatzkosten, die Firma X anderen anlasten kann, sind nicht akzeptabel, wenn sie eine Minimalgröße überschreiten. Wenn der Staat solche Zusatzkosten nicht beim Verursacher durch eine Sondersteuer auf die Produktion internalisiert, d.h. ins Entscheidungskalkül des Managements bringt, dann liegen Schattensubventionen vor. Solche Subventionen verzerren den Markt bzw. die Produktionsstrukturen. Wenn etwa Atomstromproduzenten fast ohne Haftpflichtversicherung arbeiten können, obwohl schon bei einem mittelschweren Schadensfall anderen Zusatzkosten von über 100 Mrd. € aufgebürdet werden (rund 4% des Bruttoinlandsproduktes in Deutschland) und in einem extremen Fall gar 5.000 Mrd. bis 6.000 Mrd. €, dann ist die Verzerrung im Strommarkt enorm: Die Konkurrenten bzw. Alternativen zum Atomstrom werden weitgehend aus dem Markt gedrängt oder klein gehalten bzw. potenziell hohe Investitionen im Bereich der erneuerbaren Energien hat man indirekt verhindert. Während jeder Autofahrer, jede Autofahrerin und jedes normale Unternehmen sich eine umfassende Haftpflichtversicherung besorgen muss – Ausnahme ist etwa die Deutsche Bundesbahn, die kaum eine nennenswerte Haftplicht hat (vermutlich weil die Bundesbahn ein Staatsunternehmen ist und der Staat die bei höherer Haftpflicht anfallenden höheren Kosten bzw. Preise scheut) –, ist ausgerechnet die riskanteste Form der Stromerzeugung nur zu einer Mini-Haftpflicht verpflichtet; in den ersten Jahrzehnten ihres Bestehens, war der Haftpflichtschutz geradezu lächerlich: 0,5 Mrd. € galt als Standard, das ist der Schaden, den eine sehr schwere Havarie in einem Atomkraftwerk in weniger als einer Minute verursachen kann.

Was die Versicherungsregeln für Atomkraftwerke angeht, so sind die Regelungen in Deutschland, den USA und der Schweiz ähnlich. Ein Blick zunächst auf Deutschland. Wenn man die Haftpflichtversicherung in Deutschland betrachtet, so ist ein einzelnes Kraftwerk in der Sachversicherung mit 255 Mio. € bei der Deutschen Kernreaktor-Versicherungsgemeinschaft abgesichert; die teilweise nach dem Prinzip einer Rückversicherungsgesellschaft arbeiten. Bei der DKVG werden alle Atommeiler in Deutschland zu einheitlichen Bedingungen versichert. Bei der Haftpflichtversicherung ist die Höhe der Versicherung 265 Mio. € pro Nuklearkraftwerk, was ein sehr niedriger Betrag ist. Nach § 34 des Atomgesetzes haftet oberhalb des maximalen Absicherungsbetrages von 2,5 Mrd. €, hinter dem im Störfall die Gesamtheit der vier großen Energiekonzerne steht, der Bund – also die Gemeinschaft der Steuerzahler bzw. die Bürgerinnen und Bürger! Dieser potenziellen Verschuldung ist sich die Öffentlichkeit aber nicht bewusst.

Normale Rückversicherungsgesellschaften lehnen Versicherungen von Atomkraftwerken bzw. Haftungspolicen für Atomkraftwerke ab. Es ist sehr sonderbar, dass bei der in Köln ansässigen obigen Versicherungsgesellschaft zwischen Standorten der jeweiligen Atommeiler nicht differenziert wird, das ist so, als gäbe es keine Haftpflichtklassen in der PKW-Haftpflichtversicherung. Das begünstigte absurde Standortentscheidungen bei Atomkraftwerken in Deutschland; Neckarwestheim 1 und 2 stehen auf geologisch instabilem Gelände und die beiden Kraftwerke sind zudem nahe an Stuttgart. Auch andere Atomkraftwerke in Deutschland finden sich sonderbarerweise in großer räumlicher Nähe zu Großstädten (Hamburg und Frankfurt/Wiesbaden seien hier exemplarisch genannt).

In Deutschland ist je Schadensfall eine Versicherung in Höhe von 2,5 Mrd. vorgesehen, wobei die Differenz zu den 265 Mio. von den vier großen Atomkonzernen E.ON, RWE, EnBW und Vattenfall übernommen wird. Bei einem Störfall bzw. GAU könnten Geschädigte weitergehend Ansprüche gegenüber der jeweiligen Betreiberfirma machen. E.ON, das 120 Mrd. € in 2010 in seiner Bilanz als Nettovermögen zu Buche stehen hat. Sie müssten allerdings davon ausgehen, dass bei einem Super-GAU in einem E.ON-Atommeiler der Unternehmenswert schlagartig fällt, da der Appetit der Investoren auf das Halten von E.ON-Aktien massiv sinken wird bzw. die Abschreibungen auf Realkapital – etwa zerstörte bzw. nicht weiter nutzbare Atommeiler – den Wert des Unternehmens massiv senken (der Aktienkurs von TEPCO sank im Übrigen binnen vier Wochen nach dem Fukushima-Unglück um rund ¾). Eine Durchgriffshaftung auf den Konzern oberhalb von 2,5 Mrd. € ist wohl kaum durchsetzbar, sofern (wie üblich) Atomkraftwerke in der Rechtsform einer GmbH betrieben werden. Bei einem Super-GAU wird man im Übrigen vermutlich erst nach sehr langjährigen Prozessen Schadensersatzforderungen gegenüber der Unglücksfirma durchsetzen können. In Studien für die Schweiz und Deutschland geht man bei einem GAU von einer Größenordnung des Schadens von etwa 3.500 Mrd. SFR bzw. 5.000 Mrd. € aus. Das bedeutet nun, dass eine massive Unterversicherung bei den Kernkraftwerken besteht. Das verzerrt aus ökonomischer Sicht den Wettbewerb im Strommarkt und stellt eine erhebliche Schattensubvention des Atomstroms dar, die im Konflikt mit den Beihilfe-Regeln der Europäischen Union steht. Es ist gerade angesichts des EU-Strombinnenmarktes so, dass ein Nebeneinander von Energieträgern ohne wesentliche negative externe Effekte – bei Gas- und Kohlkraftwerken sind CO_2-Emissionzertifikate durch die Unternehmen zu erwerben – und Atomstrom zu starken Wettbewerbsverzerrungen und auch zu Verzerrungen im europäischen Stromhandel führt. Bislang hat die Europäische Kommission das Problem der Schattensubventionen in der Atomwirtschaft ignoriert, obwohl diese Schattensubventionen sehr erheblich sind.

Die bekannte Studie von EWERS/RENNING (1992) für Prognos ging davon aus, dass bei einer umfassenden Haftpflichtversicherung von Kernkraftwerken die Versicherungskosten nach Umschlüsselung pro kWh Strom die Strompreise pro Kilowatt um einen halben Euro anheben würden; der Atomstrompreis, der im Fall abgeschriebener Atomkraftwerke bei etwa 10-20 Cent für Industrie- bzw. Haushaltskunden liegen dürfte, wird dann um etwa den Faktor zwei bis drei ansteigen. Mit rund 20-30 Cent pro Kilowattstunde aber wäre Atomstrom nicht nur gegenüber Kohle- und Gaskraftwerken nicht mehr wettbewerbsfähig, sondern auch gegenüber unsubventionierten erneuerbaren Energien aus Wasser, Wind und Erdwärme.

Während etwa Windkraftwerke mit Standorten in der Nord- oder Ostsee umfassende Haftpflichtversicherungen bezahlen müssen, die z.B. das mögliche Umfallen einer Windmühle bei Sturm bzw. die Beschädigung von Schiffen schadensmäßig absichern, haben Atomkraftwerke in Deutschland eine Privilegienposition. Der Wettbewerb bei der Energieerzeugung zwischen erneuerbaren Energien plus Gas und Kohle ist zugunsten der potenziell supergefährlichen Atomstromerzeugung verzerrt.

Eine sinnvolle Haftpflichtregelung von Kernkraftwerken in Deutschland müsste allgemeinen Prinzipien von Markt, Leistungswettbewerb und Verantwortung Genüge tun; also sind per Gesetz alle Kraftwerksbetreiber dazu zu bringen, eine umfassende Haftpflichtversicherung für jedes einzelne Kraftwerk – bezogen auf individuelle standortbezogene Risikoaspekte – abzuschließen; und zwar mit absehbarer doppelter Konsequenz:

- Atommeiler in der Nähe von Großstädten und in geologisch instabilen bzw. erdbenmäßig stark gefährdeten Regionen werden sich nur zu astronomischen Kosten eine Haftpflichtversicherung erwerben können.
- Die Anreize für die Atomforschung, Konzepte für eine inhärent sichere Atomkrafterzeugung zu entwickeln, wären bei einer umfassenden Haftpflichtversicherung viel höher als sie es unter den bisherigen Rahmenbedingungen sind.

Eine neue Studie (VERSICHERUNGSFOREN LEIPZIG, 2011) zu den Kosten der Versicherungskosten von Atomkraftwerken hat aufgezeigt, dass die Versicherungsprämie auf Basis einer Gemeinschaftsversicherung für 17 Atommeiler bei einem realistischen bzw. plausiblen Zeithorizont von 50 Jahren zur Bereitstellung eines angemessenen Haftungskapitals 0,51 €-Cent/kWh beträgt (bei einem längeren Zeithorizont von 100 Jahren ergibt sich eine Haftpflichtversicherungsprämie von 0,14 €-Cent/kWh). Auch in dieser Studie ergibt sich, dass die Atomstromerzeugung stillschweigend mit riesigen Schattensubventionen gefördert wird. Es ist zu fordern, dass der Staat in seinem Subventionsbericht das Ausmaß der Schattensubventionen künftig darlegt. Diese neuere Studie geht im Übrigen von einem Super-GAU-Schaden von 6.000 Mrd. € aus.

Auswirkungen eines Super-GAUs auf Staatsverschuldung und Euro-Stabilität

Wenn tatsächlich ein Atom-Schadensfall mit 5.000-6.000 Mrd. € auf den Steuerzahler in Deutschland zukäme – das ist mehr als das Doppelte des Bruttoinlandsproduktes eines Jahres – dann stiege die Schuldenquote Deutschlands entsprechend um mehr als 200 Prozentpunkte des Bruttoinlandsproduktes, sofern der Staat die Entschädigung aus dem „Restrisiko" übernimmt. Selbst wenn man unterstellt, dass der Staat nur die Hälfte der Schäden übernimmt, dann stiege die staatliche Schuldenquote immer noch um mehr als 100%. Das wird den Realzinssatz in der Eurozone um mehr als einen Prozentpunkt erhöhen und die Investitionsquote bzw. das Wirtschaftswachstum erheblich reduzieren sowie die Arbeitslosenquote ansteigen lassen. Ausgehend von einer Staatsschuldenquote von rund 80% in Deutschland in 2011 würde ein Anstieg der Schuldenquote auf 200-300% des Bruttoinlandsproduktes den Staatsbankrott bedeuten bzw. Deutschland in eine Umschuldung zwingen.

Wenn Deutschland oder Frankreich als zwei der Hauptgarantie- bzw. Kapitalgeberländer beim Euro-Rettungsfonds von einem Super-GAU betroffen wären, dann wäre der Rettungsfonds aus Sicht der internationalen Kapitalmarktakteure nicht mehr glaubwürdig – denn wenn eines der beiden Länder in eine massive Staatsschuldenkrise geriete, dann fehlt die Bürgschafts- bzw. Haftungsmasse, die notwendig ist, um international Vertrauen zu erzeugen. Die Stabilität des Euros wäre massiv bedroht, die ökonomische Entwicklung würde destabilisiert und hätte in jedem Fall auch massive Steuererhöhungen zur Folge. Die Länder der Eurozone bzw. die Europäische Kommission und das Europäische Parlament sollten sich mit der Frage auseinandersetzen, was ein Super-GAU in einem Land der Eurozone bzw. der EU für die ökonomische Stabilität der Gemeinschaft bedeutet; es wäre ein hochgradiger ökonomischer Krisenfall auf viele Jahre.

Bei grenzüberschreitender Ausbreitung von Radioaktivität von dem Land, wo der Super-GAU stattfand, auf andere Länder kommt es zu negativen internationalen externen Effekten: Es hängt an weitgehend zufälligen Faktoren, insbesondere der Windrichtung und dem Ausmaß der Verseuchung von Fluss- und Grundwasser, wie sich eine radioaktive Verseuchung in der EU ausbreiten würde. In jedem von radioaktiven Emissionen getroffenen Land wird auf den jeweiligen Staat – je nach Schwere der Strahlenschäden – eine Belastung des Staatshaushalts bzw. der Ausgaben im Gesundheitssektor zukommen. Auch sind erhebliche Migrationsströme bzw. Belastungen durch Flüchtlingsströme denkbar, da nur unter günstigen Umständen alle notwendigen Evakuierungsprozesse planvoll und innerhalb des vom Reaktorunglück betroffenen Landes erfolgen werden.

Die völlig unzureichende Versicherung von Atomkraftwerken hat nicht nur eine erhebliche Fehlallokation in der Energiewirtschaft zur Folge bzw. benachteiligt die Expansionschancen fast risikofreier erneuerbarer Energien; es droht im Fall eines Super-GAUs gar der Zerfall der Eurozone und eine ganz massive ökonomische Krise. Man versteht – vor allem nach Tschernobyl und Fukushima – von daher ohne weiteres, dass die von Vertretern der großen Stromkonzerne vertretene Behauptung, Atomstrom sei preiswert und sicher, eine grobe Fehleinschätzung ist – um es in der Sprache der Diplomatie zu formulieren.

Man muss sich sehr ernsthaft fragen, wieso die Europäische Kommission und das Europäische Parlament nicht die ökonomisch in einer Marktwirtschaft unabdingbare volle Haftpflicht-Versicherung bei Kernkraftwerken einfordern: Eine entsprechende EU-Richtlinie ist auf den Weg zu bringen.

Versicherungsfragen in den USA

Die Versicherung von Atomkraftwerken in den USA ist etwas umfassender als in Deutschland. Gemäß dem Price-Anderson Act (vor allem Section 170 des Atomic Energy Act von 1954, zuletzt novelliert in 2009) gibt es einen Rechtsrahmen für die Versicherung von neuen Atomstromanlagen bis 2025. Grundsätzlich haften Atomstromanbieter bei Schäden unbegrenzt – faktisch natürlich nur bis zur Höhe des vorhandenen Vermögens des jeweiligen Unternehmens. Jeder Reaktor mit mehr als 100 MW Leistung muss eine Haftpflichtversicherung von 300 Millionen $ haben; seit dem 1. Januar 2010 gilt der neue Betrag von mindestens 375 Millionen $. Alle Schäden, die 375 Millionen $ übersteigen, werden auf alle Nuklearreaktoren mit mehr als 100 MW Leistung umgeschlüsselt, wobei bis zu 111,9 Mio. $ pro Reaktor als Beteiligung an einem Haftpflichtfall denkbar sind. Obendrein kann noch ein Zuschlag von 5% kommen. Das bedeutet, dass im Rahmen dieses quasi nachgelagerten Rückversicherungssystem bis zu 12,6 Mrd. für einen Schadensfall zur Verfügung stehen, vorausgesetzt, dass nur ein Schaden in einer bestimmten Periode auftritt. Damit hat man in den USA immerhin eine Haftpflicht, die fast viermal so groß wie in Deutschland ist. Das bestehende Haftpflichtversicherungsverfahren in den USA, Deutschland, der Schweiz und anderen OECD-Ländern hat zumindest drei Mängel:

- Da die Haftpflichtprämien nicht nach Standorten der jeweiligen Anlagen differenziert sind, gibt es keine vernünftigen Anreize bei der Standortwahl sich nämlich weit weg von Regionen mit hohen Bevölkerungszahlen bzw. hoher Bevölkerungsdichte anzusiedeln.

- Wegen der Unterversicherung aller Reaktoren gibt es unzureichende Anreize für die Reaktorbauer bzw. die Atomstromfirmen, in sicherheitsrelevanten technischen Fortschritt zu investieren.

- Wegen der insgesamt durch die Existenz von Atomstromproduktion ohne volle Haftpflichtversicherung entstehenden Tendenz zu einer künstlichen Verbilligung von Strom bzw. Energie wird vorgetäuscht, die Expansion energie- bzw. stromintensiv produzierender Sektoren zu begünstigen – und damit auch das Ausmaß an globalen CO_2-Emissionen künstlich hochgetrieben. Wenn man die weltweite Systemwirkung des Atomstroms betrachtet, der selbst wenig CO_2-intensiv in der Herstellung ist („direkter CO_2-Effekt"), dann ist die Gesamtwirkung so, dass in der Summierung direkter und indirekter Effekte eine CO_2-Emissionserhöhung erfolgt. Dieser Effekt wird bislang in der Debatte nicht thematisiert.

Als merkwürdig muss im Übrigen gelten, dass die Europäische Kommission sich mit den Fragen der Haftpflichtversicherung von Atomstromproduzenten nicht befasst hat, obwohl doch die bestehenden unterschiedlichen, nationalen Regelungen zu einer enormen Wettbewerbsverzerrung im Strom-Binnenmarkt führen.

Die Regierung unter Präsident Bush Jr. hat versucht, im Rahmen einer internationalen Konvention zur Etablierung einer Art grenzübergreifender Rückversicherung für Atomkraftwerke die Mitwirkungen mehrerer anderer großer Atomstromproduzenten-Länder zu erreichen und im Rahmen der Convention on Supplementary Compensation for Nuclear Damage (CSC); diese Konvention ist Teil des im Dezember 2007 von Präsident Bush unterschriebenen Energy Independence and Security Act (section 934). Sie war Anfang 2011 von drei Ländern plus den USA ratifiziert worden, zudem haben weitere neun Länder die Konvention unterzeichnet, aber diese neun Länder bringen zu wenig Atomstromkapazitäten ein, um den in der Konvention verlangten Schwellenwert für das Inkrafttreten zu erreichen. Die Unterzeichnung von zwei Ländern aus dem Kreis Ukraine, Russland, Korea oder Kanada wäre allerdings ausreichend, um den Schwellenwert zu erreichen. Aus Sicht der US-Nuklear-Exportindustrie besteht ein Interesse an dem Inkrafttreten der Konvention, um durch ein verbessertes internationalisiertes Haftpflichtversicherungssystem die Akzeptanz von Nuklearstromerzeugung zu verstärken. Die Konvention verlangt von den Unterzeichnerländern, dass sie ein ähnliches Haftpflichtversicherungssystem wie die USA errichten; dann hätte man auf internationaler Ebene im Rahmen der Konvention eine Art dritte Ebene der Absicherung: nämlich oberhalb der Erstversicherung der Atommeiler-Eigentümer und der Quasi-Versicherung auf Basis einer Kooperationsversicherungslösung der Atomstromindustrie.

Wie man sieht, ist es nicht nur unmöglich, private Rückversicherungen zu finden, die Atomkraftwerke mit großen Schadenspolicen absichern. Auch auf der Ebene der Regierungen, die nach einer Art politischem Ersatz für fehlende marktmäßige Versicherungsangebote suchen, konnte – jedenfalls unter Präsident Bush Jr. – keine transnationale Versicherungslösung gefunden werden. Wenn die größten privaten Rückversicherungen der Welt es ablehnen, Atomkraftwerke zu versichern, dann stellt sich die Frage: Wenn der private Sektor sich einfach außerstande sieht, entsprechende Versicherungsangebote für Atomkraftwerke zu stellen, wie komplex ist dann die Versicherbarkeit der Atomstromerzeugung? Dürfen Risiken toleriert werden, die als nicht versicherbar gelten? Und warum erlauben Staat und Gesellschaft der Atomstromwirtschaft diese einzigartige Position unter allen Industriesektoren? Schließlich ist zu überlegen: Wenn die privaten Rückversicherungen keine Angebote vorlegen können und wollen, warum sollte man glauben, dass etwa Staaten bzw. Politiker eine bessere Kalkulationsbasis für eine Versicherung gegen Unfälle in Atomstrommeilern haben?

Für das Inkrafttreten einer entsprechenden Konvention à la Bush wäre die Mitwirkung von mindestens fünf großen Atomstromproduzenten-Ländern erforderlich gewesen. Eine solche Mindestmasse an mitwirkenden Ländern zu finden ist der Bush-Administration jedoch nicht gelungen. Es wäre eine Allianz für die internationale Ausbreitung ökonomischen Unfugs, für die Schädigung der Umwelt, für eine völlig unnötige Hochrisikogesellschaft gewesen. So sehr im wesentlichen die Exportinteressen der US-Atomkraftwerksproduzenten hinter der Bush-Initiative standen, so sehr muss man sich verdeutlichen, dass ein grüner Strukturwandel – unter Präsident Obama mit einem ersten Konjunkturpaket unterstützt – in den USA längerfristig auch eine Expansion umweltfreundlicher Industriegüter und Dienstleistungen mit sich bringen wird, die auch zu neuer Exportdynamik beitragen kann. Es liegt gerade auch an den USA, durch neue Initiativen etwa bei Nachfolgeregelungen zum Kyoto-Protokoll die Bedingungen für mehr umweltfreundliche Produktion und weniger umweltschädliche Energie- bzw. Stromproduktion zu verbessern. Die USA haben mit einer stark auf kohle- und atomstrombasierter Stromerzeugung über viele Jahrzehnte ein nicht-nachhaltiges Expansionsmodell angeschoben. Es ist eigentlich erstaunlich, dass ein vorgeblich sehr marktorientiertes und rationales Entscheiden betonendes Land wie die USA über so viele Jahre die von gigantischen heimlichen Zusatzkosten geprägte Atomstromwirtschaft haben expandieren lassen. Eine sachgerechte volkswirtschaftliche Investitionsrechnung bzw. eine vollständige Kosten-Nutzen-Rechnung ergibt ganz eindeutig, dass Atomstromproduktion ökonomisch nicht sinnvoll ist bzw. stattdessen der Ausbau erneuerbarer Energien energisch vorangebracht werden sollte. Wer Marktwirtschaft und Leistungsprinzip sowie Verantwortung und Rationalität bejaht, der wird einen Ausstieg aus der Atomstromwirtschaft und einen Umstieg hin zu erneuerbaren Energieträger in der Stromproduktion nachdrücklich befürworten. Das internationale Wirtschaftssystem ist in mehr als dreißig Ländern durch eine staatsnahe Atomstromproduktion geprägt, die auch bei den internationalen Wirtschaftsbeziehungen zu Verzerrungen und neuen Problemen führt.

So sehr man über internationale Netzwerke und politische internationale Initiativen für den Atomausstieg nachdenken mag, so sehr muss man doch auch darauf hinweisen, dass die internationale Organisation OECD als Club von 34 wohlhabenden Industrieländern eine besonders wichtige Rolle hat für die Debatte um die Kosten des Atomausstiegs bzw. die möglichen Anpassungspfade hin zu neuen Strukturen in der Stromwirtschaft – dominiert von erneuerbaren Energieträgern. In der in Paris ansässigen OECD wird es wichtig sein, in den einschlägigen Komitees zur Energiepolitik die Fragen des Aus- und Umstiegs zu diskutieren und gute Beispiele bzw. ansprechende Länderstudien für die Hinwendung zu einer Stromwirtschaft auf Basis erneuerbarer Energieträger vorzulegen.

5. Verzerrungen der internationalen Arbeitsteilung

Die Energiekosten machen in energieintensiven Industrien zwischen 20% und 60% der Bruttowertschöpfung aus. Dabei bedeutet Energiekosten in der Regel Stromkosten. Wenn nun durch staatlicherseits künstlich verbilligten Strom die Energie- bzw. Strompreise relativ niedrig ausfallen, dann hat dies eine Reihe von Konsequenzen, die sich aus den in der Außenwirtschaftstheorie entwickelten Theoremen herleiten lassen. Die wichtigste Schlussfolgerung lautet, dass künstlich verbilligter Atomstrom den Anteil energieintensiver Produktion weltweit ansteigen lässt, was wiederum erhöhte CO_2-Emissionen infolge des Atomstroms bedeutet: Die direkten und indirekten CO_2-Emissionen des Atomstroms aber sind es, die man für eine gesamtwirtschaftliche bzw. weltwirtschaftliche Beurteilung der CO_2-Intensität von Atomstrom analytisch zu betrachten hat. Dabei gilt wegen der unvollkommenen internationalen Integration der Strommärkte, dass in den Ländern mit hohem Anteil von durch Schattensubventionen verbilligtem Atomstrom eine relativ starke Ausprägung energieintensiver Produktion und entsprechender Exporte zu erwarten ist. Die internationale Arbeitsteilung wird damit verzerrt.

Wenn man den Einfluss künstlich relativ verbilligten Atomstroms auf die Außenwirtschaft erfassen will, dann kann man auf einige Lehrsätze der Außenwirtschaftstheorie zurückgreifen. Insgesamt kann man drei Theoreme hier aufgreifen (unter der Bedingung, dass künstlich günstiger Atomstrom zur Verfügung steht):

- Das Heckscher-Ohlin Theorem besagt, dass sich Länder bei Öffnung der Volkswirtschaft auf jene Güter spezialisieren werden, die den relativ reichlich vorhandenen – und daher relativ preiswerten – Produktionsfaktor intensiv nutzen. Die Schattensubventionen für Atomstrom bedeuten, dass Strom bzw. Energie insgesamt billiger zur Verfügung steht als sonst: Länder mit vielen Atomkraftwerken bzw. hohen Anteilen des Atomstroms an der Stromproduktion – in Verbindung mit minimalistischen Haftpflichtversicherungsregeln für Atomstromproduzenten – werden daher im Strukturwandel zu einer verstärkten Produktion energie- bzw. stromintensiv hergestellter Güter führen.

- Ein weiterer Lehrsatz – das Samuelson-Stolper-Theorem – besagt, dass eine gegebene (und exogene) Verteuerung eines Relativpreises eines handelsfähigen Gutes eine einfache Folge hat: Es wird der relative Faktorpreis desjenigen Produktionsfaktors – etwa Kapital – ansteigt, der relativ intensiv in der Produktion des verteuerten Gutes eingesetzt wird: Wenn der Preis etwa für kapitalintensiv hergestellte Flugzeuge ansteigt, dann wird der Preis für Kapital im Vergleich zum Faktor Arbeit ansteigen. Was folgt daraus für eine künstliche Verbilligung von Atomstrom bzw. von Energie insgesamt? Mit Blick auf eine staatlich indirekt herbeigeführte Senkung des Relativpreises energieintensiver Güter folgt daraus, dass der Faktorpreis desjenigen Produktionsfaktors sinkt, der relativ intensiv in der Produktion des verbilligten Gu-

tes eingesetzt wird. Wenn man an die relevanten Sektoren Aluminium, Eisen &
Stahl, Zement, Papier, Grundchemie und Nicht-Eisenmetalle denkt – sie werden
hier als relativ kapitalintensiv und relativ energieintensiv eingeordnet –, dann führt
die Verbilligung von Energie in atomstromproduzierenden OECD-Ländern mit entsprechenden Güterexporten dazu, dass die Kapitalrendite und damit auch der Real-
zins sinkt (das schließt nicht aus, dass in der ebenfalls kapitalintensiven Atomstromindustrie die Kapitalrenditen im Zuge von Marktkonzentrationsprozessen im
Energiesektor ansteigen; die mindestoptimale Betriebsgröße von Atomkraftwerken
ist relativ groß und dies begünstigt die Herausbildung einer nuklearen Energiewirtschaft mit starken Konzentrationstendenzen, die auch auf den politischen Sektor
Einfluss haben dürfte.

- Wie wirkt ein künstlich verbilligter Atomstrom bzw. wie wirkt ein künstlich niedri-
ges Energiepreisniveau auf die Produktionsstruktur? Das Rybczynski Theorem besagt, dass die exogene Erhöhung in der Faktorausstattung eines Landes beim Faktor
j – bei gegebenen relativen Güterpreisen – dazu führt, dass die Produktion von Gütern steigt, die den relativ reichliche vorhandenen Produktionsfaktor intensiv nutzen. Die Produktionsmenge des anderen Gutes wird fallen. Indem man zu einer umfassenden Haftpflichtversicherung bei Atomkraftwerken übergeht, wird eine Reihe
von Atomkraftwerken relativ kurzfristig die Wettbewerbsfähigkeit verlieren und
das Angebot an Strom bzw. Energie geht zurück bzw. der relative Preis von Energie
wird sich erhöhen. Das führt demnach zu einem Strukturwandel dergestalt, dass die
Produktion von Gütern steigt, die relativ wenig energieintensiv sind. Die Produktionsmenge energieintensiver Güter wird absolut sinken; damit aber wird auch die
CO_2-Emissionsmenge bei der Güterproduktion sich vermindern und sofern dieser
Emissionsminderungseffekt den Effekt eines Ansteigens der CO_2-Emissionen kompensiert, der aus der Substitution von Atomstrom- durch Gaskraftwerke (oder Kohlekraftwerke mit CCS) entsteht, wird das Außerbetriebnehmen von Atommeilern
gesamtwirtschaftlich zu einem Sinken der CO_2-Emissionen führen. Das heißt im
Umkehrschluss natürlich auch, dass eine relative künstliche Verbilligung von Energie, die durch Atomstromerzeugung über Jahrzehnte in den Industrieländern stattgefunden hat, zu einem künstlich hohen Anteil energieintensiver Produktion geführt
hat – mit der weltweiten Konsequenz, dass die CO_2-Emissionen höher sind als bei
einem Atomstrompreis, der eine umfassende Haftpflichtversicherung und damit höhere Grenzkosten der Atomstromproduktion widerspiegelt. Die isolierte Betrachtung der Energieintensität von Brennstoffen, etwa Atomstromerzeugung versus
Stromerzeugung durch Gaskraftwerke (und andere Energieträger für Verstromung)
ist also irreführend.

- Die weltweit in 2010 produzierenden rund 442 Atomkraftwerke haben einen Einfluss auf das Strompreisniveau der Industriestaaten und damit auf die Weltstruktur
der Produktion. Wie die nachfolgende Tabelle zeigt, gibt es durchaus erhebliche
Unterschiede in den Strompreisen für industrielle Verbraucher in den EU-Ländern

und auch die Steuerbelastungen bei den privaten Haushalten bzw. die Nettopreise für Haushalte unterscheiden sich im internationalen Vergleich erheblich. Der niedrigste Industriepreis in den EU-Ländern wurde in 2010 mit 5,73 Cent in Estland verzeichnet, der höchste Preis in Zypern mit 14,83 Cent und in der Slowakischen Republik mit 11,61 Cent. Deutschland verzeichnete 9,21 Cent, Frankreich 6,87 Cent und das Vereinigte Königreich 9,47 Cent. Die Bruttostrompreise waren in Japan für die privaten Haushalte mit 22,76 Cent besonders hoch; in der EU lagen Dänemark mit 36,55 Cent und Österreich mit 26,23 Cent relativ weit vorne. Den günstigsten Nettostrompreis für private Haushalte verzeichnete Bulgarien mit 6,75 Cent; Deutschland lag bei 13,81 Cent/kWh.

Tabelle 2: Strompreise für industrielle Verbraucher und private Haushalte 2010 [€/kWh]

	a) Strompreise für industrielle Verbraucher	b) Strompreise für private Haushalte	c) wie b) + mit Steuern
Belgien	0,0943	0,1449	-
Bulgarien	0,0639	0,0675	-
Tschechische Republik	0,1022	0,1108	0,1921
Dänemark	0,0848	0,1168	0,3655
Deutschland	0,0921	0,1381	-
Estland	0,0573	0,0695	-
Irland	0,1118	0,1589	0,2550
Griechenland	0,0855	0,0975	0,1518
Spanien	0,1110	0,1417	-
Frankreich	0,0687	0,0922	0,1592
Zypern	0,1483	0,1597	-
Lettland	0,0890	0,0954	-
Litauen	0,0991	0,0955	-
Luxemburg	0,0956	0,1433	0,2371
Niederlande	0,0853	0,1266	0,2580
Österreich	-	0,1427	0,2623
Polen	0,0929	0,1049	0,1669
Portugal	0,0896	0,1093	0,2152
Rumänien	0,0850	0,0856	-
Slowenien	0,0917	0,1057	-
Slowakei	0,1161	0,1277	0,2309
Finnland	0,0667	0,0998	0,1737
Schweden	0,0800	0,1195	-

Vereinigtes Königreich	0,0947	0,1321	0,2060
Norwegen	0,0893	0,1484	0,1373
Kroatien	0,0932	0,0934	-
Türkei	0,0863	0,1067	0,1651
Vereinigte Staaten	-	-	0,1155
Japan	-	-	0,2276

a) Strompreise für industrielle Verbraucher: Dieser Indikator stellt die Strompreise dar, die den Endverbrauchern in Rechnung gestellt werden. Strompreise für industrielle Verbraucher werden wie folgt definiert: Nationale Durchschnittspreise in € pro kWh ohne angewandte Steuern für das erste Halbjahr eines jeden Jahres für industrielle Verbraucher mittlerer Größe (Verbrauch Gruppe Ic mit einem Jahresverbrauch zwischen 500 und 2.000 MWh). Bis 2007 beziehen sich die Preise jeweils zum 1. Januar eines jeden Jahres für Verbraucher mittlerer Größe (Standardverbrauch Ie mit einem Durchschnittsverbrauch von 2.000 MWh).

b) Strompreise für private Haushalte: Dieser Indikator stellt die Strompreise dar, die den Endverbrauchern in Rechnung gestellt werden. Strompreise für den Haushaltsverbrauch werden wie folgt definiert: Nationale Durchschnittspreise in € pro kWh ohne angewandte Steuern für das erste Halbjahr eines jeden Jahres für den Haushaltsverbrauch mittlerer Größe (Verbrauch Gruppe Dc mit einem Jahresverbrauch zwischen 2500 und 5.000 kWh). Bis 2007 beziehen sich die Preise jeweils zum 1. Januar eines jeden Jahres für Verbraucher mittlerer Größe (Standardverbrauch Dc mit einem Durchschnittsverbrauch von 3.500 kWh).

Quelle: a) und b) EUROPÄISCHE KOMMISSION, Eurostat; c) IEA, Key World Energy Statistics 2010

   Es gibt viele westliche Länder, in denen ein großes Unbehagen der Öffentlichkeit mit Blick auf die Kernenergie herrscht – zumal nach dem Fukushima-Unglück; dabei spielen die Umstände der Unglückswochen (mit Ansätzen einer Kernschmelze in Zeitlupe über viele Tage hin) eine Rolle, aber nachdenklich macht auch, dass einer der vier größten Stromkonzerne der Welt schon in Zahlungsschwierigkeiten kommt, wenn er jedem der aus der Sperrzone evakuierten Bürgerinnen und Bürger auch nur 8.500 € als erste Entschädigung auszahlen soll – ein an sich ja lächerlich geringer Betrag für den Verlust der Heimat in einem Land mit einem der höchsten Pro-Kopf-Einkommen der Welt. Grundsätzlich kann man aus ökonomischer Sicht die Hypothese formulieren, dass der Anteil des Atomstroms eigentlich mit steigenden Pro-Kopf-Einkommen (für internationale Vergleiche sinnvollerweise auf Kaufkraftparitätenbasis gerechnet) und steigender Besiedlungsdichte zurückgehen sollte. Die beiden nachfolgenden Grafiken zeigen tatsächlich einen negativen Zusammenhang zwischen beiden Größen auf. Je höher das Pro-Kopf-Einkommen bzw. der damit meist positiv verbundene Bildungsgrad ist, desto eher interessieren sich Menschen für eine gesunde Umwelt bzw. wollen Risiken aus der Atomstromproduktion vermeiden. Je höher die Bevölkerungsdichte, desto höher die denkbaren Megarisiken eines Super-GAUs in einem Atomkraftwerk und daher sollte man mit Blick auf diesen Kostenaspekte eben annehmen, dass mit steigender Bevölkerungsdichte der Anteil des Atomstroms zurückgehen wird. Sicherlich gibt es auch weitere Einflussgrößen für die Erklärung der Höhe des Atomstroms. Immerhin läuft das anhaltende Bevölkerungswachstum bis etwa 2100 darauf hinaus, dass die Bevölkerungsdichte weiter zunehmen wird. Zudem ist mit einem längerfristigen Wachstum der realen (inflationsbereinigten) Pro-Kopf-Einkommen in fast allen Ländern der Welt zu rechnen. Von daher kann es durchaus auch ökonomische Impulse gegen eine Expansion der Atomstromanteile in der Welt geben.

Tabelle 3: **Netto-Nationaleinkommen, Bevölkerungsdichte und Atomstromanteil in OECD-Ländern in 2009**

Land	(a) Nettonationaleinkommen pro Kopf, US $, konstante Preise, auf Basis Kaufkraftparitäten, Referenzjahr 2000	(b) Bevölkerungsdichte pro km²	(c) Atomstromanteil an der gesamten Elektrizitätsproduktion, %
Australien		2,85	0,00
Belgien	24.303,06	356,30	52,69
Chile	10.965,80	22,82	
Dänemark	25.002,67	130,32	0,00
Deutschland	22.966,23	234,86	22,84
Estland	12.512,55	31,62	
Finnland	23.474,43	17,57	32,85
Frankreich	23.009,54	114,33	76,30
Griechen-land	19.719,25	87,54	0,00
Irland	21.658,62	64,60	0,00
Island		3,18	0,00
Israel	21.084,33	343,89	
Italien	20.182,66	204,74	0,00
Japan	20.607,61	349,96	26,91
Kanada	25.496,35	3,71	14,53
Luxemburg	39.489,11	192,22	0,00
Mexiko	9.089,44	55,26	4,15
Neuseeland	19.882,74	16,39	0,00
Niederlande	25.964,82	489,67	3,77
Norwegen	34.342,35	15,80	0,00
Österreich	25.401,34	101,44	0,00
Polen	13.559,07	125,40	0,00
Portugal	14.417,78	116,24	0,00
Schweden	26.421,43	22,67	18,09

Schweiz	32.543,12	193,28	37,46
Slowakei		112,64	54,20
Slowenien	18.320,25	101,45	
Spanien	19.111,42	92,08	0,00
Südkorea	18.726,43	502,96	33,34
Tschechien	15.027,82	135,79	33,30
Türkei		97,21	0,00
Ungarn	11.562,64	111,84	42,96
Vereinigte Staaten	31.818,98	33,56	19,95
Vereinigtes Königreich	25.291,46	255,60	18,80

Quelle: OECD

Abbildung 2: (a) Netto Nationaleinkommen pro Kopf und (c) Atomstromanteil (Länder mit Atomstromanteil = 0 nicht berücksichtigt)

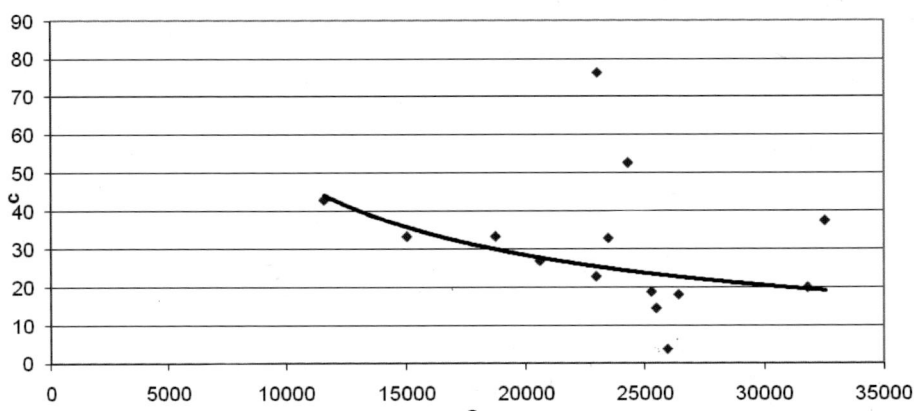

Quelle: OECD.Stat

Abbildung 3: (b) Bevölkerungsdichte und (c) Atomstromanteil (Länder mit Atomstromanteil = 0 nicht berücksichtigt)

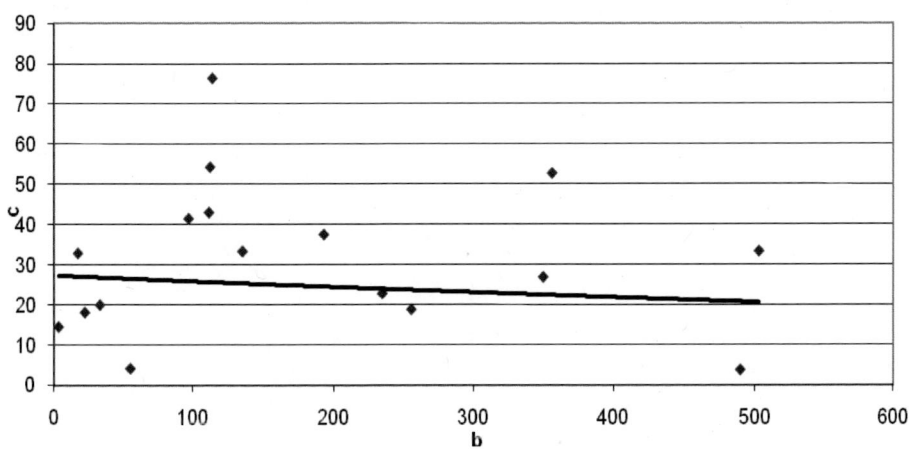

Quelle: World Bank, World Development Indicators & Global Development Finance

Diejenigen Befürworter von Atomstromerzeugung, die auf die Klimafreundlichkeit von Atomstrom verweisen, übersehen die Bedeutung des Rybczynski-Theorems bzw. des Strukturwandels hin zu einer stärker energieintensiven Produktion, die sich aus der durch Atomstrom ergebenden künstlichen Verbilligung von Energie ergibt. Anders gesagt: Atom-Strom ist nicht so klimafreundlich, wie es auf den ersten Blick aussieht.

**Abbildung 4: Anteil nuklear erzeugter Elektrizität an der Gesamtelektrizitätser-
zeugung in OECD-Ländern (2009)**

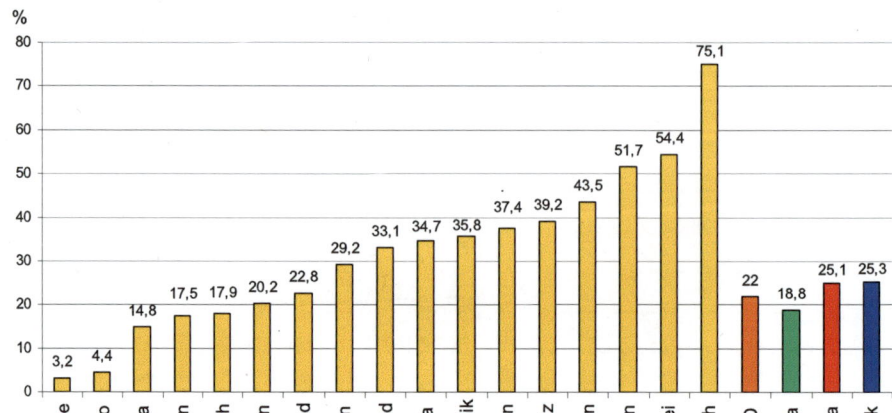

Quelle: NUCLEAR ENERGY AGENCY, Nuclear Energy Data 2010

Für dicht besiedelte Länder sind Atomkraftwerke offenbar besonders riskant. Bei einem schweren Atomunfall in einem Nuklearkraftwerk wären gigantische Evakuierungskosten fällig, in den Zufluchtsregionen könnte es zu Störungen von Produktion und Verkehrsflüssen kommen. Denn plötzliche Massenevakuierungen sind in einem dicht besiedelten Land nur schwer ohne Probleme durchzuführen. Deutschland, Japan, Korea und die Niederlande dürften von daher für Atomkraftwerke von vorn herein ungeeignet sein; mit Abstrichen gilt das auch für Frankreich. Im Übrigen gilt, dass ein Land mit sehr hohem Anteil von Atomstrom – also etwa Frankreich, Slowakei plus Belgien und Ungarn mit mehr als 40%, 50% und 70% – ein erhebliches Abhängigkeitsrisiko eingehen: Wenn die Stromerzeugung wenig diversifiziert in Bezug auf die Energieträger ist, dann gibt es eben starke potenzielle Risiken, die aus einseitigen Abhängigkeiten entstehen. Eine mehrwöchige Sommer-Hitze, die den Wasserstand der Flüsse stark absinken lässt, bringt das Problem, dass eine ganze Reihe von Atomkraftwerken gleichzeitig nicht mehr ausreichend gekühlt werden könnte – damit aber drohen mehrere Kernschmelzen gleichzeitig. Wie auch jeder Laie beim Fukushima-Unglück sehen konnte, reicht eine einfache Abschaltung eines AKWs nicht aus, um die Atomstromanlage zu kontrollieren: ohne eine im Anschluss an eine Schnellabschaltung verfügbare zuverlässige mehrwöchige Kühlung kommt ein Atomkraftwerk fast zwangsläufig in eine instabile kritische Lage.

Auch schon vor dem Fukushima-Unglück haben sich in verschiedenen Ländern Änderungen in der Struktur der Energie- bzw. Stromerzeugung ergeben. Dies führte zu einer Erhöhung des Anteils erneuerbarer Energien in einer Reihe von OECD-Ländern (siehe die nachfolgende Tabelle) und hieraus könnten auch internationale politische Allianzen für die Energiewende entstehen.

Tabelle 4:   Anteil der erneuerbaren Energien an der Stromerzeugung[1]

%	1990	2000	2009	absolute %-veränderung 1990-2009	durchschnittliche jährliche %-veränderung 1990-2000	durchschnittliche jährliche %-Veränderung 1990-2000
USA	11,50	8,20	10,20	-11,30	-3,30	2,50
Kanada	62,40	60,60	60,80	-2,60	-2,60	0,04
Deutschland	3,50	6,20	16,10	360,00	360,00	11,20
GB	1,80	2,70	6,70	272,20	272,20	10,60
Japan	12,00	9,90	9,50	-20,80	-20,80	-0,50
Frankreich	13,40	13,10	12,90	-3,70	-3,70	-0,20
Italien	16,40	18,80	23,10	40,90	40,90	2,30
OECD gesamt	17,30	15,60	17,20	-0,60	-0,60	1,10
OECD Europa	17,60	18,90	22,50	27,80	27,80	2,00
Weltweit	19,50	18,40	-	-	-	-

[1] Erneuerbare Energiequellen beinhaltene Wasserkraft, Erdwärme, Solarenergie, Windkraft, Biomasse, Biogas, Gezeitenkrafwerke

Tabelle 5:   Anteil des Atomstroms an der Stromerzeugung

%	1990	2000	2009	absolute %-veränderung 1990-2009	durchschnittliche jährliche %-veränderung 1990-2000	durchschnittliche jährliche %-Veränderung 1990-2000
USA	19,10	19,80	20,00	4,70	0,40	0,10
Kanada	15,10	15,10	14,50	-4,00	0,00	-0,40
Deutschland	27,80	29,60	22,80	-18,00	0,60	-2,90
GB	20,70	22,70	18,80	-9,20	0,90	-2,10
Japan	24,20	30,70	26,90	11,20	2,40	-1,50
Frankreich	75,30	77,50	76,50	1,60	0,30	-0,10
Italien	n.a.	n.a.	n.a.	n.a.	n.a.	n.a.
OECD gesamt	22,80	23,30	21,80	-4,40	0,20	-0,70
OECD Europa	29,70	29,20	25,60	-13,80	-0,20	-1,50

Quelle (Tabelle 4 und 5): Panels A and B: IEA Renewable Information 2010; Panel C: IEA Energy Balances of OECD countries, 2010

Die Herausforderungen einer Energiewende werden natürlich anspruchsvoller sein, soweit man das Tempo der Anpassung hin zu einem Anstieg des Anteils an erneuerbaren Energien betrachtet. Soweit man Deutschland mit seiner großen Industrie betrachtet, so ist Verlässlichkeit beim Um- und Ausstieg wichtig: für die neuen und die etablierten Anbieter der Stromwirtschaft, aber auch für die Industrieunternehmen. Man sollte nicht ausschließen, dass der Nettogüterexport Deutschlands zeitweise in Verbindung mit einer kostenträchtigen Energiewende sinken wird. Das kann man als Problem sehen, das könnte man aber auch als willkommenen Beitrag zur Verminderung der Nettoimporte bei zahlreichen EU-Partnerländern sehen (in einer vereinfachenden Zwei-Länder-Modellierung der Weltwirtschaft ist eine Nettoexportposition von Land I natürlich mit einer Nettoimportposition von Land II verbunden; die Güterexporte von Land I sind ja die Güterimporte von Land II und die Güterimporte von I sind die Güterexporte von II). Wegen der für alle Industrien plus Energiewirtschaft in der EU ab 2013 notwendigen Käufe von Emissionszertifikaten für CO_2 und andere Klimagase wird sich im Übrigen ein erheblicher Anreiz zur Energieeinsparung ergeben, wobei dies teilweise auch eine Senkung der Stromnachfrage bedeuten könnte. Das dämpft dann den Preisauftrieb in der Stromwirtschaft, wobei dieser Effekt noch durch eine auf höhere Energieeffizienz abzielende verstärkte Innovationsförderung durch den Staat gestützt werden könnte. Die Wirtschaftspolitik steht jedenfalls vor einer ganzen Reihe von Herausforderungen.

6. Wirtschaftspolitisches Zwischenfazit

Aus ökonomischer Sicht ist festzustellen, dass die Atomstromerzeugung seit ihren Anfängen ohne vernünftigen Versicherungsschutz – speziell bei der Haftpflicht – arbeitet. Demnach wird die Kernenergie seit mehreren Jahrzehnten versteckt massiv subventioniert und alternative Energieträger werden in ihren Expansionsmöglichkeiten dadurch behindert. Diese Verzerrung des marktwirtschaftlichen Leistungswettbewerbs gilt es dringend zu korrigieren. Nach der Havarie im Atomreaktor Fukushima dürfte jedem klar sein, dass ein Super-GAU tatsächlich enorme Schäden national und weltweit verursachen kann. Mit einer denkbaren Größenordnung von 6.000 Mrd. € hat man im Übrigen eine eher konservative Abschätzung vorliegen. Gegenüber der EWERS/RENNINGS-Schadensschätzung von etwa 2.500 Mrd. € – das entspräche 1/5 des Bruttoinlandsproduktes im Jahr 2010 in Deutschland – sind bei genauerer Betrachtung weitere Schadenskategorien zu berücksichtigen, die insbesondere den internationalen Handel, Direktinvestitionsströme und die Effekte auf Migration und Tourismus beinhalten. Gerade führende Exportländer sind bei einem Betreiben von Atomkraftmeilern, die nicht inhärent sicher sind, mit enormen potenziellen Schäden im Fall eines Super-GAUs konfrontiert. Zu den nicht-internalisierten externen Effekten der Atomstromerzeugung gehören auch die Kosten für den radioaktiven Abfall, dessen Lagerung ebenfalls mit großem Schadenspotenzial verbunden ist.

Ob man die Atomkraft überhaupt für politisch verantwortlich hält, ist auch eine Frage der Entscheidungsfindung im politischen Prozess. Darf per parlamentarischem Mehrheitsbeschluss der heutigen Gesellschaft und zukünftigen Generationen das Megarisiko Atomkraft zugemutet werden? Geht man davon aus, dass das Betreiben von Atomstrommeilern erhebliche langfristige Gesundheitsgefahren (u.a. Krebsrisiken) und potenziell hohe Todeszahlen bei einem SUPER-GAU beinhaltet, dann wird man fragen müssen, ob nicht in Anlehnung an RAWLS (1971) ein einstimmiger Konsensbeschluss zu fordern wäre, wenn es um den Betrieb von Atomstrommeilern geht, die nicht inhärent sicher sind. Es besteht zumindest für die Mehrzahl der europäischen Länder kein Zweifel, dass eine einstimmige Entscheidung pro Atomkraft in keinem nationalen Parlament zu erwarten ist – und bei einer (hypothetischen) Volksabstimmung ebenfalls nicht.

Eine Wirtschaftspolitik, die das Ausmaß der negativen Externalitäten eines Energieträgers real negiert und kommunikativ verschleiert, ist nicht rational und wird mit hohen Wohlfahrtsverlusten einhergehen, sofern diese Externalitäten – also die Zusatzkosten jenseits der sogenannten privaten Kosten für den Atomstromproduzenten – groß sind. Im Fall der Atomstromproduktion sind die latenten negativen Externalitäten sehr hoch. Es ist Aufgabe der nationalen Wirtschaftspolitik wie der EU-Politik, für eine effiziente Internalisierung negativer externer Effekte zu sorgen.

Mit Blick auf das in vielen Diskussionen zur Atomkraft zu hörende Argument, dass der Atomstrom relativ preiswert und zudem fast CO_2-frei ist, muss man darauf hinweisen, dass in einer Systembetrachtung – sie allein ist der Fragestellung nach dem CO_2-Effekt des Atomstroms angemessen – die Aussage zu bezweifeln ist, dass mit dem Ausbau des Atomstroms ein Beitrag zur Klimastabilisierung erreicht wird; das Gegenteil ist der Fall. Mit dem Ausbau eines künstlich subventionierten Atomstroms wird Strom weltweit künstlich verbilligt und das hat zur Konsequenz, dass strom- bzw. energieintensive Produktionsbereiche expandieren. Damit aber entsteht durch den künstlichen Strukturwandel eine Zusatznachfrage nach Energie, die natürlich mit einer CO_2-Emissionserhöhung einhergeht. Der Politik in Deutschland und Europa sind konkrete Reformen bzw. Politikschritte anzuraten:

- Einführung einer vollen Haftpflicht für Atomstrombetreiber; zudem Anlastung der absehbaren Nuklear-Abfallkosten.
- Neuberechnung der Energieszenarios auf Basis veränderter relativer Preise der verschiedenen Energieträger (auf Basis der Internalisierung negativer externer Effekte beim Atomstrom).
- Berechnung der Wohlfahrtsverluste, die durch mehr als 30jährige Verzerrungen der Relativpreise bei Energieträgern in Deutschland bzw. den OECD-Ländern entstanden sind.
- Eine stärkere Beachtung von konsistenten Nachhaltigkeitsindikatoren für die Volkswirtschaften der Welt ist dringlich; hier sei auf den EIIW-vita-Nachhaltigkeitsindikator hingewiesen, der die Qualitätsanforderungen des OECD-Handbuchs zu Gesamtindikatoren – im Gegensatz zu vielen bestehenden Indikatoransätzen – erfüllt.

Der Fukushima-Reaktorunfall ist geeignet, eine grundlegende Neuorientierung der Energie- und Klimapolitik zugunsten erneuerbarer Energien zu befördern. Hier gibt es auch neue Möglichkeiten, die internationale Zusammenarbeit von Ländern bzw. Weltregionen zu verstärkten.

Auswirkungen einer Stromverteuerung im Kontext mit dem Abschalten von Atomkraftwerken

Es wird in vielen Publikationen betont, dass Atomkraftwerke grundlast-fähig sind bzw. kontinuierlich eine Art Basisstromversorgung sichern können. Demgegenüber sind einige erneuerbare Energien – wie Wind und Sonne – nur zeitweise verfügbar und können nicht ohne weiteres kurzfristig in gewünschter Menge angeschaltet werden. Das ist solange und in dem Maße ein kritischer Einwand gegen einen starken Ausbau erneuerbarer Energien, wie eine Speicherung von Strom nur schwer gelingt. Allerdings gibt es einerseits die Möglichkeit, mittels Pumpspeicherkraftwerken Energie bzw. Strom zu speichern und auch die Batterietechnik macht große Fortschritte. Zudem kann man auf Basis moderner Netze und Stromerzeugeranlagen, die (vereinfacht formuliert) internetbasiert gesteuert werden, auch mit Schwankungen im Stromangebot recht gut zurechtkommen. Die moderne Informations- und Kommunikationstechnologie bietet hier neuartige Möglichkeiten. Diese Technologie erleichtert auch die Klassifizierung von Aktien nach verschiedenen Gesichtspunkten, z.B. kann man für entsprechend interessierte Anlegergruppen auch gezielt Nachhaltigkeits-Aktien identifizieren: also solche Firmen, die in der Produktionsweise und in ihren Produkten explizit Wert auf Umweltfreundlichkeit legen und von daher einen Beitrag zur Nachhaltigkeit liefern. Es stellt sich die Frage, wie man marktmäßig verbesserte Signale für nachhaltige Investitionen geben kann -auch hier ist der Staat gefordert, vernünftige Rahmenbedingungen zu setzen: Hierbei geht es insbesondere um Standards für ein Nachhaltigkeitsrating.

Kapitalmarktentwicklung und nachhaltige Investmentfonds
In einer Marktwirtschaft kommt dem Kapitalmarkt eine außerordentlich wichtige Rolle für die Investitions- und Innovationsdynamik zu. Auf Seiten der Anleger – private Haushalte, Banken, Investmentfonds/Pensionsfonds – ist das Hauptinteresse in der Regel gerichtet auf folgende drei Punkte:
- Liquidität, Rentabilität und Sicherheit (geringe Schwankungsbreite in der Kursentwicklung bzw. Vermeiden von Kursverlusten)
- Hinzu kommt bei einigen Investoren ein gezieltes „Qualitätsinteresse": z.B. möchte mancher bei den Investitionsprojekten vermeiden, dass umweltschädliche oder rüstungsnahe Projekte finanziert werden. Aus einer Umweltperspektive geht es hier vor allem um das Qualitätsmerkmal „nachhaltige Investitionen". Solche Qualitätsmerkmale werden im Rahmen sogenannter Nachhaltigkeitsratings von spezialisierten Beratungs- bzw. Klassifizierungsfirmen vergeben.

Es gibt eine wachsende Anzahl von Investmentfonds und auch viele Privatanleger, die an Nachhaltigkeitsinvestments interessiert sind und daher auch darauf achten, ob die grundsätzlich in Frage kommenden Unternehmen auch dem mit im Focus stehenden Qualitätskriterium der Nachhaltigkeit entsprechen; von daher gibt es ein Interesse von Marktakteuren an einem Nachhaltigkeitsrating. So wie die großen Agenturen Moody's, Standard & Poors und Fitch mit ihren Rating-Noten – mit der Notenskala von AAA (Ausfallwahrscheinlichkeit des Schuldners nahe Null) über B und C bis D (Ausfall der Zins- und Tilgungszahlung) – den Anlegern ein mehr oder weniger vertrauenswürdiges Signal in Sachen Sicherheit von Anleihen geben, so kann man sich auch ein Nachhaltigkeitsrating vorstellen. Tatsächlich gibt es einige Institutionen, die solche „grünen Rating-Noten" verteilen.

Ende Februar 2011 wurde an der Londoner Börse erstmals ein börsengehandelter Indexfonds (ETF: Exchange Traded Fund) im Bereich Nachhaltigkeitsinvestment aufgelegt. Die beiden neuen ETF sind auf die beiden Aktienindices Dow Jones Sustainability Europe und Dow Jones Sustainability World; Blackrock, eine internationale Fondsgesellschaft, hat über ihre ETF-Marke iShares diese beiden ETF aufgelegt (O.V., 2011): Der europäische Sustainability Index bezieht sich auf die nachhaltigsten 20% aus 600 börsengelisteten Unternehmen in Europa, der globale Nachhaltigkeitsin-

dex bezieht sich nachhaltigkeitsbezogen auf das Top Fünftel von 2500 börsennotierten
Firmen. Die Auswahl trifft als Experteninstitution SAM, die hier also bei der Platzie-
rung einer Finanzinnovation mitwirkt. Die ETFs bilden recht präzise die Entwicklung
der zugrunde liegenden Sustainability Indices ab, wobei hier die Kostenbelastung niedriger als bei klassischen Investmentfonds ist. Mit den ETF erhält von daher die Nachfrage nach „Nachhaltigkeitsfirmen" Auftrieb, wobei in den beiden Indices – nach Angaben von Dow Jones – rund 8 Mrd. $ – als Anlagemasse verwaltet werden. Der Öl-
konzern BP, den viele Kritiker für die Havarie bei der Ölbohrplattform Deep Water
Horizon im Golf von Mexico für verantwortlich in 2010 halten, wurde von SAM in
2010 noch zeitweise als nachhaltig klassifiziert; jedoch wurde BP in 2011 dann nicht
mehr in dieser Kategorie geführt. BP hat allerdings seit vielen Jahren ein erhebliches
Engagement im Bereich erneuerbarer Energien aufgebaut und es bleibt abzuwarten, ob
BP und andere Ölkonzerne etwa in den Bereichen Wind- oder Solarenergie oder Biomasse mit verstärkten Aktivitäten aufwarten werden.

Es gibt bereits eine Reihe von „grünen Aktienindices", wobei ein Ansatz auf „best
in class" setzt; d.h. dass man ein Aktienportfolio für EU-Länder oder Länder der Eurozone oder der USA so strukturiert, dass aus jedem Sektor das Unternehmen vertreten
ist, das als das relativ umweltfreundlichste – wie auch immer definiert – gelten kann.
Das bringt allerdings im Einzelfall erhebliche Probleme mit sich, weil etwa ein führendes Unternehmen der Atomstromindustrie möglicherweise als das relativ umweltfreundlichste klassifiziert werden könnte; so war etwa beim KBC ECO Fund ein Zulie-
ferunternehmen der Nuklearindustrie vertreten. Es ist von daher unerlässlich, bei der
Bestimmung eines Nachhaltigkeits-Aktienindexes vorab eine branchenmäßige Auswahl vorzunehmen; nur auf dieser Basis macht ein „Best-in-class-Ansatz" Sinn.

Es ist durchaus erwägenswert, dass der Staat die Investition in nachhaltige Investitionen durch verschiedene Maßnahmen fördert, die auch den Kapitalmarkt betreffen:

- Der Staat könnte Mindestangaben von allen Firmen, die an der Börse gelistet sind,
  im Bereich Umweltschutz bzw. Nachhaltigkeit verlangen.
- Der Staat bzw. die Staaten der OECD – oder der G20 oder einer größeren Gruppe –
  könnten eine Nachhaltigkeitszertifizierung von Firmen vorsehen.
- Der Staat könnte Versicherungen erlauben, bis zu 10% des Anlagevolumens in
  zertifizierten Nachhaltigkeitsinvestments anzulegen.
- Es entspräche einer auf Umweltfortschritt ausgerichteten Innovationspolitik, wenn
  Firmen, die zertifizierte Nachhaltigkeit aufweisen können, einen geringeren Ge-
  winnsteuersatz hätten – also geringere Körperschaftssteuersätze bzw. Einkommens-
  steuersätze wären dann für diese Unternehmen relevant.

Geht man davon aus, dass Atomstromanlagen grundsätzlich nicht als nachhaltig gelten
können – solange sie nicht inhärent sicher sind oder gefährliche Abfälle produzieren –,
so wäre die Entwicklung eines Nachhaltigkeitssegmentes an den Kapitalmärkten ein
wichtiges Signal für mehr Vernunft in der Energiewirtschaft. Die Kapitalkosten für

Atomstromproduzenten würden sich verteuern, das macht Atomstrom mittelfristig weniger rentabel.

Mittelfristige Perspektiven

In der EU gibt es einen Strombinnenmarkt, der durch eine sehr asymmetrische Internalisierung negativer externer Effekte der Atomstromwirtschaft enorm verzerrt ist. So können französische Atomstrombetreiber ihren auf den ersten Blick preiswerten Atomstrom in andere EU-Länder exportieren. Es wäre Aufgabe der Europäischen Kommission, für eine in allen Ländern greifende Internalisierung negativer externer Effekte zu sorgen: Alle Atomstromanbieter müssten demnach eine umfassende Haftpflichtversicherung nachweisen. Hierzu dürfte von französischer Seite kaum auf politischer Ebene Zustimmung zu erhalten sein, wobei zu prüfen ist, ob Aktionen im Bereich der Frage der Haftpflichtversicherung einen einstimmigen Ratsbeschluss oder aber einen Mehrheitsbeschluss erfordert. Zumindest die privaten Haushalte können in jedem Land durch Auswahl eines grünen Stromanbieters, der keinen Atomstrom und keinen Strom aus fossilen Quellen verkauft, ausländischen und inländischen Atomstrom komplett aussperren. Es liegt am Staat, eine Kennzeichnungspflicht für Strom etwa bei PKW-Stromladestationen durchzusetzen. Nicht unproblematisch ist die Industrie, wo der Marktwettbewerb einen erheblichen Druck ausüben dürfte, angeblich preiswerten Strom aus Atomkraftwerken einzukaufen. Hier könnte man jedoch an die Gründung einer auf ökologische Energien ausgerichteten Unternehmensallianz denken, die beim Stromeinkauf gezielt auf die Nutzung von Atomstrom verzichten: Je größer das entstehende Unternehmensnetzwerk ist, desto größer der Druck auf die Energiewirtschaft, sich vom Atomstrom zu verabschieden. Strom aus Kohle und Gas kann bei entsprechenden Carbon Capture and Storage-Technologien (Abscheiden und Speicherung von CO_2) möglicherweise auch als ökologiefreundlich gelten.

National liegt es in Deutschland und in allen anderen EU-Ländern an den jeweiligen Regierungen eine volle Haftpflichtversicherung der Atomstrombetreiber zu beschließen. Es bleibt dann zu sehen, ob Atomstrom am Markt überhaupt konkurrenzfähig ist bzw. ob es der Forschung gelingt, inhärent sichere Atomkraftwerke zu entwickeln.

Der Übergang zu einem Stromsektor ohne Atomstrom ist vermutlich binnen einer Dekade in Deutschland zu schaffen. Allerdings sind neue Pumpspeicherkraftwerke als Energiepuffer zu bauen, zudem ist die staatliche Förderung innovativer Batterien zur Stromspeicherung zu erhöhen und die Entwicklung Intelligenter Stromnetze voranzutreiben; schließlich sind größere Vernetzungen europäischer Anbieter von erneuerbarem Strom durch entsprechende Investitionsprojekte des privaten Sektors und ggf. der öffentlichen Hand voranzutreiben. Neue Gaskraftwerke könnten zur Stabilisierung der Stromnetze in einem Umfeld mit einem erhöhten Anteil an erneuerbaren Energien notwendig werden und entsprechend ist ein Ausbau-Programm der Stromanbieter durch den Bund und die Bundesländer zu unterstützen.

Für den Rückbau der Atommeiler wird man erhebliche Summen aufwenden müssen und zudem ist die Frage eines Endlagers für den radioaktiven Müll in Deutschland bzw. anderen OECD-Ländern zu klären. Mit dem Auslaufenlassen der Atomkraftwerke dürfte sich ein einmaliger erhöhter Abschreibungsbedarf auf Realkapital in Deutschland ergeben. Dabei dürfte sich dieser allerdings insofern in Grenzen halten, als die Atomkraftwerke der ersten Generation bereits alle bei den Unternehmen abgeschrieben sind.

Die Wirtschaftspolitik, aber auch die Zivilgesellschaft, ist aufgefordert, sich künftig stärker mit der Frage nach einem aussagekräftigen Indikator der nationalen und globalen Nachhaltigkeit zu beschäftigen. Hier bietet der EIIW-vita-Nachhaltigkeitsindikator einen wichtigen Ansatzpunkt. Notwendig ist eine breitere Debatte über die langfristigen Grundlagen einer öko-sozialen Marktwirtschaft. Es bleibt auch zu untersuchen, wie es kam, dass die Atomstromerzeuger in den OECD-Ländern derartige Sonderkonditionen für sich erreichen konnten, obwohl die hohen externen Effekte der Atomstromerzeugung seit den EWERS/RENNINGS-Analysen von 1991/1992 in Deutschland unter Ökonomen bekannt waren. Allerdings hatte das Bundesministerium für Wirtschaft keine Freigabe des Prognos-Gutachtens für eine Publikation gegeben, was ja bereits eine Aussage in sich ist.

Die mangelnde Versicherung von Atomkraftwerken muss als gravierendes ökonomisches Problem in allen OECD-Ländern – und darüber hinaus – gelten. Die Behauptung der Atomindustrie, Atomstromerzeuger hafteten unbegrenzt bei einer Havarie hat offenbar einen weithin rhetorischen Charakter. Die wahren Kosten der Atomstromerzeugung sind viel höher, als der Marktpreis von Atomstrom vermuten lässt. Es ist eine ordnungspolitische bzw. rechtliche Aufgabe des Staates, die Rahmenbedingungen so zu verändern, dass negative externe Effekte in der Energiewirtschaft – insbesondere der Atomwirtschaft – internalisiert werden. Darüber hinaus ist die Europäische Kommission aufgefordert, die Verzerrung des Wettbewerbs durch Schattensubventionen kritisch zu prüfen. Eine Branche, die einen großen Teil, ja den größten Teil der Produktionskosten nicht selbst am Markt verdienen muss bzw. gegenwärtigen oder zukünftigen Steuerzahlern anlasten kann, ist überdimensioniert. Bei korrekter Kostenrechnung muss die Branche dann schrumpfen und das gilt für die Atomstromwirtschaft weltweit. Darüber hinaus ist die Europäische Kommission aufgefordert, die Verzerrung des Wettbewerbs durch Schattensubventionen kritisch zu prüfen.

Aus Sicht der Steuerzahler kann man sich nur wünschen, dass die Risiken der Atomstromerzeugung für das Leben und das Portemonnaie der Steuerzahler künftig doch sehr viel stärker transparent werden als bisher: Die Haftpflichtversicherungspolicen von Atomstrombetreibern sollten – auf Basis neuer gesetzlicher Vorgaben – im Internet publiziert werden. Denn die Anlastung von verdeckten Kosten auf die Allgemeinheit lässt es nur als vernünftig erscheinen, dass die Öffentlichkeit auch über das tatsächliche Ausmaß an Haftpflichtversicherung im Bilde ist. Vor dem Hintergrund der Transatlantischen Bankenkrise sei abschließend nochmals auf die bemerkenswerten

Parallelen der Probleme in der Bankenkrise – resultierend u.a. aus dem Too-big-to-fail-Problem (Großbanken konnte der Staat im Interesse der Systemerhaltung nicht in Konkurs gehen lassen, was den Wettbewerb im Bankenmarkt stark verzerrte) – und beim Atomstrom hingewiesen: Privatisierung der Gewinne und Sozialisierung der Verluste ist eine unakzeptable Gleichung. Der Begriff Eventualverbindlichkeiten erhält nach Fukushima 2011 eine neue Bedeutung.

Die Einspeisevergütung, die als Investitionsanreiz vom Staat in Deutschland für Solar- und Windenergie gezahlt wird, kann man zum Teil als eine Art notwendiger Gegensubvention in einem Umfeld mit hohen Schattensubventionen für die Atomstromerzeugung einordnen. Es wäre allerdings ökonomisch und wohlfahrtstheoretisch vernünftiger, den Atomstromerzeugern eine volle Haftpflichtversicherung anzulasten; im Gegenzug könnten die Einspeisevergütungen für die erneuerbaren Energien reduziert und damit der Staatshaushalt erheblich entlastet, also die Steuern gesenkt werden. Die Erhöhung der verfügbaren Einkommen, die sich damit ergäbe, dürfte die Konsumnachfrage bzw. Wachstum und Beschäftigung erhöhen – das dürfte den Stromverteuerungseffekt aus den höheren Versicherungskosten beim Atomstrom aufwiegen. Deutschlands Wirtschaftspolitik – und auch die EU-Politik – ist aufgefordert, historisch falsche Weichenstellungen in der Energie- bzw. Atomstrompolitik zu korrigieren.

Einkommens- und Beschäftigungseffekte

Die makroökonomische Modellierung der Bepreisung von CO_2-Emissionen ist von LUTZ/MEYER (2009) und LUTZ (2011) untersucht worden. Hierbei bietet sich grundsätzlich auch das PANTA RHEI-Modell an, das die reale Wirtschaftsleistung sektoral differenziert abbildet und zugleich die Entwicklung von Energieverbrauch und Emissionen aus der Verbindung von Verkehrswirtschaft, Wohnungswirtschaft, Güterproduktion und Außenhandel ermittelt: Der Ausbau erneuerbarer Energien bringt unter Beachtung der direkten und indirekten Effekte positive Nettobeschäftigungseffekte (zur Struktur dieses hier exemplarisch angesprochenen Modells siehe folgende Abbildung). Dass der Ausbau etwa von Windkraftparks Auswirkungen auf vorgelagerte Branchen – wie etwa die Nachfrage nach Stahl oder Kunststoff – hat, darf nicht übersehen werden. Im Stromsektor kommt es im Übrigen zu wichtigen Substitutionseffekten, da die Nachfrage nach Kohle und Nuklearbrennstoff im Zuge einer Energiewende bzw. beim Ausbau der erneuerbaren Energien sinken wird. Unvermeidlich ist in jedem Fall auch ein Strukturwandel, der mit Innovationen einerseits und einer Schrumpfung von Sektoren mit hoher Energie- bzw. Stromintensität in der Produktion andererseits verbunden ist. Aus ökonomischer Sicht ist so gesehen dem sehr stromintensiven Aluminium eigentlich auch ein wesentlicher Teil der Nuklearstrom-Risiken zuzurechnen, sofern die Aluminiumproduktion durch die Nutzung des künstlich verbilligten Atomstroms faktisch bislang subventioniert bzw. gefördert wird.

Abbildung 5: Struktur des umweltökonometrischen Modells PANTA RHEI

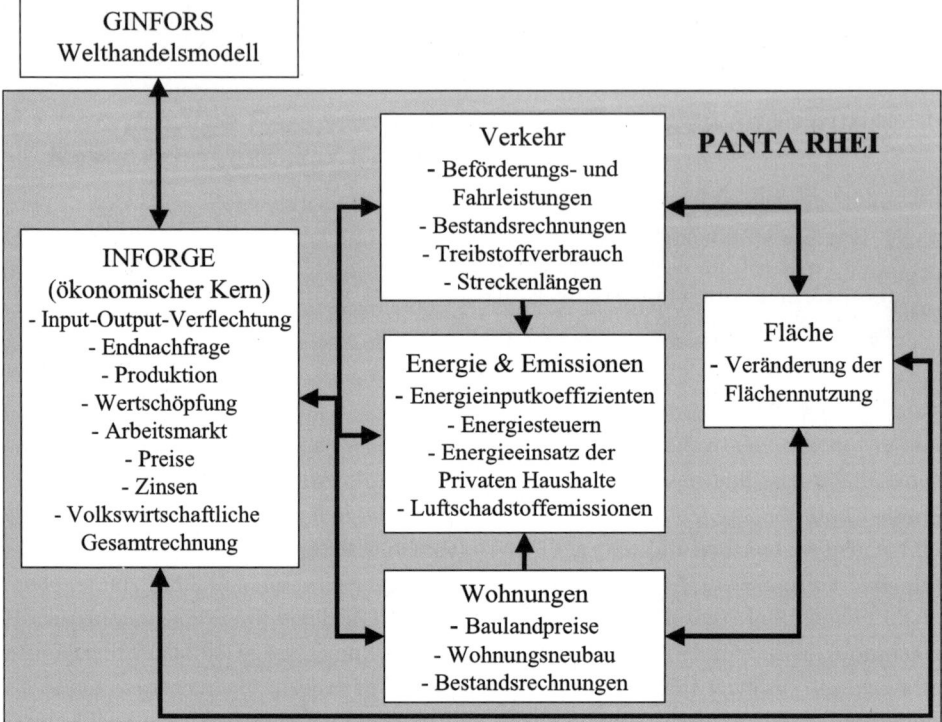

Quelle: LUTZ (2011)

Es gibt zwar negative Wirkungen erhöhter Strompreise, aber infolge ansteigender inländischer Investitionen und höherer Exporte von Anlagen im Bereich erneuerbare Energien ergibt sich ein positiver Nettoeffekt. Es bleibt unter anderem zu suchen, welcher Instrumentenmix bzw. welche Anreizmechanismen optimal sind, um politisch vorgegebene Minderungsziele bei den Treibhausgasen zu erreichen.

Regulierung des Energiesektors
Ein wesentlicher Akteur bei der Regulierung der Strom- und Gasnetze ist die Bundesnetzagentur (BNetzA), die auf Basis des Energiewirtschaftsgesetzes vom Juli 2005 tätig wird; die BNetzA greift dabei auch auf Erfahrungen zurück, die sie bei der Regulierung der Telekommunikationsnetze über viele Jahre erworben hat. Auf der Website der BNetzA steht (mit Datum 1.10.2009) in Sachen Energieregulierung zu lesen:

„Energieregulierung bedeutet die Überwachung der Betreiber von Energieversorgungsnetzen („Netzbetreiber") durch die Bundesnetzagentur und die Landesregulierungsbehörden. Das Energieversorgungsnetz wird sowohl von Energielieferanten

(„Netznutzern") zur Belieferung von Kunden als auch von Kraftwerksbetreibern zur Einspeisung von Elektrizität benötigt. Da es für ein Netzgebiet immer nur einen Netzbetreiber gibt, könnte dieser seine Monopolstellung ausnutzen, um ausgewählte Netznutzer zu bevorzugen oder zu benachteiligen. Daher müssen die Regulierungsbehörden sicherstellen, dass Zugang und Nutzung des Energieversorgungsnetzes für alle Netznutzer fair gestaltet ist. Ziel der Energieregulierung ist die Schaffung von Voraussetzungen für mehr Wettbewerb auf den Märkten für Energieerzeugung, Energiehandel und Energielieferungen. Die Bundesnetzagentur leistet hierzu einen zentralen Beitrag unter anderem durch

- die Genehmigung der Netzentgelt für die Durchleitung von Strom und Gas
- die Verhinderung bzw. Beseitigung von Hindernissen beim Zugang zu den Energieversorgungsnetzen für Lieferanten und Verbraucher,
- die Standardisierung von Lieferantenwechselprozessen, und
- die Verbesserung von Netzanschlussbedingungen für neue Kraftwerke."

Die Bundesnetzagentur ist damit für den Wettbewerb im Strombereich wichtig, wobei man für die Praxis den Punkt „Standardisierung von Lieferantenwechselprozessen" nicht unterschätzen sollte. Viele private Haushalte schätzen nach dem Fukushima-Atomunglück die Möglichkeit, in einfacher Weise per Internet den Stromlieferanten zu wechseln – dabei wird häufig bewusst ein Lieferant gewählt, der Strom auf Basis regenerativer Energien bzw. ohne Atomstrom anbietet. Auch für den Netzzugang unabhängiger neuer Stromproduzenten – inklusive Gaskraftwerke – ist die Rolle der Bundesnetzagentur wichtig.

Wenig einflussreich ist die Bundesnetzagentur bei den massiven Wettbewerbsverzerrungen, die sich aus der Unterversicherung der Kernkraftwerke im Bereich Haftpflicht ergeben. Der Staat ist hier doppelt gefordert:

- bei der Verschärfung von Haftpflichtversicherungsvorgaben für Kraftwerke;
- bei der unbedingt notwendigen – bislang völlig fehlenden – Differenzierung der Kraftwerksversicherungsprämien, die bei Atomkraftwerken doch mit Blick auf völlig unterschiedliche Standortgegebenheiten unabdingbar sind. Die bisherigen Einheitspolicen könnte man als Ausdruck abgesprochenen bzw. wettbewerbswidrigen Verhaltens einordnen. Auf der Quasi-Rückversicherungsebene gilt in Deutschland bei Atomkraftwerken keinerlei Differenzierung nach Kraftwerken bzw. Standorten. Das Fukushima-Atomunglück hat gezeigt, dass die räumliche Konzentration von mehreren Atommeilern ein größeres Risiko darstellt, als wenn ein einziger Meiler oder nur zwei Meiler an einem Standort stehen. Wenn in hoher Dosis Strahlung aus einem Meiler austritt, dann sind automatisch die Stabilisierungsaktivitäten bei Nachbarmeilern beeinträchtigt und damit sind die Risiken von nebeneinander stehenden Meilern nicht unabhängig voneinander.
- Auf EU-Ebene ist das Fehlen einer angemessenen Haftpflichtversicherung von Atomkraftwerken unter Beihilfeaspekten kritisch zu sehen. Der Wettbewerb der

verschiedenen Energieträger ist massiv zugunsten des Atomstroms verzerrt und dies gilt auch für den innergemeinschaftlichen Stromhandel.

Es gibt also erhebliche Herausforderungen für den Staat bzw. die Wirtschaftspolitik in Deutschland bzw. der EU.

6.1 Langfristige Perspektiven für eine Energiewende auf Basis erneuerbarer Energien

Eine langfristige Perspektive für eine Energiewende ohne Atomstrom wird für Deutschland und andere EU-Länder eine anspruchsvolle Herausforderung sein. Denn die Attraktivität von Atomstrom, der scheinbar so günstig ist, wird den Regierungen vieler Länder deutlich vor Augen bleiben; noch dazu in einer Zeit, in der ein wachsender globaler EnergiehungeBeir den relativen Preis von Energie langfristig nach oben zieht. Es gilt zudem zu bedenken, dass die großen Atomstromkonzerne lobbymäßig auf nationaler und internationaler Ebene exzellent aufgestellt sind. Nicht wenige Atomstromkonzerne betreiben auch eine geschickte Öffentlichkeitsarbeit, indem sie mit überschaubaren Beträgen Umweltprojekte aller Art unterstützen und sich damit einen grünen Mantel besorgen. Zudem weist die Atomlobby natürlich gerne auf die Unstetigkeit der Verfügbarkeit bestimmter regenerativer Energien hin und zudem haben führende Atomstromkonzerne in Deutschland und in anderen EU-Ländern große Teile des Hochspannungsnetzes in der Hand. Damit kann grundsätzlich der Marktzugang unabhängiger Stromanbieter bzw. von Erneuerbaren Energien behindert werden. Von daher ist es aus wirtschaftspolitischer bzw. ordnungspolitischer Sicht wichtig, dass etwa in Deutschland mit der Bundesnetzagentur eine erfahrene und relativ unabhängige Behörde mit der Aufgabe seit 2006 betraut ist, das Stromnetz zu regulieren. Denn ökonomisch macht es keinen Sinn, in einer Region mehrere konkurrierende Stromnetze zu unterhalten.

Das Übertragungsnetz ist also eine Engpassressource, die alle Stromanbieter bzw. -produzenten nutzen müssen, um den Zugang zum Kunden zu finden. Die Bundesnetzagentur hilft hier, einen diskriminierungsfreien Zugang sicherzustellen; zudem hat sie die Aufgabe, eine kostenorientierte Preisfindung bei der Nutzung des Übertragungsnetzes sicherzustellen – denn hier besteht die Gefahr von Monopolpreisen, da ja in einer Region nur jeweils in Hochspannungsnetz besteht. Strukturell besser ist die Situation in Großbritannien, wo die Regierung Thatcher bei der Privatisierung des zuvor staatlichen Stromsektors im Vorfeld der Privatisierung eine wettbewerbsförderliche Trennung von Netzbetrieb und Stromerzeugung durchsetzte. Es stellt sich nun – nach Fukushima verstärkt – die Frage, wie eine langfristige Energiewende auf der Basis erneuerbarer Energien aussehen kann. Bei allen Detailproblemen, die es bei der Energiewende zu bewältigen gilt, also etwa die Fragen der Energiespeicherung und des Übertragungsnetzes für Strom, man sollte bedenken: Wenn es um den technischen Fortschritt bei Windanlagen und den Aufbau intelligenter Stromnetze geht, steht man in Europa, den USA,

Japan, China, Brasilien, Australien, Indien und anderen Ländern erst am Anfang. Daher dürften die Kostensenkungspotenziale über ein bis zwei Jahrzehnte sehr hoch sein. Da Wind- und Solarstromanlagen sich auf einen Weltmarkt richten, ist zudem die Wettbewerbsintensität hoch. Daher wird nicht nur die Innovationsdynamik hoch sein, auch die internationale Diffusion des technischen Fortschritts wird erheblich sein: Also schnelles Lernen von anderen und zunehmende Spezialisierungsgewinne im Kontext von Innovation und steigendem Außenhandel werden die Erneuerbaren Energien voranbringe. China ist dabei ein wichtiger Treiber sowohl bei der Solarenergie wie bei Windkraft. Der Weltwindverband GWEC teilte im Frühjahr 2011 mit, dass in China in 2010 immerhin 18,9 Gigawatt Windenergiekraftwerksleistung angeschlossen wurde. Die Gesamtleistung von Windenergie lag weltweit bei 197 Gigawatt, was ein Plus von 24% bedeutete.

Bei den Grundlast-Kraftwerken, die quasi das ganze Jahr rund um die Uhr eine Basisversorgung sicherstellen, haben bislang Atomkraftwerke und Kohlekraftwerke eine dominante Rolle gespielt. Bei erneuerbaren Energien können Wasserkraft und Geothermie allerdings durchaus auch Grundlast-Kraftwerke sein. Geothermie nutzt die Erdwärme für die Wärme- und Stromgewinnung, wobei bislang weltweit der Anteil der Geothermie an der Energieerzeugung sehr gering ist. Eine positive Ausnahme ist Island, wo man auf Basis von Geothermie preiswerten Strom aus erneuerbaren Energiequellen produziert.

Energiewende: Perspektiven für eine Stromerzeugung mit erneuerbarer Energie

Wenn man eine wirkliche Energiewende will, dann muss man sich mindestens vier Fragen stellen:

- Bedeutet Energiewende nur die Abkehr vom Atomstrom auf mittlere Sicht; oder geht es um eine nachhaltige Energiewende, die dominant auf erneuerbare Energien in der EU und gegebenenfalls weltweit setzt.
- Welche Anpassungskosten für die Stromkunden sind zu erwarten in einem Zeitraum von einer bis zwei Dekaden – nämlich dem Umbauzeitraum, wobei eine Dekade für den Ausstieg aus dem Atomstrom in Deutschland anzusetzen ist und etwa zwei Dekaden für eine nachhaltige Energiewende. Die reale Kostenerhöhung, mit der zu rechnen ist, dürfte, ausgehend von der verzerrten Bezugsbasis 2010 (mit stillschweigend subventioniertem Atomstrom) etwa 10% für die privaten Haushalte und einen möglicherweise etwas geringeren Betrag für die Unternehmen ausmachen. Das könnte das Aus für manche sehr energieintensive Herstellung bzw. manchen Anbieter der entsprechenden Branchen sein. Hier geht es um die Aluminium-Produktion – jedenfalls sofern nicht auf Basis von Aluminium-Recycling geschehend; bei letzterem sind die Verstromungskosten viel geringer als bei der Erstherstellung von Aluminium. Geht man allerdings von den wahren Kosten der Atomstromerzeugung (inklusive einer umfassenden Haftpflichtversicherung) aus, die bei etwa 30 Cent/kWh liegen dürfte, dann wird der Übergang zu erneuerbaren Energien

ein Sinken des Strompreises für die privaten Haushalte und die Unternehmen bringen; der Anteil des Atomstroms in Deutschland betrug gut 20% in 2010 und Atomstrom mit homöopathischer Haftpflichtversicherung (2,5 Mrd. €) kostet für private Haushalte 18-20 Cent/kWh, ein ökonomisch in etwa korrekter Preis läge bei mindestens 30 Cent/kWh. Anbieter von erneuerbaren Energien lieferten Anfang 2011 zu etwa 24 Cent/kWh. Rein rechnerisch ergibt sich ausgehend von 30 Cent/kWh als angenommenem korrektem Preis für Atomstrom ein Rückgang des Strompreises von 20%, wenn man vollständig auf erneuerbare Energien umstellt; in der Realität ist der Rückgang natürlich prozentual geringer, da ja der Atomstrom nur etwa 1/5 der Strommenge in 2010 ausmachte. Wegen der völlig verzerrten Kostenrechnung in der Ausgangssituation – ohne nennenswerte Haftpflichtversicherung der Atomstromproduzenten – wird eine Energiewende weg vom Atomstrom für sehr viele Menschen jedoch so aussehen, als werde der Strom teurer. Aus ökonomischer bzw. wissenschaftlicher Sicht ist allerdings die Bezugsbasis eines durch Schattensubventionen verbilligten Atomstroms nicht wirklich brauchbar.

- Wie soll ein tragfähiger Mix von Energieträgern auf mittlere und lange Sicht aussehen? Dabei sind auch bestimmte technische Gegebenheiten zu beachten. So kann man z.B. ein Kohlkraftwerk oder ein Atomkraftwerk nicht beliebig unter Teillast fahren; setzt man eine Vollauslastung mit 100% an, dann kann ein Atomkraftwerk aus technischen Gründen nur im Bereich zwischen 60% und 100% seiner Nennleistung genutzt werden. Unterhalb von etwa 60% muss das Atomkraftwerk quasi ausgeschaltet werden. Es dauert dann etwa 50 Stunden, um das AKW dann wieder ans Netz zu bringen. Bei der in Deutschland geltenden Vorrangregelung für erneuerbare Kraftwerke ergibt sich mit zunehmendem Anteil das Problem, dass immer mehr Kernkraftwerke, die bisher unter Volllast in der Grundversorgung praktisch 24 Stunden am Tag ganzjährig liefen an vielen Tagen in den Teillastbereich oder gar unter die kritische 60%-Marke gedrückt würden. Das schmälert natürlich die Gewinne der großen vier Stromkonzerne mit Atommeilern. Da diese Stromkonzerne selbst auch in erneuerbare Energien investiert haben – und dabei für die TV-Werbung im Übrigen auch schön Werbespots im grünen Bereich realisierten – , gibt es einen offensichtlichen Interessenkonflikt: Die großen Stromkonzerne haben kein Interesse an einem starken und schnellen Ausbau der erneuerbaren Energien. Es könnte zu der paradoxen Situation kommen, dass große Stromkonzerne mit eigenen Atomkraftwerken und Windparks die Leistungseinspeisung aus den eigenen Windparks zu bestimmten Zeiten künstlich herunterfahren, damit die Atomkraftwerke besser ausgelastet sind bzw. damit die Rendite des Stromkonzerns ansteigt. Das ist nicht gerade ein Verhalten, das man sich aus ökologischer und ökonomischer Sicht ohne weiteres wünschen wird.

Die folgende Tabelle gibt auf Basis der Analyse von HENNICKE/SAMADI/ SCHLEICHER (2011) Informationen über die Anfahrdauer und den Leistungsgradienten verschiedener Stromerzeugungsmöglichkeiten wider. Daraus ergibt sich, dass Gaskraftwerke und Blockheizkraftwerke sehr flexibel an- und abzuschalten sind. Steinkohle- und Braunkohlekraftwerke brauchen nach einem Stillstand von mehr als 8 Stunden immerhin 4-5 Stunden für das Wiederanfahren eines entsprechenden Kraftwerkes.

Tabelle 6: Leistungsgradienten und Anfahrdauern verschiedener Kraftwerkstypen

Technologie	Pnenn MWel	Leistungsgradient %/Min	Anfahrdauer (Stillstand > 8h) H
Braunkohlekraftwerk	1.000	2-3	5
Steinkohle-DT-Kraftwerk	600	4-8	4
GuD-Kraftwerk	300	4-10	3
Gasturbine	150	10-25	0,3
Kernkraftwerk	1.000	5-10	50
BHKW	0,01-1	50-65	0,025 (90 sec)
LichtBlick-ZuhauseKraftwerk	0,02	100	0,017 (60 sec)

Quelle: zitiert nach HENNICKE et al. (2011), auf Basis von HOHMEYER (2010), GRIMM (2007), KROST; MATICS (2008) und LichtBlick AG.

Es gibt zahlreiche Studien, die sich mit der Frage beschäftigt haben, ob man eine Stromerzeugung ohne Atomstrom und fossile Energieträger realisieren kann. Eine grundlegende frühe Studie, die physikalische und ökonomische Aspekte ausleuchtet, ist Erneuerbare Energien (KALTSCHMITT/STREICHER/WIESE, 1993, 1. A; 2006, 4. A.), zu den exemplarischen Studien mit internationalem Focus gehören 100% Renewable (DROEGE, 2009). Verschiedene Studien zum Umstieg auf erneuerbare Energien existieren auf internationaler Ebene (LEHMANN/PETER, 2009). Zu den interessanten Umstiegsstudien gehört LTI (1998), das bis zum Jahr 2050 für die EU einen kompletten Umstieg auf erneuerbare Energien vorsieht. In Deutschland hat der Deutsche Bundestag sich in einer Enquete-Kommission in 2001 mit der Rolle der erneuerbaren Energien umfassend auseinandergesetzt (DEUTSCHER BUNDESTAG, 2001). Für Japan ist ebenfalls eine Studie zur Rolle der erneuerbaren Energien vorgelegt worden (ERJ, 2003). Schließlich hat die Energy Watch Group ebenfalls einige Szenarien berechnet, die einen hohen Anteil von erneuerbaren Energien vorsieht (EWG, 2008). Eine wichtige Analyse hat der Sachverständigenrat für Umweltfragen vorgelegt (SRU, 2011), wobei acht verschiedene Szenarien für eine Energiewende berechnet wurden. Die Szenarien gehen für 2050 von 500-700 TWh/a an Elektrizitätsnachfrage aus und betrachten unterschiedliche Import- bzw. Verflechtungsszenarios mit Blick auf das Ausland. Die Spannweite der Szenarien reicht von autarker nationaler

Versorgung bis zu einem maximalen Strom-Nettoimport von 15% der nationalen Stromerzeugungsmenge. Bei allen Szenarioanalysen wurde im Jahr 2050 eine vollständige regenerative Stromversorgung angenommen. Der Sachverständigenrat für Umweltfragen (SRU, 2011, S. 136) schreibt:

- „...Das Potenzial an regenerativen Energiequellen reicht aus, um den Strombedarf in Deutschland und Europa vollständig zu decken.
- Dabei kann vollständige Versorgungssicherheit gewährleistet werden: Zu jeder Stunde des Jahres wird die Nachfrage gedeckt. Voraussetzung ist der Aufbau der entsprechenden Erzeugungskapazitäten und die Schaffung von Möglichkeiten für den Ausgleich zeitlich schwankender Einspeisung von Strom durch entsprechende Speicherkapazitäten.
- Eine vollständig nationale Selbstversorgung ist zwar darstellbar, aber aus Kostengründen keineswegs empfehlenswert.
- Die Kosten der Stromversorgung können durch einen regionalen Verbund mit Dänemark und Norwegen oder einen größeren europäisch-nordafrikanischen Verbund im Vergleich zur nationalen Selbstversorgung erheblich gesenkt werden.
- Eine anspruchsvolle Energiespar- und Effizienzpolitik senkt die ökonomischen und ökologischen Kosten der Versorgung mit erneuerbaren Energien.

Nach Einschätzung des SRU wäre eine vollständig regenerative Stromversorgung für Deutschland im Jahr 2050 nicht nur umweltverträglich sondern auch ökonomisch vorteilhaft. Die Kosten des Systems hängen dabei wesentlich vom Grad der Vernetzung mit anderen europäischen Ländern ab. Während die nicht anstrebenswerte rein deutsche Versorgung nach den Modellrechnungen relativ hohe Stromgestehungskosten von 9 bis 12 ct/kWh verursachen würde (Je nach Höhe der Stromnachfrage) könnte bereits ein regional begrenzter Verbund mit Dänemark und Norwegen oder ein größerer europäisch-nordafrikanischer Verbund die regenerative Vollversorgung zu Stromgestehungskosten (einschließlich der Kosten für den internationalen Netz- und Speicherausbau) von etwa 6 bis 7 Ct/kWh erreichen...Für den Netzausbau innerhalb Deutschlands muss nach einer überschlägigen Rechnung mit zusätzlichen Kosten in der Größenordnung von 1 bis 2 Ct/kWh gerechnet werden."

   Wie man anhand dieser Berechnungen sieht, gibt es durchaus bezahlbare Möglichkeiten eines Übergangs auf regenerativen Strom.

6.2 Herausforderungen für grüne Energiefortschritte: Der Sektor der Informationstechnologie mit Pilotfunktion

Die Einsparung von Strom bzw. die Steigerung von Energieeffizienz wird im Zuge einer Energiewende hin zu erneuerbaren Energien eine gewichtige Aufgabe für viele Wirtschaftssektoren bzw. Unternehmen sein. Ein herausragender Sektor ist hierbei der Sektor der Informations- und Kommunikationstechnologie (IKT). Er ist wegen der hohen sektoralen Innovationsdynamik geeignet, Vorbild bei einer Energieeffizienzrevolution zu sein; zudem kommt dem IKT-Sektor auch als Querschnittstechnologie, die in allen anderen Sektoren eingesetzt wird, eine Art Pilotfunktion zu. Bei den Bemühungen um Steigerung von Energie- und Ressourceneffizienz, die aus Sicht der EU, Japans und Chinas sowie anderer Länder einen sehr hohen Stellenwert auf lange Sicht hat, ist „Green ICT", also eine umweltfreundliche IKT-Innovationsdynamik von ganz besonderer Bedeutung. Dies gilt zumal deshalb, weil IKT ein Pfeiler bei der angedachten Entwicklung intelligenter Stromnetze ist. Umweltfreundlicher IKT-Fortschritt kann wichtige Pilotfunktionen erfüllen (WELFENS, 2011).

Wenn man den Ankündigungen führender Politiker und vieler Unternehmensführer in Deutschland bzw. der EU Glauben schenken soll, dann ist nachhaltige Entwicklung ein wichtiges Ziel. Die Lebenschancen künftiger Generationen sollen also durch die Lebensweise der jetzigen Generation nicht beeinträchtigt werden, künftige Generationen sollen ähnlich gute Chancen für ein Leben in Wohlstand haben wie die gegenwärtigen Generationen: Das bedeutet dann Generationengerechtigkeit. Nachhaltigkeit verlangt langfristiges Denken. Wie viel langfristiges Denken aber gibt es in Europa, den USA, Asien und anderen Weltregionen? Es gibt viele Länder mit geringem Pro-Kopf-Einkommen bzw. großer Armut, wo der Hauptgedanke, das Überleben am nächsten Tag und in der aktuellen Woche ist. Dann gibt es da noch die vielen recht wohlhabenden Länder mit hohem Pro-Kopf-Einkommen, die sich langfristige Entscheidungshorizonte leisten könnten. Aber Sie leisten sich einen langen Zeithorizont erstaunlicherweise offenbar nun immer weniger. Denn einflussreiche Großbanken und Finanzmarktakteure haben – so lernten wir während der Transatlantischen Bankenkrise – einen sehr kurzen Zeithorizont: Nur wenige Quartale reicht der Zeithorizont vieler Anleger bzw. Fondsmanager, allenfalls etablierte Familienunternehmer/innen und einzelne Banken denken mehrere Jahre voraus. Das ist schon einigermaßen paradox und auch widersprüchlich in einer Gesellschaft mit immer längerer Lebenserwartung. Hier liegt eine ernste neue Herausforderung für all jene, die wirklich auf Nachhaltigkeit setzen.

Langfristig orientiertes Verhalten ist an mindestens drei Voraussetzungen gebunden:

- Es muss ein einschlägiges Wissen zu mittel- und langfristigen Wirkungen über relevante Sachverhalte bestehen, damit Entscheidungträger – Manager, Behördenvertreter, Verbandsakteure, Politiker/innen und Wähler/innen – eine vernünftige Entscheidungsbasis haben.
- Es bedarf sinnvoller Anreize für langfristiges Denken: Ein Entscheidungskalkül, das Erträge, Kosten und Risiken über eine große Zahl von Perioden bedenkt, ist komplizierter als eine kurzfristige Betrachtung.
- Bei Entscheidungen unter Risiko bzw. bei Investitionsprojekten mit erheblichen Risiken bei Errichtung und Betrieb einer Anlage – wie etwa einem Atomkraftwerk – ist eine umfassende Risikoanalyse notwendig. Aus ökonomischer Sicht ist zudem erforderlich, dass die betreffenden Risiken durch Versicherungspolicen abgedeckt

werden, sofern das Unternehmen nicht bei einem Großschaden durch das eigene Vermögen eine entsprechende Abdeckung etwa von Schadensersatzansprüchen plant. Ob eine solche Abdeckung aus Vermögenswerten des Unternehmens grundsätzlich möglich ist, ergibt sich aus der Gegenüberstellung von Vermögenswerten und einem denkbaren Unfall beim Betrieb der Anlage. Der Börsenwert großer Atomstromkonzerne liegt bei gut 100 Mrd. €, wobei dieses Vermögen bei einem schweren Kernkraftunfall automatisch zusammenschmilzt; geht man von einer Reduzierung auf die Hälfte aus, dann wären auf Basis bekannter Berechnungen zu den Schäden bei einem Super-GAU (maximale Schadensstufe) höchstens 1/100 der Schäden abgesichert. Dabei ist zu betonen, dass die Atomstromerzeugung insofern einen besonderen Sektor darstellt, als auf Basis gängiger Risikoanalysemodelle die Wahrscheinlichkeit für einen großen Schadensfall als gering gilt; das bedeutet aber aus wahrscheinlichkeitstheoretischer Sicht nicht, dass ein großer Schadensfall nicht durch menschliche Bedienungsfehler oder Naturschocks – wie etwa Erdbeben, oder Überschwemmungen – eintreten kann. Der Ausbreitungsradius von für den Menschen gefährlicher radioaktiver Strahlung ist mit sehr hohen Konzentrationswerten bei einem solchen Schadensfall zunächst auf den Standort des Atommeilers begrenzt; durch radioaktive Emissionen, die in die Luft oder das Wasser gelangen kann Radioaktivität aber über viele Tausende km transportiert werden und viele Menschen sowie Fauna und Flora auch in großem Abstand vom Ort des Atomunfalls schädigen. Die radioaktive Belastung kann kurzfristiger Natur sein oder aber – abhängig von der Halbwertzeit – auch sehr langfristig andauern: Die Halbwertzeit von Plutonium etwa, das in Mischoxid-Brennelementen vieler Atomkraftwerke enthalten ist, beträgt 24.000 Jahre; erst nach dieser Zeit hat sich der Strahlungswert auf die Hälfte der anfänglichen Menge abgebaut.

Langfristiges Denken ist sicherlich bei Genehmigung und Bau von Atomkraftwerken gefordert. Offenbar legt das Konzept der Nachhaltigkeit nahe, dass zumindest ein erheblicher Teil der Menschen in EU-Ländern relativ langfristig denken und dass Generationengerechtigkeit hoch im Kurs steht; ja, dass viele Menschen der gegenwärtigen Generation bereit wären, zugunsten künftiger Generationen einen Verzicht zu leisten bereit sind. Zum Beispiel, Geld für den Ankauf von CO_2-Emissionenszertifikaten ausgeben, die den Ausstoß von Treibhausgasen vermindern und damit die Gefahr einer kritischen Klimaerwärmung vermindern helfen. Es gibt durchaus Anzeichen, dass viele Menschen in Europa das Klimaproblem ernst nehmen – wie herauszuarbeiten sein wird – und dass noch viel mehr Menschen sich für das Thema sichere Energieversorgung interessieren.

Auf der Suche nach einem sicheren Leben im Wohlstand wird man sich in Ländern mit Atomkraftwerken einiges einfallen lassen müssen. Höhere Sicherheitsstandards für Atomkraftwerke werden eingefordert werden, andere Diskussionspunkte werden zusätzlich auftauchen – natürlich auch die Frage nach einer vollständigen Energiewende

bzw. nach der Abkehr von der Atomkraft und einer sehr starken Hinwendung zu erneuerbaren Energien.

Auch wird man die Frage nach der Dynamik des Strukturwandels neu stellen müssen. Welche Sektoren bieten Ansatzpunkte für eine rasche und breite Einsparung von
Energie? Vermutlich ist hier der Infrastruktur- bzw. Verkehrssektor ebenso wie die
Bauwirtschaft zu nennen: Hier wird mit hohem Kapitaleinsatz pro Arbeitnehmer gear-
beitet, schon deshalb liegen hier energieintensive Sektoren vor: Wo Kapital eingesetzt
wird, da laufen Maschinen und Anlagen mit Strom, also gibt es entsprechenden Energieverbrauch. Die größten Energieverbraucher als Sektoren sind allerdings die Alumi-
nium- und Eisenerzeugung sowie die Zementproduktion. Tatsächlich wird Zement bei
deutlich über 1.000 Grad hergestellt, alternative neue Bindemittel für den Bau werden
allerdings am Karlsruhe Institute of Technology entwickelt und vielleicht gibt es in
einigen Jahren Quasi-Zement, der bei kaum 300 Grad Hitze entsteht. Also gibt es dann
auch weniger CO_2-Emissionen. Jenseits punktueller energie- und emissionssparender
Innovationen gibt es einen Sektor, dessen Expansion für alle Sektoren wichtig und
dessen hohe Innovationsdynamik beim sektorspezifischen Energieverbrauch besonders
wichtig ist: Der Sektor der Informations- und Kommunikationstechnologie (IKT);
„grüne IKT" ist ein Schlagwort geworden, das u.a. beim nationalen IT-Gipfel in
Deutschland schon mehrfach eine wichtige Rolle gespielt hat.

Langfristig Nachhaltigkeit zu erzielen, ist ein Standardziel der Politik in vielen
Ländern und zugleich gibt es ein breites Interesse der Öffentlichkeit in Sachen Klimaschutz und Umweltqualitätsverbesserung. Da im frühen 21. Jahrhundert der weltweite
wirtschaftliche Wohlstand bzw. die Produktion weiter steigt und auch ein globaler
Bevölkerungsanstieg bis etwa 2050 zu erwarten ist, steigt das Volumen an Gütern und
Dienstleistungen – hiermit verbunden ist steigender Verbrauch nicht-erneuerbarer Ressourcen und Energien sowie eine Zunahme des Abfallproblems. Parallel zur Wirt-
schaftsexpansion ist ein anhaltender technischer Fortschritt zu beobachten, insbesondere im Sektor der Informations- und Kommunikationstechnologie. Im Verlauf der ersten
Dekade des 21. Jahrhunderts haben viele IKT-Firmen die Rolle von umweltfreundli-
chem technologischem Fortschritt betont; exemplarisch kann hier etwa auf Google
verwiesen werden, wo man auf erneuerbare Energieerzeugung bzw. Solartechnologie
setzt, aber auch auf die Deutsche Telekom AG, deren Netzbetrieb seit 2009 komplett
auf erneuerbaren Energien basiert. Image- und Innovationsmotive dürften für solche
Initiativen relevant sein. Darüber hinaus haben zahlreiche Initiativen des IKT-Sektors
auf das Potenzial für „grünen Fortschritt" verwiesen. Zudem haben zahlreiche Regierungen in OECD-Ländern das Energiereduktionspotenzial von IKT betont und die
Europäische Kommission hat Empfehlungen zur Mobilisierung von IKT als Basis für
einen erleichterten Übergang in eine Wirtschaft mit erhöhter Energieeffizienz und
Niedrig-CO_2-Verbrauch vorgelegt (EUROPEAN COMMISSION, 2009).

Auch Virtualisierung ist ein Mittel zur Energie- bzw. Ressourceneinsparung. Man
kann von Seiten vieler Auftraggeber in Computernetzen Aufgaben virtuellen Maschi-

nen hinzufügen. Von solchen quasi nur im digitalen Netz bestehenden virtuellen Maschinen kann man die Produktionsaufgaben auf reelle Maschinen zuordnen. Das Ergebnis der Virtualisierung ist, dass man mehr voll ausgelastete Maschinen in der Realität betreiben kann und damit einen Teil der vielen bislang mangels optimaler Produktionssteuerung unterausgelasteten Maschinen einsparen kann. Jede eingesparte Maschine bedeutet, dass man in der Wirtschaft den Ressourcen- und Energieaufwand vermindert hat. Im Übrigen sollte man die enorme Expansion des globalen Softwaremarktes nicht gering schätzen: Wo immer möglich, wird in der Telefonbranche Hardware durch Software ersetzt; Softwareeinsatz ist flexibler als Hardware-Einsatz, neue bessere Problemlösungen können online eingebaut bzw. zugespielt werden.

Werfen wir einen etwas genaueren Blick auf wichtige Teilsektoren des Sektors der Informations- und Kommunikationstechnologie: Folgt man der üblichen Einteilung der EITO (2002, S. 454), dann unterscheidet man bei IKT die Untersektoren:

- Informationstechnologie, inklusive IT-Dienste,
- Telekommunikationsausrüstungsgüter
- Telekommunikationsdienste, inkl. Internetdienste

Es ist offensichtlich, dass in der Informationsgesellschaft Telekommunikationsnetze die Basis für Wissensausbreitung – z.T. auch für Wissenserzeugung – sind, wobei etwa eine internetbasierte Diffusion von Umweltbewusstsein bzw. veränderten, umweltfreundlichen Lebensstilen ebenso von Interesse ist, wie die Entwicklung von neuen digitalen Diensten.

Da die Weltbevölkerung bis zur Mitte des 21. Jahrhunderts – nach UN-Projektionen (mittlere Prognosevariante) – von gut 6 Mrd. in 2000 auf rund 9 Mrd. in 2050 ansteigen wird und das Pro-Kopf-Einkommen um mindestens 2% p.a. weiter steigen dürfte, ist absehbar, dass die Welt weiterhin vor großen ökologischen Herausforderungen steht; dies betrifft Fragen der Ressourceneffizienz ebenso wie Probleme des Klimawandels bzw. der globalen Erwärmung (STERN, 2006; BLEISCHWITZ/ WELFENS/ZHANG, 2009; SCHMIDT-BLEEK, 2009; WELFENS/PERRET/ERDEM, 2010). Die Europäische Kommission hat betont, dass IKT-Projekte ein wichtiges Element für den Schritt zu einer Wirtschaft mit niedrigen CO_2-Emissionen sein können (EUROPEAN COMMISSION, 2009). Dabei könnte die IKT-Expansion, die durchaus zu höherer Energienachfrage beiträgt, insgesamt über Modernisierungseffekte in der Wirtschaft zu einem qualitativen umweltfreundlichen Wachstum bzw. zu nachhaltiger Entwicklung beitragen. Bei allen Effizienzfortschritten, die häufig auch zu absoluten und relativen Preissenkungen führen, ist allerdings auch zu bedenken, dass es Rückschlageffekte („Rebound-Effekte") geben kann: Denn geringere Preise sind für die Nachfrager eine Einladung, mehr zu kaufen: Die neue Absatzmenge im Marktgleichgewicht ist gestiegen und wenn ein größerer Teil der Menschheit mindestens ein Handy hat, dann bedeutet das nicht nur mehr interessante Kommunikationsmöglichkeiten bzw. Telefongespräche sowie SMS- oder MMS-Botschaften, es bedeutet eben auch, dass mehr Energieverbrauch im Handymarkt durch einen expansiven Mengeneffekt entsteht.

Was Nachhaltigkeitsaspekte in der Weltwirtschaft angeht, so kann man vier wirtschaftlich relevante Felder identifizieren:

- Wachsende Güterproduktion: Ein höheres Pro-Kopf-Einkommen in Verbindung mit erhöhter Weltbevölkerung dürfte eine erhöhte Belastung der regionalen und globalen Umwelt bedeuten.

- Der Energiesektor: Dieser Sektor ist mit Produktion und Konsum verbunden; seine hohe Kapitalintensität bedeutet, dass Investitionsentscheidungen auf Jahrzehnte den Pfad für die Ressourcenintensität bzw. die Emissionsbelastungen festlegen.

- Das Pro-Kopf-Einkommensniveau und die typischen Lebensstile: Ein höheres Pro-Kopf-Einkommen geht einher mit größerem Ressourcenverbrauch und auch höheren Emissionen bzw. Abfällen; ein mit höherem Einkommen veränderter, umweltfreundlicherer Lebensstil könnte jedoch die aus einer Status-quo-Perspektive normalerweise zu erwartenden erhöhten Umweltbelastungen eines höheren Pro-Kopf-Einkommens vermeiden helfen. Hier stellt sich die Frage, welchen typischen Lebensstil die Internetgeneration entwickeln wird – hier könnte sich gerade durch das Internet ein verschärftes Umweltbewusstsein für die digitale und reale Weltwirtschaft entwickeln; und es könnten neue Impulse für mehr umweltfreundliche Innovationen und Konsumstile entstehen.

- Der Wohnungssektor ist von besonderer Bedeutung. Die ökologische Relevanz ergibt sich nicht nur durch die hohe Kapitalbindung, sondern auch weil, nachträgliche Umbauten relativ teuer sind. Die Entscheidung für den Kauf eines bestimmten Haustyps ist Ausdruck des eigenen Lebensstils, wobei es nicht erstaunlich ist, dass die „Haus-Entscheidung" mit anderen Entscheidungsfeldern verknüpft ist. FLADE et. al. (2003) haben aufgezeigt, dass Erwerber von Passivhäusern sich nicht nur als ökologische Energieeffizienz-Pioniere betrachten, sondern auch in anderen Feldern auf eine Erhöhung der Energieeffizienz setzten. Statt der in anderen Lebensbereichen oft üblichen problematischen Rebound-Effekten finden sich hier Effizienz-Multiplikatoreffekte.

Es ist zu prüfen, ob es bei einer weltweit organisierten Industrie wie dem Sektor der Informations- und Kommunikationstechnologie tatsächlich zu einer globalen Modernisierungswelle kommt, deren Umweltentlastungseffekte nicht durch mittelfristige Rebound-Effekte untergraben werden – also den Sachverhalt, dass etwa sinkenden Preise von IKT-Gütern zu einem starken globalen Anstieg der Absatzmenge an IKT-Gütern führt: mit der Folge, dass der Umweltentlastungseffekt der IKT-Expansion sich in engen Grenzen hält. In der nachfolgenden Analyse werden langfristige Innovations-, Wachstums- und Strukturwandelaspekte betrachtet.

6.3 Rolle der Bürger für die Energiewende

Aus Sicht der Bürgerinnen und Bürger gibt es zahlreiche Aspekte bei der Debatte um die Energiepolitik und die sich abzeichnende Energiewende. Zunächst einmal kann jeder private Haushalt selbst entscheiden, ob man den durchschnittlichen Strommix kauft oder aber einen Vertrag abschließt für den Bezug von erneuerbaren Energien bzw. für einen Stromanbieter ohne Atomstrom. Solche Bürgerinnen und Bürger, die ein Appartement kaufen oder ein Haus bauen, haben darüber hinaus besondere Möglichkeiten, sich beim Wärme- bzw. Energiebezug für bestimmte regenerative Energien zu entscheiden. Bei der Wärme geht es insbesondere um Erdwärme, aber auch um Investitionen in hohe Energieeffizienzstandards. Beim Energiebezug geht es u.a. um die Möglichkeit, sich eine Photovoltaik-Anlage aufs Dach oder vor das Haus zu setzen. Derartige Photovoltaik-Investitionen sind mit hohen Einspeisevergütungen verbunden und sind dabei zumindest in Deutschland – von wenigen Regionen in Bayern und Baden-Württemberg abgesehen – nicht effizient zu nennen; ganz anders als etwa Photovoltaik-Projekte in Italien, wo sich ein etwa 40% höherer Wirkungsgrad dank der stärkeren Sonneneinstrahlung ergibt (SCHINKE, 2010).

Bürgerinnen und Bürger können auch lokal im Energiebereich aktiv werden, wie etwa der Kauf des lokalen Stromnetzes durch die Kommune in Schönau – und auch in Titisee-Neustadt – exemplarisch gezeigt hat. Die vier großen Energiekonzerne E.ON, EnBW, RWE und Vattenfall sind an vielen Verteilernetzwerken beteiligt, was die Marktmacht der Großunternehmen des Energiesektors in Deutschland gestärkt hat. Es liegt an den kommunalen Energieanbietern, sich stärker miteinander zu vernetzen und ggf. auch in regenerative Energieprojekte zu investieren. Es ist sicherlich auch wichtig, den Wettbewerb im Strommarkt insgesamt zu stärken; hierzu gehört das Aufbrechen kartellähnlicher Strukturen in Teilen der Energie- bzw. Stromwirtschaft in Deutschland, aber auch ein Mehr an Wettbewerb in der EU.

In einem Bericht der Financial Times Deutschland (JENSEN, 2011), heißt es mit Blick auf die wachsende Rolle der Kommunen in der Energieversorgung:

„Doch ist der Erwerb der lokalen Netze allein kein Garant für Erfolg. Denn wenn die Stadtwerke keine eigenen Kraftwerke betreiben, bleiben sie allein vom Stromkauf an den Börsen anhängig. Deshalb besinnen sich inzwischen viele Kommunen auf den Aufbau eigener Erzeugungskapazitäten. Dazu gibt es verschiedene Strategien: So offeriert die Südweststrom aus Tübingen, eine Kooperation von mehreren süddeutschen Stadtwerken, ihren Gesellschaften die Beteiligung an Kohlekraftwerken am Standort Brunsbüttel und am Offshore-Windpark Bard 1. Ähnlich verhält es sich bei Trianel, einem Verbund von rund 80 Stadtwerken. Er engagiert sich sowohl im Bau von Offshore-Windparks als auch Kohlekraftwerken in Nordrhein-Westfalen. Dagegen wollen die Münchener Stadtwerke ihren Kunden bis 2025 eine hundertprozentige Stromversorgung aus erneuerbaren Energien bereitstellen. Wenngleich vom Ziel noch weit entfernt, ist dies auch der Anspruch von Hamburg Energie, die erst vor kurzem zwei große Windräder im Hamburger Hafen in Betrieb nahm. Auch die Aachener Stadtwerke setzen seit vielen Jahren auf einen Ausbau von Ökostromeinheiten: Sie investieren in Biogasanlagen, Photovoltaik und Offshore-Windenergien zugleich. Und die Energieallianz Bayern, ein Zusammenschluss von knapp zwei Dutzend bayerischen

Stadtwerken, betreibt seit Kurzem Windparks in der Oberpfalz. „Die Energie kehrt dorthin zurück, wo sie unmittelbar ge- und verbraucht wird – in der Region", bringt es Gisela Wendling-Lenz von der Ostwind-Gruppe, die die Windparks entwickelt und gebaut hat, auf den Punkt."

Höhere Investitionen in erneuerbare Energien können gerade auch auf kommunaler und regionaler Ebene entstehen: Die Anreize hierzu können u.a. aus dem kommunalen oder regionalen politischen Wettbewerb heraus entstehen. Die Wahlergebnisse etwa bei den Landtagswahlen in Baden-Württemberg im März 2011 haben gezeigt, dass selbst in einem stark industriell geprägten Bundesland eine Mehrheit für Grün-Rot sein kann (ein Ergebnis, das sicherlich auch dem Schock der Öffentlichkeit über die Fukushima-Havarie mit zuzurechnen ist).

Die Grünen sind als Anti-Atom-Partei in Deutschland groß geworden und es besteht kaum ein Zweifel, dass die Fukushima-Havarie den Atom-Skeptikern auf Jahre in die Hände spielt. Zu deutlich ist sichtbar geworden – über Wochen fast live via TV oder Internet zu sehen –, wie groß die Beschädigungen der Nuklearanlage in Fukushima sind; und immer wieder neue Schreckensmeldungen über den Austritt von Radioaktivität in der Fukushima-Anlage des Atomstromproduzenten Tepco haben in der Öffentlichkeit den Eindruck erweckt, dass hohe Strahlenbelastungen Teil der Fukushima-Katastrophe sind.

Die Zahlungsbereitschaft der Menschen für den Klimaschutz ist bislang nur ansatzweise bekannt. Das ZEW hat über ein interessantes Experiment die Zahlungsbereitschaft von Menschen für den Klimaschutz ermittelt (LÖSCHEL/STURM/VOGT, 2010); es wird also nicht einfach auf Befragungsergebnisse gebaut, die selten als zuverlässige Informationsquelle gelten können. 202 Mannheimer Bürgerinnen und Bürger nahmen an dem Experiment teil, bei dem man quasi im Rahmen des EU-Emissionszertifikate-Handels CO_2-Zertifikate erwerben konnte. 62% der nachgefragten Mengen lagen bei Null, was einen Median der Zahlungsbereitschaft von Null bedeutet; aber die durchschnittliche Zahlungsbereitschaft lag bei 12 € pro Tonne. Zu den interessanten Befunden gehört, dass ältere Testpersonen erheblich weniger Emissionszertifikate erwerben wollten. Hingegen erwarben Testpersonen mit relativ hohem Bildungsniveau und Wähler der Grünen deutlich mehr Emissionszertifikate als der Durchschnitt der Teilnehmer; schließlich ist bemerkenswert, dass Testpersonen, deren Kauf beurkundet wurde, eine höhere Nachfrage nach Klimaschutz zeigten.

Bei der Suche nach internationalen Kooperationsansätzen für den Klimaschutz gibt es auch politisch unterstützte Konzepte für den Bezug von erneuerbaren Energien aus Nordafrika. Das DESERTEC-Konzept setzt darauf, dass insbesondere Solarenergie in den arabischen Mittelmeer-Anrainerländern erzeugt werden kann, und zwar mit hohen Wirkungsgraden. Ein Teil des produzierten Stroms kann dann in die EU-Länder exportiert werden. Mehrere große Energiekonzerne aus EU-Ländern, führende europäische Banken sowie eine Reihe von Akteuren in Nordafrika wollen dieses Konzept schrittweise entwickeln (THE CLUB OF ROME, 2009).

6.4 EU-Perspektiven: Internationale Allianz?

Bei den Bemühungen hin zu einem umweltverträglichen Energieversorgungssystem bzw. bei der Energiewende steht man vor schwierigen Herausforderungen. Diese scheinen ökonomisch, technologisch und wohl auch politisch lösbar zu sein. Man wird allerdings gut daran tun, bei der Suche nach vernünftigen Lösungen auch die Fortschritte in vielen OECD- bzw. EU-Ländern genauer zu betrachten. Zu den besonders interessanten Ansatzpunkten zählt die entsprechende Energiepolitik in den Niederlanden (KEMP, 2010, 305), die sieben Punkte für 2009 und die folgenden Jahre umfasst:

- Es gibt eine besondere Beratungsagentur, die 2008 gegründet wurde und die Vorsitzenden der sieben Aktivitätsschwerpunkte der nachhaltigen Energiemodernisierung umfasst. Zu den sieben Vorsitzenden kommen vier unabhängige Personen, wobei diese neue Beratungsagentur mit dem Namen Regieorgaan Energietransitie Nederland (REN) die Aufgabe einer Beratungs- und Koordinierungsstelle hat.
- Grüne Ressourcen: Hierbei geht es u.a. um eine wachsende Rolle von Biomasse für regenerative Energieerzeugung. Zudem soll ein Messsystem für die Erfassung von Biomasse entwickelt werden.
- Nachhaltige Mobilität: Hier geht es unter anderem darum, angemessene Steueranreize bei „sauberen Fahrzeugen" einzuführen, wobei dies nicht nur Elektrofahrzeuge betrifft. Auch die Nutzung von Erdgas und von Wasserstoff-Fahrzeugen wird thematisiert; und natürlich die Rolle öffentlicher Transportsysteme bei der Einführung innovativer nachhaltiger Transportlösungen.
- Neues Gas: Hier setzen die Niederlande als wichtiger Gasproduzent in der EU auf eine verstärkte innovative Gas-Nutzung, wobei dies u.a. Gas-optimierte Motoren und Absorptionspumpen betrifft.
- Wertschöpfungskettenoptimierung: Hierbei sind wichtige Bereiche die Präzisions-Landwirtschaft und Zulieferkettenoptimierungen.
- Nachhaltige Stromproduktion: Zahlreiche Projekte werden hier vorangebracht, wobei dies von küstennaher Energieerzeugung über Biogas-Anlagen-Modernisierung bis zur Entwicklung eines intelligenten Stromnetzes und die optimierte Nutzung von Wasserkraft geht.
- Bauwirtschaft: Hierbei geht es um Beratung und Anreize für einen optimierten Energieverbrauch.

Hierbei werden von den Niederlanden auch Kooperationsprojekte mit Deutschland (Nordrhein-Westfalen) und Belgien konzipiert, wobei es etwa um eine vernetzte Wasserstoff-Nutzung im Rahmen einer EU-Initiative – Initiative Fuel Cell and Hydrogen – geht. Die Niederlande haben bislang nur einen geringen Anteil an Atomstromerzeugung und werden diesen Bereich nicht ohne weiteres ausbauen; jedenfalls nach dem Fukushima-Unfall nicht in der vor einigen Jahren noch angedachten Weise. Für die beiden Nachbarländer Belgien und Deutschland stellen sich hingegen Fragen eines

Atomstromausstiegs auf breiter Basis, denn in beiden Ländern ist der Anteil des Atomstroms an der Stromerzeugung hoch.

Einen kurzfristigen Ausstieg aus der Atomenergie wird man in Deutschland und anderen EU-Ländern nicht realisieren können. Zu stark ist die Abhängigkeit vom Atomstrom und zu langwierig sind die notwendigen Genehmigungsprozesse beim Ausbau der Übertragungsnetze. Dennoch wird man an die Aufgabe einer strukturellen Energiewende auf der Ebene von Bund und Ländern zügig und energisch herangehen müssen. Die Stabilität des Stromnetzes gilt es hierbei unbedingt zu wahren. Paradoxerweise hat ja gerade die Fukushima-Havarie gezeigt, wie wichtig für die Stabilität bzw. Beherrschbarkeit der Prozesse in Atomkraftwerken eine zuverlässige Eigenstromversorgung ist.

Deutschland wird sich über eine vertragliche Zusammenarbeit mit Dänemark, Norwegen und Schweden einerseits und Spanien, Portugal und Griechenland – im Bereich Photovoltaik – andererseits um eine europäische Verankerung der Energiewende bemühen müssen. Hier könnten sich durchaus Ansatzpunkte ergeben, wie Deutschland gerade auch einigen von der Euro-Krise relativ stark betroffenen Ländern helfen kann, umfassende Investitionsprogramme im Bereich erneuerbare Energien voran zu bringen.

Beim Thema Intelligente Stromnetze steht Deutschland ebenfalls vor großen Herausforderungen und vermutlich wird man hier gemeinsam mit anderen EU-Ländern die Weichen für ein Smart Grid stellen wollen. Dabei könnten Automobile als mobile Stromspeicherelemente in so einem neuartigen Netzwerk enthalten sein, bei dem softwaregesteuert Optionen für die Aktivierung von Haushaltsgeräten außerhalb der Verbrauchsspitzen realisiert werden. Ein Smart Grid wäre in Verbindung mit zahlreichen Elektroautos ein sehr wichtiger Beitrag für flüssigeren Verkehr und effizientere Energienutzung insgesamt. Es gibt trotz einer schwierigen Übergangssituation hin zu einem massiven Zuwachs von erneuerbaren Energien also viele gute Möglichkeiten, Energie effizienter zu nutzen und damit mit einem geringer dimensionierten Energiesektor – also auch weniger Treibhausgasemissionen –zu arbeiten; und trotzdem eine stabile oder gar steigende Produktionsmenge zu erzeugen. Man muss sich darüber im Klaren sein, dass angeblich preiswerter japanischer Atomstrom 35 Mio. Menschen im Großraum Tokio wenig nutzt, wo sie alle paar Tage mit dem Risiko von heran wehender Radioaktivität aus Fukushima bedroht sind. Die Beschädigung von Lebens- und Konsumfreude, die aus solchen aktuellen oder potenziellen Bedrohungen millionenfach entsteht, ist erheblich. Die Wohlfahrtseffekte von einem Mehr an Konsumgütern, die dank billigen Stroms in relativ großer Menge produziert werden konnte, sind sehr zweifelhaft – jedenfalls, wenn der Konsumakt mit großen Risiken bzw. Unsicherheiten verbunden ist. Man muss sich auch darüber im Klaren sein, dass künstlich billiger Atomstrom eine Spezialisierung in Produktion und Export auf energieintensive Güter begünstigt. Diese sich dann ergebende internationale Arbeitsteilung ist allerdings nicht vernünftig. Die Tatsache, dass viele OECD-Länder die Atomstromerzeugung praktisch über Jahrzehnte ohne eine nennenswerte Haftpflicht laufen ließen, zeigt im Übrigen nur zu deutlich, dass gemeinsam begangene Fehler der Wirtschafts- bzw. Energiepolitik sich viele Jahre lang halten kann.

Es fehlt durchaus auf Seiten der Industrieverbände nicht an Problem- bzw. Chancenbewusstsein für die Rolle von Energieinnovationen und einen besseren Klimaschutz. So hat etwa der Bundesverband der Deutschen Industrie im Jahr 2009 drei Studien präsentiert, in der Kosten und Potential der Vermeidung von Treibhausgasen in den wichtigen Bereichen Energie, Verkehr und Gebäude ermittelt wurden. Hier gibt es positive Entwicklungsperspektiven. Sicherlich wird es den OECD-Ländern leichter fallen, Fortschritte in Sachen Energieeffizienz und Nachhaltigkeit zu erzielen, wenn man sich zu einer stärkeren Zusammenarbeit im Bereich erneuerbare Energien und einem Rahmenprogramm für Beste-Praktiken entschließen könnte. Systematisch kann so jedes Land von den Erfahrungen anderer Länder lernen. Die Zielsetzung der Bundesregierung betont, dass man bis 2020 einen Anteil von gut 30% erneuerbare Energien am Gesamtmix realisieren will, was gegenüber 2010 auf eine Verdopplung des Anteils der erneuerbaren hinausläuft. Auf Basis des Gesetzes für den Vorrang Erneuerbarer Energien hat die Regierung im Jahr 2000 einen Grundstein zur Förderung der erneuerbaren Energien gelegt. Zwar hat das Gesetz auch einige Konstruktionsprobleme – wie etwa eine allzu großzügige Förderung von Solarstrom via hohe Einspeisevergütung für Solarstromproduzenten –, aber immerhin ist eine dynamisches Segment im Energiesektor entstanden. Man sollte bei aller Kritik am Gesetz und der Förderpraxis nicht übersehen, dass im Bereich der Solarstromerzeugung wie der Windenergieerzeugung in der Regel statische und dynamische Massenproduktionsvorteile eine wichtige Rolle spielen:

- Statische Massenproduktionsvorteile liegen vor, wenn mit pro Zeiteinheit steigender Zahl von produzierten Einheiten (z.B. Getriebe für Windmühlenanlagen) die Kosten bzw. Preise sinken. Da die Märkte für erneuerbare Energien meist als Weltmärkte einzuordnen sind, gibt es im Rahmen einer frühen Internationalisierung des Geschäftes bzw. eines allmählichen internationalen Outsourcing gute Möglichkeiten, die Kosten dann auch durch eine Internationalisierung der Zulieferstufen weiter zu senken.

- Dynamische Massenproduktionsvorteile liegen vor, wenn es im Rahmen hoher kumulierter Produktionsmengen im Zeitablauf zu Kostensenkungen kommt – es liegen also erfahrungsbedingte Lerneffekte vor. Es gibt in einem Teilbereich der erneuerbaren Energien sicherlich Fälle, wo statische und dynamische Massenproduktionsvorteile zusammengehen. Da der Teilsektor der erneuerbaren Energien relativ jung ist, sind die Innovationsmöglichkeiten relativ hoch und daher in vielen Feldern auch die Möglichkeiten, erfahrungsgestützte Lerneffekte bzw. entsprechenden Kostensenkungseffekte zu realisieren. Die Wirkungsgrade bei Anlagen mit erneuerbaren Energien steigt durch Innovationen im Zeitablauf.

Wenn der Sektor der erneuerbaren Energien von der Zahl und Größe der Firmen erst einmal eine kritische Mindestgröße überschritten hat, wird der Sektor sicherlich auch zu einem sehr gewichtigen Exportsektor werden können; im Kampf diverser Lobby-Interessen wird die bislang noch wenig durchschlagkräftige Branche sich besser im politischen System durchsetzen können. Das gute Image der Branche und der hohe Innovations- und Internationalisierungsgrad dürfte es den Firmen aus diesem Sektor erleichtern, junge gut motivierte Top-Absolventen von Universitäten und Hochschulen anzuziehen. Die globale Innovationskonkurrenz in dieser neuen Branche dürfte mittel- und langfristig die Technologieintensität erhöhen. Damit wiederum steigt die Leistungsfähigkeit der Anlagen. Während in 2000 noch Windmühlen mit 2 MW-Leistung als Standard galten, dürften in 2020 viele Windmühlen mit 20 MW laufen, so dass 50 Anlagen bei stabilem Wind der Leistung eines Atommeilers aus dem Jahr 2000 entsprechen werden. KEMFERT (2011, S. 217 f.) schreibt zu den Perspektiven des Umwelt- und Klimaschutzes:

„Die deutsche Wirtschaft hat die besten Ausgangsvoraussetzungen, ihren Wettbewerbsvorteil in puncto Umwelt- und Klimaschutz weiter auszubauen. Viele Nationen, allen voran die USA und auch China haben erkannt, dass die Wirtschaft mittel- bis langfristig auf grüne Techniken umstellen muss, um überhaupt wettbewerbsfähig zu bleiben. Neben der verbesserten Energieeffizienz werden vor allem auch die erneuerbaren Energien deutlich an Gewicht gewinnen sowie nachhaltige Mobilitätskonzepte wie beispielsweise die Elektromobilität. Die deutsche Wirtschaft kann wie keine andere vom Boom der Branchen der erneuerbaren Energien profitieren sowie auch durch den Ausbau der Energieeffizienz, innovativer Kraftwerkstechnologien und Antriebstechnologien. Sie kann aber auch in den klassischen Umweltschutzbranchen wie Müllverarbeitung, Recycling und Wasseraufbereitung weiterhin Weltmarktpotentiale ausbauen. Bis zu eine Million zusätzliche Arbeitsplätze sind in diesen Bereichen in den kommenden zehn Jahren möglich."

Eine nachhaltige Energiepolitik für Deutschland und Europa ist möglich. Dazu ist es zunächst einmal wichtig, dass man das Prinzip der Kostenwahrheit bzw. der Internalisierung negativer externer Effekte in der Energiewirtschaft beachtet. Eine künstliche Subventionierung von Atomstrom ist gegen die Prinzipien der Marktwirtschaft; anders ausgedrückt, die Atomstromproduzenten sollten zur Übernahme einer umfassenden Haftpflichtversicherung in den EU-Ländern verpflichtet werden. Länder, die eine solche Haftpflichtversicherung den Betreibern von Atomkraftwerken nicht auferlegen, müssen sich „stille zusätzliche Staatsschulden" anrechnen lassen – quasi Rückstellungen für den Fall eines schweren Atomunfalls. Das wäre ökonomisch korrekt, ließe die Schuldenquote ansteigen, verschlechtert das Rating eines Landes am Kapitalmarkt und wird die Kapitalkosten für alle Unternehmen erhöhen. Wer aber will eine solche fatale Entwicklung?

Die Europäische Union bzw. die Eurozone und die jeweiligen Mitgliedsländer wären gut beraten, wenn sie sinnvolle Expansionsimpulse für die Expansion erneuerbarer

Energieträger in der Stromwirtschaft nicht im Zuge der allgemeinen Wirtschaftpolitik oder von Kriseneingriffen unterminierten. Selbst bei der Politik in Sachen Staatsschuldenkrise von Griechenland und Portugal sowie ggf. Spanien und Italien sollte man die Thematik der Expansion erneuerbarer Energien gerade auch aus deutscher Sicht im Auge haben: Gerade in den genannten Ländern ist im Zuge eines durchdachten Ausbaus erneuerbarer Energien durchaus denkbar, dass hier Möglichkeiten für „grünen Stromexport" bzw. eine Minderung bei der Importrechnung für fossile Energieträger und damit eine Verminderung der Auslandsverschuldungsdynamik eintritt. So sehr aus Sicht Deutschland bzw. der Garantieländer des Euro-Rettungsfonds darauf geachtet werden muss, dass Länder mit hoher Schuldenquote und Problemen bei der Refinanzierung im internationalen Kapitalmarkt eine staatliche Spar- bzw. Konsolidierungspolitik energisch umsetzen, so sehr kann man die Frage stellen, ob man – wie im Fall Portugal im Frühjahr 2011 geschehen – als einen der Hauptschritte starke Kürzungen bei der staatlichen Förderung erneuerbarer Energien fordern soll.

Zu den Merkwürdigkeiten in der europäischen Debatte zu den erneuerbaren Energien gehört in Großbritannien wie in Deutschland eine teilweise aufgeregte Diskussion über explizite Subventionen bzw. Einspeisevergütungen zugunsten der Produzenten erneuerbarer Energien. In Großbritannien geht die Diskussion u.a. um die Frage, ob denn über 1 Mrd. Pfund an jährlicher Subventionierung der Windenergie nicht eine überdimensionierte Förderung sei. In der ganzen Diskussion aber wird kein Wort über die gigantischen Schattensubventionen der Atomstromindustrie verloren, die sicherlich viel höher als für Wind- und Solarenergie sind. Großbritannien ist einer der großen Atomstromproduzenten und auch in diesem Land sind die Versicherungserfordernisse in der Haftpflicht homöopathischer Natur. Es gibt auch im Vereinigten Königreich eine verzerrte Debatte festzustellen, in der sich auch viele Experten an der falschen Stelle aufregen – über Subventionen für Windfarmen.

Für die Nachhaltigkeitsdebatte wird es zunehmend wichtiger, einen kompakten Indikator zur Nachhaltigkeit auf den Analyse- und Politikradar zu holen. Hier ist der EIIW-vita-Indikator sehr nützlich. Denn er verbindet drei wichtige Dimensionen auf einfache kompakte Weise: Den Anteil an erneuerbaren Energien, wobei hier für den internationalen Vergleich ein relativer Indikatorwert gebildet wird – wie auch bei den beiden anderen Säulen des Gesamtindikators. Die beiden anderen Säulen beziehen sich auf den Grad an umweltfreundlicher Exportspezialisierung: Länder, die überdurchschnittlich hohe „grüne Exportanteile" verzeichnen, helfen nicht nur, die Umweltprobleme in den Importländern zu reduzieren, sondern man kann bei einer solchen Spezialisierung auch davon ausgehen, dass im Exportland selbst die entsprechenden international wettbewerbsfähigen Industrien bzw. Produkte eingesetzt werden – die grüne Dimension Schumpeterscher Innovationsdynamik wird im Gesamtindikator zur globalen Nachhaltigkeit mit erfasst. Zudem wird anhand der echten Sparquote – nach Weltbank-Berechnung – die Fähigkeit des jeweiligen Landes ermittelt, künftigen Generationen auf Basis der Erhaltung der Kapitalbestände bei Maschinen, Natur (natürliche Ressourcen) und Humankapital einen ähnlich hohen Lebensstandard zu bieten wie in der gegenwärtigen Generation. Die Abbildungen für die Einzelindikatoren werden im Anhang aufgeführt; der EIIW-vita-Nachhaltigkeitsindikator als Gesamtbild wird in einer farbigen Landkarte dargestellt. Hier sieht man, dass Deutschland – bei einer gleich hohen Bewertung der drei Teilindikatoren – im internationalen Vergleich relativ gut abschneidet. In einer Phase einer globalen Energiewende, in der es verstärkt auf den Einsatz erneuerbarer Energien und die Entwicklung grüner Innovationen bzw. die Expansion des Handels mit umweltfreundlichen Produkten ankommt, dürfte Deutschland zusammen mit einigen EU-Ländern exzellente Chancen haben, nachhaltiges Wirtschaftswachstum zu erreichen. Falsche Weichenstellungen in der Atomstrompolitik, die sicherlich drohen, sobald die Fukushima-Havarie im medialen Abklingbecken gelandet ist, gilt es zu vermeiden. Schon einmal – nach Tschernobyl – ist es der Atomlobby international gelungen, die Bedenken gegen die Atomstromproduktion einzuschläfern. Dies sollte nicht noch einmal geschehen.

Abbildung 6: EIIW-vita Globaler Nachhaltigkeitsindikator

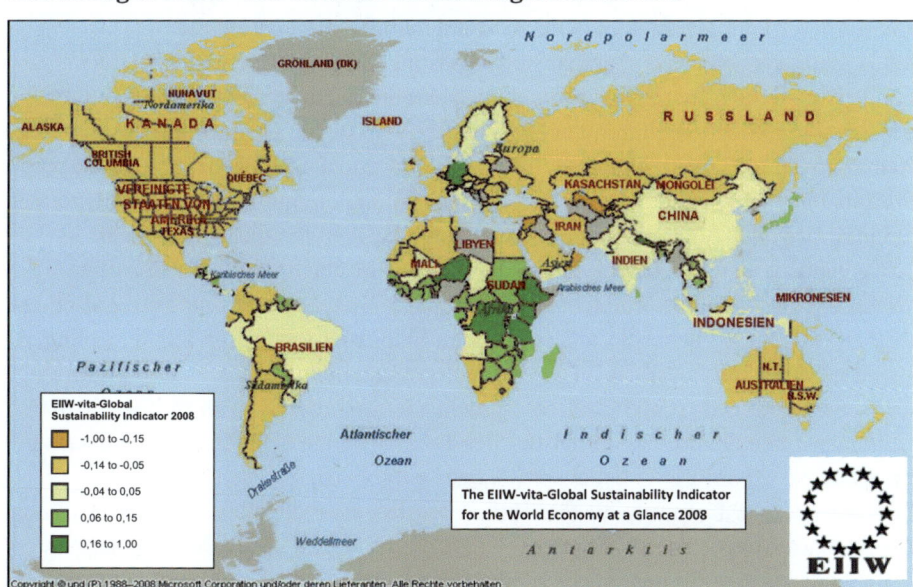

(Einteilung der Länder auf Basis der Positionierung in Quintilen beim Indikatorwert: Top Fünftel =dunkelgrün, 2. Fünftel = hellgrün)

Quelle: WELFENS/PERRET/ERDEM, 2010

EU-Politikaspekte

Ein wichtiger Aspekt in Sachen Allianzenbildung findet sich in Brüssel in den Gebäuden der Kommission. Wenn die EU ein gemeinsames Umstiegsprojekt Richtung erneuerbare Energien definieren und zumindest teilweise finanzieren könnte, dann wird Deutschlands Energiewende nicht als Sonderweg bzw. Sackgasse enden. Aber hier stellen sich verschiedene kritische Fragen:

- Wird die EU in der Dekade nach 2011 überhaupt handlungsfähig sein? Immerhin gilt für einen Teil des EU-Integrationsclubs die Alarmstufe Rot: Die Eurozone ist durch die Sanierungsfälle Griechenland, Irland und Portugal vor ernste Herausforderungen gestellt. Die Finanzmärkte sind außerordentlich nervös und die Rettungsschirme, die die EU bislang beschlossen hat, sind kaum geeignet, eine Lösung der Probleme zu erreichen. Die Europäische Kommission hat wenig Führungskraft, der einflussreiche Europäische Rat der Staats- und Regierungschefs hat kein Konzept und das Europäische Parlament zeigt teilweise nur wenig Realitätssinn, wenn es um eine Stabilisierung der Eurozone geht. Wenn die EU alle paar Monate von Finanzkrisen ihrer Mitgliedsländer in der Eurozone – das sind 17 Staaten in 2011 – erschüttert wird, dann wird die EU auf einem komplizierten Gebiet wie der Energiewirtschaft nicht handlungsfähig sein. Ein deutscher Vorbildweg in Sachen Energiewende kann von daher nur gelingen, wenn die Probleme in der Eurozone endlich energisch angegangen werden. Hierzu könnte ein Paket gehören, dass für Griechenlands Budgetprobleme längerfristige Anpassungszeiträume vorsieht, weitere Spar- und Privatisierungsanstrengungen mit transparenten Schritten. Vor allem sollte man endlich von Seiten der führenden EU-Länder – inklusive Deutschland, Frankreich, Italien und den Beneluxländern – Griechenland und Portugal in Sachen Innovationsdynamik und Wachstum helfen. Hierbei könnten gemeinsame Projekte bei Windfarmen und Solaranlagen zu einem Impulspaket für mehr Wachstum in den Krisenländern und steigender Stromexport nach Mittel- und Nordeuropa gehören. Gelingt es, ein höheres Wirtschaftswachstum in Griechenland und Portugal zu erreichen, dann wird auch die wirtschaftliche Stabilisierung dieser Länder gelingen. Es ist an Deutschland, auch im Interesse der Vermeidung eines energiepolitischen deutschen Sonderweges endlich entsprechende Initiativen zu ergreifen. Je mehr Bündnispartner Deutschland sich bei der Energiewende schafft, umso besser sind die Chancen für ein EU-Umstiegsprojekt auf lange Sicht.

- Die Europäische Kommission lässt im Anschluss an Fukushima über Stress-Tests für Atomkraftwerke in EU-Ländern beraten, aber die Mitgliedsländer akzeptieren keine einheitlichen Standards für solche Stress-Tests. Dabei soll Euratom als Nuklear-Gemeinschaft doch für gemeinsames Handeln sorgen. Die sechs EU-Starterländer Deutschland, Frankreich, Italien, Belgien, Niederlande und Luxemburg haben in ihren Anfängen, im Jahr 1957, neben der Europäischen Gemeinschaft ja auch die Europäische Atomgemeinschaft gegründet (Euratom). Die Kernenergie gilt gemäß dem Vorwort im Vertrag als „eine unentbehrliche Hilfsquelle für die Entwicklung und Belebung der Wirtschaft und für den friedlichen Fortschritt." Als Ziel wird wie von den Vertragsparteien formuliert „entschlossen, die Voraussetzungen für die Entwicklung einer mächtigen Kernindustrie zu schaffen, welche die

Energieerzeugung erweitert, die Technik modernisiert und auf zahlreichen anderen Gebieten zum Wohlstand ihrer Völker beiträgt, in dem Bestreben, die Sicherheiten zu schaffen, die erforderlich sind, um alle Gefahren für das Leben und die Gesundheit ihrer Völker auszuschließen, in dem Wunsch, andere Länder an ihrem Werk zu beteiligen und mit den zwischenstaatlichen Einrichtungen zusammenzuarbeiten, die sich mit der friedlichen Entwicklung der Kernenergie befassen…".

Diese Präambel des auch nach der Änderung des Vertrages über die Europäische Union (EU-Vertrag) und des Vertrages zur Gründung der Europäischen Gemeinschaft (EG-Vertrag) geltenden Euroatom-Vertrages – seit 2007 auf 177 Artikel reduziert – hat es in sich:

- Es ist nach heutigem Verständnis unklar, dass eine mächtige Nuklearstromindustrie geschaffen werden muss – dies war offenbar die Vorstellung 1957, aber die EU leidet unter einer übermächtigen Nuklearstromindustrie, die sich leicht mit monopolistischer nationaler Macht (Frankreich) oder regionaler Marktmacht (z.B. Deutschland) gegen die eigentlichen Interessen von Bürgerinnen und Bürgern bzw. der Wählerschaft aufstellen kann.

- Es ist keineswegs so, dass durch Euratom Sicherheiten geschaffen werden, die erforderlich sind, um alle Gefahren für das Leben und die Gesundheit ihrer Völker auszuschließen. Ganz im Gegenteil ist nach dem Fukushima-Unfall offensichtlich, dass eine übergroße Zahl von Atomkraftwerken an z.T. geologisch instabilen und daher besonders gefährlichen Standorten das Leben und die Gesundheit von Millionen Menschen gefährden. Der Euratom-Vertrag ist also grundlegend zu ändern, wozu im Vorfeld eine europäische bzw. nationale politische Debatte notwendig ist. Das Europäische Parlament ist hier gefordert, hat aber bislang kaum Impulse entwickelt, um hier einen neuen Vertrag auf den Weg zu bringen. Ein neuer Vertrag müsste sich weniger als der bisherige mit der Aufgabe befassen „für regelmäßige und gerechte Versorgung aller Benutzer in der EU mit Erzen und Kernbrennstoffen Sorge zu tragen", vielmehr wären Fragen einer sicheren Endlagerung von radioaktivem Müll zu thematisieren. Ein neuer Vertrag sollte die exklusive Position der Atomstromproduzenten beseitigen und eine Vorrangregelung für Erneuerbare Energien als Option für jedes EU-Land festschreiben. Entsprechend wäre auch eine neue Klausel einzufügen, bei der es nicht wie bisher primär darum geht „durch Zusammenarbeit mit Drittländern und zwischenstaatlichen Einrichtungen den Fortschritt bei der friedlichen Verwendung der Kernenergie zu fördern". Vielmehr sollte die Zusammenarbeit beim Aus- und Umstieg als ein neues internationales Aktionsfeld neu in den Focus rücken, d.h. dass Euratom-Länder anderen Ländern Hilfe technischer und finanzieller Art anbieten, um sicher und geordnet aus der Atomstromproduktion auszusteigen und den Umstieg Richtung massive Erhöhung erneuerbarer Energien zu schaffen.

Staatliche Energiekonzerne in Frankreich, Großbritannien, Italien und Belgien sowie private Stromkonzerne in Deutschland und den Niederlanden standen lange Jahre be-

reit, die neue Vision der friedlichen Nutzung der Kernenergie allmählich und mit Sorg-
falt umzusetzen. Die Situation änderte sich nach Privatisierungsmaßnahmen in der
Stromwirtschaft in Großbritannien und Italien in den 80er und 90er Jahren nicht grundlegend. Es gab bis zum Atomunfall in Tschernobyl eine nationale und EU-basierte
Ermutigung für die Expansion des Atomstroms: Gewaltige Forschungssubventionen
auf nationaler Ebene wie aus Brüssel flossen in die Kernenergie – im Zweifelsfall unter
der Überschrift Sicherheitsforschung. Denn gegen eine solche Atomforschung wird ja
wohl niemand etwas sagen können. Allein in Deutschland flossen an Forschungssubventionen laut Angaben des Forums Ökologisch-Soziale Marktwirtschaft (FÖS, 2010,
S. 7) 143,2 Mrd. € in kumulierter Rechnung bis 2010, in Preisen von 2010 entspricht
dies 194,9 Mrd. €; dies ergibt pro Kilowattstunde Atomstrom eine durchschnittliche
Förderung von 4,3 Ct/kWh real bzw. in Preisen von 2010 (die Bruttostromerzeugung
an Atomstrom lag 1950-2010 bei 4511 Terrawattstunden; 2009 wurden 135 TWh erzeugt). Bei „reinen Produktionskosten" von etwa 2 Ct/kWh Atomstrom werden also in
der Marktrechnung ohnehin nur 1/3 der Kosten im engeren Sinn am Markt verdient.
Hinzu kommt die Unterversicherung der Atomstromwirtschaft.

    Welche Rolle spielt also die EU in der Energiewende? Die EU ist in Gestalt des
EU-Binnenmarktes und des Energiekommissars aktiv, aber die Lobby-Spiele auf der
Brüsseler Ebene sind komplex. Kommissar Günther Oettinger müht sich redlich, ein-
heitlich Stress-Tests für die Atommeiler durchzusetzen. Aber Kompetenzen hierfür hat
die Europäische Kommission nicht, so dass es bei freiwilligen nationalen Maßnahmen
in Sachen Sicherheitsüberprüfung bleibt. Immerhin ist die EU im Bereich Klimapolitik
seit vielen Jahren besonders engagiert; die Begrenzung der Klimaerwärmung ist für die
EU und die Weltwirtschaft insgesamt eine gewichtige Herausforderung (LATIF, 2010),
die zwar nur langsam wahrnehmbar wird; aber die Aufgabenstellung der deutlichen
Begrenzung von Klimagasen – trotz weltweiten Wachstums von Produktion und Bevölkerung – verlangt eben umfassendes rechtzeitiges Gegensteuern.

    Aus Sicht des Europäischen Parlamentes steht die Aufgabe Energiewende durch-
aus für eine gewichtige länderübergreifende Herausforderung, wobei jedoch die einzelnen Parteien durchaus unterschiedliche Sichtweisen haben. GIEGOLD (2011, S. 186),
Abgeordneter der Grünen, schreibt mit Blick auf die Situation nach dem Fukushima-
Unglück: „Nun besteht die Chance europaweit mit dem raschen Umstieg auf erneuerbare Energien ernst zu machen. Die Europäische Einigung war als Friedensprojekt für
frühere Generationen eine fast unvorstellbare Erfolgsgeschichte. Sie war dabei sogar so
erfolgreich, dass ihr diese Quelle der Legitimation zunehmend abhandenkommt. Heute
stehen die europäischen Staaten vor einer erneuten historischen Herausforderung. Es
geht darum, Wohlstand unter den Bedingungen der Globalisierung mit den ökologischen Grenzen des Planeten einerseits und sozialer Gerechtigkeit andererseits zu verbinden. Das Ziel ist wie die Bewahrung des Friedens nur gemeinsam europäisch zu
erreichen. Zum einen sind viele wichtige Elemente des sozial-ökologischen Umbaus
nur in einer großen wirtschaftlichen Einheit effektiv zu schultern. Zum anderen braucht

es die europäische Gemeinsamkeit auf der internationalen Bühne. Nur ein geeintes Europa hat eine ausreichend laute Stimme, um sozial-ökologischen Zielen auch international Gehör zu verschaffen. Gemeinsam könnte Europa so zum Beispiel dafür werden, dass sich Wohlstand und Nachhaltigkeit im 21. Jahrhundert vereinbaren lassen. Ein solches Europa wäre nach innen wie nach außen ein attraktives Modell, das die großartige europäische Idee mit neuer Ausstrahlungskraft versehen könnte."

Die aufgezeigte Vision ist interessant, ob sie realistisch ist, scheint fraglich zu sein. Man kann bezweifeln, dass es ein gemeinsames breites Interesse in allen EU-Ländern gibt, einen Ausstieg aus der Atomstromproduktion anzugehen und dies als Teil einer gemeinsamen EU-Umweltpolitik zu begreifen. Gegenüber dem offenbar gemeinsamen Wunsch nach Frieden und wechselseitig vorteilhaftem Handel ist der Ausstieg aus der Atomstromwirtschaft – in den Ländern mit Nuklearstromproduktion – ja zunächst eine Art Abbruch-Unternehmen: Kapital und eine einst stolz eingeführte Spitzentechnologie werden entwertet, immerhin gehen unmittelbar in der Atomstromproduktion nur wenige Arbeitsplätze verloren, denn die Branche ist nicht arbeitsintensiv. Dabei kann man anhand der unterschiedlichen Anteile der Atomstromerzeugung an der Gesamten Stromproduktion auch verschieden starke Widerstände bezüglich der Option Atomausstieg erkennen: Frankreich und Belgien dürften von einem hohen Widerstand geprägt sein, denn

- der Anteil der Atomstromproduktion ist hoch;
- es liegt eine hochkonzentrierte und daher sehr einflussreiche Atomstromproduktion vor – in Frankreich obendrein eine staatliche Firma (EDF);
- Belgiens Finanz- und Wirtschaftslage ist latent instabil. Denn das politische System ist nicht stabil bzw. kaum fähig, zuverlässige Regierungen hervorzubringen. Da fällt mangels klarer Mehrheiten im Zweifelsfall ein Atomstromausstieg sehr schwer.
- In Großbritannien ist die Atomwirtschaft stark von französischen Investitionen in der Stromwirtschaft geprägt und die Wirtschafts- und Budgetlage ist angespannt. Von daher dürfte das Interesse der Politik wenig ausgeprägt sein, einen baldigen Aus- bzw. Umstieg zu realisieren. Einziger positiver Gegenpunkt in Großbritannien ist der Sachverhalt, dass der Ausbau der Windparks relativ fortgeschritten ist und die Bedingungen für Windenergienutzung sehr gut sind. Es gilt stets zu bedenken, dass starker Wind – in Küstennähe reichlich vorhanden über große Teile des Jahres – Gold für die Windfarmbetreiber wert ist. Denn die Windgeschwindigkeit geht mit der dritten Potenz in die Stromproduktion ein.
- In Spanien, Portugal, Italien und Griechenland sowie in Südfrankreich ist naturgemäß ein erhebliches Interesse am Ausbau von Solarstrom vorhanden. Die natürlichen Bedingungen sind günstig und Einspeisevergütungen gibt es u.a. in Italien und Spanien. Frankreich ist bislang sowohl im Bereich der Windenergie- wie der Solarenergienutzung noch relativ unterentwickelt, jedenfalls weit von der Nutzung seiner möglichen Potenziale entfernt. Hier bietet sich zunächst auf EU-Ebene an, die Mit-

tel bei der Forschungsförderung massiv umzuorientieren: Weg von der Förderung von Innovationsprojekten bei Atomstrom, hin zur Förderung von Forschung und Entwicklung bei Wind- und Solarenergie sowie anderen erneuerbaren Energien; zudem ist die Innovation bei Stromspeichermedien und intelligenten Stromnetzen wichtig. Solche neuartigen Stromnetze erlauben es, die Stromnachfrage von Haushalten und Firmen flexibel zu steuern, womit man die Spitzenlasten auf der Angebotsseite deutlich wird vermindern können. Man braucht dann weniger Kraftwerkskapazitäten. All das dürfte das gemeinsame Interesse sehr vieler EU-Länder treffen und entsprechend sollte man neue Ausgabenschwerpunkte im EU-Haushalt festlegen. Statt die Landwirtschaft allgemein zu subventionieren, bietet es sich an, in überschaubarem Maß Energie aus Biomasse durch EU-Mittel fördern zu lassen. Auch der Bau von Stromspeichern könnte in Teilbereichen als EU-Aufgabe angesehen werden. Der Bau grenzüberschreitender Leitungen entlang vorhandener Bahntrassen könnte über die Europäische Investitionsbank mit finanziert werden.

• Ob es über gemeinsame Interessen von EU-Ländern bzw. Firmen aus verschiedenen EU-Ländern am Dessertec-Projekt in Nordafrika zu einer gemeinsamen Energiewende kommen kann, bleibt abzuwarten. Das Projekt sieht vor, in den arabischen Mittelmeerländern Solar- und Windstrom in großen Mengen zu erzeugen und diese teilweise in die EU zu verkaufen. Es ist jedenfalls sicherlich im europäischen Interesse, den nordafrikanischen Ländern beim Aufbau von Demokratie und Rechtsstaat zu helfen und zugleich im Rahmen einer neuen Energiepartnerschaft zu versuchen, eine auf erneuerbaren Energien basierende Modernisierung des Energiesektors zu unterstützen. Die nordafrikanischen Länder mit entsprechenden Investitionsprojekten könnten mit einem Stromexport Richtung EU faktisch die notwendigen Investitionsausgaben bzw. den Kauf von moderner Kraftwerkstechnologie in EU-Ländern bezahlen.

Mit Wunschdenken kommt man in Europa und in der Weltwirtschaft nicht wirklich weiter. Wenn man die Realisierungschancen für einen Atomausstieg ernsthaft diskutieren will, dann sollte man die Interessen der relevanten Akteure in Wirtschaft und Politik im Blick haben. Ohne die Realität der Interessen im Blick zu haben, wird die Energiewende nicht gelingen.

Werfen wir zunächst einen Blick auf osteuropäische EU-Mitgliedsländer, wobei Litauen und Bulgarien als Teil der Beitragsbedingungen ältere sowjetische Reaktoren abschalten mussten. Das heißt aber nicht, dass man etwa in Litauen den Appetit auf Atomstrom verloren hätte. Das Baltikum ist ohnehin ein interessanter Wirtschaftsraum, da er an Russland via Enklave Kaliningrad grenzt und weil Belarus sehr interessiert ist, ein neues Atomkraftwerk aus russischer Produktion an seine Grenze mit Litauen zu setzen. Hier hat man ein Konflikt- bzw. Problemfeld, bei dem sich erweisen wird, ob die EU eine durchsetzbare Ausstiegsstrategie entwickeln kann. Weißrussland plant, nur etwa 40 km von der litauischen Hauptstadt Vilnius ein Atomkraftwerk in Flussnähe zu errichten. Schon im Bau ist ein russisches Atomkraftwerk in der Enklave Kaliningrad, die zwischen Litauen und Polen liegt. Russland befürchtet, dass die Zusammenschaltung der Netze der Baltischen Länder mit denen in den westeuropäischen EU-Ländern die Enklave Kaliningrad energiemäßig in Probleme stürzen wird. Ob Litauen tatsächlich ein neues Atomkraftwerk – unterstützt in der Finanzierung von den Ländern Lettland und Estland – bauen wird, kann man bezweifeln: zu wenig ausgeprägt ist die bisherige Kooperationserfahrung und -willigkeit der baltischen EU-Länder und zu verlockend könnte es sein, sich billigen Atomstrom aus Kaliningrad oder Weißrussland durch Stromimport zu besorgen. Die EU allerdings kann Atomstromimporte aus Atomkraftwerken Russlands, Weißrusslands und der Ukraine unter Hinweis auf versteckte Subventionierung – sprich Verzicht dieser Länder auf angemessene Haftpflichtversicherung von Atomkraftbetreibern – abblocken. Glaubwürdig aber wird eine solche Haltung nur dann, wenn sich die Regierungen der EU-Länder selbst entscheiden, die Mindestanforderungen bei den Haftpflichtversicherungen für Atomkraftwerke sehr deutlich heraufzusetzen. Eine Versicherung unter 500 Mrd. €, dem untersten Schätzbetrag für einen günstig ablaufenden GAU bzw. eine Art Fukushima-Unglück, ist das Mindeste, was als internationaler Standard durchzusetzen ist. Ob sich dann allerdings der Bau von Atomkraftwerken noch lohnt, ist eine interessante Frage. Die EU wird Länder wie Weißrussland, Ukraine und Russland sicherlich nur dann zu einem faktischen Verzicht auf den Bau neuer Atomkraftwerke bewegen können, wenn man eine weitgehende Forschungsallianz im Bereich Erneuerbare Energien anbietet. Tatsächlich lässt sich diese Thematik auch auf die OECD-Ebene heben; die in Paris ansässige OECD, in der über 30 Industrieländer organisiert sind – nach Abschluss der laufenden Mitgliedschaftsverhandlungen auch Russland –, ist das geeignete Forum, um die EU-Länder, Japan, die Ukraine und Russland plus Korea an den Verhandlungstisch zu bringen.

Die Atomkonzerne waren nach Tschernobyl einige Jahre in der Defensive, aber die gängige Sicht in Westeuropa lautete ja in etwa so: Sowjetische Atomkraft klingt nach sozialistischer Schlamperei und steht für niedrige Sicherheitsstandards; in einem Atomkraftwerk in Europa oder Japan oder den USA kann dergleichen nicht passieren. Die westlichen bzw. japanischen Sicherheitsstandards sind einfach zu hoch, als dass da ein größerer Unfall geschehen könnte. Die Experten sagten, dass die Wahrscheinlichkeit für einen Atomunfall für 1:10.000 Jahre ist – das klingt wie Null und ist ohnehin nicht anschaulich. Außerdem hat sich die Industrie in Deutschland und den USA eine trickreiche Versicherungslösung auf Branchenbasis und die Formel auch in Japan von der unbegrenzten Haftung der Atomstromfirmen ausgedacht. Da im normalen Versicherungsmarkt zwar viele Risiken abgesichert werden – z.B. Olympische Spiele können gegen Naturkatastrophen und Terroranschläge versichert werden –, nicht jedoch Atommeiler, steht Atomstromerzeugung offenbar für ein großes und kaum kalkulierbares Risiko. Aber zum einen hat die Branche selbst eine Quasi-Versicherung aufgebaut und Präsident Bush Jr. wollte gar noch eine zusätzliche internationale Atommeiler-Versicherung auf Gegenseitigkeit realisieren. Das hat in seiner Amtszeit nicht mehr geklappt und dann kam alsbald ja auch schon der Fukushima-Schock und jetzt dürfte es ohnehin nicht mehr gelingen, einen internationalen Haftpflichtverbund zu bauen. Unter der Obama-Administration ist die Idee, eine Haftpflicht-Konvention für Atomstromländer abzuschließen in den Hintergrund gerückt.

Die US-Regierung könnte im Rahmen der G20-Ländergruppe, die eigentlich vorrangig dem Thema Banken- und Finanzmarktstabilisierung gewidmet sein soll, das Thema internationale Haftpflicht-Konvention auf die Agenda bringen. Auch die in der G20-Gruppe vertretenen EU-Länder könnten eine Initiative starten und Deutschland sollte dies in der Tat anstoßen, um einen energiepolitischen Sonderweg zu vermeiden. Ansatzpunkt hierzu kann das Abschlusskommuniqué der G20-Tagung von Pittsburgh sein, in dem die Notwendigkeit betont wurde, die Subventionen für fossile Energieträger im Interesse von Nachhaltigkeit und Klimaschutz abzubauen. Die Regierungen der größten Länder der Welt sind sich also einig, dass Subventionierung fossiler Energieträger nicht sinnvoll ist. Wenn man die Grundüberlegung aufnimmt, dass Energiesubventionen eine Verschwendung von Steuergeldern sind und zugleich eine Gefährdung des Klimaschutzes, dann ist auch eine ganz massive versteckte Subventionierung von Atomstrom durch staatlichen Verzicht auf angemessene Haftpflichtversicherung eine im Sinn des Pittsburgh-Kommuniqés zu besprechende Problematik. Es liegt an Deutschland, das Thema auf die Agenda zu setzen und selbst mit eigenen Initiativen voranzugehen.

Allerdings ist mit Blick auf die Einschätzung der Kosten bzw. Risiken der Atomstromerzeugung darauf hinzuweisen, dass die OECD eine lange Geschichte aufweist, die erkennbar tendenziös pro Atomstromwirtschaft ist. Zu den neueren Studien (NEA/OECD, 2010) gehört etwa eine vergleichende Darstellung der Todesfälle bei Unfällen bei verschiedenen Energieträgern, ein Dokument – erstellt wenige Monate vor Fukushima – mit groben Fehlanalysen: Die Hauptfeststellung, dass die Atomstromproduktion im Zeitablauf in ihrem Risikograd abgenommen hat und auch deutlich weniger Todesfälle aufweist als etwa die Kohle- oder Gasförderung, ignoriert erstens das schwere Fukushima-Unglück vom März 2011; und die vermutlich deutlich mehr als 50.000 Tote des Tschernobyl-Falls werden ebenso ausgeblendet wie die hohe Zahl von zusätzlichen Krebserkrankungen im Fall eines Super-GAUs.

Die Länder, die den Ausstieg aus dem Atomstrom auf mittlere Frist verpasst haben, werden feststellen, dass sie auf einem gefährlichen Holzweg der Energieversorgung stecken geblieben sind und der vom Umstieg ausgehende Modernisierungsschub für Wirtschaft, Gesellschaft und Politik nicht genutzt worden ist. Hunderttausende Menschen wandern in einem denkbaren Szenario für 2040 im Zuge der Energiewende in Westeuropa aus den USA, Russland und China in die EU aus; sie wandern aus, weil es ein neues Fukushima in einem der genannten Länder gegeben hat und wenn es China wäre, dann hätte sich dort gleich die Herrschaft der Kommunistischen Partei erledigt: Zu groß wäre der Prestige- und Gesichtsverlust, den ein solches Unglück für Chinas KP in dem weithin so dicht besiedelten Land bringt, die doch für den Ausbau der

Atommeiler nur deshalb grünes Licht gegeben hatte, weil man sich hiervon billigen Strom erhoffte und davon wiederum eine Fortsetzung des Chinesischen Wirtschafts-wunders für viele Jahrzehnte. Die Geschichte vom billigen Atomstrom aber ist nur eine groteske Fehlkalkulation, die auf dem schnöden Verzicht auf eine Absicherung bzw. echten Versicherung gegen das besondere, hohe Risiko der Atomstromproduktion aufbaut. Die Risiken eines Atomkraftwerkes sind, wie Fukushima gezeigt hat, beein-druckend: Es hat nicht viel gefehlt und der Großraum Tokyo mit über 30 Millionen Menschen hätte evakuiert werden müssen und Abertausende Krebstote von Japan bis Alaska hätte sich aus einer radioaktiven Verseuchung der Luft bzw. von Wasserströ-mungen im Pazifik ergeben.

Wird sich, anders als nach dem Tschernobyl-Schock eine dauerhafte Energiewende in Deutschland und in vielen anderen Ländern ergeben? Oder stehen die politischen Manöver aus 2011 eher für einen gefährlichen Sonderweg Deutschlands ins energiepo-litische Abseits: Während China, die USA, Frankreich und einige andere OECD-Länder offiziell auf den Ausbau des Atomstrom setzen, der billiger Brennstoff für eine immer energieintensivere Industrieproduktion zu sein verspricht, baut Deutschland sich mit zu hohen Kosten ein energiepolitisches Traumland ohne Atomstrom – so meinen einige Kritiker der Energiewende hin zu erneuerbaren Energien. Oder gibt es eine rea-listische Chance, das Erneuerbare Energiemodell Deutschland europaweit und interna-tional durchzusetzen? Dieser Kernfrage geht die folgende Analyse nach.

Bei den Treibern für eine Energiewende in Deutschland gibt nicht allein der Bund den Takt vor, wobei die Bundesregierung bis etwa 2025 den Atomausstieg vollziehen will: Für 2020 sind 35% Anteil erneuerbare Energien vorgesehen, für 2030 etwa 50%. Ein eigenständiger Antreiber für die Energiewende werden Bundesländer sein: Baden-Württemberg wird unter der rot-grünen Koalition die bisher in diesem Bundesland bestehenden Hürden bei erneuerbaren Energien – wie Genehmigungsbarrieren gegen Windräder bzw. Windparks – beseitigen und den Zubau etwa von Gaskraftwerken voranbringen. Auch Bayern ist offenbar entschlossen, bis 2022 aus dem Atomstrom auszusteigen – für Bayerns Landwirte locken attraktive Perspektiven in Sachen Bio-masse-Energie, deren Anteil sich von 1% in 2010 auf 10% in 2020 erhöhen soll. Der Zubau von Gaskraftwerken wird den Anteil von Erdgas von 10% auf 46% nach oben katapultieren, Wasserkraft wird seinen Anteil leicht von 15% auf 17% steigern und der Anteil der Photovoltaik wird von etwa 5% auf 16% hochschießen; Windenergie geht von 1% in 2010 auf etwa 10% in 2020. Der Kohle-Anteil wird von 5% in 2010 auf unter 1% fallen, der Geothermieanteil könnte sich bei bescheidenen 1% einpegeln. Wenn ein führendes „Industrieland Bayern" binnen 12 Jahren den Atomausstieg schaf-fen kann – das Land mit der zweithöchsten Produktivität bzw. Technologieposition aller deutschen Flächenländer –, dann können auch andere Länder in der Welt dies schaffen.

Bayern hat natürlich den Vorteil, dass man geografisch gute Bedingungen für Was-serkraft, Windparks und Solarthermie hat. Wenn neben Bayern und Baden-

Württemberg auch Nordrhein-Westfalen und Niedersachsen sowie Brandenburg und einige weitere Bundesländer voll auf eine Energiewende setzen, dann wird Deutschland eine Energiewende vor 2025 realisiert haben. Das ist dann kein Sofort-Ausstieg, der technologisch und ökonomisch nicht zu leisten ist. Aber es wäre eine historische Korrektur strategisch bedenklicher und z.T. verfehlter Politikentscheidungen im Energiebereich in den 60er, 70er und 80er Jahren. Wenn aber Deutschland mit einem Anteil des Atomstroms von 22% in 2010 in so kurzer Zeit aussteigen kann und Bayern als ein Bundesland mit 58% Anteil Kernenergie in 2010 bis 2022 die Energiewende vollenden kann, wieso sollte dann nicht auch jedes andere Land der Welt einen Um- bzw. Ausstieg schaffen? Natürlich geschieht auf dieser Welt nichts von selbst und von daher gilt es, auch die Frage nach energiepolitischen Verbündeten bzw. Anreizen für die Energiewende in der EU zu stellen. Den großen Stromkonzernen ist es im Übrigen relativ egal, wie sie hohe Renditen erzielen; die Vorstände der Stromkonzerne folgen dem Geruch der Rendite und wenn erst einmal Atomstrom unrentabel ist – etwa wegen massiv erhöhter Versicherungsprämien –, dann setzt sich die Umstiegsmaschinerie der Wirtschaft wie von selbst in Gang.

Die Antwort auf die Doppelfrage, wie kann ein Modellprojekt Deutschland im Bereich der Erneuerbaren Energien gelingen und wie kann zugleich ein solches Projekt auch international verankert werden, ist von entscheidender Bedeutung für einen robusten Ausstieg aus der Kernenergie. Wenn Deutschland allein aus dem Atomstromgeschäft aussteigt, dann könnte eine so massive internationale Abwanderung von energieintensiven Industrien mit hochwertigen Jobs erfolgen, dass massiver politischer Widerstand gegen den Ausstieg aus dem Atomstrom in Deutschland bald aufblühen wird. Gelingt es hingegen, in vielen Industrieländern eine Energiewende einzuleiten, dann entsteht ein politischer Sogeffekt und die Netto-Jobverluste in Deutschland werden sich in Grenzen halten. Denn wenn sich in vielen Ländern der EU die Strompreise gleichzeitig moderat erhöhen, dann wird der Abwanderungsdruck etwa in der Aluminium- und Stahlindustrie Deutschlands relativ schwach ausfallen, da eine Verlagerung in relativ entfernte Länder – weit weg etwa von Automobilwerken in Deutschland bzw. Zentraleuropa – ökonomisch kaum Sinn macht: Zu groß sind dann die Transportkosten und die logistischen Pünktlichkeitsrisiken für die Autoproduzenten. Es kommt hinzu, dass die Kosten der Energiewende umso geringer sein werden, je mehr Länder beim Umstieg auf Wind- und Solarenergie sowie Energie aus Biomasse und Wasserkraft mitmachen. Denn je größer die Märkte für erneuerbare Energien, desto leichter wird es fallen, Kostensenkungen bzw. technischen Fortschritt bei solchen Energieträgern zu realisieren: Fixkosten können über größere Produktionsmengen bei Windrädern, Solarkollektoren etc. umgelegt werden, Massenproduktionsvorteile bei solchen Investitionsgütern für erneuerbare Energien leichter realisiert werden.

Deutschland, einsam auf einem energiepolitischen Sonderweg, der damit endet, dass man langfristig immer mehr Atomstrom aus Frankreich, Tschechien und anderen Ländern importiert, wäre als Problemfall einzuordnen. Deutschlands Sicherheitstechnologie und –philosophie wäre für Europa weitgehend verloren, während man auf Seiten deutscher Haushalte und Firmen immer mehr Atomstrom aus dem Ausland – mit teilweise schwächeren Sicherheitsstandards in Atomkraftwerken – einführt. Man könnte in eine Art „Österreich-Paradox" geraten. Die Bevölkerung von Österreich hat sich in einer Volksabstimmung 1978 mehrheitlich gegen eine Atomstromerzeugung im eigenen Land ausgesprochen. Allerdings waren schon 2003 in den direkten Nachbarländern immerhin 37 Kernkraftwerke aktiv und vier in Planung; diese Reaktoren, die teilweise westliche Konstruktionstypen, teils sowjetischer Konstruktionsart (mit einigen speziellen Sicherheitsproblemen) sind, kann man aus einer ernsten Sicherheitsdebatte nicht einfach ausblenden. Innerhalb von 100 km der österreichischen Grenzen sind 20 Atomkraftwerke aktiv und innerhalb von 150 km noch weitere 17. Da der Evakuierungsradius bei 30-80 km bei einem schweren Unfall mit Austritt von Radioaktivität anzusetzen ist, so kann angesichts der Transportmedien Luft und Wasser sowie wegen der allgemeinen Mobilität von Menschen, Gütern und Tieren eine Situation nur als sicherheitspolitisch unbefriedigend empfunden werden, bei der man im eigenen Land auf Atomstrom verzichtet; zugleich aber von Atommeilern in Nachbarländern umstellt ist.

Immerhin kann man am Beispiel Österreich lernen, dass natürlich eine Volksabstimmung in Sachen Atomstromnutzung eine politische Option ist, die in jedem Land der Welt grundsätzlich gangbar ist. Jenseits großer politischer Schritte wie Volksabstimmungen kann man auch pragmatische parlamentarische Aus- und Umstiegsschritte thematisieren. Um eine Energiewende zunächst einmal national durchzusetzen, bedarf es entsprechender politischer Vorgaben bzw. Mehrheiten und einer ökonomischen Logik bzw. sinnvoller wirtschaftlicher Anreizsysteme, um die vorhandenen technologischen Potenziale für den Umstieg auf erneuerbare Energien zu mobilisieren. Auch ist es wichtig, mehr Innovationsdynamik etwa im Bereich Energiespeicherung oder Trassenführung im Hochspannungsbereich anzustoßen. Während die DENA als Beratungsinstitution der Bundesregierung zunächst in 2010 und auch im Frühjahr 2011 noch darauf verwiesen hat, dass über 3.000 km neue Hochspannungsleitungen bei einem Ausbau der Windkraft in Norddeutschland notwendig sein werden, um den Strom aus küstennahen Windenergiefarmen in die süddeutschen Industriezentren zu transportieren, hat etwas Nachdenken eine andere einfachere Lösung in die Diskussion gebracht. Denn während neue Hochspannungsleitungen langjährige Planungsverfahren bedingen, die erfahrungsgemäß bis zu einer Dekade in Anspruch nehmen können, ist die neu diskutierte Option, bahneigene Stromnetz-Trassen zu nutzen, eine echte Startrampe für einen beschleunigten, relativ einfachen Netzausbau: Zwar müssen in vielen Regionen Deutschlands die bahneigenen Trassen verstärkt werden und auch hier sind teilweise neue Genehmigungsverfahren notwendig. Aber erstens lassen sich die Vorschriften für Genehmigungsverfahren ändern und zweitens kann bei vernünftigen Investitionsanreizen für die Deutsche Bahn der Ausbau des Stromnetzes innerhalb einer bestehenden Trassenarchitektur für Leitungen relativ leicht bzw. kostengünstig erfolgen.

Gerade eine solche „Bahn-Lösung" steht für einen Ansatz, der nur auf den ersten Blick nach einem deutschen Sonderweg aussieht. Alle OECD-Länder – mit gewissen Ausnahmen in Nordamerika – verfügen über ausgebaute bahneigene Übertragungsnetze, so dass sich ähnliche Lösungen wie in Deutschland zumindest in allen europäischen Ländern anbieten. Der Europäische Dachverband der Eisenbahnen wäre neben der Europäischen Kommission ein wichtiger Ansatzpunkt, um die Bahn-Trassenoption für den Stromnetzausbau in praktisch jedem EU-Land nutzen zu können. Bislang ist an eine solche europäische Lösung bzw. Strategie von Seiten der Wirtschaft und der Politik nicht gedacht worden, aber sie ist binnen weniger Jahre ohne weiteres realisierbar.

Wenn erst einmal Dutzende nationaler Eisenbahngesellschaften die Expansionschance Stromnetzausbau als neues Geschäftsfeld in einem Umfeld stark wachsender Anteile erneuerbarer Energien entdecken, dann entsteht auch eine neue Architektur der Interessen: Es wird nicht mehr nur wenige Atomstromkonzerne in Europa geben, die an der bestehenden Struktur der Stromerzeugung festhalten wollen. Vielmehr werden wirtschaftlich potente und politisch einflussreiche Bahnfirmen lobbymäßig die Seite der Befürworter des massiven Ausbaus erneuerbarer Energien verstärken. Dabei kann man Länder mit hohem Anteil an Atomstromerzeugung – wie Belgien und Frankreich – zugestehen, dass sie bei einem Atomstromausstieg relativ langsam vorgehen. Zugleich könnte Deutschland zusammen mit skandinavischen Ländern, Italien, der Schweiz, Spanien, Portugal, Griechenland und mehreren osteuropäischen Ländern den relativ raschen Ausbau der erneuerbaren Energien vorantreiben.

Ein EU-Ansatz in Sachen Energiewende wäre schon in sich ein sehr gewichtiges Signal für die Weltwirtschaft. Die EU ist als Haupthandelspartner Chinas und Russlands ein gewichtiger Akteur mit Blick nach Asien und zudem traditionell wesentlicher Partner für die USA und Japan sowie die Integrationsclubs ASEAN (10 Länder in Asien) und MERCOSUR (7 Länder in Lateinamerika). Das Thema Energiewende kann zunächst in den regelmäßigen Treffen EU-ASEAN und EU-MERCOSUR eingebracht werden und mit Blick auf Japan und China könnte man an eine besondere Innovationspartnerschaft im Bereich Erneuerbare Energien denken. Die gerade bekannte Erdbeben- und Tsunami-Gefährdung in Japan wird wohl auf mittlere Sicht – nach dem Fukushima-Unglück – die Eliten, die Konzerne und die Bürgerschaft in Japan zu einer umfassenden Thematisierung des Themas Erneuerbare Energien motivieren. Selbst in China, wo die Kommunistische Partei die Ausbau-Pläne für den Atomstromsektor nach dem Fukushima-Unglück zunächst zurückgestellt hat, gibt es eine Debatte, ob nicht Atomstrom das politische System gefährdet: Der alten chinesischen Sichtweise folgend, wonach die Herrscher für die Abwendung von Naturschäden und die Überlebenssicherung verantwortlich sind, gibt es bei einigen Führungspersonen in der Kommunistischen Partei Chinas die Frage: Könnte nicht ein schweres Unglück vom Fukushima-Typ in einem chinesischen Atomkraftwerk das Ende der Herrschaft der Kommunistischen Partei bringen? Ein schweres Unglück in einem Atomkraftwerk, bei dem Millionen Menschen umzusiedeln wären oder gar wegen radioaktiver Gesundheitsschädigungen medizinisch auf Jahre und Jahrzehnte zu behandeln wären, das wäre der politische Super-GAU für die Partei. Schließlich stand auch am Anfang des Endes der Sowjetunion und der dortigen KP das Unglück im Atomreaktor Tschernobyl. Eine deutsche Initiative in Sachen Energiewende, die hinreichend europäische und weitergehende Ansatzpunkte für eine internationale Energiewende klug einbezieht, heißt: einen Sonderweg vermeiden, eine internationale Startrampe für die internationale Energiewende erfolgreich aufbauen.

7. Perspektiven einer nachhaltigen Energiewende in Deutschland

Die Analyse im ersten Teil dieses Buches hat deutlich gemacht, dass nicht nur in Deutschland, sondern auch weltweit gewichtige ökonomische Argumente gegen die weitere Nutzung der Atomenergie sprechen. Allenfalls könnte eine Abwägung der Marktpreise für Atomstrom mit (noch) teuren Alternativen zu dem Ergebnis führen, dass – trotz der Atomrisiken – aus Gründen der Wirtschafts- und Sozialverträglichkeit und des „bezahlbaren" Klimaschutzes an der Atomenergie festgehalten werden sollte.

Wie die nachfolgende Analyse zeigt, spricht jedoch auch eine derartige marktorientierte Kostenabwägung gegen die Atomenergie. Aus drei zusammenhängenden Gründen wird dabei die Kosten- und Preisentwicklung ohne Berücksichtigung der externen Kosten zugrunde gelegt:

- Die Kraft des Faktischen bewirkt, dass Politik, Wirtschaft und Bürger selbst dann ihre Marktentscheidungen an den „falschen" Atomstrompreisen ausrichten, wenn ihnen die Höhe der externen Kosten bewusst ist.
- Dies gilt besonders im europäischen Kontext, weil im europäischen Wettbewerb derzeit die Einrechnung externer Kosten nur schwer durchsetzbar erscheint.
- Zudem spricht hierfür ein einfacher methodischer Punkt: Wenn sich schon bei „falschen Marktpreisen" eine Energiewende und der Atomausstieg rechnen, dann ist dies bei Einkalkulation der externen Kosten erst Recht der Fall.

Die Frage lautet also: Kann Atomenergie in Deutschland und anderswo mit vertretbaren Kosten und angemessenem Beitrag zum globalen Klimaschutz ersetzt werden? Die Experten-Antwort lautet für Deutschland eindeutig: Ja! Szenarien für Europa und die Welt zeigen, dass auch eine länderübergreifende, und sogar globale klimaverträgliche Energiewende ohne Atomenergie mit vertretbaren Kosten möglich ist.

Damit ist die Behauptung über den angeblichen „deutschen Sonderweg" in konzeptioneller Hinsicht ad absurdum geführt: Die Energiewende weg von Uran und Öl, die für Deutschland in einer Vielzahl von Szenarien als machbar und wirtschaftlich vertretbar vorausgedacht wurde, ist auch in Europa und im Weltmaßstab möglich. Wahrscheinlich verfügt Deutschland weltweit über den besten wissenschaftlichen Kompass, z.B. in Form von Datengrundlagen, Potentialerhebungen, Szenarien, Systemanalysen, Kosten/Nutzen-Abschätzungen, über die zielführenden Strategieelemente in Richtung Energieeffizienz- und Solarenergiewirtschaft. Das hängt auch mit der Kultur und Vielfalt der wissenschaftlichen Politikberatung in Deutschland zusammen, die wesentlich durch die Einsetzung von vier Enquete-Kommissionen zum Thema Energie und Klima[3]

---

[3] Zukünftige Kernenergie-Politik (1981–1983); Vorsorge zum Schutz der Erdatmosphäre, Schutz der Erdatmosphäre (1987–1995); Schutz des Menschen und der Umwelt (1994–1998); Nachhaltige Energieversorgung unter den Bedingungen der Globalisierung und der Liberalisierung (2000–2002).

entwickelt worden ist. Die Praxis, konkurrierende Gutachten zu kontroversen energie-politischen Fragestellungen einzuholen, hat sich zum Beispiel als besonders fruchtbar erwiesen, um empirisch belegbare Fakten und politische Bewertungen besser auseinan-derzuhalten. Für die Übertragbarkeit der deutschen Erfahrungen ist wichtig, dass eine ähnliche Beratungskultur in Kooperation mit anderen Ländern entwickelt wird. Hier gibt es auch in Europa noch erhebliche Defizite, da erst in jüngerer Zeit grenzüber-schreitende Konsortien gemeinsame Europaszenarien entwickeln. Und es dauerte seit der Gründung der Internationalen Energieagentur (1974) mehr als drei Jahrzehnte, bis sich die weltweit politisch einflussreichste Szenarienarbeit der IEA differenziert den Fragen von Energieeffizienz und erneuerbaren Energien geöffnet hat. Heute ist die IEA eine wichtige internationale Stimme, die deutlich macht, dass gut 50% des Klimaprob-lems durch Steigerung der Energieeffizienz gelöst werden kann und muss.[4]

Dabei ist besonders wichtig, dass sich der wissenschaftliche Blickwinkel von der Betrachtung einzelner Energieträger löst und das systembedingte Zusammenwirken von Angebotsdiversifizierung und effizientere Nutzung in den Mittelpunkt gerückt wird. Mehr noch: Integrierte Analysen über den Energie- und Ressourcenverbrauch sind der Schlüssel zur Nachhaltigkeit. Fläche ist zum Beispiel der Knappheitsfaktor für konkurrierende Ansprüche auf Biomasse (Nahrung, grüne Rohstoffe, Biotreibstoffe, Bioenergie). Die stürmische Entwicklung der erneuerbaren Energien, der Elektromobi-lität und der Energieeffizienz kann zu Engpässen bei strategischen „kritischen Metal-len" (z.B. seltene Erden) führen, die in dynamisch wachsendem Umfang hier und bei Informations- und Kommunikationstechnologien (IKT) Verwendung finden.

Insofern kann Deutschland auch Vorbilder für wissenschaftliche Untersuchungen liefern, wie der nur scheinbar isolierbare Atomenergieausstieg konzeptionell angemes-sen in ein integriertes Umstiegskonzept eingebunden werden kann.

Auch in Deutschland werden jedoch die Folgen von Fukushima noch zu oft ver-kürzt auf Fragen der Umstrukturierung des Stromsystems, der Schnelligkeit des Atom-ausstiegs und des Umstiegs auf die Stromalternativen, die an die Stelle der Atomener-gie treten sollen. Jedoch verlangt der Klima- und Ressourcenschutz umfassendere Antworten.

Generell gilt: Das Atomfiasko von Fukushima ist nur ein Menetekel für eine insge-samt verfehlte Energie- und Ressourcenpolitik (vgl. auch HENNICKE/MÜLLER, 2005 sowie HENNICKE/BODACH, 2010). Oder positiv formuliert: Gelingt es eine Energie- und Ressourcenwende erfolgreich umzusetzen, dann wird nicht nur die Atomenergie unnötig, sondern die Chancen für eine „große Transformation" zu einer nachhaltigen Entwicklung steigen. Dies gilt es nachfolgend im nationalen wie auch im weltweiten Rahmen aufzuzeigen. Unsere These ist: Wird in einem weltwirtschaftlich bedeutsamen Hochtechnologieland wie Deutschland die „Machbarkeit" einer Energiewende nicht nur auf dem Papier, sondern handfest in der Praxis demonstriert, dann hat dies eine

---

[4] Vgl. OECD/IEA (2010).

kaum zu überschätzende weltweite Signalwirkung. Eine erfolgreiche Energiewende in Deutschland wäre eine Blaupause und ein Experimentierfeld für soziales Lernen über Technologien, Politikinstrumente und -maßnahmen sowie über die Mitwirkung von Wirtschaft und die Partizipation der Zivilgesellschaften an einer großen gesellschaftlichen Transformation. Andere Länder könnten dann besser und schneller bewerten was auf ihre spezifischen Verhältnisse und Randbedingungen übertragbar ist und wo zusätzliche länderspezifische Innovations- und Transformationsprozesse notwendig sind.

Bei der Verabschiedung des Energieprogramms der Bundesregierung im September 2010 war bereits klar, dass der Gesamtumbau des Energiesystems, d.h. die Machbarkeit einer klima-, ressourcen- und sozialverträglichen Energiewende, auf dem Prüfstand steht. Insofern können die Leitziele des Energieprogramms durchaus als „revolutionär" (Bundeskanzlerin Merkel, Leitartikel FR, 28.9.2010) gewürdigt, und gleichzeitig die Mittel zu ihrer Erreichung (insbesondere die Laufzeitverlängerung) als untauglich kritisiert werden (HENNICKE et. al. 2011).

An dieser Einschätzung hat sich durch Fukushima nichts geändert. Grundlegend verändert hat sich in Deutschland und anderen Ländern allerdings die gesellschaftliche Bewertung der Atomenergie: die mit dem Energieprogramm seinerzeit intendierte Laufzeitverlängerung war schon 2010 hoch umstritten. Nach Fukushima und der (zunächst) dreimonatigen Stilllegung von 7 AKWs steht eine Laufzeitverlängerung nicht mehr ernsthaft zur Debatte. Grundlage der nachfolgenden Analyse sind daher die Leitziele des Energieprogramms der Bundesregierung von September 2010, die über Fukushima hinaus Gültigkeit beanspruchen können. Unsere These ist: Auf der Grundlage dieser Leitziele ist ein überparteilicher und gesellschaftlicher Konsens möglich. Allerdings muss der Atomausstieg – auf gesetzlicher Grundlage und unwiderrufbar – bis **spätestens** 2024 wie ursprünglich im "Atomkonsens" von 2000 vorgesehen, vollendet werden. Erstere, die gesetzliche Grundlage, stellt das 13. Gesetz zur Änderung des Atomgesetzes vom 31.7.2011 (BUNDESGESETZBLATT 41/2011) dar. Es sieht unter anderem vor, dass die Genehmigung zum Leistungsbetrieb für die drei jüngsten Anlagen spätestens im Jahr 2022 erlischt und für die übrigen gestaffelt bis spätestens 2015, 2017, 2019 und 2021. Die Voraussetzungen für eine Unwiderrufbarkeit dieses Gesetzes, etwa eine Verankerung im Grundgesetz, sind jedoch (noch) nicht geschaffen worden. In den nachfolgenden Kostenschätzungen wird dennoch der grundsätzlich vergleichbare Ausstiegsfahrplan des „Atomkonsenses" von 2002 zugrunde gelegt, denn nur dafür liegen bis dato seriöse Szenarienanalysen vor (Stand April 2011). Die Vielzahl der in der Öffentlichkeit kursierenden widersprüchlichen Kostenangaben erklärt sich daraus, dass z.B. nicht die **Zusatzkosten** eines möglicherweise beschleunigten Ausstiegs, sondern **sämtliche** Kosten etwa zur Förderung der energetischen Sanierung des Gebäudebestandes sowie für den ohnehin geplanten Ausbau erneuerbarer und traditioneller Stromerzeugung und die Netze aufaddiert werden. Hinzu kommt, dass der **volkswirtschaftliche Nutzen** des Umbaus (reduzierte Importabhängigkeit, neue Arbeitsplätze, Wettbewerbsvorteile) zumeist nicht berücksichtigt wird (siehe unten).

7.1 Eine robuste Strategie: Klimaschutz und Atomausstieg

Am 14. März 2011 hat die Bundesregierung in Absprache mit den Ministerpräsidenten die Laufzeitverlängerung für die sieben ältesten Atomkraftwerke ausgesetzt und die Reaktoren vorübergehend für drei Monate für einen Sicherheitscheck stillgelegt („Moratorium"). Diese erstaunliche Kehrtwende in der Atompolitik hat ein politisches Erdbeben und wahltaktische Spekulationen ausgelöst, die hier nicht zur Diskussion stehen. Die Tatsache, dass es im Rahmen des 13. Atomgesetzes beim endgültigen Aus für diese sieben Atomkraftwerke – die nach dem sog. "Energiekonsens" von 2000 ohnehin 2011/2012 stillgelegt worden wären – blieb, drängt drei Beobachtungen in den Vordergrund: Erstens können deutsche KKWs nicht so „sicher" gewesen sein, wie es Politik und Betreiber zuvor immer behauptet haben. Zweitens sind Prognosen über das „Ausgehen der Lichter" wenig plausibel, wenn so einfach durch Regierungsbeschluss ca. 7300 MW Stromerzeugungskapazität vom Netz genommen werden kann. Vielmehr droht dieser Schritt und die damit einhergehenden sinkenden Stromexportkapazitäten nach Frankreich im Winter zu massiven Versorgungsengpässen bei der dortigen, aus Energieeffizienzgesichtspunkten vollkommen ineffizienten Wärmeversorgung durch Stromheizungen zu führen (SCHNEIDER, 2011). Dennoch werden noch immer 75% der Neubauten in Frankreich mit Stromheizungen ausgestattet, auch um den Neubau von Atomkraftwerken zu rechtfertigen. Drittens war es das Vorbild des Ausstiegsfahrplans von 2000, der als kleinster gemeinsamer politischer Nenner und als maximaler Stilllegungszeitraum für alle KKWs relativ zügig in einem überfraktionellen Ausstiegsgesetz verabschiedet werden konnte. Viertens kann auch die restliche Verunsicherung von Bevölkerung und Wirtschaft durch widersprüchliche Kostenangaben rasch beendet werden, weil vor der Fehlentscheidung für die Laufzeitverlängerung bereits ein **klarer Expertenkonsens** bestand. Er lautet kurz zusammengefasst: Bis zum Jahr 2050 ist in Deutschland bei „moderatem" Atomausstieg (bis etwa 2024 gemäß „Energiekonsens") ein ausreichender Klima- und Ressourcenschutz möglich und für die Volkswirtschaft vorteilhafter als eine Referenzentwicklung („business as usual"). Das ist die Kernbotschaft, die von einer Vielzahl vorliegender Langfrist-Energieszenarien bestätigt wird und auf der die folgende Analyse aufbaut.

Gestützt auf von der Regierung in Auftrag gegebene Szenarienanalysen formulierte die Regierungskoalition aus CDU/CSU und FDP im Energiekonzept (September 2010) schon vor Fukushima quantifizierte Leitziele bis 2050, die noch vor einigen Jahren als ökologische Phantasien abgetan worden wären. Sie erlangen heute – nach dem Verzicht auf die Laufzeitverlängerung – als Zielbündel für den fraktionsübergreifenden „Energiekonsens" große Bedeutung, weil damit erstmalig in einem führenden Industrieland ein notwendiges „Mengengerüst" für die Energiewende und eine Leitorientierung für Wirtschaft und Gesellschaft festgelegt wurde.

Dies soll nun entlang folgender Fragen und Thesen weiter untersucht werden: Wie weit tragen mittel- und langfristig die **Techniken** für Energieeffizienz und erneuerbare Energien? Reichen sie aus, um den Atomstrom und sukzessive auch den Kohle- und Erdgasstrom zu tragbaren Kosten zu ersetzen? Kann der Energieverbrauch durch Effizienztechniken in allen Sektoren absolut gesenkt werden, wie es die Bundesregierung in ihrem Energieprogramm und **alle** aktuellen Klimaschutzszenarien voraussetzen (siehe unten)?

Diese Fragen sollen mit drei Thesen beantwortet werden. Erstens: Die **Integration** von Energieeffizienz und erneuerbaren Energien ist „die Brücke" zur Nachhaltigkeit. Zweitens: Die volkswirtschaftlich attraktiven **Synergien** zwischen Ressourcen- und Energieeffizienz müssen erschlossen werden. Drittens: Eine Strategie für mehr Ressourceneffizienz muss in eine **„Kultur der Genügsamkeit"** eingebettet werden.

7.2 Die Ziele des Energiekonzepts: Politische Selbstverpflichtung oder Ankündigungspolitik?

In der Vergangenheit haben sich alle Bundesregierungen sehr zurückgehalten, quantifizierte Ziele für das Energiesystem festzulegen. Zu groß waren die Befürchtungen, dass Ziele zum Maßstab für die Taten genommen werden könnten. Erst mit der Klimaschutzpolitik haben quantifizierte Ziele, wie beispielsweise die 20/20/20-Ziele der EU für das Jahr 2020, Einzug in die europäische und die deutsche Energie- und Klimaschutzpolitik genommen. Aber keine Regierung hat sich bisher weltweit derart ambitionierte energiepolitische Ziele vorgegeben wie die Bundesregierung im Energieprogramm 2010. Auch wenn diese Ziele keinen verbindlichen Charakter haben, stellt sich dennoch die Frage, welchen Stellenwert sie im Konzept der Bundesregierung für die Energiewende nach Fukushima einnehmen. Konkret enthält das Energiekonzept der Bundesregierung vom September 2010 die in Tabelle 7 dargestellten quantifizierten Ziele:

Tabelle 7: Quantifizierte Ziele des Energiekonzepts der Bundesregierung

Entwicklungspfade	2020	2030	2040	2050
CO_2-Emissionen	-40%	-55%	-70%	-80 bis 95%
Anteil der erneuerbaren Energien am Bruttoendenergieverbrauch	18%	30%	45%	60%
Anteil der Stromerzeugung aus erneuerbaren Energien am Bruttostromverbrauch	35%	50%	65%	80%

Primärenergieverbrauch [Basisjahr 2008] / Steigerung der Energieproduktivität um durchschnittlich 2,1% / a bezogen auf den Endenergieverbrauch [das Wirtschaftswachstum steigt im Gemeinschaftsgutachten (BMWi 2010) um 0,8% / a]	-20%			-50%
Stromverbrauch [Basisjahr 2008]	-10%			-25%
Erhöhung der Sanierungsrate für Gebäude pro Jahr von 1% auf 2% und Absenkung des Energieverbrauchs um 80% bis 2050				-80%
Reduktion des Energieverbrauchs im Verkehrsbereich [Basisjahr 2005]	-10%			-40%

Quelle: Eigene Darstellung auf Grundlage von BMWi /BMU (2010, S. 5).

Die Treibhausgasemissionen sollen bis 2050 sukzessive um 80-95% reduziert werden. Interessant ist, dass trotz des Ausbaus von Kohlekraftwerken (mit CCS) im Jahr 2050 ein Strommix von 80% aus erneuerbaren Energien für möglich gehalten wird. Andere Studien (siehe unten) zeigen, dass für das Jahr 2050 auch ein 100%-Ziel aus erneuerbarer Stromerzeugung erreichbar ist (UBA, 2010; SRU, 2010). Besonders ambitioniert sind die Reduktionsziele der Bundesregierung beim Primärenergieverbrauch (-20% bis 2020; -50% bis 2050), die mit einer Steigerung der Energieproduktivität von 2,1% pro Jahr bezogen auf den Endenergieverbrauch verbunden werden. Statt wie bisher etwa 1,6% pro Jahr zusätzliche Erhöhung des Bruttoinlandsprodukts pro eingesetzte Kilowattstunde zu realisieren, sollen für weitere 40 Jahre (!) jedes Jahr zusätzlich 2,1% Produktivitätssteigerung dazu kommen. Das ist technisch machbar, verlangt aber eine historisch bisher beispiellose strategische Effizienzinitiative in Verbindung mit der systematischen Förderung nachhaltigerer Produktions- und Konsummuster. Implizit hat die Bundesregierung damit auch von der Vorstellung einer „Wachstumsbeschleunigung" Abschied genommen, denn eine absolute Senkung des Primärenergieverbrauchs um 50% bis 2050 und damit eine absolute Entkopplung zwischen Wirtschaftswachstum und Energieverbrauch ist nur möglich, wenn die jährliche Wachstumsrate der Energieproduktivität die des Wirtschaftswachstums deutlich übersteigt. [5]

---

[5] Wenn die Energieproduktivität (BSP/Primärenergieverbrauch) pro Jahr um 2,1 % steigt und der Primärenergieverbrauch bis 2050 linear um 50 % (gegenüber 2008) sinken soll, würde das Wirtschaftswachstum

Ebenso sind die Ziele für den Stromverbrauch (-10% bis 2020: -25% bis 2050) und für die Reduktion des Energieverbrauchs im Verkehrsbereich (-10% bis 2020; -40% bis 2050; jeweils bezogen auf 2005) als recht anspruchsvoll zu bewerten. Auch die Sanierungsrate für Gebäude soll pro Jahr von aktuell unter 1% auf ambitionierte 2% des Gebäudebestandes verdoppelt werden, so dass im Jahr 2050 nur noch 20% des heutigen Wärmebedarfs auftreten würde.

Nach Verabschiedung des Energieprogramms wurde kritisiert, dass die seinerzeit geplanten Laufzeitverlängerungen der Atomkraftwerke die Erreichung dieses ambitionierten Zielsystems unmöglich machen. Wie in HENNICKE et. al. (2011) gezeigt wird, hätte die Laufzeitverlängerung dazu geführt, dass die vier großen Stromkonzerne ihre marktbeherrschende Stellung zum Schaden von Newcomern und Innovationen weiter hätten ausbauen können. Gleichzeitig wäre die ökologische Modernisierung des Kraftwerksparks und der Strukturwandel hin zu mehr Dezentralität und mehr Energieeffizienz verzögert worden. Dies hätte zur Folge gehabt, dass der im Energiekonzept als prioritär geforderte Ausbau der erneuerbaren Energien – ganz im Gegensatz zu der vermeintlich notwendigen zeitlichen und finanziellen „Brücke" – empfindlich gehemmt worden wäre. Daran hätte auch der Versuch nichts geändert, diesen Widerspruch dadurch zu begrenzen, dass die anfallenden zusätzlichen Gewinne auf Seiten der Kraftwerksbetreiber teilweise abgeschöpft werden.

Die Rücknahme der Laufzeitverlängerung und der damit verbundene Atomausstieg haben diese fundamentalen Widersprüche und die Innovations- und Investitionsblockade durch die Atomenergie weitgehend aufgehoben. Erst dadurch besteht eine realistische Chance sich der Beseitigung des gravierendsten Defizits zu widmen, welches das Energiekonzept der Bundesregierung mit den vorliegenden Szenarien teilt: Es bleibt offen wie der simulierte technische Strukturwandel des Energiemarktes tatsächlich in eine **gesellschaftliche Transformationsstrategie** eingebettet werden kann. Das betrifft besonders die unterstellte drastische absolute Reduktion des gesamtwirtschaftlichen Energieverbrauchs in allen Sektoren. Dass diese Reduktion zweifellos auf der Grundlage der vorhandenen Effizienzpotenziale technisch möglich ist, ist eine notwendige, aber bei weitem keine hinreichende Bedingung für die Realisierung. Wir werden uns daher im Abschnitt zur „Energieeffizienz" ausführlich der Frage widmen, wie der notwendige Paradigmenwechsel konzeptionell gefasst und wie er politisch umgesetzt werden kann.

Auf eine grundlegend veränderte Rahmenbedingung für diesen Transformationsprozess sei bereits an dieser Stelle hingewiesen: Resümiert man die Marktkonstellationen für leitungsgebundene Energien nach dem 2. Weltkrieg, dann sticht – als Resultat förderlicher staatlicher Rahmenbedingungen und zahlreicher Fusionen – die wachsende Konzentration der marktbeherrschenden Stromkonzerne E.ON, RWE, EnBW und Vattenfall besonders ins Auge (HENNICKE et. al., 1984; HENNICKE et. al., 1997;

---

linear nur rd. 0,9 % pro Jahr betragen. Dies erscheint zwar realistisch, steht aber im Widerspruch zu den von Politik, Wirtschaft und Wirtschaftswissenschaft gehegten Wachstumserwartungen.

BONTRUP/MARQUARDT, 2010). Der (nahezu) unaufhaltsame Aufstieg dieser vier Konzerne war und ist (noch) verbunden mit dem Oligopol- bzw. Monopoleigentum an der großtechnischen Atom- und Braunkohleverstromung. Ihre ressourcenbedingte Machtposition geht jedoch im nationalen Maßstab bei engagierter Klimaschutzpolitik und bei einem Ausstieg aus der Atomenergie verloren (auch wenn die Fokussierung der aktuellen Bundesregierung auf große Off-Shore Windparks zu Gunsten der „vier Großen" teilweise deren Marktmacht aufrechterhalten wird). Als Reaktion auf den deutschen Ausstieg versuchen die Konzerne in Europa über Beteiligungen oder durch den Bau eigener Atomkraftwerke ihre Machtposition zu internationalisieren. RWE und E.ON haben gemeinsam den Bau von sechs Atomreaktoren in England angekündigt (GREENPEACE, 2011). E.ON plant in Finnland und RWE in Osteuropa den Bau von neuen Atomkraftwerken (TAZ, 2010; HANDELSBLATT, 2011). Der Versuch von RWE, sich an Belene in Bulgarien und Cernavoda in Rumänien zu beteiligen ist nach massiven Protesten zunächst gescheitert. Es wird entscheidend von der Zivilgesellschaft und der Politik in diesen Ländern – aber auch von der EU-Kommission – abhängen, ob diese Internationalisierung der Atomstromrisiken als Konzernstrategie erfolgreich sein wird.

In Deutschland ist die Pro-Atomstrom-Strategie der Konzerne jedenfalls spektakulär gescheitert und nicht mehr mehrheitsfähig. Sinnfälligster Ausdruck davon ist, dass die vier Atomstromkonzerne im heutigen Bundesverband der Energie- und Wasserwirtschaft (BDEW)[6] ihre seit Jahrzehnten bisher unangefochtene dominante verbandspolitische Rolle eingebüßt haben. Da der Stromsektor für die Energie- und Klimapolitik in gewisser Weise strukturprägend ist und dadurch das Unternehmensinteresse der vier marktbeherrschenden Konzerne faktisch als Vetomacht gegen den ökologischen Umbau eingesetzt werden konnte, führt ihre schrittweise „Entmachtung" durch Unternehmensvielfalt und Wettbewerb zu einer entscheidend verbesserten Rahmenbedingung für die Energiewende. Die nachfolgenden Szenarien zeigen auch, dass im Vollzug der Energiewende nicht nur die Techniken dezentralisiert, sondern auch großtechnische Machtkonzentrationen auf dem Energiemarkt sowohl auf der Angebots- als auch auf der Nachfrageseite durch Stromeinsparung abgebaut werden.

7.3 Szenarienvergleich: Expertenkonsens beim Klima- und Ressourcenschutz

Die deutsche Energie- und Klimaschutzpolitik wird in immer stärkerem Maße durch komplexe Szenarien fundiert und legitimiert. Das ist zu begrüßen, wenn dadurch die Richtungssicherheit, die Robustheit und Transparenz über die Implikationen der Energie- und Klimaschutzpolitik erhöht werden. Szenarien beruhen auf „Wenn, dann"-Annahmen von Experten und ihren zumeist öffentlichen Auftraggebern; für den Klimaschutz haben sich z.B. Zielszenarien mit vorgegebenen CO_2-Reduktionszielen bis zum

---

[6] MÜLLER, H. (2011).

Jahr 2050 durchgesetzt, um dann im Sinne eines „Back-casting" zu ermitteln, wie und mit welchen Implikationen diese Ziele erreichbar sind. Um auch für interessierte Laien die Belastbarkeit von Szenarienergebnissen überprüfbarer zu machen, sind Vergleiche typischer Szenarien unterschiedlicher Institute und Auftraggeber unverzichtbar. Erst dadurch erschließen sich – relativ unabhängig von vorgefassten Annahmen – die Bandbreiten und die Alternativen von Handlungsoptionen. Vorsicht ist allerdings geboten, wenn Szenarien über denkbare Ausgestaltungen der Energiezukunft als antizipierte zukünftige Realität missverstanden und der Öffentlichkeit **als Politikersatz** verkauft werden.

Box 1: Szenarien sind wichtige Werkzeuge, aber kein Politikersatz

Energieszenarien spielen weltweit in der Energiepolitik und der öffentlichen Energiedebatte eine wichtige Rolle. Einerseits werden sie gebraucht, um gangbare Wege zu finden und andererseits, um eigene Entscheidungen zu begründen. Energieszenarien sind zahlenmäßig simulierte Entwürfe zukünftiger Energieversorgung, die für ein Land, für eine größere Wirtschaftsregion oder für die ganze Welt gelten. Betrachtet wird dabei in der Regel ein Zeitraum von 10 bis 50 Jahren. Sie sollen Bedingungen aufzeigen, unter denen sich bestimmte Möglichkeiten eröffnen, um erwünschte Ziele anzustreben oder unerwünschte Folgen zu vermeiden. Meist werden dazu mehrere, ganz unterschiedliche Szenarien nebeneinander gestellt und miteinander verglichen. Szenarien beschreiben aber immer nur eine eng begrenzte Auswahl aller denkbaren zukünftigen Entwicklungen der Energieversorgung unter „Wenn, dann"-Bedingungen.

Energieszenarien sind nicht gleichzusetzen mit Energieprognosen. Prognosen beschränken sich häufig auf einen Zeitraum von 10 bis 15 Jahren und beschreiben die wahrscheinliche zukünftige Entwicklung der Energieversorgung, um die Politik frühzeitig auf kommende Probleme hinzuweisen. Außerdem dienen sie der Energiewirtschaft als Planungsgrundlage für große Investitionsentscheidungen. Energieszenarien dagegen greifen in der Regel weiter in die Zukunft und lassen bewusst größere Veränderungen zu. Prognosen werden gemacht, um auf eine zu erwartende Entwicklung reagieren zu können, Szenarien, um die Entwicklung gezielt zu beeinflussen.

Energieszenarien werden von unterschiedlichsten Akteuren im Energiesektor mit teilweise sehr unterschiedlichen Interessen erstellt. Für die einzelnen Szenarien können auch bestimmte Ziele vorgegeben werden, z.B. angestrebte Reduktionen der Treibhausgas-Emissionen oder der zeitliche Verlauf des nuklearen Anteils an der Energieversorgung. Des Weiteren muss eine Reihe von Annahmen getroffen werden, wie z.B. für das zukünftige Bevölkerungswachstum, das Wirtschaftswachstum oder die Ölpreisentwicklung. Ein Szenario soll dann Voraussetzungen aufzeigen, unter denen dessen Ziele erreicht werden können, und markieren, welche Nebeneffekte dabei eintreten, die durchaus auch unerwünscht sein können. Natürlich gibt es bei den Annahmen und so auch bei den Ergebnissen eines Energieszenarios große Unsicherheiten und mögli-

cherweise auch versteckte Interessenstandpunkte, die am wirksamsten durch konkurrierende Szenarienansätze transparent gemacht werden können (HENNICKE/MÜLLER
2005)

Szenarienvergleich: ein Überblick[7]

In jüngerer Zeit sind zahlreiche Energieszenarien für Deutschland von verschiedenen
Auftraggebern und Forschungsinstitutionen erschienen. In der Regel ist es das Ziel
dieser Studien, aufzuzeigen, wie sich Energiebedarf und -versorgung in Deutschland in
den nächsten vier Jahrzehnten unter Einhaltung verschiedener Nachhaltigkeitsziele
entwickeln könnten. Im internationalen Vergleich kann festgestellt werden, dass für
kein Land die langfristigen technischen und ökonomischen Perspektiven des Klima-
und Ressourcenschutzes sowie des ökologischen Umbaus des Energiesystems so umfassend durch konkurrierende Modellansätze untersucht sind wie für Deutschland.

Die hier verglichenen neun Energieszenarien sind aus acht verschiedenen aktuellen
Szenariostudien entnommen. Ausgewählte Ergebnisse dieser Studien werden im Folgenden kurz vorgestellt. Eine ausführlichere Hintergrundbeschreibung der Studien
findet sich in HENNICKE et al. (2011).

Zu den Studien über das **gesamte Energiesystem** gehören die *"Energieszenarien
für ein Konzept der Bundesregierung"* (BMWi, 2010) des Energiewirtschaftlichen
Instituts an der Universität zu Köln (EWI), der Gesellschaft für Wirtschaftliche Struk-
turforschung (GWS) und der Prognos AG. Für den Vergleich wird aus dieser Studie
Szenario II B herangezogen, da es einer Laufzeitverlängerung von 12 Jahren entspricht,
wie sie von der Bundesregierung beschlossen wurde. Zur gleichen Gruppe gehört die
Studie „*Modell Deutschland – Klimaschutz bis 2050*", 2009 von Prognos und dem
Öko-Institut im Auftrag von WWF Deutschland erarbeitet. Eine Besonderheit dieser
Studie ist ein Vergleich der Nutzung von CCS-Technologien[8] im Kraftwerksbereich
(Innovation CCS) mit einem Szenario, das darauf verzichtet (Innovation ohne CCS).
Beide Szenarien gehen von CO_2-Einsparungen von -90% (mit CCS) bzw. -91% (ohne
CCS) aus (vgl. Tabelle 8).

Eine weitere prominente Studie dieser Gruppe ist das „Leitszenario 2010" (*Langfristszenarien und Strategien für den Ausbau erneuerbarer Energien in Deutschland*)
von J. Nitsch (DLR) und B. Wenzel (IfnE) im Auftrag des BMU (BMU, 2010a). An
vierter Stelle wird die Studie *Energiezukunft 2050* der Forschungsstelle für Energiewirtschaft (FfE) im Auftrag der vier marktbeherrschenden Stromkonzerne EnBW,
EON, RWE und Vattenfall herangezogen. Außerdem betrachtet wird die Studie *Klimaschutz: Plan B 2050* von Greenpeace Deutschland, erarbeitet von EUtech Energie &
Management GmbH. Als einzige der in diesem Kapitel verglichenen Szenarien be-

---

[7] Dieser Szenarienvergleich stützt sich auf Hennicke et al., 2011. Hintergrundpapier der Vereinigung
Deutscher Wissenschaftler (VDW).
[8] CCS steht für Carbon Capture and Storage, d.h. für die Abscheidung und Deponierung von CO_2 aus Kraftwerken und Industrieprozessen

schreibt die Studie *Energiekonzept 2050 – Eine Vision für ein nachhaltiges Energiekonzept auf Basis von Energieeffizienz und 100% erneuerbaren Energien* ein Energiesystem, das vollständig auf erneuerbaren Energien basiert. Die Studie wurde von verschiedenen Instituten erstellt, die im Forschungsverbund Erneuerbare Energien zusammengeschlossen sind.

Zum Schwerpunkt **„Erneuerbare Stromerzeugung"** werden zwei Studien betrachtet: Erstens das *Sondergutachten des Sachverständigenrats für Umweltfragen (SRU)* bzw. die Vorveröffentlichung der Szenarien vom Mai 2010 (Stellungnahme: 100% erneuerbare Stromversorgung bis 2050). Zwei Szenarien daraus werden berücksichtigt: Zum einen wird das auf einer autarken Stromversorgung und einem relativ niedrigen Strombedarf basierende *Szenario 1a* betrachtet, zum anderen das auf Stromaustausch (inkl. 15% Nettostromimport in 2050) mit Skandinavien setzende *Szenario 2.2.b* mit hohem Strombedarf.

Zweitens wird die 2010 erschienene Studie *Energieziel 2050: 100% Strom aus erneuerbaren Quellen* vom Umweltbundesamt (UBA) zum Vergleich herangezogen.

Basisannahmen der Szenarien
Tabelle 8 gibt einen Überblick über wichtige Eckpunkte derjenigen Szenarien, die in den folgenden Abschnitten gegenübergestellt werden. Aufgeführt sind dabei die jeweiligen Annahmen über das zukünftige Wirtschaftswachstum, drei zentrale Indikatoren des Energiesystems sowie die Anteile ausgewählter Energieträger bzw. Kraftwerkstechnologien an der Stromerzeugung im Jahr 2050.

Alle Szenarien, die hierzu Angaben machen, nehmen – basierend auf Prognosen des Statistischen Bundesamtes – bis 2050 einen kontinuierlichen Rückgang der Bevölkerung in Deutschland an. Demnach sinkt die Einwohnerzahl von heute rund 82 Millionen bis Mitte des Jahrhunderts auf etwa 72 (WWF et al., 2009) bis 75 Millionen (BMU, 2009; GREENPEACE, 2009). Dieser Bevölkerungsrückgang stellt in den Szenarien aufgrund des damit einhergehenden Nachfragerückgangs einen gewissen „automatischen" Beitrag zum Klimaschutz und zur Entkopplung des Energieverbrauchs vom Wirtschaftswachstum dar.

Tabelle 8:   Übersicht über Schlüsselindikatoren des Energiesystems in den Szenarien

Szenarien	Annahmen zum BIP	Allgemeine Indikatoren des Energiesystems			Anteile an inländischer Stromerzeugung		
	Unterstellte durchschnittliche jährliche BIP-Wachstumsrate (2010-2050)	Energiebedingte CO_2-Emissionen (gegenüber 1990)	Durchschnittliche jährliche Verbesserung der Energieeffizienz (2010-2050)	Anteil erneuerbarer Energien an der Primärenergieversorgung	Erneuerbare Energien	Atomenergie	Strom aus CCS-Kraftwerken
Basisszenario 2010 A (BMU, 2010a)	0,9%	- 85%	2,1%	55%	84%	0%	0%
Innovation ohne CCS (WWF, 2009)	0,7%	- 91%	2,7%	76%	97%	0%	0%
Innovation mit CCS (WWF, 2009)	0,7%	- 90%	2,7%	59%	73%	0%	22%
Plan B (GREEN-PEACE, 2009)	k. A.	- 97%	k. A.	90%	100%	0%	0%
Szenario 3 (EnBW u. a. 2009)	1,3%	- 68%	2,4%	36%	~50%	~12%	~3%
Szenario II B [9] (BMWi, 2010)	0,8%	- 85%	2,1%	50%	83%	0%	8%
Alle SRU-Szenarien (SRU, 2011)	k. A.	k. A.	k. A.	k. A.	100%	0%	0%
Energiekonzept 2050 (FVEE, 2010)	k. A.	k. A.	k. A.	k. A.	100%	0%	0%
Regionenverbund (UBA, 2010a)	0,7%	k. A.	k. A.	k. A.	100%	0%	0%

Quelle: SAMADI, 2011: Eigene Darstellung nach Angaben in den jeweiligen Szenariostudien.

---

[9] Bemerkenswert ist, dass hier - ganz im Gegensatz zum "Wachstumsbeschleunigungsgesetz" - von der Bundesregierung eher moderate Wachstumszuwächse akzeptiert werden.

Abbildung 7: Primärenergieversorgung in 2010 und 2050 nach Energieträger (in PJ/a)

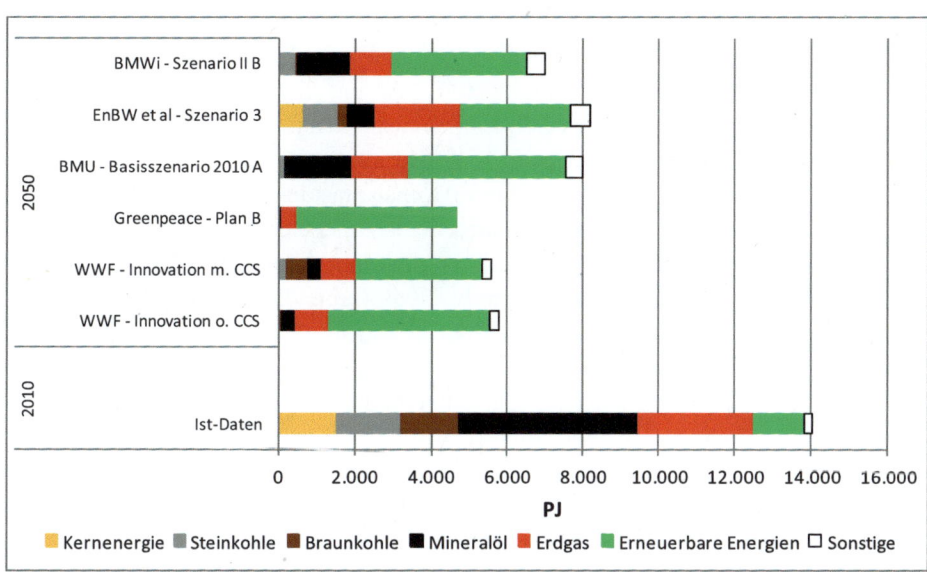

Quelle: SAMADI 2011: Eigene Darstellung nach Angaben aus den jeweiligen Szenariostudien. Ist-Daten des Jahres 2010 stellen vorläufige Angaben der AG Energiebilanzen (2011)
dar.

Eine Reihe von Gemeinsamkeiten zwischen den verschiedenen Szenarien wird unmittelbar deutlich:

- Alle Studien demonstrieren die Klimaschutz bedingte Notwendigkeit und die technischen Möglichkeiten, den Primärenergiebedarf innerhalb der kommenden vier
  Jahrzehnte deutlich zu reduzieren und vom Wirtschaftswachstum absolut zu entkoppeln. Gegenüber 2009 wird der Bedarf um mindestens 39% (*Szenario 3*, FfE,
  2009) und um bis zu 65% (*Plan B*, GREENPEACE 2009) reduziert.[10]

- Der absolute Beitrag der erneuerbaren Energien vervielfacht sich zwischen 2009
  und 2050. Er steigt mindestens um das 2,5-Fache (*Szenario 3*, FfE, 2009) bis zum
  3,6-Fachen (*Innovation ohne CCS*, WWF 2009).

- Die Kohlenutzung liegt im Jahr 2050 in den meisten Szenarien um 84% bis 100%
  unter der Nutzung im Jahr 2009. Implizit bedeuten 100%, dass bei einer technischen Lebensdauer von 40 Jahren **ab 2010 kein neues Kohlekraftwerk** (ohne

---

[10] Dieser deutliche Rückgang des Primärenergiebedarfs ist in erster Linie auf zwei Gründe zurückzuführen:
Zum einen werden in allen Szenarien deutliche Verbesserungen der Endenergieeffizienz erzielt und zum
anderen steigt die Umwandlungseffizienz im Stromsektor insbesondere durch die stark zunehmende Nutzung erneuerbarer Energien. Denn für Stromerzeugung aus Windenergie-, Wasserkraft- und
Photovoltaikanlagen wird eine Effizienz von 100 % bei der Umwandlung von Primärenergie in Strom angesetzt (Wirkungsgradmethode).

CCS) mehr gebaut werden dürfte. Nur im Szenario *Innovation mit CCS* (WWF 2009) und im *Szenario 3* (FfE, 2009) findet eine geringere Reduktion von 75% bzw. 60% statt, da insbesondere beim erstgenannten Szenario eine signifikante Nutzung von CCS im Kraftwerksbereich angenommen wird und in *Szenario 3* der Verzicht auf ein ambitioniertes Klimaschutzziel die mit dem angenommenen Umfang der Kohlenutzung verbundenen CO_2-Emissionen erlaubt.

- Auch die Nutzung von Erdgas und Erdöl geht in allen Szenarien drastisch zurück, allerdings in jeweils unterschiedlichem Ausmaß. Insofern ist für Deutschland mit einer Vielfalt von technischen Optionen demonstriert, dass ausreichender Klimaschutz bei auslaufender Kernenergienutzung mit einer drastischen Senkung der Importabhängigkeit von Erdöl und Erdgas bis 2050 verbunden werden kann.

Ebenfalls werden einige Unterschiede zwischen den in den Szenarien beschriebenen Energiesystemen im Jahr 2050 deutlich:

- Insbesondere die Frage nach der Substituierbarkeit von Erdölprodukten im Verkehrsbereich führt zu erheblich unterschiedlichen Einschätzungen bezüglich des Rückgangs der Erdölnutzung.

Die Nutzung von Kohle ist im Jahr 2050 nur noch dann in nicht vernachlässigbarem Ausmaß möglich, wenn sich Abscheidung, Transport und Speicherung von CO_2 aus Großanlagen als technisch und ökonomisch machbar erweisen (*Innovation mit CCS*, WWF, 2009) oder wenn weniger ambitionierte Klimaschutzziele verfolgt werden (*Szenario 3*, FfE, 2009).

Reduktion der energiebedingten CO_2-Emissionen

Insbesondere infolge der deutlichen Reduktion des Primärenergiebedarfs und der Verschiebung der Struktur der Primärenergieträger zugunsten der erneuerbaren Energien reduzieren sich die CO_2-Emissionen in allen untersuchten Szenarien deutlich.

Mit einer Ausnahme (*Szenario 3*, FfE, 2009) halten alle Szenarien eine Reduktion der energiebedingten CO_2-Emissionen von mindestens 85% (*Leitszenario*, BMU, 2010a) und bis zu 97% (*Plan B*, GREENPEACE, 2009) für möglich. Nur in *Szenario 3* wird bis zum Jahr 2050 lediglich eine Reduktion von knapp 70% erreicht. Aus Abbildung 7 lassen sich die wesentlichen Gründe für diese vergleichsweise niedrige Reduktion in diesem Szenario ableiten: Der Primärenergieverbrauch sinkt hier weniger stark und der Ausbau der erneuerbaren Energien bleibt hinter dem Ausbau in anderen Szenarien zurück.

Drastische Steigerung der Energieeffizienz

Eine wesentliche Voraussetzung für die Realisierung des in allen vorgestellten Klimaschutzszenarien beschriebenen deutlichen Rückgangs des Primärenergiebedarfs (vgl.

Abbildung 7) ist eine starke Reduktion der Endenergieintensität[11] in den kommenden 40 Jahren. Abbildung 8 verdeutlicht dies anhand der jeweils angenommenen Entwicklung der Endenergieintensität. Die Abbildung zeigt, dass in allen Szenarien die durchschnittliche jährliche Reduktionsrate der Endenergieintensität zwischen 2008 und 2050 gegenüber der in den letzten zwei Jahrzehnten beobachteten Rate deutlich höher liegt. In den sehr ambitionierten „Innovationsszenarien" der WWF-Studie erfolgt sogar eine durchschnittliche jährliche Reduktion der Endenergieintensität von 2,7%, während in den letzten zwei Jahrzehnten (1991 bis 2009) eine durchschnittliche jährliche Reduktion von 1,6% stattgefunden hat. Dabei ist zu betonen, dass die vergangene Reduktionsrate zum Teil auf Effekte im Zusammenhang mit der Wiedervereinigung zurückzuführen ist und ohne diese Effekte noch geringer liegen würde.[12]

Abbildung 8: Durchschnittliche jährliche Änderungsrate der Endenergieintensität zwischen 1991 und 2010 sowie zwischen 2010 und 2050 (in %)

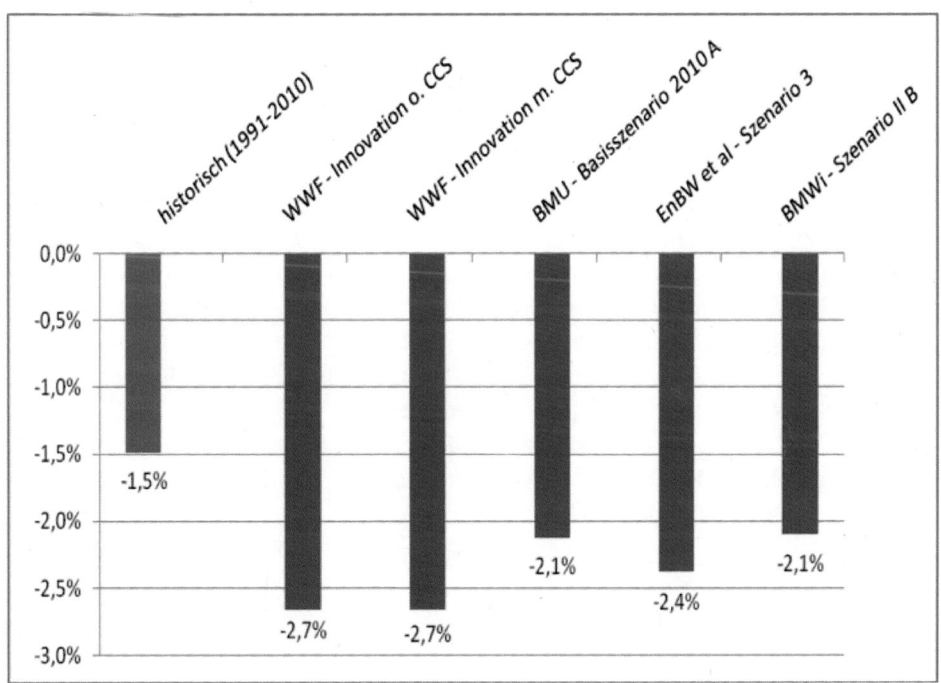

Quelle: Eigene Darstellung nach Angaben in den jeweiligen Szenariostudien. Historische Daten basierend auf AG Energiebilanzen (2011) und Statistisches Bundesamt (2011).

---

[11] Die Endenergieintensität beschreibt die Endenergie, die (durchschnittlich) nötig ist, um eine Einheit des Bruttoinlandsprodukts zu erzeugen. Sie errechnet sich, indem der in einem Jahr aufgetretene Endenergiebedarf durch das (reale) Bruttoinlandsprodukt geteilt wird.

[12] So lag diese Rate zwischen 2000 und 2009 auch nur noch bei knapp 1,4 %.

7.4 Strommarkt vor radikalem Umbruch

Aus Gründen des Klimaschutzes ist die Notwendigkeit eines radikalen Umbruchs in der Stromversorgung innerhalb der kommenden vier Jahrzehnte unumstritten. Dieser Umbruch muss in wesentlichen Teilen bis 2030 abgelaufen sein. Denn bereits dann wird sich der jährliche Beitrag der erneuerbaren Energien zur Stromerzeugung von derzeit (2009) rund 95 TWh auf mindestens 230 TWh (*Szenario 3*, FfE, 2009) und bis zu 430 TWh (*100% – EE*, FVEE 2010, inkl. Nettostromimporten auf Basis erneuerbarer Energien) mehr als verdoppelt oder sogar mehr als vervierfacht haben. Da zusätzlich erwartet wird, dass die Stromnachfrage (leicht) abnehmen wird, muss folglich die Erzeugung in konventionellen Kohle- und Atomkraftwerken deutlich zurückgehen.[13]

Abbildung 7 zeigt, dass CCS im Kraftwerksbereich selbst unter optimistischen Annahmen zur Technologie- und Kostenentwicklung kein hoher Anteil an der Stromerzeugung zugerechnet wird. In *Szenario II B* (BMWi, 2010) liegt dieser Anteil (Steinkohle- plus Braunkohle-CCS) im Jahr 2050 bei 6%, in Szenario *Innovation mit CCS* (WWF 2009) bei 18%. In *Szenario 3* (FfE, 2009), das wie auch die vorgenannten beiden Studien ein ökonomisch optimierendes Kraftwerksmodell verwendet um die konventionelle Kraftwerksleistung zu bestimmen, erreichen Kohle-CCS-Kraftwerke sogar lediglich 2%. Durch den zunehmenden Anteil von erneuerbaren Energien wird die **Flexibilität des verbleibenden Kraftwerksparks** immer bedeutender, damit die wachsende und fluktuierende Einspeisung eines großen Teils der erneuerbaren Energien ausgeglichen werden kann. Durch diese flexiblere Betriebsweise sinken die Jahresvolllaststunden, was für Kraftwerkstypen mit hohen Kapitalkosten – und hierzu zählen CCS-Kraftwerke ebenso wie Atomkraftwerke – erhebliche Nachteile verursacht.

Die reale Flexibilität des Einsatzes unterschiedlicher Kraftwerkstypen hängt nicht nur von der Technik, sondern auch von der Kostenstruktur (z.B. Verhältnis der variablen zu den fixen Kosten) sowie von Maßnahmen zur Vergleichmäßigung der Last (Demand Side Management (DSM); Smart Metering und Smart Grids[14]) ab. SRU und Hohmeyer gehen von den folgenden technischen Leistungsgradienten und Anfahrzeiten verschiedener Kraftwerktypen aus.

---

[13] In den meisten der analysierten Energieszenarien wird von einem Atomausstieg bis kurz nach 2020 ausgegangen, insofern wird in diesen Szenarien in 2030 kein Strom mehr in Atomkraftwerken erzeugt.

[14] Durch „Smart Metering" (intelligente Zähler) und „smart grids" (intelligente Netze) sollen mittels komplexer Informations- und Kommunikationstechniken die Energienachfrage besser an ein fluktuierendes Energieangebot angepasst werden. Smart meter erlauben eine internetbasierte Fernablesung der aktuellen Verbrauchsmengen.

Tabelle 9: Leistungsgradienten und Anfahrdauer verschiedener Kraftwerkstypen

Technologie	P_{nenn}	Leistungsgradient	Anfahrdauer (Stillstand > 8h)
	MW_{el}	%/Min	H
Braunkohlekraftwerk	1.000	2-3	5
Steinkohle-DT-Kraftwerk	600	4-8	4
GuD-Kraftwerk	300	4-10	3
Gasturbine	150	10-25	0,3
Kernkraftwerk	1.000	5-10	50
BHKW	0,01-1	50-65	0,025 (90 sec)
LichtBlick-ZuhauseKraftwerk	0,02	100	0,017 (60 sec)

Quelle: HOHMEYER (2010) nach GRIMM (2007), KROST; MATICS (2008) und LichtBlick AG.

Für Kernkraftwerke gilt, dass sie nur bis zu einer Schwelle von ca. 60% (Siedewasserreaktoren) bzw. 50% (Druckwasserreaktoren) der Maximallast regelbar sind. Danach muss ein KKW abgeschaltet werden und es steht erst nach ca. 50 Stunden wieder voll zur Verfügung (EBENDA, S. 12).

Geht man vom geltenden **Einspeisevorrang** erneuerbarer Stromerzeugung aus, dann hängt es von der **stündlichen Residuallast** (= Netzlast minus Wind- und Solarstrom sowie aus anderen erneuerbaren Quellen) ab, wie viel der verfügbaren Leistung aus KKW noch einsetzbar ist. Bereits im Jahr 2020, so die Studie von HOHMEYER, führe der Ausbau von Wind- und Solarstrom bei derzeitigen Zuwachstrends erneuerbarer Stromerzeugung zu häufigen Abschaltungen von KKWs, wenn die Bundesregierung an der Laufzeitverlängerung festgehalten hätte: „Wird die Laufzeit der deutschen Kernkraftwerke auf 45 Jahre oder mehr Jahre verlängert, dürften im Jahr 2020 noch alle Kernkraftwerke betrieben werden. Wird ein Residualwert von 11,4 GW unterschritten, müssen alle Kernkraftwerke abgeschaltet werden. Ein Wert, der im Jahr 2020 bei einem konsequenten Ausbau der regenerativen Stromversorgung häufig unterschritten wird" (EBENDA, S. 13).[15] Im Jahr 2020 werden KKWs daher nicht mehr dauerhaft

---

[15] Dabei wird unterstellt, dass ab einer Residuallast von 11,4 GW (also rd. 54 % der Gesamtlast), ohne weitere Differenzierung zwischen AKW-Typen im Durchschnitt, der Abschaltpunkt erreicht ist.

als Grundlastkraftwerke betrieben werden können, sondern Stunden des Betriebs aller Kraftwerke werden sich mit Stunden von Teillast und vollständiger Abschaltung abwechseln. Würden also die Stromsparziele der Bundesregierung (Reduktion um 10% bis 2020) erreicht sowie der Anteil der erneuerbaren Energien massiv steigen (nach Bundesregierung auf 35%; nach BEE sogar auf rd. 48%) dann würden KKW massiv (und soweit technisch möglich) zum Teillastbetrieb und/oder zu Abschaltungen gezwungen.

Insofern entspricht die Rücknahme der Laufzeitverlängerung zweifellos auch volkswirtschaftlicher Vernunft. Unnötige Kosten („stranded investments") für nicht benötigte Kraftwerkskapazität werden dadurch vermieden und in flexiblere Alternativen (z.B. leichter regelbare Gaskraftwerke, Last Management Programme zu Verschiebung von Spitzenlast oder in Einsparprogramme für Grundlaststrom (z.B. im Kühl- und Gefrierbereich bei Haushalten und im GHD-Sektor) könnte investiert werden.

Abbildung 9: Bruttostromverbrauch und Deckung nach Energieträger in 2050 (in TWh/a)[16]

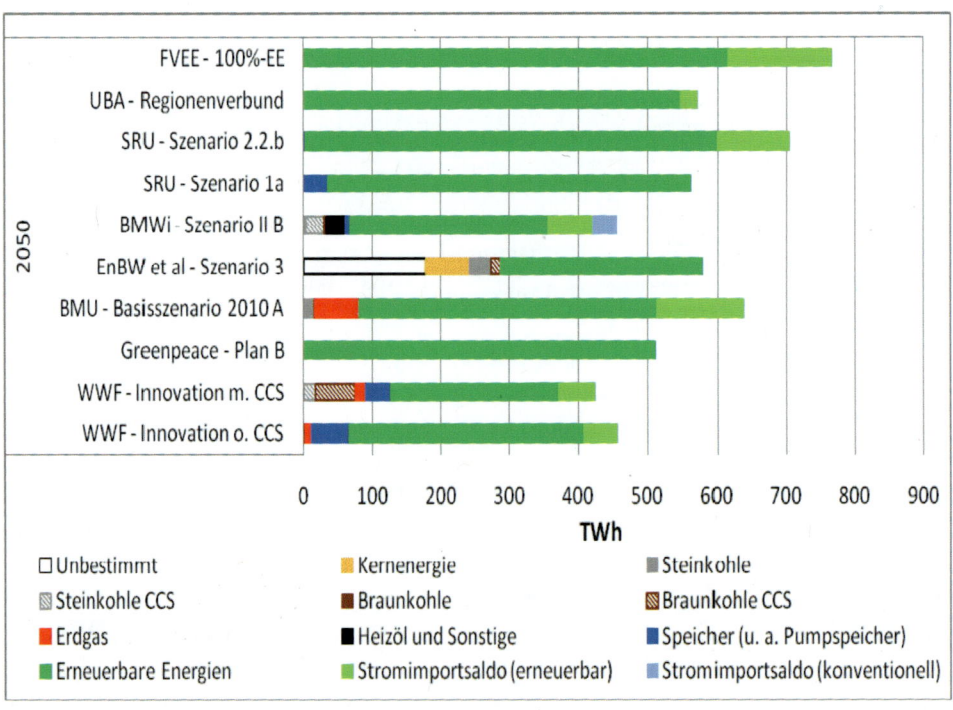

Quelle: SAMADI, 2011: Eigene Darstellung nach Angaben aus den jeweiligen Szenariostudien.

---

[16] Die Stromerzeugung aus Speicherkraftwerken wird nicht in allen Szenarien separat aufgeführt.

Bis Mitte des Jahrhunderts wird in fast allen Szenarien ein Anteil der erneuerbaren Energien am Bruttostromverbrauch von 80 bis 100% erreicht. Eine Ausnahme bildet hier erneut *Szenario 3* (FfE, 2009), in dem der Anteil lediglich bei rd. 50% liegt. Die meisten Szenarien nehmen zusätzlich zur heimischen Stromerzeugung noch den Netto-import von Strom an. Dieser Import liegt im Jahr 2050 bei bis zu 150 TWh (*100% - EE*, FVEE, 2010) bzw. bei bis zu 21% der Bruttostromnachfrage (*Leitszenario*, BMU 2009). In den meisten Szenarien mit einem Nettostromimport wird dabei betont, dass der Strom aus dem Ausland vollständig aus Anlagen zur Nutzung erneuerbarer Ener-gien stammt.

Hier wird insbesondere der Import von Solar- und Windstrom aus Südeuropa und Nordafrika angenommen (DESERTEC-Plan). Die Zielszenarien der Studie für das Energiekonzept der Bundesregierung (BMWi, 2010) stellen hier allerdings eine Aus-nahme dar. In *Szenario II B* entstammen im Jahr 2050 nur rd. zwei Drittel des Nettoim-ports aus erneuerbaren Energiequellen. Die Herkunft des restlichen Drittels wird nicht genau aufgeführt, es wird in der Studie allerdings erwähnt, dass der Rest im Wesentli-chen aus europäischen Atomkraftwerken stammt.

Beim Vergleich des Stromsektors in den Szenarien fallen die folgenden Aspekte auf:

- In allen Szenarien steigt die Stromerzeugung aus erneuerbaren Energien bis 2050 gegenüber heute deutlich an. Selbst wenn nur die inländische Erzeugung betrachtet wird, wird mit einer Ausnahme (*Innovation mit CCS*, WWF, 2009) in diesem Zeit-raum mindestens eine Verdreifachung der absoluten Erzeugung errechnet. In vier der Szenarien (*100% - EE*, FVEE, 2010; *Regionenverbund*, UBA, 2010, *Szenario 2.2b* und *Szenario 1a*, SRU. 2010) findet sogar etwa eine Versechsfachung statt.[17]
- Offshore-Windenergie ist im Jahr 2050 in allen Szenarien der bedeutendste erneu-erbare Energieträger in der Stromerzeugung, mit Anteilen an der gesamten inländi-schen Erzeugung durch erneuerbare Energien von 32% (*Innovation mit CCS*, WWF 2009) bis 55% (*Szenario 1a*, SRU, 2010).
- Gleichzeitig ist die Unsicherheit über den Beitrag der Offshore-Windenergie in absoluten Werten am höchsten. Der absolute Beitrag dieser Technologie liegt 2050 bei 80 TWh (*Innovation mit CCS*, WWF, 2009) bis 317 TWh (*Szenario 1a* und *Sze-nario 2.2.b*, SRU 2010).
- Die meisten Szenarien errechnen für die Onshore-Windenergie in 2050 einen Bei-trag von 60 TWh (*Szenario II B*, BMWi, 2010) bis 91 TWh (*Szenario 2.2.b*, SRU 2010). Zwei Szenarien (*100% - EE*, FVEE, 2010; *Regionenverbund*, UBA, 2010) halten aber auch einen deutlich stärkeren Beitrag von rund 170 TWh für möglich,

---

[17] Die z.T. deutlichen Unterschiede in Bezug auf den Beitrag erneuerbarer Energien haben verschiedene Gründe. Zu diesen Gründen zählen: Unterschiedliche Annahmen über die technisch-ökonomische Ent-wicklung der Anlagen zur Nutzung erneuerbarer Energien, unterschiedliche Annahmen über die Nutzung anderer Technologien mit geringen Treibhausgasemissionen (insbesondere CCS und Atomkraft) und un-terschiedlich ambitionierte Klimaschutzziele in den Szenarien.

was mehr als das Vierfache der heutigen Erzeugung aus Onshore-Windenergie bedeuten würde.

- Abgesehen von der Wasserkraft, für die in allen Szenarien nur noch ein relativ geringer Ausbau für möglich gehalten wird, gibt es auch deutlich unterschiedliche Einschätzungen über den möglichen Beitrag der anderen erneuerbaren Energieträger (Biomasse, Photovoltaik, Geothermie).

Die von der Bundesregierung für ihr Energiekonzept 2010 in Auftrag gegebenen Szenarien (hier *Szenario II B*) liegen bei der heimischen Stromerzeugung aus erneuerbaren Energien im Jahr 2050 hinter nahezu allen anderen hier betrachteten Szenarien (einzige Ausnahme: *Innovation mit CCS*, WWF, 2009). Ein wesentlicher Grund dafür liegt in der von den Autoren getroffenen Annahme, dass ab 2020 die Förderung der Stromerzeugung aus erneuerbaren Energien nicht mehr auf Bundesebene erfolgt. Es wird angenommen, dass stattdessen eine europaweit einheitliche Förderung implementiert wird und folglich der Ausbau erneuerbarer Energien innerhalb Europas dort stattfindet, wo die Erzeugung am günstigsten ist. Dies führt nach dieser Modellrechnung ab 2020 zu einer signifikanten Verringerung des nationalen Ausbaus der Stromerzeugung aus erneuerbaren Energien.[18]

Die meisten der untersuchten Szenarien nehmen einen Import von Strom aus erneuerbaren Energien an, der zwischen den Jahren 2020 und 2030 beginnt und bis 2050 ansteigt. In zwei der Szenarien (*Leitszenario*, BMU, 2009; *100% - EE*, FVEE, 2010) erreicht dieser Stromimport in 2050 einen Anteil von rd. 20% an der gesamten Stromerzeugung.

Die meisten Szenarien, die einen Import erneuerbaren Stroms vorsehen, nehmen an, dass diese Stromimporte überwiegend aus Solar-Kraftwerken und Windkraftanlagen aus Südeuropa und Nordafrika kommen. In *Szenario 2.2.b* (SRU 2010) stammt der importierte Strom hingegen aus Skandinavien, insbesondere aus Wasserkraft und Windenergie.

An dieser Stelle stellt sich die Frage, welche Rolle die vier führenden Stromkonzerne derzeit und in Zukunft für den ökologischen Umbau des Stromsektors in Deutschland spielen. Eine empirische Analyse des Instituts für ökologische Wirtschaftsforschung (IÖW) im Auftrag von Greenpeace hat hierzu interessante Zahlen zusammengetragen: Die folgende Tabelle zeigt, dass der Anteil neuer erneuerbarer Stromerzeugung (ohne Berücksichtigung schon vorhandener Wasserkraftwerke) an der Stromerzeugung in 2007 bei allen Konzernen gering war und bis 2009 marginal geblieben ist. Trotz ihrer exorbitanten Kapitalkraft und überschäumenden Liquidität war der Beitrag der Konzerne zu Innovationen im Energiebereich und zum ökologischen Umbau im Bereich der erneuerbaren Energien gemessen am Bundesdurchschnitt (13,1% in 2009) bescheiden.

---

[18] Mitte des Jahrhunderts werden auch infolge dieser Annahme große Mengen an Strom importiert, sowohl aus erneuerbaren Quellen als auch aus Atomkraftwerken.

Tabelle 10: EE-Stromerzeugung und EE-Anteile der vier Energiekonzerne in Deutschland 2007, 2009 sowie nationaler Durchschnitt im Vergleich, mit und ohne Wasserkraft

		EON	RWE	Vattenfall	EnBW **	Deutsch-land
EE-Strom gesamt						
2007	absolut in TWh	9,0	4,0*	0,9	8,4	
	Anteil an Gesamt-stromerzeugung	7,3 %	2,3 %*	1,2 %	11,4 %	14,2 %
2009	absolut in TWh	7,9	3,9	0,8	7,8	
	Anteil an Gesamt-stromerzeugung	7,1 %	2,6 %	1,2 %	11,2 %	16,4 %
EE-Strom ohne Wasserkraft („neue EE")						
2007	absolut in TWh	1,8	0,7*	0,8	0,1	
	Anteil an Gesamt-stromerzeugung	1,4 %	0,4 %*	1,1 %	0,1 %	10,8 %
2009	absolut in TWh	1,1	0,8	0,8	0,3	
	Anteil an Gesamt-stromerzeugung	1,0 %	0,5 %	1,2 %	0,4 %	13,1 %

Quelle: HIRSCHL et. al. (2010), IÖW (2011).

Auch nach Auswertung der vorliegenden konzerneigenen **Ausbaupläne bis 2020** läge der EE-Stromanteil nur zwischen 10% (EnBW) und 15% (E.ON und Vattenfall; RWE: 13%), also noch bei weniger als der Hälfte des voraussichtlichen Bundesdurchschnittes (letzte offiziell genannte Zahl der Bundesregierung: 38,6% vgl. BMU 2010b). Der Löwenanteil der gesamten Konzerninvestitionen der Konzerne wurde mit Planungs-stand 2009 in Deutschland und Europa noch für Atomenergie- und Kohlekraftwerke verplant, für die absehbar ist, dass aus Gründen des Klimaschutzes und der Risikomi-nimierung kein gesellschaftlicher Bedarf mehr besteht. Man darf gespannt sein, ob und ggf. wie sich diese Ausbaupläne nach den neuen energiepolitischen Eckpunkten der Bundesregierung und der EU verändern und wie die Aktionäre der Konzerne den längst überfälligen Strategiewechsel der Konzerne bewerten werden.

7.5 Netzausbau

Das deutsche Stromnetz hat für einen weiteren Ausbau der erneuerbaren Energien eine zu geringe Kapazität. Es stellt damit einen „Flaschenhals" (GERMANWATCH, 2010) auf dem Weg ins regenerative Zeitalter dar. Da sich die Lastflüsse vom Norden in den Süden durch hohe Windkraftanteile verändern, sind neue „Stromautobahnen" für den Übergang ins atomstromfreie Zeitalter notwendig. Umstritten ist allerdings deren Anzahl, denn durch intelligente dezentrale Netzsteuerung, verstärkte dezentrale Einspeisung, Stromeinsparung, Lastmanagement und Speicher kann auch der Netzausbau reduziert werden.

Gemäß der Netzstudie II der Deutschen Energieagentur (DENA 2010), die vermutlich eine Maximalschätzung darstellt, fehlen für die weitere erfolgreiche Integration der erneuerbaren Energien mit einen Anteil von 39% an der Stromversorgung bis 2020 (mit Ausblick 2025) deutlich mehr Netzkapazitäten als bisher angenommen wurde (dena-Netzstudie I von 2005, siehe unten). Konkret hat die dena dazu drei Varianten untersucht (vgl. Tabelle 11).

Tabelle 11: Überblick über den Netzzubau- und Netzmodifikationsbedarf

Variante	Bedarf Trassenzubau im Übertragungsnetz	Zu modifizierende Trassenlänge	Kosten
BAS 000	3.600 km	0 km	0,946 Mrd. €/a
FLM 000	3.500 km	3.100 km	0,985 Mrd. €/a
TAL 000	1.700 km	5.700 km	1,617 Mrd. €/a

Quelle: DENA-Netzstudie II – Zusammenfassung der wesentlichen Ergebnisse, 2010.

Im deutschen Übertragungsnetz fehlen demnach Hochspannungsleitungen in einer Länge von 3.600 Kilometern (Basisszenario ohne Speichereinsatz, BAS) bzw. 3.500 Kilometer (Freileitungsmonitoring, FLM). Die Differenz von 100 Kilometern sind mit der besseren Übertragungsfähigkeit durch FLM zu erklären. Allerdings werden bei dieser Variante auf einer Trassenlänge von weiteren 3.100 Kilometern bauliche Anpassungen notwendig.

Die entsprechenden Kosten für den Netzausbau- und die Netzmodifikation (inklusive Anschluss der Offshore Windparks, Leitungsverluste und Blindstromkompensation) liegen für die Basisvariante (BAS) bei 0,946 Mrd. € pro Jahr, für das Leiterseilmonitoring (FLM) bei jährlich 0,985 Mrd. €.

Eine dritte untersuchte Variante berücksichtigt den Einsatz von Hochtemperaturleiterseilen (TAL). Der Anteil des Netzausbaus reduziert sich hier auf 1.700 Kilometer, wobei 5.700 Kilometer an bestehenden Trassen umgerüstet werden müssen. Die Kosten liegen mit 1,617 Mrd. €/a deutlich höher als in der Basisvariante, unter anderem weil Hochtemperatureile höhere Übertragungsverluste verursachen.

In der Vergangenheit wurde der Netzaus- und umbau stark vernachlässigt. In der letzten Netzstudie der dena von 2005 (dena-Netzstudie I) wurde ein zusätzlicher Ausbaubedarf von 850 km bis 2015 errechnet, von dem bis zur Veröffentlichung der Netz-studie II nur etwa 90 km realisiert wurden (dena-Netzstudie II, Zusammenfassung). Sollte sich der Netzausbau in den kommenden Jahren in diesem Tempo fortsetzen bzw. sollte die Bundesregierung nicht die politischen Rahmenbedingungen für einen deutlich beschleunigten Netzausbau schaffen, so ist die Ernsthaftigkeit und Glaubwürdigkeit der im Energiekonzept vorgestellten Ziele bezüglich des Ausbaus der erneuerbaren Ener-gien zu bezweifeln.

Über die Grenzen der Bundesrepublik hinaus ist zur Ergänzung der dezentralen Er-zeugung der Aufbau eines Hochspannungsgleichstrom-Übertragungsnetzes (HGÜ) in Europa und Nordafrika notwendig (FVEE 2010).

Bewertung des Energiekonzepts in Bezug auf den Netzausbau
Es ist grundsätzlich positiv zu bewerten, dass die Notwendigkeit des Ausbaus der Netz-infrastruktur im Energiekonzept der Bundesregierung erkannt wurde. Nun muss es sich daran messen lassen, ob und wie die vorgestellten Konzepte den Ausbau der Netzinfra-struktur beschleunigen und ob damit die Stromnetze hinreichend an die Erfordernisse einer Stromversorgung mit erneuerbaren Energien angepasst werden. Die beiden vor-gesehenen Schwerpunkte hierzu sind zum einen wirtschaftliche Anreize für den Netz-ausbau, zum anderen planerische Instrumente (GERMANWATCH, 2010).

Unter anderem ist ein Dialog mit den zentralen politischen Akteuren (mit den vier Netzbetreibern, den Ländern und der Regierung selbst) geplant, der am BMWi ange-siedelt werden soll. Fragwürdig ist dabei jedoch, dass Umweltverbände und Akteure aus den jeweiligen Regionen nicht als Gesprächspartner mit berechtigtem Interesse vorgesehen sind und dass das Bundesumweltministerium nicht einbezogen wird.

Netzumbau – Optimierung und Verstärkung
Angesichts der angekündigten Maßnahmen zum **Netzausbau**, geht das Energiekonzept weniger auf den notwendigen **Netzumbau** ein. Dabei müssen die Netze nicht nur aus-gebaut, sondern auch optimiert und verstärkt werden. In der Studie des FVEE „Ener-giekonzept 2050" wird dazu explizit darauf aufmerksam gemacht, dass neben der zent-ralen Struktur der Stromnetze auch der Umbau zu dezentralen Strukturen berücksichtigt werden muss (siehe bedarfsgerechte Erzeugung und intelligente Netze).

„Intelligente" Netze (Smart Grid/Smart Metering)
Das Energiekonzept sieht die Umsetzung sog. **„intelligenter Netze" (Smart Grids)** vor. Die Wichtigkeit der Koordinierung von Stromerzeugern, der Speicher, der Ver-braucher und des Stromnetzes durch moderne Informationstechnik zur Anpassung der Energienachfrage an das Angebot wird auch im Energiekonzept erkannt. Für die Reali-sierung der „intelligenten" Netze ist die Ausstattung privater Haushalte mit **„intelligen-ten" Stromzählern** eine notwendige Voraussetzung. Auch dies wurde im Energiekon-zept berücksichtigt.

Im Energiekonzept werden darüber hinaus weitere Punkte angesprochen: Erstens sollen ab 2011 lastenvariable Stromtarife angeboten werden, die so attraktiv ausgestaltet sein sollen, dass sie auch angenommen werden. Eine weitere Förderung von Pilotprojekten zum effizienten Einsatz von Kommunikationstechnologien ist geplant und das Energiewirtschaftrecht soll so angepasst werden, dass ein flächendeckender Einsatz „intelligenter" Zähler ermöglicht wird. Die Messzugangverordnung soll novelliert und eine Anerkennung der Investitionskosten für „intelligente" Zähler geprüft werden.

Speicherkapazitäten

Bei einem weiteren Ausbau der erneuerbaren Energien ist gleichzeitig auch der Ausbau und die Integration der Speicherkapazitäten unverzichtbar um die Versorgungssicherheit zu gewährleisten. Besonders im Zusammenhang mit der Windenergie spielen Speicher eine wichtige Rolle. Sie erlauben in Starkwindperioden mit geringer Nachfrage überschüssigen Strom beispielsweise in Pumpspeicher-Wasserkraftwerken zu speichern und wenn nötig wieder einzuspeisen (HOHMEYER, 2010).

Das Energiekonzept hat die Notwendigkeit des Ausbaus von Speicherkapazitäten bei einem weiteren Ausbau der erneuerbaren Energien grundsätzlich erkannt. Es nennt neben dem Ziel deutsche Potenziale für Pumpspeicherkraftwerke „im Rahmen der technischen und wirtschaftlichen" Möglichkeiten zu erschließen, auch die Nutzung ausländischer Pumpspeicher wie etwa in Norwegen und in den Alpen. Die Nutzung dieser Potenziale macht wiederum den Ausbau der Grenzkuppelstellen notwendig.

Dass die Forschungsanstrengungen im Bereich neuer Speichertechnologien intensiviert werden sollen, ist Konsens: Es werden Druckluftspeicher, Wasserstoffspeicher und „aus Wasserstoff hergestelltes Methan" erwähnt. Letzteres geht auch auf die Studie „Energiekonzept 2050" des Forschungsverbundes für erneuerbare Energien zurück. Es handelt sich hierbei um sogenanntes **„Erneuerbares Methan"** als „neue Konversionstechnologie" (FVEE, 2010)[19], die es erlaubt aus erneuerbarem Strom und CO_2 erneuerbares Methangas zu erzeugen. Dieses könnte dann im Erdgasnetz als jederzeit verfügbarer Energieträger vorgehalten werden. Der besondere Vorteil dieses Speichers liegt darin, dass die bestehende Erdgas-Infrastruktur inklusive der Kraftwerke und der Erdgasspeicher genutzt werden können. Das vorhandene Erdgasnetz würde so zu einem „virtuellen saisonalen Speicher" für die Strom- und die Wärmeerzeugung sowie darüber hinaus für die Versorgung des Verkehrssektors mit einem regenerativen Kraftstoff. Die Speicherreichweite des Gasnetzes bewegt sich aktuell mit 200TWh im Bereich von

---

[19] Über den sog. Sabatier-Prozess, d.h. über die Reaktion von Wasserstoff mit CO_2 lässt sich direkt Methan (CH_4) herstellen. Dieses kann dann über bestehende Erdgasnetze und Erdgasspeicher zu den zugehörigen Stromerzeugern weitergeleitet werden. Der energetische Wirkungsgrad (Energie des Erneuerbaren Methans/Energie des Stroms) liegt nach Angaben der Studie bei über 60% (gilt nur für KWK-Nutzung, sonst bei ca. 38%). CO_2 wird dabei als Rohstoff verwendet. Daraus folgt, dass die CO_2-Bilanz bei Kraftwerken, bei Biogasanlagen und bei der Herstellung von Synthesegas neutral ist. (vgl. FVEE 2010). Über die Kosten macht die Studie keine Angaben.

Monaten. Daneben wird auch die Elektromobilität im Energiekonzept als eine Speichermöglichkeit genannt („Batterien für Elektrofahrzeuge"). Den Gesamtspeicherbedarf kann diese jedoch nur zu einem kleinen Teil erbringen (vgl. FVEE, 2010).

Das Energiekonzept geht außerdem auf die zügige Prüfung von Investitionsanreizen für den Ausbau von Biomassepotenzialen ein, die ebenfalls die Fluktuationen durch Wind und Sonne ausgleichen sollen. Ein nicht nachhaltiger Ausbau der Biomasseverstromung ist jedoch kritisch zu bewerten.

Bedarfsgerechte Erzeugung

Eine bedarfsgerechte Stromversorgung aus erneuerbaren Energien ist möglich, indem bedingt regelbare Erzeuger (Wind/PV) mit regelbaren Erzeugern (Biogas-Blockheizkraftwerke/Mikrogasturbinen) und die oben genannten Pumpspeicher (FVEE, 2010) zusammengeschaltet werden. Durch ein solches „regeneratives Kombikraftwerk" (siehe Abbildung) kann die Energieversorgung aus erneuerbaren Energien jederzeit sicher gestellt werden.

Es ist die intelligente Verknüpfung der einzelnen Erzeuger, welche die Versorgungssicherheit letztlich garantiert. Wichtig ist dabei die Kombination mit relativ präzisen Vorhersageverfahren, großen Speicherkapazitäten und flexiblen Verbrauchern.

Letztlich ist es dann eine Kombination aus zentralen (z.B. Offshore-Windparks, Pumpspeicher) und dezentralen Komponenten (Photovoltaik, Kraft-Wärme-Kopplungs -Anlagen), die so die Energieversorgung der Zukunft sicherstellen.

Abbildung 10: Das regenerative Kombikraftwerk

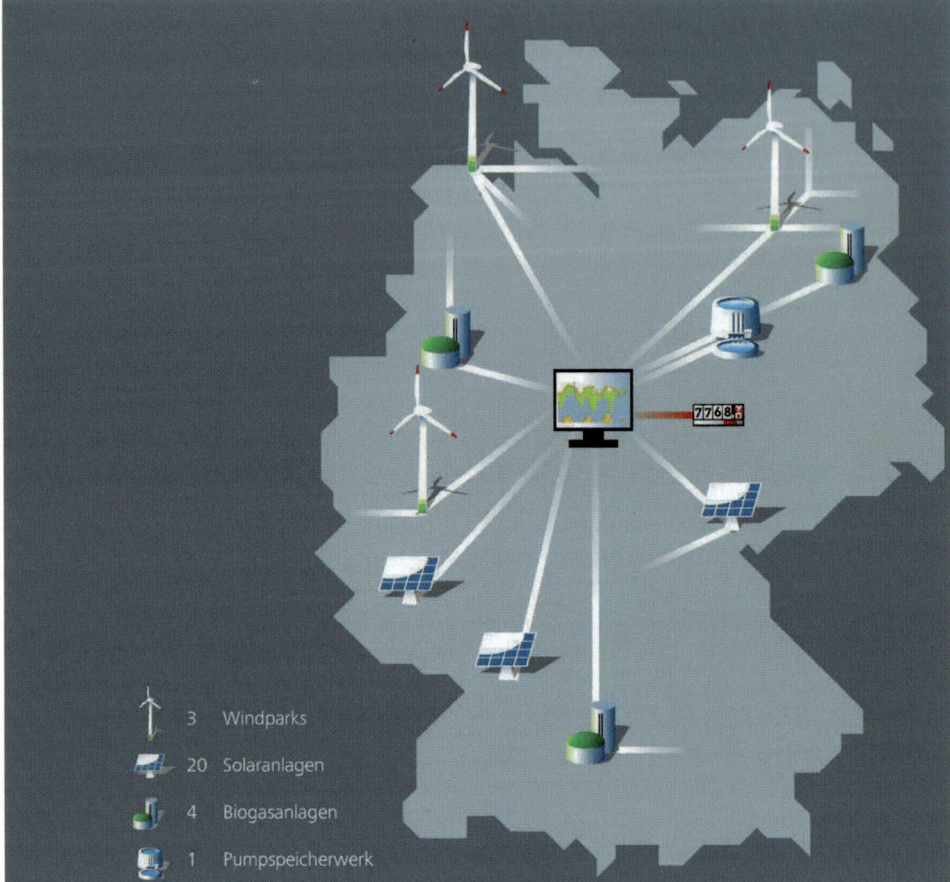

Quelle: FVEE (2010, S. 28) nach Fraunhofer IWES.

Markt- und Systemintegration der erneuerbaren Energien

Es ist positiv zu bewerten, dass im Energiekonzept die Komplementarität des Ausbaus der Netze und Speicher mit Fragen der Markt- und Systemintegration und einer bedarfsgerechten Erzeugung herausgestellt wird. Im Energiekonzept werden konkrete Punkte genannt, welche den Netzausbau flankieren und die Marktintegration der Erneuerbaren fördern sollen.

Dabei soll bei der Novellierung des EEG geprüft werden, ob eine optionale Marktprämie für Strom aus erneuerbaren Energien eingeführt wird. Das bedeutet allerdings, dass eine Alternative zur festen EEG-Vergütung geschaffen werden könnte, indem der Erzeuger von erneuerbarem Strom diesen auf dem Markt verkaufen kann und nur durch eine Marktprämie gefördert wird. Ob damit der Einspeisevorrang „durch die Hintertür" gekippt werden soll, ist offen.

Außerdem soll die Grünstromvermarktung so „weiterentwickelt werden", dass „Anreize für marktgerechtes Verhalten" gesetzt werden. Es wird dabei ausdrücklich betont, dass die EEG-Umlage dadurch nicht dauerhaft steigen soll.[20]

Es ist an dieser Stelle zu betonen, dass die Ankündigungen der Bundesregierung diesbezüglich viel Interpretationsspielraum offen lassen. Es kommt zweifellos darauf an, wie sie umgesetzt werden. Die selbst gesetzten Ausbauziele würden Makulatur, wenn der geltende **Einspeisevorrang für Strom aus erneuerbaren Energien** zukünftig in Frage gestellt würde. Minister Röttgen hat sich öffentlich darauf festgelegt, dass dies keinesfalls beabsichtigt ist.

Umweltwirkungen und Akzeptanz der Bevölkerung

Mittel bis langfristig wird der Netzausbau- und -umbau nur gelingen wenn die Interessen aller betroffenen Akteure berücksichtigt werden. Dabei sind vor allem sich ergebende Nutzungskonflikte mit dem Natur- und Landschaftsschutz (DUH, 2010) zu berücksichtigen. So sollten Anwohner, die in unmittelbarer Nachbarschaft zu neuen Stromtrassen leben, frühzeitig in einen transparenten **Dialog** mit den verantwortlichen Akteuren eingebunden werden. Auch regionale und lokale Akteure (wie Landkreise und Kommunen) sollten dabei berücksichtigt werden. Eine Durchsetzung von groß angelegten neuen Stromtrassen ohne Zustimmung dieser Akteure sollte unbedingt vermieden werden. Dazu gehört auch, dass beispielsweise frühzeitig vor Ort über die entsprechenden Stromübertragungstechnologien diskutiert wird und mit den Bürgerinnen und Bürgern über die Plausibilität und gegebenenfalls die Notwendigkeit des Netzausbaus gesprochen wird.

Nur in einem solchen **frühzeitigen** Dialog kann sichergestellt werden, dass sinnvolle Netzausbaulösungen gefunden werden und gesellschaftliche Konflikte minimiert werden können. Einen detaillierten Fahrplan mit Maßnahmen zur Schaffung lokaler Akzeptanz hat die Deutsche Umwelthilfe 2010 in ihrem Strategiepapier „Plan N" erarbeitet.

Neben dem transparenten Bürgerdialog sind alle direkten oder z.B. über Fonds oder Genossenschaften vermittelte Formen der Bürgerbeteiligung an der Finanzierung der Errichtung und dem Betrieb von Anlagen der erneuerbaren Energieerzeugung wesentliche Schritte für die örtliche Akzeptanzsteigerung. Sinnvoll ist, dass eine Einbindung einzelner Anlagen in örtliche und regionale Energiewendekonzepte erfolgt, damit die „Re-Vergesellschaftung" der Energieversorgung konzeptionell durchdacht und mit langem Atem betrieben werden kann. Die Bewegung der „100% Erneuerbare-Energie-Regionen" (http://www.100-ee-kongress.de/; siehe auch weiter unten) zielt genau in

---

[20] Die deutliche Erhöhung der EEG-Umlage ab 2011 um 70% von 2 cent auf 3,5 cent pro Kilowattstunde würde sich demnach nicht in dieser Form in den nächsten Jahren weiterentwickeln.

diese Richtung. „Re-Vergesellschaftung" soll dabei andeuten, dass vor allem auf dem Land ein nachhaltiges Energienutzungssystem sowohl eine Vielzahl von Aktivitäten der Effizienzsteigerung als auch eine Vielfalt neuer dezentralerer erneuerbarer Energie-erzeugung am Ort des Verbrauchs einschließt. Dabei spielen neue Formen der Koope-ration (zwischen Stadt und Land, zwischen Stadtwerken, zwischen kommerziellen Energieerzeugern und dezentralen „privaten" Netzeinspeisern (auf Basis von Klein-KWK; Photovoltaik) eine zunehmende Rolle. „Prosumer" ist dabei eine neue Wort-schöpfung für diejenigen neuen Energiemarktakteure, die sowohl Konsumenten als auch Produzenten von erneuerbarer Energie z.B. mit einer eigenen PV-Anlage auf dem Dach darstellen. Dies gilt insbesondere für Gebäude der Zukunft („Plusenergie-Häuser"®), deren energetisch optimierte Gebäudehülle und –technik es erlaubt, dass sie netto (z.B. durch eine PV-Anlage auf dem Dach) mehr Energie erzeugen als sie verbrauchen.

Im Energiekonzept der Bundesregierung wird unter dem Stichwort „Transparenz und Akzeptanz" (S. 32) nur angedeutet, dass beides, vor allem im Bereich Netzausbau, von enormer Wichtigkeit ist. Dabei bleibt das Konzept jedoch eine überzeugende Stra-tegie schuldig. Sogenannte „Stromautobahnen" (Overlay-Netz) quer durch Deutsch-land, die den erneuerbaren Strom von den Erzeugungszentren im Norden zu den Ver-brauchszentren im Westen und Süden der Republik transportieren können, sind bei weiten Teilen der Bevölkerung jedoch noch sehr umstritten. Vor allem vor dem Hinter-grund eines raschen Netzausbaus ist eine umfassende, transparente und schlüssige Kommunikations- und Beteiligungsstrategie unumgänglich. Dass die Bundesregierung was diese Überlegungen betrifft noch ganz am Anfang steht, zeigt, dass die Informati-onsoffensive „Netze für eine umweltschonende Energieversorgung" erst noch ins Le-ben gerufen werden muss.

Es kann jedoch schon jetzt vorausgesagt werden, dass die Opposition gegen den Netzausbau vor Ort solange massiv bleiben wird, solange örtliche Initiativen befürch-ten müssen, dass dieser Ausbau den relativ langen Restlaufzeiten von AKW oder dem zusätzlichen Bau von Kohlekraftwerken dient. Damit hätte sich die Bundesregierung in eine Sackgasse manövriert, die den rechtzeitigen ökologischen Umbau des Netzes in Frage stellen kann. Es muss befürchtet werden, dass der Bürgerprotest dafür herhalten muss, selbst verschuldete Verzögerung beim Umbau des Stromsystems und bei der Nichterreichung der oben zitierten Ausbauziele zu rechtfertigen.

7.6 Kosten und Wirtschaftlichkeit des Umbaus

Gesamtkostendynamik

Was kostet mittel- und langfristig der Umbau des Energie- bzw. Stromsystems auf Basis erneuerbarer Energien? Und wie werden sich diese Kosten in den nächsten Jahr-zehnten entwickeln? Ist die Umstellung auf eine auf regenerativen Energien basierende Energieversorgung teurer oder günstiger als ein konventioneller Referenzpfad? Die transparente Analyse und Beantwortung dieser Fragen ist für die gesellschaftliche Akzeptanz des ökologischen Umbaus des Energiesystems von erstrangiger Bedeutung. Denn kaum hatte die Bundeskanzlerin Merkel und Bundesumweltminister Röttgen deutlich gemacht, dass es ihnen in der Regierungskoalition mit dem Über- und Umdenken in der Atomenergiefrage ernst ist, da setzte von Betreibern, Industrie, Medien und Experten eine förmliche Kakophonie von widersprüchlichen Kostenschätzungen ein.

Am 18. April 2011 berichtete z.B. die Frankfurter Rundschau, dass Bundesumweltminister Röttgen – gestützt auf die Regierungsszenarien von 2010 – bei *„einen beschleunigten Atomausstieg"* nur moderat höhere Strompreise zwischen 0,1 bis 0,9 ct/kWh kalkuliert. Stefan Kohler, Chef der deutschen Energieagentur (dena), wird dagegen mit einer Zusatzbelastung aller Stromverbraucher von 20 Mrd. pro Jahr und mit Preiserhöhungen „um etwa 5 ct/kWh" zitiert. Felix Chr. Matthes, der Energieexperte des Öko-Instituts, hält dies wiederum für *„in keiner Weise fundierte Horrorzahlen"* (EBENDA, S.5) und bestätigt die Position des Umweltministers: Unterm Strich seien die Zusatzkosten durch einen beschleunigten Atomausstieg *„verkraftbar".*

Wir wollen uns an dieser aktualitätsbezogenen Kostendebatte nicht beteiligen, weil zu oft Äpfel (die ohnehin notwendigen Kosten des Klimaschutzes) mit Birnen (Zusatzkosten des „beschleunigten" (?) Atomausstiegs) vergleichen werden. Hinzu kommt, dass die Stromkostenüberwälzung durch das EEG auf Haushalte und kleine Wirtschaftsbetriebe flugs als staatliche Subvention fehlinterpretiert, die Ausweitung der Freistellung von mehr Industriebetrieben dagegen oft ignoriert, die Marktüberhitzung durch die Überförderung der Photovoltaik (2009/2010) in die Zukunft fortgeschrieben, die Kostendegression sowie Beschäftigungseffekte der erneuerbaren Stromerzeugung nicht erwähnt und schließlich der Strompreis senkende Effekt erneuerbarer Stromerzeugung an der Strombörse nicht vermittelt wird.

Aus all diesen Gründen macht es keinen Sinn, die häufig „quick und dirty" geschätzten kurzfristigen Kostenangaben eines „vorzeitigen Ausstiegs" hier nachzuzeichnen. Stattdessen stützen wir uns auf die bereits vor Fukushima vorgelegten langfristigen System- und Kostenanalysen, die im Regelfall einen Ausstieg nach „Energiekonsens 2000" zugrunde legen.

Nachfolgend wird aufgezeigt, dass sich der Umbau des Energiesystems volkswirtschaftlich lohnt, mittelfristige Kostensteigerungen unvermeidlich, aber tragbar sind. Dazu werden zunächst zwei Studien herangezogen, die ein unterschiedliches Ausbauziel für 2050 verfolgen. Zum einen das BMU-Leitszenario (2009/2010), welches das Ziel verfolgt im Jahr 2050 55% der Primärenergie aus erneuerbaren Energien zur Verfügung zu stellen. Daneben wird eine Studie des Forschungsverbundes Erneuerbare Energien (FVEE, 2010) zum Vergleich herangezogen. Diese beschreibt ein Szenario, in dem bereits 2050 die gesamte Energieversorgung auf Erneuerbaren Energien basieren soll.

Es sei erneut betont, dass durch die Nichtberücksichtigung der externen Kosten die positiven volkswirtschaftlichen Umstrukturierungseffekte systematisch unterschätzt werden.

Das „BMU-Leitszenario"

Wichtig zum Verständnis von Kostenangaben über die Zukunft ist, dass es sich dabei oft um **Differenzkosten** zweier unterschiedlicher Entwicklungspfade handelt. Politik, Wirtschaft und Gesellschaft sind ja häufig daran interessiert zu erfahren, wie sich ein verändertes Ziel-Energiesystem (z.B. ohne Atomenergie; mit ausreichendem Klimaschutz) gegenüber einem Entwicklungspfad unterscheidet, der die bisherige Entwicklung nur weiter fortschreibt („Business as Usual" oder „Referenzszenario"). Man spricht daher auch von den „Differenz- oder Zusatzkosten" zwischen Ziel- und Referenzszenario.

Abbildung 11 stellt die jährlichen Differenzkosten des Ausbaus der erneuerbaren Energien gemäß einem Preispfad -A- (Leitpreis Rohöl in 2020: 94 $2005/Barrel; CO_2-Preis: 39 €/t)[21] bei einem Ausbauziel von 50% der gesamten Primärenergie bis 2050 dar. Die Differenzkosten umfassen dabei alle Kosten des Umbaus des Energiesystems auf erneuerbare Energien im Vergleich zu einem Referenzpfad („Business as Usual").

Es zeigt sich, dass die Differenzkosten in allen Sektoren (Strom, Wärme, Verkehr) zunächst ansteigen (Basisjahr 2000). Der Höhepunkt wird in dieser Version des Leitszenarios 2010 in 2015 mit etwa 15 Mrd. €/a erreicht, danach gehen sie deutlich zurück bis etwa im Jahr 2025 keine Differenzkosten mehr anfallen. Danach ergeben sich negative Differenzkosten, d.h. die erneuerbare Energieerzeugung „erwirtschaftet" eine volkswirtschaftliche Kostenersparnis.[22] Der enorme Anstieg bei den Stromkosten ist vor allem der Überhitzung der PV-Einspeisung in den Jahren 2009/2010 geschuldet, welche die Differenzkosten – aus heutiger Sicht – kontraproduktiv, allerdings nur vorrübergehend um einige Milliarden aufgebläht hat.

Während die zunehmende Verknappung fossiler Rohstoffe die Energieumwandlungskosten konventioneller Kraftwerke tendenziell in die Höhe treiben wird, werden die investitionsbedingten Mehrkosten für die Erneuerbaren aufgrund von technologischen Lern- und Erfahrungseffekten sinken bis der sogenannte „break-even-point" erreicht sein wird. Ab diesem Zeitpunkt werden die erneuerbaren Energien aufgrund der Einsparungen im Bereich der fossilen Brennstoffe volkswirtschaftlich statt zu Mehrkosten zu Minderkosten, d.h. zu Einsparungen führen.

---

[21] Vgl. BMU-Leitszenario 2009

[22] Es sei darauf hingewiesen, dass diese volkswirtschaftliche Kostenersparnis mit weiteren positiven (Neben-) Effekten verbunden ist, wie z.B. Beitrag zum Klima- und Ressourcenschutz, Senkung der Importabhängigkeit, Reduzierung externer Effekte, Aufbau neuer Geschäftsfelder für weltweite Leitmärkte, Schaffung zukunftsfähiger Arbeitsplätze.

**Abbildung 11: Differenzkosten des gesamten EE-Ausbaus im Leitszenario 2010
bei Preissteigerungen nach Preispfad A**

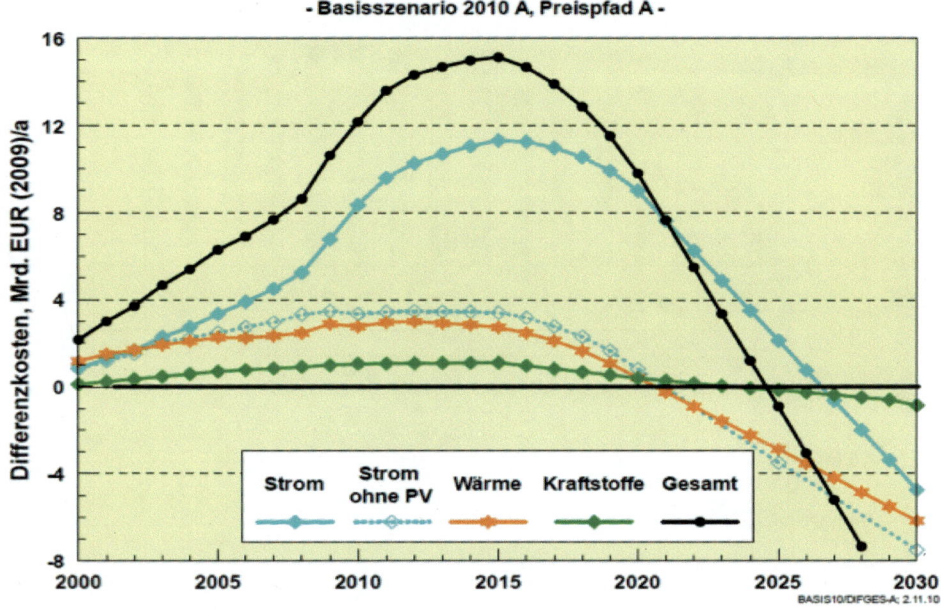

Quelle: BMU Leitszenario (2010a)

Das „Energiekonzept 2050" (FVEE)

Während im „Leitszenario" (2009/2010) bis zum Jahr 2050 noch mit einem – allerdings klimabezogen noch vertretbaren – Restenergiebedarf an fossilen Energieträgern gerechnet wird, geht die Studie „Energiekonzept 2050" des Forschungsverbundes Erneuerbare Energien (FVEE, 2010: 43) bis zum Jahr 2050 von einem vollständig erneuerbaren Energiesystem in allen Sektoren aus. Auch diese Studie zeigt, dass der Ausbau der Erneuerbaren Energien mittelfristig zunächst deutliche Mehrkosten verursachen wird (Vergleich der Energiegestehungskosten der erneuerbaren Energien mit den Energiegestehungskosten fossiler Energieanlagen). Die oben beschriebene Kostendynamik für das gesamte Energiesystem bestätigt auch diese Studie. Der Höhepunkt der Differenzkosten wird hier ebenfalls 2015 erreicht, allerdings konnte der Kostensprung bei der PV anders als im Leitszenario 2010 hier nicht berücksichtigt werden.

Abbildung 12: Entwicklung der gesamten Differenzkosten (Strom, Wärme, Mobilität)

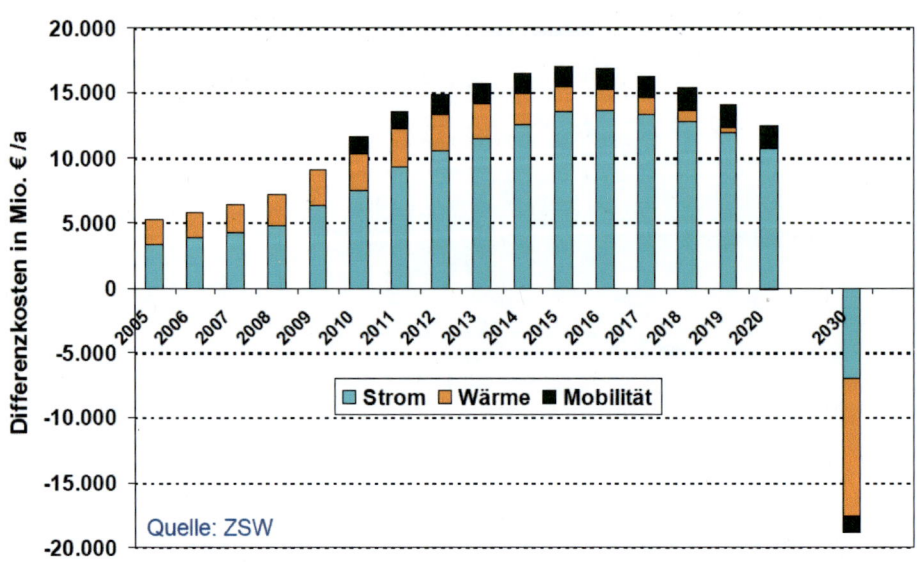

Quelle: FVEE (2010, S. 43) nach ZSW.

Die dennoch gegenüber dem Leitszenario erhöhten Differenzkosten können darauf zurückgeführt werden, dass dieses Szenario das Ziel hat, bereits im Jahr 2050 das Energiesystem vollkommen (100%) auf erneuerbare Energien umzustellen. Entsprechend teurer stellt sich wegen der forcierten Markteinführung der Umbau dar und der „break-even-point" erfolgt später. Eine exakte Jahresangabe lässt die Studie offen, gibt aber ein Zeitfenster zwischen 2020 und 2030 an. Die Studie geht davon aus, dass das Maximum der Differenzkosten im Jahr 2015 mit 8% (FVEE, 2010, 13) in Relation zur gesamten Energiekostenbelastung einen vertretbaren Kostenaufwand für den forcierten Umbau auf ein risikominimierendes Energiesystem darstellt.

Die Stromkostendynamik

Grundsätzlich ist die Dynamik der Differenzkosten im Strombereich vergleichbar mit der des gesamten Energiesystems. Plausibel ist dabei: Je höher die erwarteten Preissteigerungen für fossile Energieträger ist, desto geringer die Differenzkosten des Ausbaus der erneuerbaren Stromerzeugung sowie der Umfang der jährlichen Mehrkosten und desto früher kommt es zum „break-even-point". Eine vergleichbare Dynamik ergibt sich aus der Annahme steigender Preise für CO_2 durch den Zertifikatehandel. (vgl. hierzu Preispfad -A- und -B- im Leitszenario).

Folgt man im Leitszenario dem Preispfad -A- für die Differenzkosten der erneuerbaren Energien im Strombereich (blaue Linie, Abbildung 11) so zeigt sich, dass diese im Jahr 2008 bei 4,7 Mrd. € pro Jahr lagen und noch bis 2015 auf 6,2 Mrd. € pro Jahr steigen werden. Ab 2024 werden die Differenzkosten dann negativ. Verglichen mit der gesamten Energieversorgung steigen die Differenzkosten der Stromerzeugung also länger an und der „break-even-point" wird später erreicht. Dabei wird davon ausgegangen, dass der Anteil der Stromerzeugung aus erneuerbaren Energien im Jahr 2050 etwa 90% beträgt.

Damit die suggestive Kraft der Bilder sich nicht verselbständigt muss bei den Abbildungen 11 und 12 besonders deutlich hervorgehoben werden: Die Betrachtung der Differenzkosten basiert hier wiederum auf einer konventionellen betriebswirtschaftlichen Kostenrechnung, welche die externen Kosten der konventionellen Energieerzeugung (wie etwa den Schadstoffausstoßes von Kohlekraftwerken, Endlagerung von Atommüll, Schadenskosten durch Unfälle etc.) und erst recht die globalen externen Kosten (z.B. des Klimawandels) außer Acht lässt. Würde man die externen Kosten einpreisen, so würde sich die dargestellte volkswirtschaftliche Kostendynamik zu Gunsten der Erneuerbaren erheblich beschleunigen. Je nach monetarisierter Bewertung der externen Kosten ist möglich, dass der Mix der erneuerbaren Stromerzeugung schon heute kostengünstiger ist als der fossil-nukleare Konkurrenzstrom.

Ein Vergleich der spezifischen Stromgestehungskosten (pro Kilowattstunde) aus erneuerbaren Energien mit jenen konventioneller Energieträger wird in der Stellungnahme des Sachverständigenrates für Umweltfragen (SRU 2010) vorgenommen (Abbildung 13). Dabei wird bis zum Jahr 2050 ein Anteil von 100% Strom aus erneuerbaren Energien unterstellt.

Hier folgen die Stromgestehungskosten aus erneuerbaren Energien dem aus dem Leitszenario bekannten Verlauf (beide Preispfade abgebildet), d.h. sie steigen kurz- bis mittelfristig (bis 2017) noch an, fallen danach aufgrund der Substitution knapper werdender fossiler Energieträger und wegen der Weiterentwicklung der Technologien (Kostendegression durch Lernkurveneffekte) stetig ab. Die Stromgestehungskosten aus fossilen Energieträgern hängen von der Entwicklung der Brennstoffpreise und den Kosten für Verschmutzungsrechte (CO_2-Zertifikate) ab und steigen kontinuierlich an (vgl. SRU 2010, 78).

Abbildung 13: Entwicklung der spezifischen Stromgestehungskosten

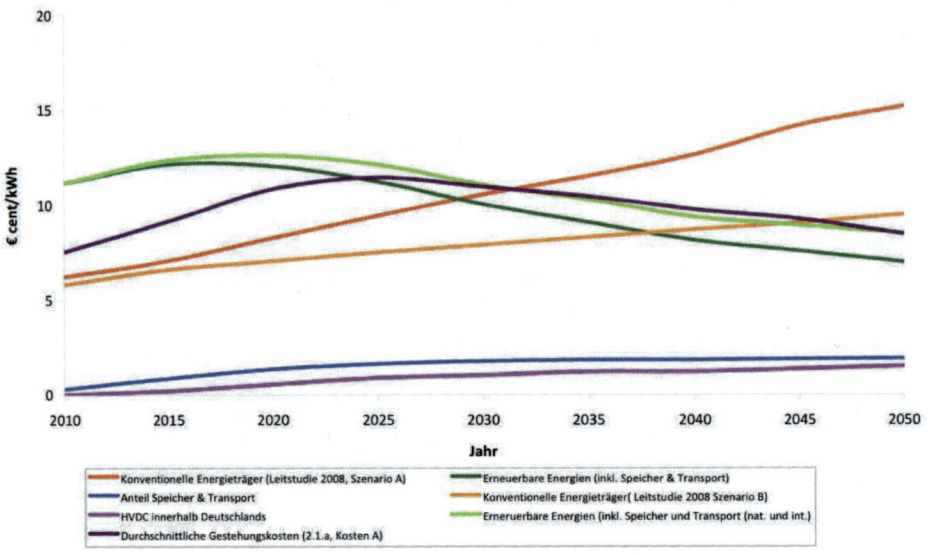

Quelle: SRU-Stellungnahme (2010) S. 81.

Ein Vergleich der erneuerbaren mit den konventionellen Stromgestehungskosten zeigt, dass ab dem Zeitfenster zwischen 2029 und 2044 die erneuerbare Stromerzeugung (auch ohne Berücksichtigung der externen Kosten) kostengünstiger möglich ist als die konventionelle, je nachdem wie sich die Preise für fossile Energieträger entwickeln. Im oben zitierten Preisszenario -A- (rote Kurve) liegt der Schnittpunkt etwa im Jahr 2029. Der forcierte Einstieg in eine zukunftsfähige erneuerbare Stromerzeugung hat also bei konventioneller Kostenrechnung für gut zwei Jahrzehnte einen unvermeidlichen Kostenerhöhungseffekt, der soweit wie möglich durch Steigerung der Energieeffizienz in allen Sektoren abgebremst werden sollte, um die Energierechnungen zu stabilisieren und die gesellschaftliche Akzeptanz für den notwendigen ökologischen Umbau des Stromsystems nicht zu gefährden. Ebenso wie beim Ausbau der Netze muss die Energiewende hinsichtlich der Strompreiserhöhungen durch eine seriöse und langfristige Kommunikationsstrategie flankiert werden. Dies Aufklärungsarbeit geht aber weit über Fragen der Transparenz zu unabwendbaren Strompreiserhöhungen hinaus. Die Forcierung von Stromsparprojekten für sozial schwache Haushalte, die zumutbare Mitfinanzierung des ökologischen Umbaus durch höhere EEG-Umlagen auf die stromintensive Industrie (TRABER et. al., 2011) und insbesondere auch die Information über gesamtwirtschaftlich positive Effekte des ökologischen Umbaus des Energiesystems sind Teil einer notwendigen und umfassenderen Kommunikationsstrategie.

Plausibilität und Akzeptanz

Um für den sozial- und wirtschaftsverträglichen Umbau des Energiesystems („Energiewende") Akzeptanz zu schaffen, ist es besonders wichtig, **die zukünftige Dynamik** der wirtschaftlichen Gesamteffekte plausibel zu erklären und zu kommunizieren. Die Entwicklung des Investitionsvolumens einer konsequenten Ausbaustrategie der Erneuerbaren Energien im Stromsektor kann dem BMU-Leitszenario 2010 entnommen werden (Abbildung 14). Es zeigt sich, dass eine erhebliche Steigerung des jährlichen Investitionsvolumens erfolgt und dass vor allem der Anteil der Windkraftanlagen am gesamten Investitionsvolumen in den kommenden Jahren stark anwachsen wird (Ausbau der Offshore-Anlagen), während technologische Lerneffekte in der Photovoltaik zu geringeren Kosten führen werden. Der aktuelle (2010) – durch die überhitzte Photovoltaik-Konjunktur bedingte – Stromkostenanstieg (um ca. 3,5 ct/kWh) wird sich also nicht fortsetzen.

Abbildung 14: Jährliches Investitionsvolumen im aktualisierten BMU-Leitszenario 2009 für den Stromsektor

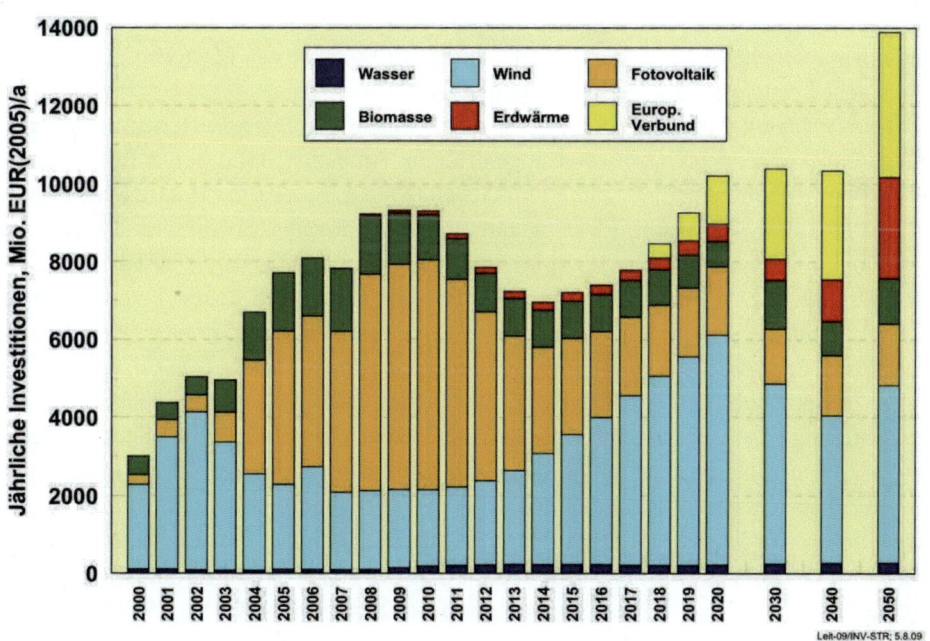

Quelle: BMU-Leitszenario (2009) S. 61.

Wie in Abbildung 14 ersichtlich sind in den nächsten Jahrzehnten weiterhin erhebliche Investitionen zu tätigen, wenn der Umbau zu einem erneuerbaren Energiesystem (hier 50% der Primärenergie für die Stromversorgung, vgl. Leitszenario 2010) gelingen soll. Dass sich dieser Umbau langfristig volkswirtschaftlich lohnt, wurde oben gezeigt.

Eine besondere Bedeutung kommt dabei den regionalen und kommunalen Umbau-aktivitäten zu. Dies gilt nicht nur in Hinblick auf die Akteure und den realen Ort der Transformation (ländliche Regionen, Städte, Bundesländer), sondern auch für die regionale Umschichtung und Dezentralisierung von Investitionen und Wirtschaftskraft. Dies soll am Beispiel einer Studie für eine Großstadt wie München und am Beispiel der Bewegung in ländlichen Regionen zum Aufbau von 100% erneuerbare Gemeinden („Energieautarkie") gezeigt werden.

München 2058

Die Studie „München – Wege in eine CO_2-freie Zukunft" (WUPPERTAL INSTITUT, 2009) zeigt auf, wie zentral die Rolle der Städte beim Klimaschutz ist. Sie sind es, die am stärksten zum weltweiten Klimawandel beitragen (75% der eingesetzten Energie entfällt auf die Großstädte der Welt und 80% der CO_2 Emissionen, im Jahr 2025 werden etwa 60% der Weltbevölkerung in Großstädten leben) und sie sind es auch, die ihn deutlich zu spüren bekommen (Stichwort: Tropennächte). Die Tatsache, dass sich diese Problematik so kompakt darstellt, eröffnet die Chance, in den Großstädten ein „klima-freundliches Leben und Wirtschaften" zu etablieren, das Beispielcharakter für andere Regionen übernehmen kann. Modellhaft wurde am Beispiel von München gezeigt, wie eine solche Transformation gelingen kann:

Dazu zählen ganze Bündel an Maßnahmen, welche die Energieeffizienz verbessern und zu entsprechenden CO_2 Einsparungen führen: An erster Stelle stehen dabei umfas-sende Wärmedämmungsmaßnahmen im Gebäudebestand, der Einsatz effizienter Kraft-Wärme-Kopplung, sparsame Elektrogeräte und Beleuchtungssysteme sowie eine rege-nerative und damit CO_2-arme Energieerzeugung. Wirtschaftlichkeitsbetrachtungen der vorgeschlagenen Maßnahmen zeigen, dass sich die anfänglich hohen Investitionen in effiziente und energiesparende Technologien im Laufe des Produktlebenszyklus' durch eingesparte Energiekosten in der Regel auszahlen.

So entsprechen die 13 Milliarden €, die in München bis Mitte des Jahrhunderts in die Sanierung von Altbauten investiert werden müssten, um diese auf den hocheffizien-ten Passivhaus-Standard zu bringen bezogen auf jeden Münchner Bürger etwa 200 € pro Jahr. Dies entspricht etwa einem Drittel der jährlichen Gasrechnung. Diese Mehr-investitionen würden im Jahr 2058 Energiekosteneinsparungen von 1,6 - 2,6 Milliarden € entgegenstehen, pro Kopf entspricht dies 1.200 - 2.000 €. Bezogen auf den Zeitraum von 50 Jahren würden sich die Einsparungen auf mehr als 30 Milliarden € belaufen.

Abgesehen von den technischen Möglichkeiten werden auch Verhaltensaspekte der Bürger thematisiert. Zentral ist dabei, dass die Menschen konsequent ermutigt werden in umweltfreundliche und wirtschaftliche Technik zu investieren und umweltfreundli-che Verkehrsmittel zu nutzen.

Daneben wird aufgezeigt, wie die Transformation in eine fast CO_2 freie Metropole sowohl infrastrukturell als auch technologisch vollzogen werden könnte. Dazu zählt erstens der vollständige Umbau der Stromversorgung auf regenerative Quellen unter

Nutzung aller Einsparmöglichkeiten, wobei die Erzeugung auch an anderen Orten erfolgen muss (siehe 6.5 Netzumbau). Aber auch der teilweise Umstieg von motorisiertem Individualverkehr auf Fahrrad, Bus und Bahn durch die Schaffung kompakterer Siedlungsstrukturen und der Umstieg auf die Elektromobilität tragen ihren Teil dazu bei. So lassen sich schon in den nächsten 30 Jahren einzelne CO_2 arme Stadtteile entwickeln: Die Kosten der energetische Optimierung werden dabei langfristig von den eingesparten Energiekosten gedeckt.

Die konsequente Verfolgung des Ziels der CO_2 Freiheit beinhaltet ein großen Chancenpotential für die Städte. Die aufgezeigten Investitionen in den Umbau der Energie- und Gebäudestrukturen bringen neben den Kosteneinsparungen enorme ökonomische Impulse (siehe nächster Abschnitt) mit sich (z.B. Arbeitsplätze im Handwerk) und leisten einen Beitrag die Lebensqualität der Städte zu erhalten und zu verbessern.

100% Erneuerbare Gemeinden und Regionen
Es sind die Kommunen und Regionen, die zu den potentiellen Gewinnern von Klima- und Ressourcenschutz zählen können. Seit einigen Jahren geht der Trend vieler ländlicher Kommunen und Regionen in Deutschland hin zu einer vollständigen Energieversorgung aus erneuerbaren Energien. Dazu zählen der Trend zur Rekommunalisierung der Energieversorgung (Neugründungen von Stadtwerken) und Energieerzeugung (Stichwort: „Bioenergiedörfer") sowie der eigenständige Betrieb der Energienetze („Energie in Bürgerhand"). Die dadurch induzierten Wertschöpfungseffekte auf regionaler und kommunaler Ebene sind der Treiber dieser Entwicklung.

Auf insgesamt vier Wertschöpfungsstufen welche wiederum sehr viele einzelne Wertschöpfungsschritte beinhalten profitieren die Menschen vor Ort von der dezentralen Energiewende (IÖW, 2010):

- Investition in Anlagen: Die Anlagen und Anlagenkomponenten für die dezentrale Energieversorgung (z.B. Windkraftanlagen) werden vor Ort produziert, dabei führt die Produktion unzähliger technischer Komponenten zu vielen Wertschöpfungsschritten. Hier entstehen Arbeitsplätze; die Kommunen profitieren über die Abschöpfung kommunaler Steuern (Gewerbesteuer, Anteil der Einkommensteuer).
- Planung und Installation von Anlagen: Auch diese Wertschöpfungsstufe induziert eine Vielzahl an Wertschöpfungsschritten. Sie reichen von der Planung der Anlagen in Ingenieurbüros bis hin zur Erschließung, Installation und Netzanbindung.
- Betriebsführung: Die installierten Anlagen müssen über Jahrzehnte gewartet und Instand gehalten werden. Kommunale und Regionale Unternehmen können davon profitieren.
- Betreibergesellschaft: Die kommunalen und regionalen Betreibergesellschaften selbst profitieren von der neuen dezentralen Energieversorgung.

Am Beispiel von 1 kW Windenergie (an Land) hat das IÖW die ausgelöste kommunale Wertschöpfung über die nächsten 20 Jahre beispielhaft geschätzt. Es zeigt sich, dass

auf der Investitionsstufe kommunale Wertschöpfung vor allem in Form von Nettoein-
kommen durch Beschäftigung vor Ort entsteht (mehr als die Hälfte der induzierten
Wertschöpfung von ca. 250 € entfällt darauf). Auf der zweiten Stufen, der Planung und
Installation, ist der gesamte Wertschöpfungsimpuls deutlich geringer: die ca. 75€
kommen fast vollständig den Beschäftigten vor Ort zu Gute. Die mit Abstand größte
Wertschöpfung entsteht aber erst im Laufe des Lebenszyklus der Anlagen: auf der
Stufe der technischen Betriebsführung entsteht ein Impuls von über 400 € pro instal-
liertem kW Leistung. Zwei Drittel entfallen auf Gewinne der regionalen Unternehmen
nach Steuern, ein knappes Drittel auf die Nettoeinkommen der Beschäftigten. Der al-
lergrößten Anteil entsteht auf der Stufe der Betreibergesellschaften mit ca. 700 € pro
kW. Die Wertschöpfung entsteht mit über 500 € hauptsächlich in Form von privatwirt-
schaftlichen Gewinnen.

Diese beschriebenen, treibenden Wertschöpfungseffekte führen für die Regionen
und Kommunen zu einem enormen Anreiz zum „zentralen Treiber einer dezentralen
Energiewende" zu werden (IÖW, 2010). Dass zu erwarten ist, dass ein überwiegender
Anteil in Form von Gewinnen an die Betreibergesellschaften fließt, zeigt an dieser
Stelle einmal mehr, wie wichtig die kommunale und regionale Bürgerbeteiligung an
der Energiewende für deren Akzeptanz darstellt. Aber auch die Beschäftigungseffekte
und fiskalischen Einnahmeeffekte leisten ihren Beitrag zur der Akzeptanz der Energiewende vor Ort.

Für die gesellschaftliche Akzeptanz des Umbaus spielen diese nachprüfbaren und
sichtbaren Effekte vor Ort ebenso eine wichtige Rolle wie der konkrete Nachweis über
positive volkswirtschaftliche Innovations-, Investitions- und Wettbewerbswirkungen.

Zweifellos wird z.B. die Akzeptanz vor Ort für Windkraft-, Biomasse-,
Geothermie- oder Wasserkraftanlagen steigen, wenn zumindest der überwiegende Teil
der Wertschöpfung beim Bau und Betrieb dieser Anlagen in Form von Steuereinnahmen oder Gewinnanteilen im regionalen Wirtschaftskreislauf verbleibt. Eine bürgerfi-
nanzierte Windkraftanlage beeinträchtigt ebenfalls für Naturfreunde das Landschaftsbild, aber es macht einen erheblichen Unterschied, ob eine externe Abschreibungsge-
sellschaft hiervon profitiert oder die Bürger vor Ort dies als vertretbaren Kompromiss
zwischen Landschaftsschutz und Energiewende akzeptieren. Zumal es auch Wirt-
schafts- und Finanzkreisläufe hilft zu schließen, wenn die Bürger vor Ort dabei buch-
stäblich wahrnehmen, wie ihr gemeinschaftlich investiertes Bürgerkapital in der eigenen Windkraftanlage „arbeitet".

Für die gesamtgesellschaftliche Akzeptanz vor allem in Kreisen der Wirtschaft ist
auch die Analyse interessant, wie sich der volkswirtschaftliche Investitions- und Inno-
vationsbedarf in einzelnen Branchen entwickelt und welche volkswirtschaftlichen
Chancen sich für den Standort Deutschland durch die Anhebung der volkswirtschaftlichen Investitionsquote ergeben. Generell muss angemerkt werden, dass jeder Strukturwandel – auch der sich im marktwirtschaftlichen Selbstlauf autonom entwickelnde
ständige Veränderungsprozess – Gewinner und Verlierer hervorbringt. Für die staatlich

forcierte Industrie- und Strukturpolitik zum Schutz von Klima und Ressourcen ist vor allem der Nettoeffekt entscheidend d.h. die Frage, ob in Summe die volkswirtschaftlichen Gewinne die denkbaren Verluste deutlich überkompensieren. Gleichwohl gilt es industrie- und regionalpolitisch Diversifizierungsstrategien von voraussichtlichen „Verlierer"-Branchen vorsorgend zu flankieren, um negative Struktur- und Arbeitsplatzeffekte zu begrenzen.

Es lohnt sich dazu einen vergleichenden Blick auf die Entwicklung der internationalen Investitionsquoten zu werfen. (JAEGER et. al. für das BMU, 2009). Dabei zeigt sich, dass die Investitionsquote in Deutschland seit mehreren Jahrzehnten im Trend erheblich zurückgeht. Lag die Bruttoinvestitionsquote 1971 noch bei etwa 30% des Bruttoinlandprodukts (Netto: 15%) so ist sie im letzten Jahrzehnt bis auf 17% (Netto: unter 5%) gesunken. Seit der Jahrtausendwende blieb sie weit unter dem EU- sowie dem OECD-Durchschnitt zurück. Zurückgehende Investitionsquoten führen zu einem veraltenden Kapitalstock und einer Abschwächung des technischen Fortschritts, da potentielle Lernprozesse mit der Zeit verlangsamt werden. Daraus resultiert dann eine geschwächte Wachstums- und Beschäftigungsdynamik.

Abbildung 15: Investitionsquoten im internationalen Vergleich

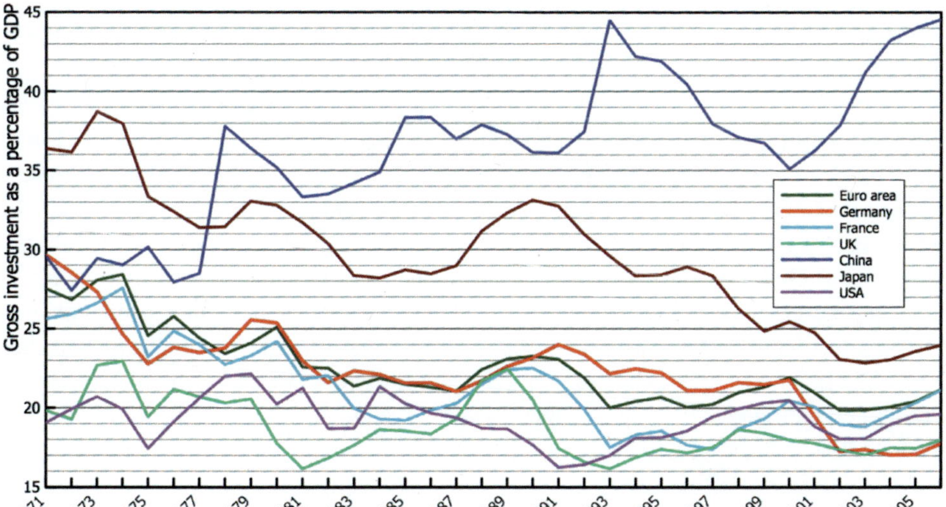

Quelle: JAEGER et al. (2009) S. 13.

Die Mehr-Investitionen, die für den Umbau des Energiesystems notwendig sind, heben die Investitionsquote tendenziell an. Gleichzeitig werden durch den Umbau teure Energieimporte eingespart, welche die Nachfrageseite (Bürger, Unternehmen, Staat) entlasten. Beide Effekte, zusätzliche Investitionen und Entlastungen von Energieimporten, können sich wechselseitig verstärken (Multiplikatoreffekt) und dadurch einen – für Klima- und Ressourcenschutztechniken – hoch erwünschten Wachstums- und Beschäftigungsimpuls auslösen. Der konsequente Umbau des Energiesystems erhöht so die Wettbewerbsfähigkeit, senkt die Importabhängigkeit und generiert zusätzliche Beschäftigung (zwischen 1998 und 2009 wurden in der Erneuerbaren-Energien-Branche etwa 339.500 Arbeitsplätze (+451%) geschaffen (BMU, 2010, www.unendlich-viel-energie .de/EDLER/O'SULLIVAN, 2010). Ein Studie (BMU, 2008) kommt zu dem Resultat, dass die Realisierung einer CO_2-Reduktion um 40% bis zum Jahr 2020 in Deutschland durch Energiekosteneinsparung sowie Importsubstitutions- und Multiplikatoreffekte (netto) bis 2020 etwa 500.000, bis 2030 sogar 800.000 zusätzliche Arbeitsplätze schaffen kann.

Eine durch Fakten gestützte Kommunikation dieser Effekte ist zur Stabilisierung der gesellschaftlichen **Akzeptanz** des ökologischen Umbaus unerlässlich. Daneben gilt es jedoch die vorübergehend steigenden Energiekostenbelastungen der betroffenen Akteure im Detail zu analysieren und durch flankierende Maßnahmen entlastend zu agieren. Auf der Seite der Unternehmen wird es deshalb wichtig sein, große stromintensive Branchen wie etwa die Stahl oder die Chemieindustrie nicht so sehr zu belasten, dass Arbeitsplätze in Gefahr geraten. Eine flankierende Förderung von Energieeffizienzmaßnahmen spielt hierbei eine wichtige Rolle. Durch systematische DSM[23]Programme zur Einsparung von Grundlaststrom (z.B. für Kühl- und Gefriergeräte) können z.B. Stromangebotskapazitäten für stromintensive Betriebe freigesetzt werden.

Auf Seiten der privaten Haushalte ist wichtig, dass die Kostensteigerungen sozialpolitisch abgefedert werden. Aufgrund höherer relativer Ausgabenanteile für Haushaltsenergie treffen Preissteigerungen für Haushaltsenergie, v.a. Strompreiserhöhungen, einkommensschwache Haushalte überproportional (vgl. DESTATIS, LWR, 2007). So hatten vor allem die Bezieher von Transfereinkommen („Hartz 4") in den vergangenen Jahren erhebliche Probleme, ihre Rechnungen für Haushaltsenergie (v.a. Strom) über den vorgesehenen Satz zu decken (KOPATZ, 2009). Neben einer angemessenen Berechnung der Transfereinkommen sind hier vor allem Energieberatungsangebote und Sofort-Hilfe-Unterstützungen (z.B. Ausgabe von Energiesparlampen) zur Verbesserung der Energieeffizienz zu empfehlen (vgl. hierzu „Aktion Stromspar-Check", eaD/CARITAS/KOPATZ et al. 2010).

Zwischenfazit

Als Zwischenergebnis der technisch-ökonomischen Szenarienanalyse zeigt sich, dass der Umbau des Energiesystems in Richtung einer risikominimierenden Energieeffizienz- und Solarenergiewirtschaft im Hochtechnologieland Deutschland technisch möglich und gesamtwirtschaftlich attraktiv ist. Würden die durch den ökologischen Umbau

---

[23] DSM steht für Demand Side Management.

vermiedenen externen Kosten[24] des heutigen fossil-nuklearen Systems dabei berücksichtigt, würde dieses positive Ergebnis noch erheblich verstärkt. Insofern lassen sich die folgenden Erkenntnisse aus dem Szenariovergleich ableiten:

Die hier untersuchten langfristigen Energieszenarien für Deutschland halten eine „Energiewende" in Richtung auf eine risikominimierende Energieeffizienz- und Solarenergiewirtschaft innerhalb der nächsten vier Jahrzehnte für realisierbar.

Mit einer Ausnahme halten die Klimaschutzszenarien eine Primärenergieversorgung für möglich, die bis 2050 mindestens zu 50% auf erneuerbaren Energien beruht und eine Reduktion der energiebedingten CO_2-Emissionen gegenüber 1990 um rund 80 bis 95% erreicht. Die einzige Ausnahme stellt eine Szenariostudie im Auftrag der vier großen Stromkonzerne dar.

Die anderen vier Energiesystem-Szenarien zeigen, dass das Erreichen ambitionierter Klimaschutzziele sowohl eine nahezu revolutionäre Reduktion des Primärenergiebedarfs als auch einen starken Ausbau der erneuerbaren Energien bei einem gleichzeitigen drastischen Rückgang der Nutzung aller fossilen Energieträger erfordert.

Eine gegenüber den vergangenen Jahren deutlich schnellere Absenkung der Endenergieintensität ist in den Szenarien eine zentrale Voraussetzung für das Erreichen ambitionierter Klimaschutzziele.

Alle Szenarien, die eine Minderung der CO_2-Emissionen von mindestens 80% erreichen, weisen im Stromsystem bereits 2030 einen sehr hohen Anteil erneuerbarer Energien von mindestens 47% auf. Da ein großer Teil dieser erneuerbaren Energien fluktuierend ist (v.a. Windenergie, aber auch Solarenergie), müssen die restlichen Kraftwerke verstärkt zur Bereithaltung von Regelenergie dienen. Entsprechend verschlechtert sich die Wirtschaftlichkeit von konventionellen Kraftwerken mit relativ hohen Kapitalkosten und relativ niedrigen Betriebskosten (Atomkraftwerke und (CCS-) Kohlekraftwerke).

Weder aus einzelnen Energieszenarien noch aus der Gegenüberstellung der unterschiedlichen Szenarien ergeben sich Anhaltspunkte, dass eine Laufzeitverlängerung der Atomkraftwerke eine notwendige Voraussetzung für das Erreichen ambitionierter Klimaschutzziele in Deutschland ist. Eine Laufzeitverlängerung bestehender Atomkraftwerke würde notwendige Investitionen in diese beiden „grünen Pfeiler" eines zukünftigen nachhaltigen Stromsystems daher lediglich verzögern. Dabei ist zu befürchten, dass eine solche Verzögerung nach dem endgültigen Ausschalten der Atomkraftwerke nicht wieder mit dem erforderlichen Ausbautempo kompensiert werden kann.

---

[24] Unstrittig ist, dass fossil-nuklear-basierte Energiesysteme erhebliche Kosten, die nicht in der betriebswirtschaftlichen Kostenrechnung enthalten sind (sog. externe Kosten), auf die Um-, Mit- und Nachwelt verlagern. Die möglichen exorbitanten Schäden des Klimawandels oder von Nuklearkatastrophen gehören hierzu. Umstritten ist die in Geld bewertete Höhe und die Eintrittswahrscheinlichkeit solcher Schäden, so dass pragmatische Annahmen innerhalb bestimmter Bandbreiten sinnvoll sind. Das Umweltbundesamt geht davon aus, dass die externen Kosten der Stromerzeugung zwischen 6,1 (Öl), 6,8 (Steinkohle) und 8,7 Cent/kWh liegen. Vgl. UBA (2007) Externe Kosten kennen – Umwelt besser schützen; siehe auch Fußnote 21.

Kann mittel- und langfristig der Umbau des Energiesystems auf erneuerbare Energien finanziert werden? Die Szenarien zeigen, dass sich der Umbau des Energiesystems volkswirtschaftlich langfristig lohnt, allerdings mittelfristige Kostensteigerungen unvermeidlich sind.

7.7 Energieeffizienz: Ein Paradigmenwechsel ist notwendig

Die positiven klima- und ressourcenrelevanten und gesamtwirtschaftlichen Effekte des ökologischen Umbaus des Energiesystems hängen – neben der erwarteten Kostendegression bei erneuerbaren Energien – entscheidend an zwei Voraussetzungen: Die simulierten technisch möglichen Effizienzpotenziale müssen erstens durch eine forcierte Energieeffizienzstrategie tatsächlich implementiert werden und es muss zweitens durch ein gezieltes Politikbündel so weit wie möglich verhindert werden, dass spezifische Effizienzgewinne wieder durch Wachstums- und Komforteffekte (sog. „Rebound Effekte"; siehe unten) zunichte gemacht werden. Möglich ist das nur, wenn ein Paradigmenwechsel in der Energiepolitik und eine flankierende gesellschaftliche Transformationsstrategie unterstellt werden.

Von der IEA (OECD/IEA, WORLD ENERGY OUTLOOK, 2010), dem World Energy Council (WORLD ENERGY COUNCIL, 2011; DRAFT), McKinsey (MCKINSEY GLOBAL INSTITUTE, 2009), von NGO-nahen Experten (ECOFYS/WWF, 2011) und einer Vielzahl von Szenarien für Europa und für Deutschland (vgl. Kapitel Szenarienvergleich) geht tendenziell die gleiche Botschaft aus: Energieeffizienz kann gegenüber einem Referenzpfad etwa 40–60% zur CO_2-Reduktion bis 2050 beitragen und ist von allen Optionen zum Klima- und Ressourcenschutz die wirtschaftlich attraktivste. Selbst etablierte Institutionen scheuen sich daher heute nicht mehr, von den Chancen einer „Effizienzrevolution" zu sprechen. Damit ist eine notwendige Bedingung für ausreichenden Ressourcen- und Klimaschutz im Prinzip bei den etablierten Institutionen angekommen. Es ist aber noch nicht anerkannt, mit welchen sozialen Implikationen das technisch Mögliche wirklich umgesetzt werden kann.

Der Energiefluss für ein Hochtechnologieland wie Deutschland macht plausibel, warum eine „Effizienzrevolution" technisch möglich ist und warum **neues Denken über Energie** quasi vom „Kopf" (der „Beschaffung" von Primärenergie) auf die „Füße" (den konkreten Nutzen von Energiedienstleistungen) gestellt werden muss. Im Jahr 2007 betrug der deutsche Primärenergieverbrauch (PEV) 14.061 PJ (100%). Abzüglich dem nichtenergetischen Verbrauch, dem Strom-Außenhandelssaldo, dem Eigenverbrauch des Energiesektors und der Energieverluste (vor allem bei Kraftwerken) ergibt sich ein Endenergieverbrauch von 8585 PJ (61,1%). Bei der Umwandlung von Endenergie in Nutzenergie verursachen Geräte, Gebäude, Fahrzeuge, Prozesse noch einmal knapp 50% Verluste (bezogen auf die Endenergie), so dass letztlich nur 4.403 PJ (31,3% bezogen auf PEV) in der Form von Hochtemperaturwärme (z.B. für Hochofenprozesse), Niedertemperaturwärme (z.B. für Gebäudeheizung), Kraft/mechanische Energie (z.B. für elektri sche Antriebe oder Verbrennungsmotoren), Licht (z.B. für Raumbeleuchtung) oder IuK-Techniken (z.B. für Computer) beim Energie-„verbraucher" ankommen.

Aber erst nach der Umwandlung von Nutzenergie in die eigentlich benötigten Energiedienstleistungen endet dieser verlustreiche Umwandlungsprozess von Primärenergie bis zum konkreten Nutzen für private, gewerbliche oder öffentliche Energieverbraucher". Licht (die Energiedienstleistung „Helligkeit") kann mit unterschiedlicher Umwandlungseffizienz z.B. mit Glühlampen, Leuchtstoff („Energiespar"-)Lampen oder Leuchtdioden (LED) hergestellt werden; je nach Anordnung von Fenstern, Wandfarben und Lichtquelle kann mehr oder weniger Nutzenergie benötigt werden.

Der hier am Beispiel Deutschlands demonstrierte Energiefluss gilt im Prinzip auch weltweit: Die ineffizienten Weltenergiemaschinen laufen mit erneuerbaren Energien nur in Kombination mit Effizienzsteigerung besser. Sie **allein** mit den – noch teuren – erneuerbaren Alternativenergien in Gang halten zu wollen, wäre illusionär und unbezahlbar. Gesunder Menschenverstand spricht dafür, vor allem die Löcher zu stopfen, indem Umwandlungsverluste auf allen Stufen der Energieumwandlung drastisch reduziert und mehr Energiedienstleistungen (von der gekühlten Coca-Cola bis zur Tonne Stahl) mit weniger Energieeinsatz bereitgestellt werden. Dann macht die forcierte Anhebung des Anteils erneuerbarer Energien wirklich Sinn, zumal dezentrale erneuerbare Energieerzeugung (z.B. PV auf dem eigenen Hausdach) die Umwandlungsverluste zusätzlich verkürzt. Die Grundformel hierzu lautet: Mit der Effizienzrevolution zur Solarenergiewirtschaft.

Würden die reichen Länder in dieser Hinsicht eine Vorbildrolle einnehmen, würde gleichzeitig demonstriert: Der Energiehunger der wachsenden Weltbevölkerung und ein angemessen steigender Lebensstandard im Süden können effizienter und schneller durch erneuerbare Energien befriedigt werden, der heute noch dominierende fossile und nukleare Entwicklungstyp hat als Vorbild ausgedient.

Aber ohne nationale **Vorreiterrollen**, bleibt dies eine schöne, aber unerreichbare Utopie. Das kann und muss sich ändern. Insofern würde von einer erfolgreichen Energiewende in Deutschland eine globale Signalwirkung ausgehen, die gar nicht hoch genug einzuschätzen ist. 19,5 Mio. New Yorker verbrauchen so viel Strom wie 791 Mio. Afrikaner.[25] Man stelle sich die weltweite Kulturrevolution durch ein praktiziertes alternatives Energiemodell in Deutschland vor: Im Zeitalter der blitzschnellen globalen Kommunikation und Information über das Internet könnte hierdurch ein enormer Motivations- und Innovationsschub ausgelöst werden. Der „American Way of Life" als noch dominierendes Vorbild für die „neuen Konsumentenklassen" in China, Indien und anderswo würde an Strahlkraft verlieren – vor allem, wenn gleichzeitig seine unverantwortlichen Folgen für die Mit-, Um- und Nachwelt aufgedeckt würden.

---

[25] Vgl. OECD/IEA (2010) und WORLD ENERGY OUTLOOK (2010).

Die Nutzerperspektive: preiswürdige Energiedienstleistungen

Konzipiert man also Energie nutzende Systeme (Prozesse, Gebäude, Fahrzeuge, Geräte etc.) aus der **Nutzerperspektive**, dann kann die Einsparung einer Kilowattstunde Nutzenergie (zurück über die Umwandlungskette) im Durchschnitt drei Kilowattstunden Primärenergie vermeiden. Designer, Planer, Entwickler, Ingenieurbüros, Ausbilder etc. müssten also – ausgehend vom Bedarf an Energiedienstleistungen – Gebäude, Prozesse, Fahrzeuge oder Geräte in energetischer Hinsicht quasi „rückwärts" über die Prozesskette optimieren und dabei auch die Frage beantworten, wie der Restenergiebedarf möglichst weitgehend mit erneuerbaren Energien gedeckt werden kann. Denn **zusätzlich** zur Effizienzsteigerung durch rationellere Energienutzung **verkürzen sich die Umwandlungsketten** und damit die Verluste durch Bereitstellung von Strom und Wärme aus dezentraler erneuerbarer Energieerzeugung, z.B. durch solare Stromerzeugung oder Solarthermie auf Hausdächern.

Der oben konstatierte Widerspruch begründet sich daraus, dass in der Realität die meisten Akteure der „Energiemärkte" primär vom Energieangebot her denken und entscheiden[26]. Das gilt bei den derzeitigen Anreizstrukturen vor allem für die Energieversorgungsunternehmen (EVU), von denen die meisten – weitgehend unabhängig von Eigentumsform, Unternehmensleitbild, Marktstellung und Energieträger – noch immer eine nahezu ungebrochene (Energie-)Verkäuferperspektive verfolgen. Selbst die kommunalen EVU, die sich ausdrücklich an einer sozial und ökologisch verantwortungsbewussten Unternehmensphilosophie orientieren, haben unter Bedingungen des direkten Wettbewerbs sowie bei heutigen Rahmenbedingungen und Anreizstrukturen wenig unternehmerischen Spielraum, das für ihre Kunden und die Umwelt **Vorteilhaftere** zu fördern: Nämlich in die effizientere Nutzung statt in das Angebot von Energie zu investieren (siehe auch weiter unten). Denn Energie durch Effizienztechnik, Organisation oder Verhalten für die gleiche Energiedienstleistung zu vermeiden ist in den meisten Anwendungsfällen für den Nutzer wesentlich billiger als Energie zu kaufen.

Szenarien als Politikersatz?

Bei den Energiesparzielen gibt es – ganz im Gegensatz zur energiepolitischen Diskussion der letzten 30 Jahre – bei Szenarienexperten und Politikern nahezu einen Überbietungswettbewerb an „Effizienzoptimismus". Dieser „Effizienzoptimismus" wirkt erfolgreich in Richtung auf gesellschaftliche Sedierung: Von den Szenarien der IEA bis hin zum Gemeinschaftsgutachten für die Bundesregierung geht die scheinbar beruhigende Botschaft aus, dass „wir" ohne Wandel von Lebensstilen und Wachstumsmodell allein durch technische Effizienzsteigerung die Hälfte des Klima- und Ressourcenproblems lösen können.

Insofern hat sich der energiepolitische Diskurs nahezu ins Gegenteil gedreht: Bildete früher die schroffe Zurückweisung von anspruchsvollen Effizienzszenarien durch

---

[26] Vgl. HENNICKE/MÜLLER (2005) sowie HENNICKE (1999)

Politik und Wirtschaft die Rechtfertigung für Ausbaupläne zentraler Energieangebots-strukturen, so dient heute, so muss vermutet werden, der Optimismus über scheinbar einfach realisierbare Energieeffizienzpotenziale für die Regierungspolitik aller Parteien als klima- und ressourcenpolitischer Placebo. Dass jedoch bei unveränderten Rahmen-bedingungen die Erfolge bei der **spezifischen** Effizienzsteigerung von Geräten, Fahr-zeugen, Gebäuden etc. z.B. durch Wachstums- und Komforteffekte (siehe auch unten) überkompensiert werden können, so dass die in den Szenarien unterstellten **gesamt-wirtschaftlichen** Energiesparziele Makulatur werden können, muss kritischer in einem breiten gesellschaftlichen Diskurs über nachhaltigen Konsum thematisiert werden.

Insofern wird Energieeffizienzpolitik in Deutschland in doppelter Hinsicht ver-nachlässigt: Zum einen werden die technisch gut begründbaren enormen Effizienzpo-tenziale und -ziele nicht mit wirkungsvoller Effizienzpolitik ernsthaft angegangen. Zum anderen wird ausgeblendet, dass die flächendeckende Umsetzung von anspruchsvollen Effizienztechniken (z.B. 2-Liter Autos, Passiv- oder Plus-Energiehäuser, IuK-Technik-en) ein komplementäres Transformationskonzept für nachhaltigen Konsum und flan-kierende Maßnahmen zur Änderung verschwenderischer Lebensstile erfordert.

Für ein Hochtechnologieland wie Deutschland mit schrumpfender Bevölkerung (ca. um 10 Mio. von 2010-2050) wird heute in Szenarien bis 2050 in der Regel davon ausgegangen, dass – selbst unter Bedingungen von „Business as usual" (BAU) – ein moderates Wirtschaftswachstum (etwa 1% zwischen 2030-2050) **absolut** vom Ener-gieverbrauch entkoppelt werden kann. Trotz Wirtschaftswachstum um rd. 50% von 2010-2050 sinkt zum Beispiel der Primärenergieverbrauch bereits im Referenzfall (BAU) in der Gemeinschaftsstudie von EWI, GWS und PROGNOS für das BMWi (2010) um 34%.

Kollektive Effizienzeuphorie hat somit bei Zukunftsprojektionen den „Kalorien-staat" der 80er Jahre abgelöst und diesen in die Rumpelkammer ideologischer Schreck-gespenster verbannt. An seine Stelle tritt nun ein fiktiver „Szenarienstaat", in dem Zukunftsmodelle über die (unbestritten) gigantischen Chancen von Effizienz und Er-neuerbaren als Politikersatz herhalten müssen. Es gibt allerdings bisher kein einziges Szenario oder regierungsoffizielles Energiepolitikpapier, das ein Policy Mix vor-schlägt, um entgegenwirkende Wachstums- und Komforteffekte systematisch zu be-rücksichtigen. Notwendig ist aber die Erkenntnis: **Weder *ohne* noch *allein mit* tech-nologiebasierter Effizienzsteigerung und forciertem Ausbau erneuerbarer Ener-gien ist in der Realität ein ausreichender Klima- und Ressourcenschutz langfristig denkbar!** Die Umsetzung der Energiewende erfordert die Berücksichtigung aller öko-logischen, ökonomischen, sozialen und kulturellen Dimensionen von Nachhaltigkeits-politik. Hierzu gehört auch, die Fragen von Suffizienz („Genügsamkeit") nicht als einen ethischen Appendix einer ansonsten durch Technik dominierten Energiezukunft zu verstehen, sondern als einen Kernbestandteil jedes zukunftsfähigen Energiepolitik-modells (siehe unten).[27]

Nicht nur im Referenzfall, sondern erst recht bei sogenannten **Zielszenarien** mit angemessenem Klimaschutzziel (Reduktion von CO_2 von mindestens 80% – 95% bis 2050) rechnen heute Politik und Experten wie selbstverständlich mit einer kühnen Reduktion des Energieverbrauchs in nahezu allen Verbrauchssektoren. Bestritten wird hier nicht, dass dieser technische Einspareffekt möglich und eine drastische Effizienzsteigerung für Klima- und Ressourcenschutz auch notwendig ist. Dies setzt aber voraus, dass sich Politik, Wirtschaft und Gesellschaft auf Rahmenbedingungen und ein Bündel von Maßnahmen (z.B. Steuern, Zertifikate, progressive Standards, Malus/Bonus-Systeme) verständigen, damit die modellierte Energiesparwelt auch Realität wird. Denn ohne flankierende Rahmenbedingungen kann z.B. eine Senkung der volkswirtschaftlichen Energiekosten zu einer alternativen Verwendung der eingesparten Energiekosten für Investitionen, Produkte oder Dienstleistungen führen, die den Energieeinspareffekt begrenzen können („Rebound-Effekt").

Ist effizient auch suffizient?

In den zitierten Energie- und Klimaschutzszenarien der letzten Jahre (siehe Kap. 7.2) wird also – ganz im Gegensatz zu früher – wie selbstverständlich für das Zieljahr 2050 eine deutliche **absolute Entkopplung** des Primärenergieverbrauchs vom Wirtschaftswachstum errechnet. Modelltechnisch ergibt sich dieses Ergebnis zwangsläufig daraus, dass die zumeist (exogen) **angenommene** geringe reale Wachstumsrate des BIP (zwischen 0,7 bis 1,3% / a, vgl. Kap. 7.2) deutlich unter der **errechneten und klimapolitisch notwendigen** (simulierten) jährlichen Steigerungsrate der Energieeffizienz (zwischen 2,1 und 2,7% / a, vgl. ebenda) liegt.

Insofern hat sich gegenüber früheren Modellierungen durch eine Vielzahl von neuen Potenzialstudien zur Energieeffizienz ein genereller Effizienzoptimismus durchgesetzt, der nun allerdings droht ins Gegenteil umzuschlagen: Statt Politik, Wirtschaft und Verbraucher über die **Voraussetzungen** für die Realisierbarkeit einer **absoluten Reduktion** von Energieverbräuchen zu mobilisieren, werden Szenarienergebnisse fälschlicherweise und politisch scheinbar bequem (als Rechtfertigung für Nichthandeln) mit der Realität gleichgesetzt. Insofern ist die anschwellende Kritik an den „Effizienztheoretikern" und der voraussetzungslosen Überbetonung von Energieeffizienz[28] berechtigt, weil offensichtlich spezifische Effizienzfortschritte durch ein Bündel von entgegenwirkenden Effekten begrenzt bzw. sogar völlig konterkariert werden können.

In den letzten 20 Jahren ist zum Beispiel die globale Ressourcenproduktivität um 25% gestiegen, das Wirtschaftswachstum aber um 82% (BRINGEZU/BLEISCH-WITZ, 2009). Ein VW Käfer mit 30 PS verbrauchte im Jahr 1955 7,5 Liter auf 100

---

[27] Vgl. WEIZSÄCKER et. al. (2010) .
[28] Vgl. JACKSON (2009), NEF (2009), MIEGEL (2010), PAECH (2010).

Kilometer, ein New Beetle mit 75 PS aber noch 7,1 Liter. 1973 benötigte die deutsche Autoflotte durchschnittlich etwa 60 PS, um bundesweite Automobilität zu ermöglichen, heute sind es über 100 PS. Der Raumwärmebedarf in Deutschland bis 2030 wird nur stagnieren, auch wenn sich der spezifische Raumwärmebedarf pro Quadratmeter um den Faktor 2,5 reduziert, wenn die Wohnfläche pro Kopf weiter wie in der Vergangenheit um 50% wachsen würde. Fernseher mit vergleichbarer Bildschirmdiagonale sind heute ungleich energiesparender als früher, der Trend zum großen Plasma-Flachbildschirm hat diesen Effizienzgewinn aber schon wieder zunichte gemacht (vgl. BMWi, 2009).

Diese Liste von Wachstums- und Wohlstandseffekten lässt sich zweifellos verlängern. In der ökonomischen Literatur spricht man von Rebound-Effekten, die aber nur eine Teilmenge der hier angesprochenen Wachstumseffekte darstellen[29]. Die Treiber und Ursachen der die Energieeffizienzsteigerung konterkarierenden Effekte sind außerordentlich vielfältig und noch zu wenig systematisch untersucht.[30] Unter diese Effekte können sog. „Back fire"-Wirkungen subsumiert werden, wenn spezifische Effizienzgewinne (z.B. bei Haushaltsgeräten, IKT-Techniken, Autos, Gebäuden) wieder durch Mehrverbrauch des gleichen Produkts (TV in Kinder- und Schlafzimmern), durch mehr Luxusausführung (PS-stärkere Autos), absoluten Mengenzuwachs (PC- und Geräte in Haushalten) oder ressourcenintensivere Alternativen (Eigenheim statt Stadtwohnung) überkompensiert werden.. Hierzu zählt auch die alternative Verwendung von eingesparten Energiekosten z.B. für energie- und materialintensive Fernreisen. Bei IKT-Techniken wird besonders deutlich, dass es auch neue (erzeugte?) Bedürfnisse sind, die den Strom- und Materialverbrauch wachsen lassen.[31] Demographische Faktoren wie die Zunahme von Single-Haushalten, eine alternde Gesellschaft oder steigende Wohnkomfortwünsche können die Wohnfläche pro Kopf oder die Geräteausstattung pro Haushalt und damit den Heiz- und Strombedarf nach oben treiben – trotz ungleich effizienterer Gebäude oder Geräte im Vergleich zu früher.

Ihre globale Dramatik gewinnen all diese Effekte dadurch, dass die finanziell aufstrebenden und rasch wachsenden „neuen Konsumentenklassen" in Schwellen- und Entwicklungsländern das von den Industrieländern vorgelebte materielle Konsummodell übernehmen und die Wachstumseffekte des Ressourcenverbrauchs damit weltweit exponentiell verstärken. Die absolute Zahl der „Neuen Konsumentenklassen" lag so-

---

[29] Zur Definition von Rebound-Effekten aus Sicht der ökonomischen Theorie vgl. Schettkat (2009).

[30] „Faktor Fünf" bildet hier ein bemerkenswerte Ausnahme, da die Autoren zu Recht dem „Rebound-Dilemma" ein ganzes Kapitel widmen; gerade, weil durch die scheinbar „formelhafte" Anknüpfung an „Faktor Vier" der irrtümliche Eindruck entstehen könnte, dass technische Entkopplung von Lebensqualität und Naturverbrauch ein Selbstläufer sein könnte, ist die explizite Behandlung der Ursachen und möglicher Instrumente zur Begrenzung des „Rebound-Effekts" wichtig. Vgl. Weizsäcker et al. (2010).

[31] Durch die rd. 1 Mrd. Mobiltelefone und 225 Millionen PCs & Laptops, die weltweit im Jahr 2006 verkauft wurden, wurden 2,1 Mio. t CO_2 (bei Primärproduktion der Metalle) freigesetzt sowie 475 t Silber, 74 t Gold und 122.000 t Kupfer verwendet. Vgl. Hagelüken, C. (Umicore); Vortrag vom 11.1.2010 in Frankfurt; http://www.gdch.de/vas/sovas/ch_hagelueken.pdf.

wohl in China als auch in den USA im Jahr 2002 bei etwa 240 Mio. Menschen, der Anteil an der Gesamtbevölkerung lag in China jedoch erst bei 19 Prozent, in den USA aber bei 83 Prozent (BENTLEY, 2003). Was geschieht, wenn einst 80 Prozent aller Chinesen wie ein heutiger durchschnittlicher US-Bürger (oder Europäer) leben und konsumieren werden?

Am möglichen Kollaps der Automobilität in China wird dies deutlich: Würde die PKW-Dichte der USA (etwa 800 Kfz pro 1.000 Einwohner) auf China übertragen, benötigte China die gesamte Weltölproduktion nur für sich. Schon längst ist Shanghai zu weltweiten Drehscheibe der Automobilität geworden (vgl. HANDELSBLATT vom 20.4.2011). Deutsche Autohersteller der Premiumklasse (BMW, Daimler, z.Z. VW) wirken mit zweistelligen Absatzzuwächsen in China kräftig daran mit, dass der in Peking oder Shanghai sich abzeichnende Verkehrsinfarkt noch schneller und flächendeckend in den chinesischen Megacities stattfindet; auch E-Mobilität wird die Mobilitäts- und Umweltprobleme nicht ändern, zumal wenn der Strom aus Kohle oder Atomenergie kommt.

All dies ist chinesischen Planern durchaus bewusst, die inzwischen Autozulassungen in Peking kontingentieren und nur noch per Los verteilen. Die Verfügbarkeit über Rohstoffe (insbesondere Metalle, Öl, Wasser) und Fläche wird zum entscheidenden Engpass, das derzeitige Wachstumstempo in Zukunft durchzuhalten. Die forcierte Steigerung der Ressourceneffizienz ist daher für die Entwicklung in China, Indien oder andere Schwellenländer längst ein Imperativ. Ökoeffizienteres Produzieren, Kreislaufwirtschaft, Recycling, aber auch ressourceneffizientere Konsummuster werden immer wichtiger. Insofern haben Länder wie China und Indien trotz ihres derzeitigen Status als Schwellenländer in Hinblick auf die rasch wachsenden „neuen Konsumentenklassen" zunehmend ähnliche Probleme bei der Entwicklung nachhaltigerer Produktions- und Konsummuster wie sie die reichen Überkonsumptionsländer wie USA, Japan oder Deutschland schon seit einigen Jahren aufweisen..

Das sind nur die offensichtlichen Anzeichen dafür, dass das traditionelle Wachstumsmodell im Norden wie im Süden ausgedient hat und die Suche nach nachhaltigeren Konsum- und Produktionsmustern nicht nur den reichen Norden betrifft.

Offensichtlich kommt die (alte) Grundsatzfrage „Wie viel Wirtschaftswachstum und vom Menschen verursachte Eingriffe verträgt die Natur?" damit mit globaler Dringlichkeit und weitreichenden gesellschaftspolitischen Konsequenzen wieder auf die Agenda. Es gehört zu den unbequemen Wahrheiten, dass die Unverträglichkeit zwischen exponentiellem Wirtschaftswachstum und Naturschranken **nicht erst in ferner Zukunft** eintreten wird, sondern dass wir uns damit bereits heute dringend und intensiv sowohl auf nationaler als auch auf internationaler Ebene beschäftigen müssen.

Eine vorausschauende Energie- und Klimaschutzpolitik kann diesen Grundsatzfragen nicht ausweichen, weil sie eine Antwort darauf geben muss, wie weit die angestrebte forcierte (Ressourcen-) Effizienzsteigerung trägt, wenn weiter undifferenziert auf eine Wachstumsstrategie gesetzt wird. Eine Diskussion über alternative Wohlstandsindikatoren, über die Struktur (Qualität), die Notwendigkeit (Finanzierung von Sozial- und Steuersysteme) und die Verteilungsspielräume ist – neben den ökologischen Dimensionen von Wachstum – schon deshalb überfällig, weil die Wirtschaft in den OECD-Ländern schon längst nicht mehr in dem Umfang wie in der Nachkriegszeit wächst.

Ressourceneffizienz hilft auch Energiesparen

Ein generelles Wahrnehmungsdefizit besteht – auch in Hinblick auf die neuen „Grenzen des Wachstums" – darin, dass die Energie- von der Ressourcenfrage in der Regel noch getrennt diskutiert wird. Dies gilt sowohl für das Energie- und Klimaschutzkonzept der Bundesregierung als auch für die oben verglichenen Energie- und Klimaschutzszenarien. Das Konzept einer „Energiewende", das den Übergang in eine Energieeffizienz- und Solarenergiewirtschaft beschreibt, muss zukünftig mehr in ein erweitertes Verständnis einer „Ressourcenwende" eingebettet werden. Denn es bestehen vielfältige Wechselwirkungen zwischen der Nutzung von Energie und anderen Ressourcen.[32] Im Folgenden sollen zur Verdeutlichung zwei Aspekte aus einer Reihe bedeutsamer Wechselwirkungen herausgegriffen werden:

- Der forcierte Ausbau erneuerbarer Energien muss eine denkbare Ressourcenverknappung bei strategischen Metallen berücksichtigen (von der nachhaltigen Nutzung von Biomasse ganz zu schweigen!).
- Es ist zu zeigen, ob und ggf. wie eine **integrierte** Klima- und Ressourcenschutzstrategie richtungsverstärkende Synergien und eine besondere Investitions- und Innovationsdynamik entfalten kann.

Ad 1. Ressourcenverknappung und damit verbundene, potentielle Ressourcenkonflikte können bei kritischen Ressourcen zu massiven wirtschaftlichen Verwerfungen und damit auch zu negativen Effekten für die Energiewende führen (vgl. DERA/BGR 2011. Das gilt nicht nur für fossil-nukleare Energieträger. Studien von Öko-Institut (BUCHERT et. al., 2009), IZT/ISI (ANGERER et. al., 2009a, 2009b) und NRC (2008) gehen davon aus, dass durch die Wachstumsdynamik von wichtigen Zukunftstechnologien (z.B. Erneuerbare Energien, Informations- und Kommunikationstechnologien, Elektromobilität) eine kritische Verknappung seltener Metalle auftreten kann. So zeigt z.B. die Studie von IZT/ISI (ANGERER et al., 2009a), dass für Photovoltaik-Dünnschichtzellen der bis 2030 voraussichtlich wachsende Bedarf an den Metallen Gallium und Indium sowie für Brennstoffzellen der Bedarf an Platin die heute existierenden Förder- und Recyclingkapazität erheblich (teilweise bis zu Faktor 6) überschreitet. Besonders problematisch ist die Gruppe der Seltenen Erden (17 Metalle des periodischen Systems), deren Ressourcen in der Erdkruste zwar nicht selten sind, deren ökonomische und technische Verfügbarkeit aber begrenzt ist und für die es derzeit in

---

[32] „Ressourcen" werden hier gleichbedeutend mit dem globalen Gesamtmaterialaufwand verstanden, vgl. SCHÜTZ/BRINGEZU (2008).

vielen Hochtechnologiebereichen kaum Ersatz gibt (ANGERER et. al. 2009a). Seltene Erden werden aktuell in einer Vielzahl von Anwendungen und Produkten in hoch dynamischen Technologieclustern (z.B. Katalysatoren, Magnete, Metallurgie, Elektromobilität, Windkraft, Glasfasern, Hochtemperatursupraleiter, Leuchtmittel) eingesetzt. Oftmals sind sie jedoch in jedem einzelnen Endprodukt nur in geringen Mengen enthalten, was die Erfassung in Recyclingprozessen erschwert. Auch die Studie des Öko-Instituts (BUCHERT et. al. 2009) bestätigt, dass die erwünschte beschleunigte Entwicklung von Zukunftstechnologien schon bald ernsthafte Auswirkungen auf die Verfügbarkeit kritischer Metalle haben kann. Am Beispiel von Clustern für elektrische und elektronische Geräte, Photovoltaiktechnologien, Batterien (für E-Mobilität) und Katalysatoren wurde unter Berücksichtigung heutiger Recyclingkapazitäten die Kritikalität strategischer Metalle wie z.B. Gallium, Indium, Tellur, Tantal, Lithium, Platin, Germanium und Seltener Erden untersucht. Dabei zeigte sich, dass insbesondere bei Tellur, Indium und Gallium schon in einem Zeithorizont von 5 Jahren bei heutigen Recyclingkapazitäten eine drastische Verknappung eintreten kann. Es wäre daher wünschenswert, dass Ausbauszenarien für Erneuerbare Energien zukünftig auch die Frage der globalen Verfügbarkeit strategisch bedeutsamer Metalle mit einbeziehen.

Ad 2. Neben diesem möglicherweise negativen Trade off zwischen Energie- und Ressourcenwende (Materialien), sind aber auch sich wechselseitig verstärkende positive Wechselwirkungen möglich. Die Energie-Enquete-Kommission des Deutschen Bundestages (DEUTSCHER BUNDESTAG, 2002) hatte erstmalig die Energieeffizienzpotenziale untersucht, die durch **verstärkte Kreislaufführung sowie durch bessere Material- und intensivere Produktnutzung** erschlossen werden können. Häufig ist den Investoren und Nutzern nicht bekannt, welche (energieintensiven) Materialarten und welche Materialmengen in bestimmten Produkten und Investitionsgütern enthalten sind und welcher Energiebedarf zu ihrer Herstellung, zur Weiterverarbeitung, zum Transport, während der Nutzung und schließlich für die Entsorgung bzw. Wiederverwendung aufgewandt werden muss. Für den Abbau, Transport und die Verarbeitung von Roh-, Hilfs- und Betriebsstoffen werden Energie und Kosten auch dann aufgewendet, wenn sie nicht zur Wertschöpfung beitragen, sondern als **Reststoff** (z.B. als Abfall, Abwasser, Abluft, Abwärme) wieder entsorgt werden müssen. Lebenszyklusanalysen („von der Wiege bis zur Bahre bzw. wieder zur Wiege") und Systemoptimierungen zeigen häufig umfangreiche Energieeinsparpotenziale, die auch zu erheblichen wirtschaftlichen Kosteneinsparungen führen können. Gemäß der Energie-Enquete-Kommission lassen sich im Vergleich zu einer Trendentwicklung („Referenz-Szenario) die folgenden **zusätzlichen** Energieeinsparungen in Deutschland bis zum Jahr 2030 erreichen wenn eine aktive Politik zur Steigerung der Materialeffizienz unterstellt wird:

- Verstärktes Recycling (128 PJ),
- Geringerer spezifischer Materialbedarf (193 PJ),
- Materialsubstitution (118 PJ),
- Gesteigerte Nutzungsintensität (65 PJ).

Die Kommission ging seinerzeit davon aus, dass im Referenzfall bereits etwa 465 PJ (etwa 5% des damaligen Energiebedarfs) und durch eine bewusste Ressourcenpolitik zusätzlich noch ein Potenzial in etwa der gleichen Höhe erschlossen werden kann.

Damit ist jedoch der Zusammenhang zwischen Material- und Energieeffizienz nur teilweise dargestellt und das durch eine integrierte Strategie zur Steigerung der „Ressourceneffizienz" realisierbare wirtschaftliche Kostenreduktionspotenzial noch nicht ausgeschöpft. Denn bei der bisherigen Betrachtungsweise bilden der Energiesektor und die Energiepolitik den Bezugspunkt und die Materialeffizienzsteigerung wird quasi als **ein Mittel zur Energiekosteneinsparung** betrachtet. Schaut man sich jedoch die Kostenstruktur im verarbeitenden Gewerbe genauer an, dann wird deutlich, dass eine **forcierte Ressourceneinsparpolitik,** die quasi als positiven Nebeneffekt auch Energiekosten vermeidet, noch eine ungleich höhere wirtschaftliche Bedeutung hat.[33]

Dies zeigt ein Blick auf die durchschnittlichen Kostenstrukturen des verarbeitenden Gewerbes (STATISTISCHES BUNDESAMT, 2008): Für das Jahr 2006 ergeben sich ca. 19% Personalkosten, ca. 2% Energiekosten und ca. 43% Materialkosten[34]. Die gesamten Materialkosten im verarbeitenden Gewerbe lagen im Jahr 2007, nach Abzug der Vorleistungen, absolut bei etwa 826 Mrd. € (STATISTISCHES BUNDESAMT, 2009). Insofern stellt sich die Frage, wie mit einer **integrierten Strategie** die Material- und die Energieeffizienz[35] gemeinsam gesteigert und hierfür förderliche Rahmenbedingungen und staatliche Impulse geschaffen werden können.

Die Simulation integrierter Ressourcen- und Klimaschutzpolitiken im Projekt „Materialeffizienz und Ressourcenschonung (MaRess)" (DISTELKAMP et. al., 2010) zeigt, dass bereits ein begrenzter Einsatz von ressourcenpolitischen Instrumenten aus dem im MaRess-Projekt entwickelten Politikinstrumenten in Simulationsrechnungen mit dem Panta Rhei-Modell zu folgenden Effekten (2030) führt – jeweils im Vergleich zu einem Referenzpfad aktiven Klimaschutzes, der im Jahr 2030 eine Treibhausgasreduktion von 54% sicherstellt:
- eine deutliche absolute Senkung des Materialverbrauchs um rund 20%,
- eine Steigerung des Bruttoinlandsprodukts um rund 14,1%,
- eine Erhöhung der Beschäftigung um 1,9% (unter Berücksichtigung demographischer Faktoren und einer produktivitätsorientierten Lohnentwicklung) und
- eine Reduktion der Staatsschuld um 251 Mrd. € (DISTELKAMP et. al., 2010).

---

[33] Vgl. zum folgenden auch DISTELKAMP et al. (2010) sowie KRISTOF/HENNICKE (2010).

[34] Nach der amtlichen Statistik werden Materialkosten definiert als Summe der Rohstoffe und sonstige fremdbezogene Vorprodukte, Hilfs- und Betriebsstoffe inkl. Fremdbauteile, Energie und Wasser, Brenn- und Treibstoffe, Büro- und Werbematerial sowie nichtaktivierte geringwertige Wirtschaftsgüter (STATISTISCHES BUNDESAMT, 2008). Insofern enthalten die Materialkosten eines Unternehmens auch die mit dem Bezug von Material verbundenen Vorleistungen (inkl. Lohn- und Kapitalkosten) der Vorlieferanten. Mit der Reduktion von Roh-, Hilfs- und Betriebsstoffen (Materialkosten im engeren Sinn) können die damit verbundenen übrigen Vorleistungskosten der Lieferanten ebenfalls vermieden werden.

[35] Wegen der engen Wechselwirkung wird nachfolgend die Steigerung der Energieeffizienz immer als integraler Bestandteil der Steigerung der Ressourcen- und Materialeffizienz verstanden.

Insgesamt kommt die Simulationsrechnung zu dem Ergebnis, „dass eine konsequente Dematerialisierungspolitik die internationale Wettbewerbsfähigkeit Deutschlands stärkt" (DISTELKAMP et. al., 2010). Damit wäre zum ersten Mal für ein Hochtechnologieland in einer makroökonomischen Modellrechnung demonstriert, dass „die Kombination einer engagierten Klimaschutzpolitik mit einer Politik zur Steigerung der Materialeffizienz eine absolute Entkopplung von Wirtschaftswachstum und Ressourcenverbrauch erreichen kann" (DISTELKAMP et. al., 2010). Plausible Argumente sprechen dafür (KRISTOF/HENNICKE, 2010), dass die hier vorgestellten positiven gesamtwirtschaftlichen Effekte einer forcierten Klimaschutzpolitik durch die Kombination mit einer aktiven Ressourcenpolitik wesentlich verstärkt würden.

Dieses Modellergebnis hat eine große Tragweite: Zum einen kann es der Politik, der Gesellschaft und der Wirtschaft Anhaltspunkte dafür liefern, wie durch integrierte Strategien – auch wenn sie komplex und anspruchsvoll sind – nicht nur unerwünschte Neben- und Verlagerungseffekte vermieden werden können (z.B. durch eine unreflektierte Biomassenutzung im Energiesektor). Zum anderen kann es durch die Formulierung kombinierter Kernstrategien z.B. zur Material- und Energieeffizienz zu Synergieeffekten kommen, die sich wechselseitig verstärkende positive volkswirtschaftliche Auswirkungen haben (vgl. auch Kristof/ Hennicke, MaRess AP 7.7, 2010). Darüber hinaus wird deutlich, dass eine engagierte Klima- und Ressourcenschutzpolitik längst aus dem engeren Bereich der Umweltpolitik (und des Bundesumweltministeriums) hinausgewachsen ist in ein holistisches neues Projekt integrierter Umwelt-, Wirtschafts- und Forschungspolitik. Für die traditionellen Ressortegoismen von Wirtschaft- und Umweltministern ist kein Platz mehr, je kooperativer und abgestimmter deren Ressortstrategien umgesetzt werden, desto wirksamer werden sowohl die wirtschaftlichen als auch die umweltrelevanten Wirkungen sein.

7.8 Wege zur (absoluten) Reduzierung der Energienachfrage

Beim Rückblick auf zwei Jahrzehnte Energie- und Klimaschutzpolitik in Deutschland fällt auf, dass es erhebliche Fortschritte gegeben hat bei der Analyse von Hemmnissen und bei der Entwicklung eines Policy Mix, das den Ausbau der Stromerzeugung mit erneuerbaren Energien erfolgreich vorangebracht hat. Positiv anzumerken ist auch, dass mit dem Integrierten Energie- und Klimaschutzprogramm (IEKP) Ansätze zu einem partei- und sektorübergreifenden, umfassenden Instrumentenmix in der Energie- und Klimapolitik vorliegen.[36] Statt diese Ansätze zielbewusst in Richtung auf das eigene couragierte Zielsystem weiter zu entwickeln, bedeutet das Energiekonzept der Bundesregierung vom September 2010 in einem zentralen konzeptionellen Punkt einen Rückschritt: Die Energie- und Klimapolitik wird verstärkt auf Techniken und besonders auf Stromangebotstechniken konzentriert. Statt die Vielfalt der vorliegenden Energie- und

---

[36] Vgl. 1. Paket des Integrierten Energie- und Klimaprogramms (IEKP) der Bundesregierung von Dezember 2007 und 2. Paket von Juni 2008.

Klimaschutzszenarien in sozioökonomische Zukunftsvisionen und gesellschaftliche Transformationskonzepte einzubetten, dienen Szenarien als Politikersatz.

Das gilt insbesondere für die Umsetzung von Energieeffizienzstrategien. Dieses Defizit verweist jedoch nicht nur auf Politikversagen, sondern auch auf konzeptionelle Mängel der Energie- und Klimaschutzberatung in der Bundesrepublik.

Bei der Konzeptualisierung eines zukunftsfähigen Policy Mix muss sich eine integrierte Energie- und Ressourcenpolitik zukünftig weit intensiver als bisher mit der Frage beschäftigen, wie **gleichzeitig** durch produkt- und prozessspezifische sowie soziale Innovationen Effizienzpotenziale erschlossen **und** kontraproduktive Wachstums- und Luxuseffekte z.B. durch alternative Verausgabung von Einkommen begrenzt werden können. Steuern, Zertifikate, Dynamisierung von Standards (z.B. Flottenverbrauchsregelung; Top Runner Konzept; Bonus/Malus-Systeme; progressive Standards; Aufklärungskampagnen) sind dabei mögliche Optionen zur Begrenzung kontraproduktiver Gegeneffekte, die hier nicht im Detail diskutiert werden können.[37]

Ein Vorschlag besteht darin, den Ausbau eines internationalen Cap & Trade-Zertifikatesystems (mengenmäßige Obergrenze in Verbindung mit Emissionshandel) mit einer nationalen „Langfrist-Ökosteuer" zu verbinden.[38] Würden dadurch die externen Kosten des fossil-nuklearen Energiesystems sukzessive in die Preise internalisiert und die Energiekosteneinsparung über das Cap & Trade-Zertifikatesystem und eine kontinuierlich (gemäß der Energieproduktivität) moderat ansteigende Energiesteuer[39] abgeschöpft und gezielt für den ökologischen Strukturwandel und zur Förderung öffentlicher Güter (wie z.B. Bildung, Kultur) eingesetzt, dann wäre dies auch ein Beitrag, um gesamtwirtschaftliche Rebound-Effekte zu begrenzen; jedenfalls wenn man davon ausgeht, dass bessere Bildung auch bessere Einsicht in komplizierte Natur- und Wirtschaftskreisläufe ermöglicht und das erhöhte Wissen die Neigung zur Konsumsteigerung begrenzt. Die durch Effizienzsteigerung eingesparten Energiekosten würden dann weniger in möglicherweise noch energieintensiveren Verwendungszwecken (wie z.B. Flugreisen, Flachbildschirme, SUVs[40], mehr Wohnfläche pro Kopf etc.) wieder ausgegeben werden.

Einen radikaleren Vorschlag zur absoluten Strommengenbegrenzung hat der Sachverständigenrat für Umweltfragen (SRU 2011) in einem Sondergutachten ins Gespräch gebracht. Grundlage dafür ist die Beobachtung, dass eine **absolute** Stromverbrauchsreduktion mit dem praktizierten Instrumentarium (z.B. Weiße Zertifikate, Energieeffizienzfonds, Mindesteffizienzstandards / Ökodesign-Richtlinie oder auch Energiemanagementsysteme) bisher nicht gelungen ist, aber andererseits die entscheidende Brücke

---

[37] Vgl. z. B. für Haushaltsgeräte CALWELL (2010): Is efficient sufficient? Für einen Einspeisetarif für Energiesparoptionen plädieren Bertoldi et al. (2009).

[38] Vgl. WEIZSÄCKER et. al. (2010).

[39] EBENDA.

[40] Sport Utility Vehicle (SUV) – Geländelimousine.

zur Solarenergiewirtschaft darstellt: „Die Reduzierung der Stromnachfrage durch Steigerung der Effizienz ist die kostengünstigste verfügbare „Brückentechnologie" [...]. Die volkswirtschaftlichen (internen und externen) Kosten der regenerativen Vollversorgung sind umso niedriger, je geringer der Stromverbrauch ist. Zudem wird die Transformation des Stromsystems durch die Energieeinsparung erleichtert, da sie größere zeitliche Spielräume für den Ausbau der erneuerbaren Energien sowie der Netze und Speicher schafft. Die Erhöhung der Effizienz ist somit eine entscheidende Voraussetzung für die Transformation des Stromsystems" (SRU 2011, S. 249).

Wie durch ein Cap & Trade-System für CO_2 die Emissionsmenge absolut begrenzt („cap") und ein kostenoptimierter Umsetzungsprozess gefördert („trade") wird, so kann dies prinzipiell durch **ein verbindliches Verbrauchsziel für den Strombedarf** geschehen. „Der SRU hält [...] Ansätze, die bei den Stromversorgern ansetzen und globale Verbrauchsobergrenzen vorgeben, für sinnvoll" (S. 359). Entsprechend der Anzahl der von einem Versorger belieferten Haushalte werden im „Stromkunden-Modell" dem EVU eine pauschalierte Liefermenge pro Haushalt gutgeschrieben und „[...] die Zertifikate für Stromlieferungen an die Versorgungsunternehmen entsprechend der Anzahl der von diesen Unternehmen belieferten Haushalte zugeteilt" (S. 259). Damit erhalten EVU einen Anreiz sich zum Energiedienstleistungsunternehmen (EDU) zu wandeln, d. h. kosteneffiziente Stromsparprogramme bei ihren Kunden durchzuführen und dadurch generierte Zertifikate an andere weniger effizienzorientierte EVU zu verkaufen. Der SRU empfiehlt eine „Prüfung und Weiterentwicklung des Modells", d. h. insbesondere auch eine vertiefte „verfassungsrechtliche Prüfung".

Es ist zweifellos wichtig, die Notwendigkeit der global über den Preis (Ökosteuer) oder über die Menge (Stromkunden-Modell/Zertifikate) steuernden Instrumente zu betonen und ihre Weiterentwicklung voranzutreiben. Aber ebenso bedeutsam ist es, immer wieder darauf hinzuweisen, dass nur ein sektor- und zielgruppenspezifisches Policy Mix und ein gesellschaftlicher Dialog über die neuen Grenzen des Wachstums und mehr Lebensqualität auch für sozial Schwache den Weg in eine Effizienz- und Solarenergiewirtschaft ebnen kann. Denn Steuern oder Zertifikate können im besten Fall Anreize bieten über neue Lebensstile und Selbstgenügsamkeit nachzudenken. Einen nachhaltigen Wertewandel und eine Vision von einer gerechteren Gesellschaft können sie nicht begründen.

Hinzu kommt, dass ein **erweiterter Politikmix** für den integrierten Klima- und Ressourcenschutz zu überraschenden Synergieeffekten führen kann. Im MaRess-Projekt (BLEISCHWITZ et. al., 2010; SCHOLL et. al., 2009; LIEDTKE et. al. 2010, KRISTOF/HENNICKE, 2010) sind hierzu zahlreiche Vorschläge entwickelt worden, die auch die Energieeffizienz und die Minderung der Emission von Treibhausgasen begünstigen. Hierzu gehören z. B. Instrumente einer verstärkten Ausweitung von Sekundärrohstoffen, die Einführung einer Primärbaustoffsteuer und die Differenzierung von Mehrwertsteuersätzen zur Förderung von Ressourceneffizienz. Inwieweit das mit marktwirtschaftlichen Grundsätzen ohne weiteres noch vereinbar ist, muss geprüft werden.

Sowohl bei der Berücksichtigung von Rebound-Effekten als auch von Synergien zwischen Klima- und Ressourcenschutzpolitik müssen daher in der angewandten Nachhaltigkeitsforschung neue Wege gegangen werden, damit dem wachsenden politischen Handlungsbedarf mit fundierteren Konzepten begegnet werden kann. Es ist notwendig, die „Experten-Community" der wissenschaftlichen Klima- und Energiepolitikberatung und deren Szenarienmethodik verstärkt in integrierte Energie- und Stoffflussanalysen und die sozioökonomische Transformationsforschung einzubinden.

Synergien zwischen Klima- und Ressourcenschutzpolitik zu erschließen heißt auch, eine nationale Energiewende stets im Kontext der internationalen Herausforderungen zu verstehen. Angesichts der gewaltigen Herausforderungen, bezahlbare und nachhaltige Energiedienstleistungen für eine auf 9 Milliarden anwachsende Bevölkerung bereitzustellen, erscheint die deutsche Energiewende schon fast als ein Luxusproblem. Die „Energiewende nach Fukushima" hat in erster Linie eine globale Dimension. Gibt es eine Landkarte für ein nachhaltiges Weltenergiesystem, die gleichzeitig einen Ausweg aus Hunger und Unterentwicklung wie auch aus den Energiekatastrophen des fossil-nuklearen Zeitalters aufzeigt?

7.9 Die Vision: Ein nachhaltiges Weltenergiesystem[41]

Weltweit erleben wir heute „Das Ende der Welt – wie wir sie kannten".[42] Für das weltweite Energiesystem mit seinen Folgen trifft diese Formulierung im doppelten Sinne ins Schwarze: „Weiter so" in die Katastrophe oder „Aufbruch" in eine nachhaltige Energiewelt, so lauten die energiepolitischen Alternativen, die beide die Welt, wie wir sie kannten, grundlegend verändern werden. Beide Wege sind heute möglich und mit ihnen geht die „alte Energiewelt" entweder in Trümmer oder mit neuer Hoffnung zu Ende.

Bleibt das Energiesystem beim derzeitigen Trend des „Business as Usual" dann werden wir schon in 30 Jahren in einer Welt leben, wie wir sie uns bisher nur in Albträumen vorstellen konnten. Denn der bis 2030 im Trend weiter ansteigende Einsatz fossiler und nuklearer Energieträger (vgl. OECD/IEA, WORLD ENERGY OUTLOOK, 2010) bedeutet: Dramatischer Klimawandel, mögliche Ressourcenkriege, drohende zivile und militärische Nuklearkatastrophen (siehe auch weiter unten die WEO-Projektion).

Demgegenüber steht seit Jahrzehnten die Vision eines dezentralen „sanften Pfades"[43], in dem das Energiesystem natur- und sozialverträglich umgebaut wird. „Dezent-

---

[41] Vgl. zu diesem Kapitel auch HENNICKE/BODACH, 2010 sowie HENNICKE/FISCHEDICK, 2007.
[42] LEGGEWIE/WELZER, 2009.
[43] Den Begriff hat Amory Lovins erstmalig in seinem visionären Artikel „Energy Strategy: The Road not taken?" (vgl. LOVINS, 1976) geprägt. Vgl. auch LOVINS (1978). Das Öko-Institut hat dieses Konzept erstmalig für Deutschland quantifiziert; vgl. KRAUSE et. al. (1980).

ral" meint hier: ökologisch und sozial verträglich, Risiko minimierend, unabhängiger von Konzernmacht, förderlich für Innovationen, Wettbewerb und Demokratie sowie für den Zugang zu Energie im Süden – ein Beitrag zur Armutsbekämpfung.

Heute sind die Konturen dieser Vision bereits in einigen Regionen der Welt (z.B. in Deutschland) so sichtbar, dass es vorstellbar wird, dass die Menschheit bis zur Jahrhundertmitte tatsächlich das Ende der bedrohlichen Energiewelt, wie wir sie heute kennen, erleben könnte. Insofern soll auf den nächsten Seiten zunächst „erzählt" werden, was diese Vision möglich macht und warum sie trotz aller Hemmnisse und Herausforderungen eine Realisierungschance hat. Weil dabei für einen langen Zukunftshorizont (bis 2050) vorausgedacht und die ungeheure globale Vielfalt von Akteuren, Techniken und Regionen in eine auch „zählbare" (d.h. quantitativ erfassbare) Form gebracht werden muss, wird in einem zweiten Schritt erneut die Szenarientechnik zur Anwendung kommen.

Über die Alternative „dezentral" oder „zentral" muss neu nachgedacht werden. Zutreffender sollte es heißen „effizient und erneuerbar" oder „ineffizient und fossilnuklear". Denn großtechnische Stromerzeugungstechnologien mit Solar- und Geothermie oder Offshore Windparks basieren zwar auf erneuerbaren Energiequellen, können aber schwerlich als dezentral bezeichnet werden. Dennoch sind ihre Risiken so unvergleichlich geringer und ihre langfristigen Erfolgsaussichten so viel größer als bei fossil-nuklearer Energieerzeugung, dass ihre Zuordnung zum „Sanften Pfad" gut begründet werden kann.

„Sanft" und „dezentral" sind nur Metaphern dafür, dass die Chancen einer natur- und menschenverträglicheren Form der Globalisierung dann wachsen, wenn über sie verstärkt lokal und regional entschieden wird. Es sind die unzähligen guten Beispiele und Projekte vor Ort, das gewaltige und kostengünstige Potenzial der Energieeffizienz und die Macht des Energiesparens sowie die ungeheure Vielfalt und Dynamik der erneuerbaren Energien, die aus einer unerreichbaren Utopie heute einen gangbaren „Sanften Pfad" erkennen lassen. Die meisten dieser viel versprechenden Optionen für den Klima- und Ressourcenschutz haben einen ortsnahen Bezug. Und das gilt für den reichen Norden wie für den armen Süden. Immer wieder geht die Kraft der Veränderung von „Graswurzel"-Bewegungen oder von Akteuren dezentraler Infrastrukturen (wie z.B. Stadtwerke oder 100% Erneuerbare-Energie-Regionen in Deutschland) aus, häufig sind regionale oder auch nationale politische und technologische Innovationen die Treiber globaler Entwicklungen hin zum sanften Pfad. Damit bekommt das bekannte Motto „Global denken, lokal handeln" eine neue Bedeutung: „Lokal handeln, um global zu verändern". Es wird kein erfolgreiches weltweites Klimaschutzregime geben, wenn nicht durch lokale, regionale und nationale Beispiele demonstriert wird, dass ambitionierter Klima- und Ressourcenschutz gesellschaftliche und wirtschaftliche Entwicklung nicht hemmt, sondern im Gegenteil fördert.

Insofern kann die Analyse der Perspektiven eines nachhaltigen Weltenergiesystems auch unter die Überschrift der „gemeinsamen, aber differenzierten Herausforderungen"[44] von reichen Ländern des Nordens und armen Ländern des Südens gestellt werden. Gemeint sind damit die folgenden Eckpunkte und Zielperspektiven eines nachhaltigen Weltenergiesystems: Reiche Industrieländer müssen ihr Wirtschaftswachstum **absolut** vom Energieverbrauch abkoppeln, das heißt, ihren Pro-Kopf-Energieverbrauch bei gleichzeitiger Steigerung wirklicher Lebensqualität etwa auf ein Drittel senken[45]. Das ist neben einer drastischen Steigerung der Energieeffizienz („Effizienzrevolution") und des Marktanteils erneuerbarer Energien nur möglich, wenn nachhaltigere Produktions- und Konsummuster sowie zukunftsfähigere („subsistente") Lebensstile sich durchsetzen. Selektives („qualitatives") Wachstum muss generiert werden, indem grüne Leitmärkte forciert ausgebaut und Risikomärkte (z.B. fossil, nuklear) zurückgeschrumpft werden.

Entwicklungs- und Schwellenländer sollten „von Anfang an" – im wohlverstandenen Eigeninteresse – ihre Zuwachsraten beim Energieverbrauch durch Nutzung von möglichst modernen Effizienztechniken reduzieren („relative Entkopplung") und bei der Hebung des Lebensstandards, der ländlichen Elektrifizierung und Armutsbekämpfung möglichst nachhaltige Produktions- und Konsummuster unterstützen. Die unmittelbare Kombination modernster Effizienztechnik mit erneuerbaren Energien in möglichst vielen Projekten (z.B. Gebäuden, Gemeinden, Regionen) ist dabei ein Schlüssel, um unnötig energieintensive Entwicklungsetappen und Fehlentwicklungen der heutigen Industrieländer zu vermeiden und nachhaltige Entwicklungsmuster anzustoßen (z.B. LED-Beleuchtung mit Solarenergie; Handys statt Festnetz-Telefonie; Niedrig-Energiehäuser statt scheinbaren Billigbau). Entwicklungsökonomen vergleichen dieses „Überspringen" von überholten Technologiemustern anschaulich mit Froschhüpfen („Leap frogging"). Heutige Entwicklungs- und Schwellenländer können historische Entwicklungsetappen der Industrialisierung „überspringen", weil heute eine Vielfalt ressourceneffizienter Techniken, Verfahrensweisen, Produkte, Qualifikationen und Organisationsformen erprobt sind, von denen während der Industrialisierung im 18. und 19. Jahrhundert nur geträumt werden konnte.

Bliebe es allerdings nur bei diesen „differenzierten Herausforderungen" wäre eine dauerhafte Technologie- und Klimaschutzpartnerschaft von Industrie- und Entwicklungsländern „auf gleicher Augenhöhe" schwierig herstellbar. Es kommt daher darauf an, beginnend mit den Inhalten des Ausbildungssystems bis hin zu den technologischen, politischen und sozialen Innovationen, gemeinsame Lösungswege für Nord und Süd zu konzipieren und mit Technologie-, Kapital- und Know-How-Transfer vom Norden in den Süden, vom Süden zum Süden und – zum Teil durchaus – vom Süden in den Norden glaubwürdig zu unterstützen.

Gemeinsam ist vielen Ländern im Norden wie im Süden,

---

[44] „Common, but differentiated responsibilities" lautet ein Kernsatz der internationalen Klimadiplomatie, der die gemeinsame Bedrohung und Verursachung des Klimawandels betont, aber implizit auch auf die besondere Verantwortung und notwendige Führungsrolle der Industrieländer hinweist.

[45] Vgl. hier Kapitel 7.3 und die Ausführungen zur „2000Watt/pro Kopf Gesellschaft"

a) dass ein nachhaltiges Energiesystem auf einem robusten technologischen Korridor, nämlich auf den „drei grünen Säulen" – Rationelle Energienutzung, Kraft-Wärme/Kälte-Kopplung und erneuerbare Energien – aufgebaut werden muss,

b) dass keine Pfadabhängigkeiten (historische Festlegungen der Entwicklungsrichtung dank bestimmter Entscheidungen) durch spezielle Großtechniken und fossil-nukleare Primärenergiestrukturen geschaffen werden dürfen, von denen absehbar ist, dass sie aus Gründen des Klima- und Ressourcenschutzes oder der sozialen Akzeptanz nicht von Bestand sein werden,

c) dass der institutionelle Wandel im Energiesystem in Richtung mehr Dezentralisierung, Liberalisierung und Demokratisierung vorangetrieben werden muss,

d) dass nicht nur die Energieproduktivität, sondern die allgemeine Ressourcenproduktivität (incl. sämtlicher biotischer und abiotischer Rohstoffe) drastisch gesteigert werden muss und nicht zuletzt,

e) dass Energieunternehmen durch staatliche Leitplanken von „perfekten Externalisierungsmaschinen" in sozial und ökologisch verantwortliche Unternehmen umgesteuert werden müssen.

Wie wir gezeigt haben verdient gerade der letzte Punkt besondere Aufmerksamkeit – im Norden wie im Süden: Keinem Industriezweig der Welt wird ein derartiges Ausmaß an Überwälzung von Kosten auf die Um-, Mit- und Nachwelt wie dem „fossil-nuklearen Energiekomplex" zugestanden, also allen Unternehmen die direkt oder indirekt von der überwiegenden Herstellung oder Nutzung fossiler oder nuklearer Produkte und Dienstleistungen profitieren.

Zwar übernehmen auch Energiekonzerne unter öffentlichem Druck und durch neue staatliche Rahmenbedingungen inzwischen mehr „Produktverantwortung". Aber die Kosten für die Übernutzung der Atmosphäre als CO_2-Müllkippe, für die Verölung der Meere (z.B. Deep Water Horizon) oder für die Versicherung exorbitanter Risiken des Brennstoffzyklus werden bisher nur marginal in die betriebswirtschaftliche Kostenrechnung und Strompreise internalisiert.

Der amerikanische Professor Mitchell hat für diesen im „fossil-nuklearen Energiekomplex" dominanten Unternehmenstyp zutreffend den oben zitierten Begriff der „perfekten Externalisierungsmaschine" geprägt.[46] Die akademische Formulierung von Sir Nicholas Stern „der Klimawandel ist das größte und weitreichendste Marktversagen, das es je gegeben hat"[47] geht in eine ähnliche Richtung, bekommt aber erst dann industrie- und gesellschaftspolitische Brisanz, wenn Ross und Reiter bei den Verursachern klar benannt und zu gesellschaftlicher Verantwortlichkeit angehalten werden. Eine Wirtschaftsordnung, deren externe Kosten exorbitant wachsen, die sich aber damit zufrieden gibt, dies zwar in der ökonomischen Wissenschaft zu thematisieren, aber dann zur „Tagesordnung der falschen Preise" zurückzukehren, wird auf die Dauer nicht

---

[46] MITCHELL (2002).
[47] STERN (2006).

überlebensfähig sein. Um nicht missverstanden zu werden: Das gilt für Systeme unregulierter privater Kapitalverwertung ebenso wie für Zentralverwaltungswirtschaften mit Formen des Staatskapitalismus wie im ehemaligen Ostblock oder im heutigen China.

Der dennoch besorgt-optimistische Tenor dieses Buchs speist sich aus der Erkenntnis, dass nicht nur die Technologien, Strategien und Maßnahmenpakete für einen angemessenen Klima- und Ressourcenschutz weitgehend bekannt und partiell (z.B. im europäischen Emissionshandel) auch umgesetzt werden, sondern weltweit „im Kleinen" schon millionenfach praktiziert werden und schlicht verallgemeinert werden müssten.

Wissenschaftler der Princeton University haben im Jahr 2004 ihren umfassenden Überblick über die technischen und ökonomischen Klimaschutzstrategien mit dem überaus optimistischen Satz zusammengefasst: „Die Menschheit kann in der ersten Hälfte dieses Jahrhunderts das Kohlenstoff- und Klimaproblem lösen, indem wir nur das hochskalieren, was wir schon heute zu tun wissen (,simply by scaling up what we already know to do')".[48]

Was könnte es heißen, dass die Menschheit nur „hochskalieren" muss, was sie ohnehin in vielen Bereichen beim Klimaschutz schon heute weiß und tut? Widersprochen werden muss zunächst den Kollegen PACALA/SOKOLOW in der Bewertung des „Hochskalierens" von Atomenergie, weil dies dem Globalziel der Risikominimierung widerspricht. Im Fall der Atomenergie ist schnellstmöglicher Herunterskalieren angesagt. Denn warum sollte Problemverlagerung (vom Klima- zum Atomproblem?) oder auch Risikostreuung (nur ein Mix mit Atomenergie ist zielführend?) akzeptiert werden, solange es ausreichende und bessere Alternativen zum Klima- und Ressourcenschutz gibt?

Für die Reduktion von CO_2-Emissionen aus der Verbrennung fossiler Energieträger – Hauptursache des anthropogenen Klimawandels – kommen prinzipiell vier bekannte technologische Optionen in Betracht:
- Die Steigerung der Umwandlungs- und Nutzungseffizienz,
- der Einsatz erneuerbarer Energien,
- die Nutzung weniger klimawirksamer Energieträger (z.B. Erdgas oder auch Uran) und
- die CO_2-Sequestrierung (CCS: carbon capture and storage).

PACALA/SOKOLOW entwickeln aus diesen Optionen 15 Strategien („wedges"), die jeweils 1 Mrd. Tonnen CO_2 bis 2055 vermeiden helfen und damit in der Summe ausreichen, einen deutlichen Trendwechsel und eine Dynamik zu ausreichendem Klima- und Ressourcenschutz einzuleiten. Derartige zielorientierte Technologiestrategien könnten skeptische Manager und Politiker zum Handeln motivieren und die Klimadiplomatie durch zielorientierte Technologieprogramme in Schwung bringen. Aber das

---

[48] VGL. PACALA/ SOKOLOW (2004).

Hauptproblem ist nicht die Technik, sondern das nur scheinbar „einfache Hochskalieren" („simply by scaling up"); zumal PACALA/SOCOLOW das Potenzial risikoarmer
technischer Optionen (z.B. die Energieeffizienz) keineswegs ausschöpfen und stattdessen eine Risikoverlagerung (z.B. zur Kernenergie) als Option zulassen.

Heute kann kaum noch bestritten werden, dass ein durch aktiven Klimaschutz
staatlich forcierter Strukturwandel wirtschaftlich weit mehr Chancen als Risiken impli-
ziert.[49] Insbesondere der Stern-Report von 2006 hat eine erstaunliche Kehrtwendung
der herrschenden Nutzen/Kosten-Analysen des Klimaschutzes eingeleitet. Vermutlich
auch in Hinblick auf die für den Klimaschutz entscheidenden Jahre 2009 (Klimakonfe-
renz in Kopenhagen) bis 2010/11 („last minute" Einigung der Weltgemeinschaft auf
wirklich durchgreifenden Klimaschutz!) hat eine förmliche Explosion von Studien und
Analysen über eine prinzipiell positive Verbindung von Klimaschutz und wirtschaftlicher Entwicklung eingesetzt.[50] Diese erstaunliche Kehrwende im ökonomischen Denken hängt auch damit zusammen, dass reale Märkte, Markt- und Staatsversagen wie
auch Markthemmnisse gerade für den Energiemarkt weit besser verstanden sind als
noch vor 10 Jahren. Damals kämpften Ingenieure und Experten vor Ort noch gegen das
Ökonomenvorurteil, dass wirtschaftliche Energiesparpotentiale nicht existieren könnten, weil sie der stets effizient operierende Marktmechanismus längst entdeckt hätte.
Getreu dem alten Witz: Der neoklassische Ökonom geht mit seinem Sohn spazieren,
plötzlich entdeckt dieser am Boden einen 20 € Schein. Begeistert fragt er den Vater, ob
er den Schein mitnehmen könne. Der aber antwortet: Lass doch bitte die Flausen, läge
dort ein 20 € Schein, wäre er längst entdeckt worden!

Das lange die Kosten-Nutzen-Analyse des Klimaschutzes dominierende neoliberal-
le Credo, „Ambitionierter Klimaschutz ist zu teuer, senkt den Lebensstandard und
bedroht die Wettbewerbsfähigkeit", wurde inzwischen so schnell und gründlich über
Bord geworfen, dass heute eine andere Warnung angebracht scheint: Aus manchen
Studien wird nicht klar, ob der Staat als zögernder Klimaschutzakteur exkulpiert oder
ermutigt werden soll. Plötzlich wachsen die wirtschaftlichen Einsparpotentiale ins
Unermessliche, wenn nur der Staat die „richtigen" Preise setzt. So zeigt z.B. die Welt-
analyse von McKinsey, dass 20-30 Mrd. Tonnen CO_{2e} bis 2030[51] „profitabel" vermieden werden können, sofern die Kosten pro emittierte Tonne auf 60€/tCO_{2e} ansteigt. Die
einzige Aufgabe der Staatengemeinschaft bestünde dann darin, ein weltweites „Cap
and Trade"-Zertifikatesystem durchzusetzen und die noch erlaubte Menge („die cap")
freigesetzter Emissionen so drastisch zu begrenzen, dass sich dieser Preis einstellt. Ob
und gegebenenfalls wann es ein weltweites Zertifikatesystem mit dieser Wirksamkeit

---

[49] Vgl. STERN (2006) und HENNICKE (2007).
[50] Vgl. hierzu UBA (Hrsg.) 2009; ISI/ ROLAND BERGER (2009) ; MCKINSEY (2009); PIK et al (2009);
WWF/PROGNOS/ÖKO/ZIESING (2009); ADAM (EU27)
[51] Im Jahr 2010 liegt die voraussichtliche Emission von CO_{2e} bei ungefähr 53GtCO_{2e}/Jahr. „e" steht dabei
für „equivalent" d.h. alle anderen Treibhausgase werden als Äquivalente von CO_2, dem wichtigsten
Treibhausgas, berücksichtigt.

gibt, ist vollständig offen. Soll sich die Welt bis dahin mit steigenden CO_2-Emissionen abfinden? Offenbar kann ein Zertifikatesystem nur ein, allerdings wichtiger Teil, eines heute höchst dringlichen Policy Mix für verstärkte Klimapolitik sein. Auch hier sind Vorreiterrollen wie die des EU Emissionshandelssystems oder in einigen Regionen der USA wichtige Lernfelder.

Die weltweite Einigung auf wirksame Politiken ist auch deshalb schwierig und langwierig, weil Klimaschutzpolitik wegen der drastischen sektoralen, internationalen und intergenerationellen Verteilungseffekte keineswegs „einfach" umgesetzt werden kann. Es handelt sich vielmehr um einen Paradigmenwechsel im Denken und Handeln und um neue Prioritätensetzung – vor allem von Politik und Wirtschaft, aber auch bei Konsummustern und Lebensstilen. Die Effizienzrevolution ist auch und vielleicht im Kern eine Kulturrevolution hinsichtlich des sorgsamen Umgangs mit Natur und fehlerverzeihender Technik. Es sind grundlegende Fragen politischer, ökonomischer. kultureller und sozialer Natur, die gelöst werden müssen, damit das technische „Scaling Up" möglich und weltweit verallgemeinerungsfähig wird.

Erforderlich ist auch eine neue Wirtschaftsethik in Auseinandersetzung mit dem „neoliberalen" Credo des „Laissez faire". Insofern hat Bundeskanzlerin Merkel zu recht (wenn auch mit zu begrenztem Mandat) für die nationale Energiewende eine „Ethikkommission" eingesetzt, die auch über Ausmaß und Intensität staatlicher Interventionen zu befinden hat. Denn heute besteht Konsens: Mit der weiteren Selbstentmachtung der Politik, der Auslieferung von öffentlichen Gütern („global commons") an die scheinbar überlegene Allmacht entfesselter Märkte und der schleichenden Aushöhlung von Grundwerten wie Solidarität und Gerechtigkeit würden die Probleme des Klima- und Ressourcenschutzes unlösbar. Wer die globale „Schlachtordnung" zwischen Arm und Reich, zwischen Groß und Klein oder zwischen Tätern und Opfern der internationalen Klimadiplomatie analysiert, wird zu dem nüchternen Urteil kommen: Das Klima- und Ressourcenproblem wird letztlich erst lösbar, wenn sich die Weltgesellschaft auf praktizierte Gerechtigkeit gegenüber der Weltbevölkerungsmehrheit in den Entwicklungs- und Schwellenländer verständigt.

Dann würde auch das technische „Scaling up" tatsächlich relativ „einfach": Ein Blick in vorliegende Technologiestudien und Weltenergieszenarien zeigt, dass „Effizienz + Erneuerbare" in der Tat die einfachste und vom technischen Potenzial her prinzipiell ausreichende Formel für die Lösung des Klimaproblems darstellt. Die Analyse von Pacala und Socolow macht jedoch klar: Wenn das „scaling up" von Effizienz und Erneuerbaren weltweit nicht rechtzeitig und nicht umfassend genug praktiziert wird, dann braucht die Menschheit für den Klima- und Ressourcenschutz ein riskanteres Technologieportfolio. Zumindest einzelne Länder werden dann auch auf umstrittene Techniken wie die Atomenergie, auf Kohle plus CCS, auf für die Umwelt katastrophale Gewinnungs- und Weiterverarbeitungstechniken für Öl und Kohle (z.B. Teersande oder Kohleverflüssigung) oder auf übermäßige Biomassenutzung zurückgreifen.

Die Frage „Sind ausreichender Klimaschutz und Risikominimierung gemeinsam möglich?" spitzt sich also zu auf **eine Grundsatzfrage**: „Können Energieeffizienz und Erneuerbare in ausreichendem Umfang, in der notwendigen Schnelligkeit, in möglichst allen Regionen und mit positiven ökonomischen und sozialen Implikationen tatsächlich realisiert werden?"

Gelingt es diese globale Grundsatzproblematik durch Kooperation der Staatengemeinschaft zu lösen, dann wird die Weltgemeinschaft einen Quantensprung in Richtung nachhaltige Entwicklung und weltweite Kooperation durchführen. Auch andere globale Probleme, wie Armutsbekämpfung, Zerstörung von Biodiversität, Ressourcenkonflikte, zivile und militärische Atomrisiken sowie ökonomische und soziale Destabilisierung werden dann leichter lösbar.

Kontraktion und Konvergenz

Auf diesem gesellschaftspolitischen Hintergrund müssen Energieeinsparung, Energieeffizienz und die regenerativen Energien weltweit auch einen Beitrag zur Friedenssicherung leisten und den Demokratisierungsprozess in der demokratiefreien Zone der etablierten Energiewirtschaft beschleunigen. Durch die forcierte und universelle Nutzung von Energieeffizienz und erneuerbaren Energien könnte die „Weltmacht Energie" (HENNICKE/MÜLLER, 2005), die heute durch die Monopolisierbarkeit von Öl, Erdgas, Uran und Kohle nicht nur über eine riesige Kapitalmacht verfügt, sondern in vielen Ländern auch die politische Macht mitsteuert, in der Zukunft „re-vergesellschaftet" werden. Hier schlägt quasi reduzierte Quantität (Energiesparen) in neue Qualität (dezentrale Anbietervielfalt) um. Energieerzeugung und -nutzung können künftig wieder näher an den Ort des Verbrauchs (Haushalte oder Betriebe) in hochmoderner und vielfältiger Form „zurückkehren", weil sie durch ein ungleich dezentraleres Portfolio von Techniken bereitgestellt werden können als in der Vergangenheit.

Auch wenn neue auf erneuerbare Energien aufbauende zentrale Verbundsysteme bei einer komplett regenerativen Energieversorgung an Bedeutung gewinnen werden, lässt sich dennoch feststellen: Erneuerbare Energien haben ein immanentes Demokratisierungspotenzial. Ein erneuerbares Energiesystem basiert auf einer enormen Technikvielfalt, einem riesigen Weltmarkt für Innovationen und auf dem Einfallsreichtum kreativer Ingenieure/innen; es fördert den Abbau von Marktmacht von multinationalen Energiekonzernen, die Reduzierung von Importabhängigkeit und von Energiepreisschwankungen und es begünstigt die notwendige Ressourcenabrüstung bevor aus dem kalten marktwirtschaftlichen, ein heißer militärischer Globalkonflikt um Ressourcen wird.

Eine nachhaltige weltweite Energieversorgung kann nur garantiert werden, wenn die Industrieländer ihren Energieverbrauch pro Kopf drastisch reduzieren, um den unabdingbar steigenden Energieverbrauch in Entwicklungsländer und damit deren wirtschaftliche Entwicklung zu ermöglichen. Gleichzeitig muss der unvermeidliche Zuwachs an Energieverbrauch in den Entwicklungsländern – vom Beginn der Entwicklung und Industrialisierung an – durch Nutzung moderner Energieumwandlungstechniken so gering wie möglich gehalten werden. Abbildung 16 veranschaulicht dieses nachhaltige Zukunftsmodell (genannt: Kontraktion und Konvergenz): Indem die Industrieländer ihren Ressourcenverbrauch pro Kopf stärker vermindern, als die Entwicklungsländer ihren Ressourcenverbrauch ausweiten, können in der Zukunft sich alle Länder auf einem gemeinsamen Zielkorridor treffen, der innerhalb der Tragekapazität der Biosphäre und im Zielkorridor einer nachhaltigen Weltentwicklung liegt.

Box 2 Kontraktion und Konvergenz – die 2000 Watt pro Kopf Gesellschaft

Ein nachhaltiges Niveau der weltweiten Ressourcennutzung ist durch zwei Prinzipien erreichbar: Erstens handelt es sich um das Prinzip der Kontraktion. Es bezieht sich zum einen auf die entwickelten Industrieländer. Um den Ressourcenverbrauch absolut zu senken ist es dort notwendig, dass die Entwicklung der Ressourcenproduktivität (=Maß für die Ressourceneffizienz) die Entwicklung des Bruttoinlandsprodukts übertrifft. In diesem Fall kommt es zu einer absoluten Entkopplung des Wirtschaftswachstums vom Ressourceneinsatz. Der Ressourcenkonsum insgesamt schrumpft in diesem Fall (Kontraktion).

In den Entwicklungs- und Schwellenländern andererseits reicht es aus, wenn die Ressourcenproduktivität wächst – unabhängig von der Entwicklung des Bruttoinlandsproduktes. Das heißt, dass der Ressourcenverbrauch dort absolut zwar zunehmen könnte, dessen Wachstum aber abgedämpft wird.

Man spricht hier von relativer Entkoppelung von Ressourcenverbrauch und Wirtschaftswachstum. Die absolute Entkoppelung des Ressourcenverzehrs in den Industrieländern und die relative in den Entwicklungsländern führen zusammen zu einer Konvergenz auf ein nachhaltiges Niveau (vgl. Abbildung 16).

JOCHEM et. al. (2004) wenden dieses Prinzip für den Energieverbrauch in der Schweiz an und kommen auf einen nachhaltigen Energieverbrauchswert von 2000 Watt pro Kopf. Dies entspricht etwa einem Drittel des heutigen europäischen Pro-Kopf Energieverbrauchs. Bei einem pro-Kopf Wachstum des Weltinlandsproduktes um zwei Drittel bis 2050 ist die „2000 Watt pro Kopf Gesellschaft" jedoch nur zu erreichen, wenn die Energieeffizienz um den Faktor 4-5 ansteigt. Dies setzt einen Wandel des Innovationssystems, die Integration von Material- und Energieeffizienzstrategien, eine Ausnutzung der Reinvestitionszyklen bis 2050 (z.B. im Gebäudesektor) und eine Änderung der Lebensstile voraus. In den Entwicklungsländern ist eine Konvergenz in Richtung der „2000 Watt pro Kopf Gesellschaft" durch „leap frogging", also dem Einsatz moderner Effizienztechnologien möglich (siehe oben).

Abbildung 16: Kontraktion und Konvergenz

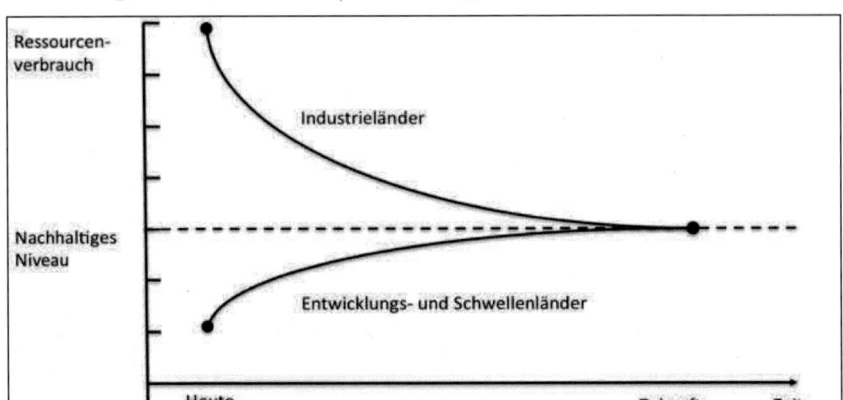

Quelle: Eigene Darstellung.

Die wichtigste Weltstrategie zur nachhaltigen Entwicklung ist die (absolute) Entkopplung von Naturverbrauch und Lebensqualität (Abbildung 17). Dies setzt einen
doppelten Abkopplungsprozess voraus: Aus jeder Einheit Bruttoinlandprodukt (BIP)
muss mehr Lebensqualität abgeleitet werden können. Und die Erzeugung einer Einheit
des Bruttoinlandsprodukts muss mit weniger Naturverbrauch verbunden sein. Dafür
müssen die derzeitigen nicht-nachhaltigen Konsum- und Produktionsmuster grundlegend geändert und neue Wohlstandsmodelle entwickelt werden. Es geht nicht um
„Gürtel enger schnallen", sondern um ressourcenleichtere Produkte und mehr immate-
rielle Dienstleistungen wie z.B. Kultur und Bildung. Notwendig sind also einerseits
öko-effiziente Innovationen, die zu mehr Ressourcen-Produktivität führen. Andererseits muss mehr Öko-Suffizienz d.h. eine Kultur der Selbstgenügsamkeit, dem Über-
verbrauch von Gütern und damit von Stoffen und Energie ein Ende setzen. Der Kern
dieser Strategie ist nicht Verzicht auf gutes Leben, sondern der Neu- oder Wiederge-
winn von Lebensqualität dadurch, dass weniger häufig mehr ist.

Abbildung 17:Notwendige Bedingung für Nachhaltigkeit: Die Entkopplung von Lebensqualität, Wirtschaftswachstum und Naturverbrauch

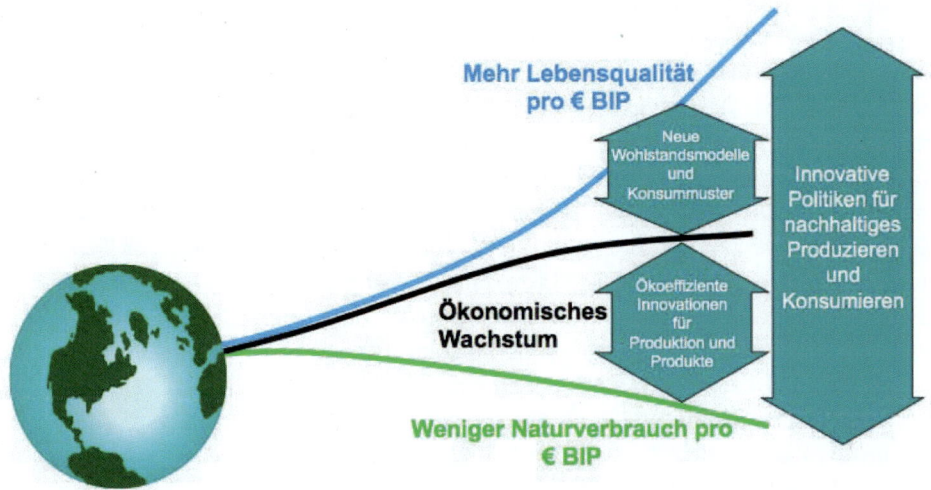

Quelle: Eigene Darstellung basierend auf VisLab Wuppertal Institut.

Effizienz, qualitatives Wachstum und Konsistenz

Abbildung 17 veranschaulicht diesen doppelten Entkopplungsprozess, der dafür notwendig ist: Wirtschaftswachstum (gemessen am Bruttoinlandsprodukt (BIP)) muss vom Naturverbrauch absolut entkoppelt werden. In Abschnitt *Ressourceneffizienz hilft auch Energiesparen* wurde am Beispiel einer Modellrechnung für Deutschland gezeigt, dass dies sogar für den gesamten Ressourcenverbrauch prinzipiell möglich ist. Grundlegende Voraussetzung: Die Ressourcenproduktivität – gemessen am Verhältnis von Bruttoinlandprodukt und dem gesamten Materialaufwand (TMR) [52] – muss schneller wachsen als das BIP. Für die Entwicklung von BIP und Energieverbrauch gilt analog, dass die Energieproduktivität, d.h. die jährliche Wirtschaftsleistung pro eingesetzte Kilowattstunde Energie, schneller wachsen muss als das BIP. Für einen hochentwickelten Industriestaat wie Deutschland konnte gezeigt werden, dass dies von den meisten Energieszenarien auch in Zukunft erwartet wird. (vgl. Kapitel 7.3 Szenarienvergleich).

Das Schaubild drückt jedoch noch einen zweiten wesentlichen Entkopplungsprozess aus. Gelingt es, aus jeder Einheit BIP mehr Lebensqualität zu gewinnen, dann reduziert sich auch der Druck des Wirtschaftens auf die Naturnutzung. Damit dieser zweite positive Entkopplungsprozess tatsächlich stattfindet muss ein negativer Entwicklungstrend grundlegend umgekehrt werden, der heute für die meisten OECD Län-

---

[52] „Total Material Requirement"

der typisch ist: Viele Studien belegen, dass die heutige Form der Vermehrung von Wirtschaftsleistung (also das Wachstum des BIP) etwa seit den 70er Jahren sich nicht mehr in steigender Lebenszufriedenheit niederschlägt. Insofern muss sich die „Qualität" des Wachstums ändern, d.h. die bei der Messung des BIP monetär bewerteten und aggregierten Güter und Dienstleistungen müssen für Unternehmen und Endverbraucher einen weit höher bewerteten Nutzen stiften als bisher. Privater Konsum kann z.B. durch mehr öffentliche Güter und Dienstleistungen (Parks, Schwimmbäder, Naherholungsgebiete, Museen, Theater, Bibliotheken, Bildungseinrichtungen etc.) ersetzt und privater materieller Konsum kann „dematerialisiert" werden: z.B. kann der Kauf von mehr immateriellen Dienstleistungen (Kultur, Freizeit, Soziales, Bildung) Konsumausgaben für stoffintensive Konsumformen (Billigflüge, Plasma-Großbildschirme, SUVs) substituieren, nutzungsäquivalente Produkte und Dienstleistungen können herkömmliche energie- und materialintensiven Konsum ersetzen (z.B. Thin Clients statt PCs; vgl. MaRess AP9) oder durch gemeinsame Nutzung (Car-Sharing, Wohngemeinschaften, Mehrgenerationshäuser), Wiederverwertung, Recycling oder Leasen (Nutzung statt Besitz) können Material- und Energieverbrauch gesenkt werden.

Insofern lassen sich für eine nachhaltige Entwicklung im Energiebereich drei allgemeine Kriterien ableiten:

- eine absolute Senkung des Energieverbrauchs durch Steigerung der Energieeffizienz und Begrenzung von Wachstums- und Komforteffekten,
- ein klimaverträglicher ökologischer Wachstums- und Schrumpfungsprozess („qualitatives Wachstum"),
- die Einbettung in natürliche Kreisläufe d.h. die Einhaltung der Konsistenzbedingung.

Energieeffizienz und Energiesparen sind dabei die wichtigsten und kostengünstigsten Voraussetzungen für die Realisierung einer nachhaltigen Energiezukunft. Eine nur mäßige und relative Entkoppelung des tatsächlichen Energieverbrauchs vom Wirtschaftswachstum reicht nicht aus. Alle Zukunftsszenarien zeigen (siehe oben 7.3): Eine veritable „Effizienzrevolution", also die absolute Entkopplung von Energieverbrauch und Wohlstand, ist unverzichtbar, um den ökologischen Substanzverlust zu verlangsamen und Zeit für weitergehende Umbaumaßnahmen zu gewinnen. Und zwar nicht als Szenariopotential, sondern in der Realität!

Bei einer revolutionären Steigerung der Energieeffizienz kann auch eine wachsende Weltbevölkerung versorgt werden. Ohne Effizienzrevolution würden die Probleme einer nachholenden Industrialisierung wegen des raschen Wachstums des Energieverbrauchs stark zunehmen. Der Ausweg aus diesem Dilemma liegt in der bewussten Umorientierung: Mehr Energienutzen mit weniger nicht erneuerbarer Energie bringt dieses Ziel der Nachhaltigkeitsstrategie im Energiebereich auf den Punkt. Gemeint ist damit auch die bewusste Orientierung auf ein neues Verständnis von Lebensqualität.

Diese Grundsatzposition wird allerdings von ganz unterschiedlichen Akteuren immer noch in Frage gestellt. Während Jahrzehnte lang eine angebotsorientierte Sichtweise in der Energiewirtschaft dominierte, ergibt sich heute eine eigenartige Umkehr: Das offizielle Energieestablishment hat die Energieeffizienz zwar verbal entdeckt, allerdings beileibe noch nicht die für die Umsetzung notwendigen Maßnahmen ergriffen. Vor allem will das Energieestablishment von Verhaltens- und Lebensstiländerung nicht wirklich etwas hören und setzt weitgehend auf Energietechnik. Das wiederum hat die „grünen" Effizienzkritiker auf den Plan gerufen, die das Kind nun erst Recht mit dem Bade ausschütten: Nicht die falschen Mittel, sondern das Ziel selbst „die Effizienzsteigerung" wird zur Ursache der Probleme erklärt. Diese in Mode gekommene Kritik an der Energieeffizienz (vgl. z.B. PAECH, 2010) verwechselt allerdings Ursache und Wirkung, basiert auf unzulässiger Verallgemeinerung, liefert keine schlüssige ex post Analyse von Energieeffizienz und Energieverbrauch und schließt aus Nischenverhalten unbegründet auf generell mögliche gesellschaftliche Verhaltensverschiebungen.

Hier ist nicht der Platz für eine differenzierte Auseinandersetzung mit dieser Kritik. Hinsichtlich der Grundposition der Effizienzkritiker muss allerdings Folgendes festgehalten werden: Es macht in Bezug auf die einzuschlagende politische Interventionen einen diametralen Unterschied, ob die Grenzen und sozioökonomischen Voraussetzungen technischer Effizienzsteigerung kritisch hinterfragt werden (wie es z.B. im Abschnitt *Is efficient sufficient?* mit großem Nachdruck geschehen ist) oder ob Energieeffizienz als Mittel für Klima- und Ressourcenschutz rundweg abgelehnt oder gar zur Ursache von mehr Energieverbrauch erklärt wird. Im ersten Fall lautet die Empfehlung, alles daran zu setzen, „eine veritable Effizienzrevolution" (technische und soziale Innovationen!) bei Prozessen, Geräten, Fahrzeugen und Gebäuden in Gang zu setzen und gleichzeitig die konterkarierenden Wachstum- und Komforteffekte durch ein Policy Mix gering zu halten. Im zweiten Fall wird man sich auf Kommunikationsstrategien, Verhaltensappelle und Förderung alternativer Konsum- und Lebensformen konzentrieren. Das kann im reichen Norden eine den Klima- und Ressourcenschutz unterstützende Strategie sein. In Schwellen- und Entwicklungsländer geht diese Strategie an der dortigen Lebenswirklichkeit, den Problemen der Armutsbekämpfung und Programmen zur nachhaltigen Entwicklung vorbei. Kontraproduktiv wird sie dann, wenn sie die massive Förderung von Techniken für Energieeffizienz oder Erneuerbare Energien im Norden wie im Süden in Frage stellt.

Darauf verweist das oben genannte zweite Kriterium, das die Effizienzdiskussion sowie den Klima- und Ressourcenschutz mit dem gesamtwirtschaftlichen Wachstum verbindet. Vereinfacht gesprochen ist angemessener Klima- und Ressourcenschutz nur denkbar, wenn die Branchen zur Herstellung von Techniken für erneuerbare Energien und Energieeffizienz schnell wachsen, aber Risikobranchen des fossil-nuklearen Zeitalters konsequent schrumpfen. Das Schrumpfen betrifft die Gewinnung und den Verkauf aller Produkte, deren Rohstoffbasis direkt (z.B. die Kohle- und Ölwirtschaft oder die Kohleverstromung) oder indirekt (z.B. treibstoffintensive Mobilitätsformen) auf fossilen Energieträgern aufbaut. Ob der gesamtwirtschaftliche Nettoeffekt der „grünen" Wachstumsbranchen und der schrumpfenden Risikobranchen sich in mehr, weniger oder konstantem Wirtschaftwachstum materialisiert, ist eine offene Frage. Im Abschnitt *Ressourceneffizienz hilft auch Energiesparen* wurde am Beispiel einer umfassenden Simulationsrechnung gezeigt: Unter der Annahme eines integrierten und ambitionierten Klima- und Ressourcenschutzes konnte ein absolute Entkopplung von BIP und globalem Materialverbrauch mit einem Plus an „grünem Wachstum" und Beschäftigung verbunden werden. Es wurde wiederholt darauf hingewiesen: Effizienzsteigerung reicht allein nicht aus. Das Kriterium Konsistenz umschreibt daher die Forderung nach dauerhafter Naturverträglichkeit, bildhaft gesprochen: Ein ökologisch verträgliches Energiesystem ist in die Natur eingebettet, es ist daher nur in einer Kreislauf- und Solarwirtschaft vorstellbar. In diesem dritten Element liegt der langfristig entscheidende Schlüssel, der in eine nachhaltige Zukunft führt.

Auf diesem Hintergrund lassen sich für nachhaltigere Energiesysteme folgende Managementregeln aufstellen:

- Mit jeder Form von Energie muss so effizient wie möglich umgegangen werden. Der Einsatz von Energie bei Prozessen, Gebäuden, Fahrzeugen oder Geräten ist zu minimieren.[53]
- Der Anteil erneuerbarer Energien muss mit dem Ziel eines vollständig erneuerbaren Energiesystems schrittweise ausgebaut werden (Solarwirtschaft).
- Die Nutzung von Biomasse für energetische Zwecke muss nachhaltig und gegenüber konkurrierender Landnutzung für Nahrungsmittel und für grüne Industrierohstoffe nachrangig erfolgen
- Die Risiken des gesamten atomaren Brennstoffzyklus (von der Urangewinnung, über die Anreicherung, die Stromerzeugung und die Wiederaufarbeitung) sind so schnell wie möglich zu reduzieren und ganz zu vermeiden.
- Fossile Energien dürfen nur in dem Umfang genutzt werden, wie es klimaverträglich ist. Sie sollen nur noch vorübergehend eingesetzt werden und dem beschleunigten Übergang zur Solarenergiewirtschaft dienen.

Weltweite Verzweigungssituation: „Große Transformation" oder Weg in die Katastrophe

Die Storyline für den Übergang in eine nachhaltige Energieeffizienz- und Solarenergiewirtschaft ist damit erzählt. Kernstrategien, wesentliche Eckpunkte und Managementregeln wurden vorgestellt. Leider ist die Welt noch weit davon entfernt, auf diesen Pfad einzuschwenken, den wir den „sanften" genannt haben. Um das Bewusstsein zu schärfen, dass die globale Energiewende machbar ist, aber auch keinen Aufschub duldet, soll die weltweite Verzweigungssituation scharf kontrastiert werden. Zu diesem

---

[53] Dies hätte z.B. für die Planung von Gebäuden eine System orientierte Konzeption zur Folge, die nicht nur anfängliche Investitionskosten berücksichtigt, sondern die gesamten Lebenszykluskosten (Energieverbrauch und Betriebskosten über die Lebensdauer) des Gebäudes.

Zweck konfrontieren wir die wohl anerkannteste BAU-Projektion der Internationalen Energieagentur IEA(WEO) mit dem Nachhaltigkeitsszenario von ECOFYS/WWF.

Es sei daran erinnert, dass Szenarien zukünftige „Möglichkeitsräume" unter „Wenn-dann-Bedingungen" aufspannen und im Regelfall keine Aussage darüber machen, wie wahrscheinlich eine quantifizierte Vorausschau für das Energiesystem ist (vgl. Box 3). Mit einer Ausnahme: Es gehört zum Konsens und methodischen Credo der meisten Szenarienexperten, Alternativszenarien (mit unterschiedlichen Zielen und Mitteln) im Vergleich zu unveränderten Technologie- und Politiktrends (Referenzfall) darzustellen.

Es besteht international ein weitgehender Konsens die Referenzszenarien der IEA (WEO) als die „autorisierte" Weltprognose (Referenzfall) für unveränderte Entwicklungstrends im Energiesystem zugrunde zu legen. Das hat den Vorteil, dass Politik, Wirtschaft und Gesellschaft quantifiziert und möglichst realitätsnah dargelegt werden kann, welcher Handlungsbedarf zur Erreichung gesellschaftlich akzeptierter Ziele z.B. für Klima- und Ressourcenschutz besteht.

Box 3 World Energy Outlook:

Die Internationale Energieagentur (IEA), eine zwischenstaatlichen Organisation der OECD erstellt jedes Jahr den World Energy Outlook, eine Studie über die Entwicklung der Weltenergieversorgung bis 2030/2035. Dabei konzentriert sich die IEA vor allem auf die Versorgung mit fossiler Energie (Erdöl und Erdgas) und war – gesteuert durch die OECD-Länder – lange Zeit bekannt für eine eher konservative, atomenergiefreundliche Haltung; im Lichte zunehmender Besorgnis über den Klimawandel, die Ressourcenverknappung („peak of oil") und mögliche Atomrisiken beginnt sich dies zu ändern.

Der World Energy Outlook untersucht üblicherweise im BAU-Szenario („Current Policies") unter der Annahme der Weiterführung heutiger Trends und Politiken im Energiesektor, die weltweite Entwicklung des Energiebedarfs und der Versorgungsstrukturen. Das heißt, in diesem Szenario wird der Effekt staatlicher Maßnahmen und Politiken im Energiesektor ermittelt, die bis zum jeweiligen Basisjahr festgelegt wurden und bis 2030/35 weitergeführt werden unter der Bedingung, dass keine neuen Maßnahmen ergriffen werden. Daraus lässt sich quantifizieren, wo und ggfs. wie stark der Kurs geändert werden muss, um die drohenden Gefahren und Risiken abzuwenden.

Abbildung 18 zeigt die Entwicklung des globalen Energiebedarfs im BAU-Szenario der IEA (2008). Bis 2030 wird der weltweite Energiebedarf mit einer jährlichen Rate von 1,6% um insgesamt 45% ansteigen. Hierbei bleiben fossile Energieträger dominierend in der Energieversorgung, wobei Kohle für über ein Drittel des gesamten Anstiegs verantwortlich ist. Auf die Entwicklungs- und Schwellenländer (Nicht-OECD) entfällt 87% des Verbrauchsanstiegs; somit erhöht sich ihr Anteil am Primärenergieverbrauch von 51% auf 62%. China und Indien verzeichnen als Folge ihres fortgesetzt starken Wirtschaftswachstums knapp über die Hälfte des Energiezuwachses.

Unter BAU-Konditionen wird Mineralöl auch in Zukunft eine wichtige Rolle in der Energieversorgung spielen. Dabei ist allerdings ungewiss, aus welchen Ölquellen der steigende Bedarf gedeckt werden soll. Abbildung 19 stellt dar, dass bei den heute produzierenden Ölfeldern der Ölpeak bereits überschritten ist und die Rohölförderung der existierenden Lagerstätten immer weiter zurückgeht; die Exploration neuer Quellen wird somit dringende Notwendigkeit. Zwischen 2007 und 2030 müssten Bruttoförderkapazitäten von 64 Megabarrel pro Tag neu erschlossen werden, um die steigende Nachfrage decken zu können; das entspricht der sechsfachen Rohölförderkapazität von Saudi Arabien. Deshalb entfällt im BAU-Szenario der IEA ein großer Teil der erforderlichen Investitionen im Energiesektor bis 2030 auf die Öl- und Gaswirtschaft, hauptsächlich zur Erschließung von Lagerstätten in Entwicklungs- und Schwellenländern.

Die daraus entstehende sehr wahrscheinliche Verknappung des Mineralölangebots auf dem Weltmarkt und die Erhöhung der Förderkosten der vorhandenen Reserven wird die Preise weiter steigen lassen, was Konsequenzen für die Bezahlbarkeit von Energie mit sich bringt. Die IEA stellt auch fest, dass unter BAU-Konditionen der Großteil des zusätzlichen Erdöl- und Erdgasangebots von wenigen OPEC-Ländern gestellt wird unter der Voraussetzung, dass diese genug investieren.

Des Weiteren legt das Szenario dar, dass unter Fortsetzung der gegenwärtigen Trends die energiebedingten Treibhausgas-Emissionen unaufhaltsam zunehmen und auf lange Sicht mit hoher Wahrscheinlichkeit zu einer globalen Temperaturerhöhung um über 6 °C führen werden. Zwar finden 97% der Zunahme in den Entwicklungsländern statt, trotzdem liegen die durchschnittlichen Emissionen in diesen Ländern auch in Zukunft weit unter denen der Industrienationen. Infolge zunehmender Urbanisierung von 71% auf 76% zwischen 2006 und 2030 findet der größte Anstieg in den Städten statt; Stadtbewohner verbrauchen auch in Zukunft mehr Energie als Bewohner der ländlichen Regionen der Erde und verursachen damit mehr Pro-Kopf-Emissionen.

Zusammenfassend stellt die IEA fest, dass die derzeitigen Trends der Energieversorgung und des Energieverbrauchs weder in ökologischer, in wirtschaftlicher noch in sozialer Hinsicht zukunftsfähig sind. Das ist mit kräftigem Understatement formuliert. Auf den Punkt gebracht sagt die IEA, dass sich unter Trendbedingungen eine Katastrophenwelt entwickelt, wie sie niemals entstehen sollte: Ein ungebremster dramatischer Klimawandel geht einher mit tendenziell zunehmenden Ressourcenkonflikten um knappes Öl und mit steigenden Nuklearisiken. Vor diesem Hintergrund der BAU-Entwicklung forderte die IEA 2008 auch zum ersten Mal einen radikalen Umbau der Energieversorgung. Dabei spricht auch die IEA von der Notwendigkeit einer „Energierevolution", die nur durch entschlossene politische Aktionen ans Ziel kommen kann.

Abbildung 18: Die Entwicklung des Weltprimärenergiebedarfs nach dem BAU-Szenario von IEA/WEO 2008.

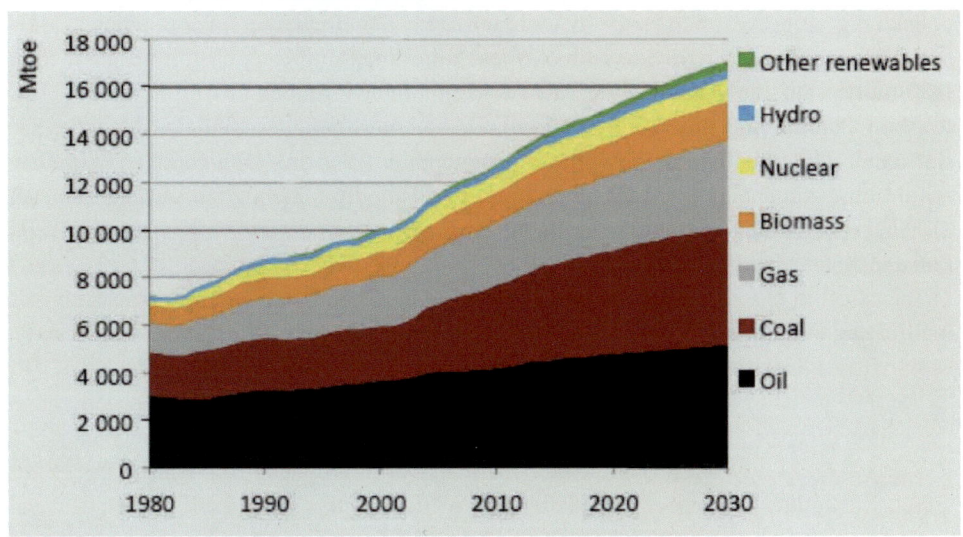

Quelle: IEA/WEO 2008

Abbildung 19: Entwicklung der Weltölproduktion im BAU-Szenario (IEA, 2008)

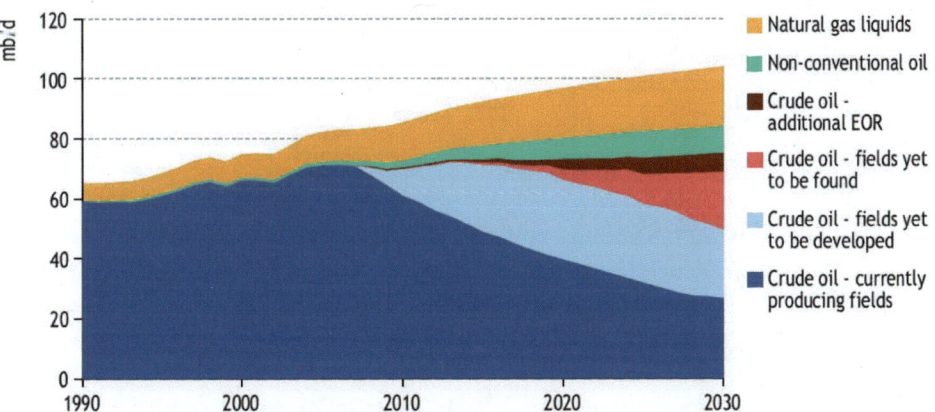

Ein neueres Klimaschutzszenario (OECD/IEA, 2010) zeigt den Lernprozess innerhalb der IEA und wie aus der Sicht dieser von den OECD-Ländern beherrschten Institution in Hinblick eine solche „Energierevolution" bis zum Jahr 2035 aussehen könnte. Das „450 Scenario" setzt voraus, dass die Konzentration der Treibhausgase (THG; hier ausgedrückt in äquivalenten Kohlendioxid-Emissionen/ CO_{2eq}) nicht mehr als 450 ppm beträgt. Es wird angenommen, dass dadurch das weltweit anerkannte 2 Grad-Ziel (ma-

ximaler Anstieg der globalen Mitteltemperatur gegenüber dem Stand vor der Industrialisierung) nicht (wesentlich) überschritten wird. Erstaunlich ist dabei, dass die einst
vollständig angebotsorientierte IEA inzwischen der Energieeffizienz einen THG-
Minderungsbeitrag von 48% zuordnet, diese allerdings immer noch mit bescheidenen
Hoffnungen auf die Atomenergie (8%) und mit relativ großen Erwartungen an CCS
(Carbon Capture and Storage; 19%) verbindet. Immerhin nähert sich das „450 Szenario" damit dem oben zitierten „Wedges"-Konzept der Princeton University an, teilt aber
mit ihm die Akzeptanz für Risikotechnik und vollständig fehlende Vorstellung, wie all
diese Techniken in eine gesellschaftliche Transformationsstrategie eingebettet werden
könnten.

**Abbildung 20: Emissionen im „450 Scenario" im Vergleich zu „Business-as-usual"
(„Current Policies Scenario")**

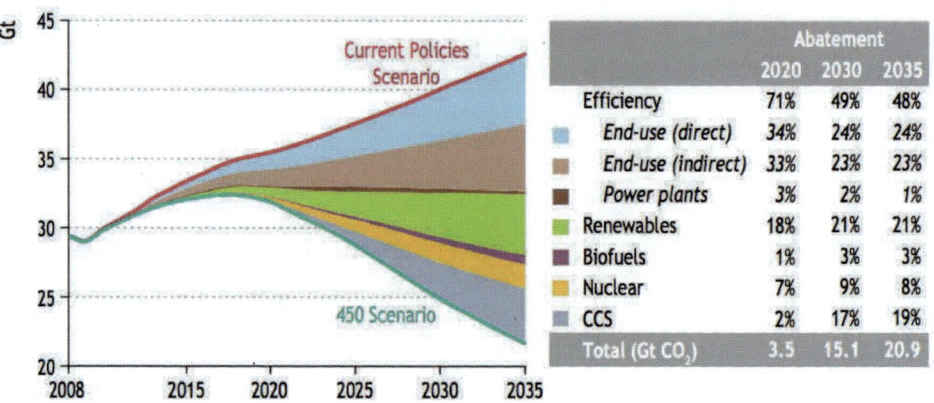

		Abatement		
		2020	2030	2035
Efficiency		71%	49%	48%
	End-use (direct)	34%	24%	24%
	End-use (indirect)	33%	23%	23%
	Power plants	3%	2%	1%
Renewables		18%	21%	21%
Biofuels		1%	3%	3%
Nuclear		7%	9%	8%
CCS		2%	17%	19%
Total (Gt CO₂)		3.5	15.1	20.9

Quelle: OECS/IEA 2010, Part 2, S. 122.

Wir wollen uns zum Abschluss unseres Ausflugs in die Zukunft mit der Vision eines nachhaltigen Weltenergiesystems beschäftigten, das wohl den modernsten Stand
der Szenarienphilosophie und -technik repräsentiert. Bemerkenswert ist dabei, dass
diese Weltvision Parallelen aufweist zu dem, was der deutsche Szenarienvergleich
erbracht hat. Das Grundprinzip „Erst so viel wie sinnvoll und notwendig Energie einsparen, dann den Restenergiebedarf so schnell wie möglich mit erneuerbaren Energien
bereitstellen" wird im ECOFYS/WWF Szenario besonders konsequent angewandt.
Damit wird erneut der Zusammenhang zwischen einer möglichen nationaler Vorreiterrolle und Lokomotivfunktion der deutschen Energiewende für die internationale Entwicklung thematisiert: Der Paradigmenwechsel der Formel „Effizienz plus Erneuerbare" muss aus der Welt der Szenarien in die Realität umgesetzt werden.

Die Vision: Ein 100% Erneuerbare Weltenergiesystem

Wir haben gezeigt: eine nationale „Vorreiterrolle" Deutschlands bei der Energiewende würde wegen des partiellen Risikoabbaus und der volkswirtschaftlich positive Effekte auch dann Sinn machen, wenn kein Land der Welt ihr folgen würde. Im Informationszeitalter, bei globalisierten Technologiemärkten und angesichts der Bedeutung Deutschlands als Wirtschaftsmacht und Technologieführer auf Leitmärkten[54] ist ein dauerhafter „Alleingang" aber mehr als unwahrscheinlich. Vermutlich ist das Gegenteil der Fall: Allein der Wettbewerb auf den Leitmärkten wird andere Länder dazu veranlassen einem geglückten deutschen Beispiel möglichst bald zu folgen. Das wiederum könnte den erwünschten Wettlauf um klima- und ressourcenverträgliche technische und soziale Innovationen verstärken. Denn eine ähnliche Energiewende wie in Deutschland ist in allen führenden Wirtschaftsmächten (etwa der G8) möglich und hat – so wird am ECOFYS/WWF Szenario zu zeigen sein – auch weltweit auf Grund klar identifizierbare Treiber und Megatrends eine realistische Perspektive.

Wann hat der Paradigmenwechsel, der Wandel des fossil-nuklearen Energieweltbildes, eingesetzt? So genau kann das niemand sagen, eine Kette von Großereignissen hat seit gut 40 Jahren dazu beigetragen. Wirtschaftshistoriker werden vielleicht zukünftig den Meadows-Bericht an den Club of Rome (1972), die Ölpreiskrisen der 1970er Jahre, Tschernobyl (1986), die Umweltkonferenz von Rio 2002, die Extremereignisse des Klimawandels (schmelzendes Polar- und Gletschereis, Hurrikan Kathrina, Jahrhundertüberschwemmungen, Hitzewellen) und Fukushima (2011) als entscheidende energie- und ressourcenpolitische Wendepunkte für die Energieleitbilder und für das öffentlichen Bewusstsein identifizieren. In Deutschland kommt hinzu, dass sich zahlreiche Enquete-Kommissionen bereits seit 1980 bis zur heutigen „Wachstums-Enquete"[55] intensiv mit den Fragen des Zusammenhangs von Gesellschaft, Wirtschaft, Ressourcen, Energie und Klima beschäftigt haben, in deren Gefolge sich auch eine hochdifferenzierte Landschaft der wissenschaftlichen Politikberatung herausgebildet hat. Institutionen wie das Umweltbundesamt und die Bundes- und Landesumweltministeriumen sowie NGOs (Umweltverbände, Kirchen, einige Gewerkschaften) und zunehmend auch große Pionierunternehmen wie Otto, Telekom, Siemens, Bosch etc. haben ebenfalls eine wichtige Rolle gespielt. Insofern ist die Politik, die Wirtschaft und die aufgeklärte Öffentlichkeit in Deutschland für eine Energiewende relativ gut vorbereitet.

In Ländern wie z.B. USA, Russland, Japan, Frankreich, Südkorea, China, Indien kann dies sicherlich nicht in gleicher Weise vorausgesetzt werden. Dennoch gibt es z.B. für Japan auch schon seit einigen Jahren Potential- und Szenarienuntersuchungen, die zeigen, dass trotz der Insellage und begrenzter Energieressourcen bis zum Jahr

---

[54] Vgl. BMU (2009).
[55] Zukünftige Kernenergie-Politik (1981–1983); Vorsorge zum Schutz der Erdatmosphäre, Schutz der Erdatmosphäre (1987–1995); Schutz des Menschen und der Umwelt (1994–1998); Nachhaltige Energieversorgung unter den Bedingungen der Globalisierung und der Liberalisierung (2000–2002).

2050 der Atomenergieanteil mindestens drastisch reduziert und die CO_2-Emisisonen um mindestens 70% gesenkt werden können (vgl. NIES 2008; LEHMANN (Hrsg.) 2003). Es wäre skandalös, wenn selbst Fukushima keinen Anstoß für Atomstromländer leisten würde, sich viel intensiver als in der Vergangenheit mit nationalen Alternativ-szenarien – Weg von Uran, Kohle und Öl – zu beschäftigen. In dieser Hinsicht ist der Stand der wissenschaftlichen Politikberatung in Deutschland schon jetzt Vorbild.

Das internationale Forschungs- und Consultinginstitut ECOFYS hat sich darum verdient gemacht im Auftrag und in Kooperation mit verschiedenen Partner seit 2007 Weltenergiestudien zu erstellen, die auch relativ detaillierte Länderstudien etwa zu China, Indien, den USA und Europa enthalten. „The Energy Report. 100% Renewable Energy by 2050" im Auftrag von WWF ist die aktuellste und auch in einigen Bereichen (Industrie, Biomasse) eine der interessantesten vorliegende Weltenergiestudien. Ihre Eckpunkte sollen nachfolgend kurz zusammengefasst werden.

Die Entwicklung des Weltenergieangebots nach dem ECOFYS/WWF-Szenario von 2000-2050 zeigt die folgende Abbildung 21: Vor allem der drastische Struktur-wandel – weg von Öl, Erdgas, Kohle und Kernenergie, hin zu einer großen Vielfalt erneuerbarer Energieformen – sticht ins Auge. Deutlich wird darüber hinaus, dass Atomenergie im Rahmen dieses Analyse weltweit nur eine marginale technologische Episode darstellt und dass bis auf einen kleinen Restsockel von Kohle und Erdgas (et-wa 5%) bis 2050 das Energiesystem fast vollständig auf erneuerbaren Energien auf-baut. An der Abbildung ist nicht direkt ablesbar, dass dieser Endenergieverlauf gegen-über einem Trendenergiewachstum erreicht werden soll, das – vergleichbar dem fortge-schriebenen IEA/WEO-BAU-Szenario – im Jahr 2050 bis auf etwa 520 EJ anwächst. Gegenüber dieser im Trend erreichten katastrophalen Höhe des Energieverbrauchs, zielt das Szenario auf drastische Effizienzsteigerung. Ecosfy fasst die Strategie hinter dieser dramatischen Halbierung des weltweiten Endenergiebedarf in dem kurzen Satz zusammen:"Aggressive end use energy savings and electrification" (EBENDA).

Da gleichzeitig bis 2050 die Weltbevölkerung auf rd. 9 Mrd. ansteigt, bedeutet dies, dass der Endenergieverbrauch pro Kopf zwischen 2000 und 2050 von rd. 45 GJ/a/Kopf auf rd. 30 GJ/a/Kopf absinkt, zweifellos ein hochambitioniertes Ziel. Die Detailanalyse der EE-Potentiale zeigt jedoch, dass – außer bei der Biomasse – die EE-Potentiale im Jahr 2050 bei weitem noch nicht ausgeschöpft sind. Andere Szenarien unterstellen z.B. im Bereich der Offshore-Stromerzeugung, bei solarthermischer Stromerzeugung (Concentrated Solar Power/CSP) oder auch bei der Geothermie einen weit höheren, aber durchaus realisierungsfähigen Ausschöpfungsgrad. Insofern enthält das ECOFYS/WWF-Szenario den Freiheitsgrad, dass nicht erreichte Energiesparziele durch erneuerbare Energien kompensiert werden können.

**Abbildung 21: Die globale Entwicklung und Zusammensetzung des Endenergie-
bedarfs im ECOFYS/WWF Weltszenario**

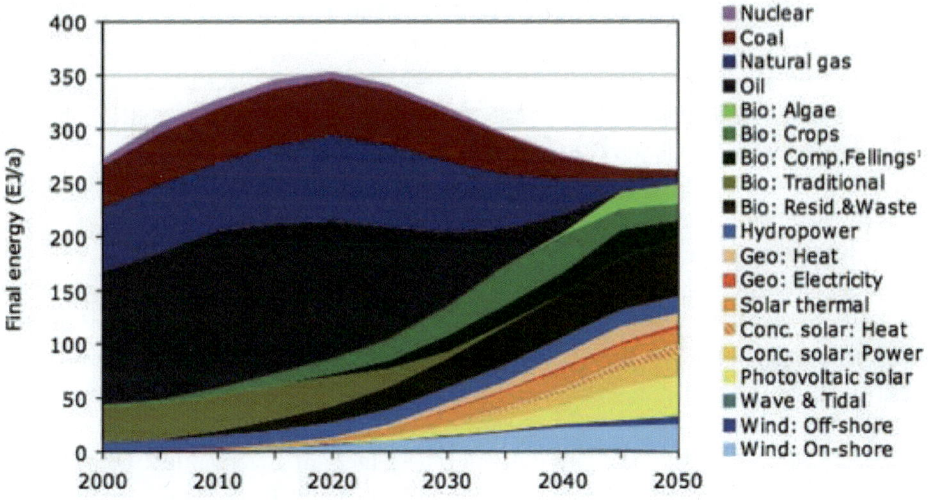

Quelle: ECOFYS/WWF, a. a. O., S. 92.

Die zentralen Eckpunkte des Ecofys-Szenarios lassen sich demnach wie folgt zusam-
menfassen:

- Die globale Endenergienachfrage im Jahr 2050 liegt um 15% unter der des Jahres
  2005, im diametralen Gegensatz zu BAU-Projektion (wie etwa WORLD ENERGY
  OUTLOOK OECD/IEA, 2010), die von erheblich weiter steigendem Energieverbrauch und CO_2-Emissionen ausgehen. Die „Beweislast" potenziert sich daher im
  Vergleich zu den deutschen Szenarien, dass diese kühne Reduktion des Endener-
  gieverbrauchs nicht nur technisch möglich ist (dies wird bei ECOFYS/WWF exzellent ausgeführt), sondern auch praktisch umgesetzt werden kann.

- Energieeinsparung und Energieeffizienz sind Voraussetzung dafür, dass im Jahr
  2050 9 Mrd. Menschen nahezu mit 100% an erneuerbarer Energie versorgt werden
  können. Alle Sektoren können und müssen erheblich zur Energieeinsparung beitragen:

  1. Dies gilt auch für energieintensive Industrien (z.B. Stahl, Aluminium, Zement,
     Papier, Chemie). Durch Nutzung von heute verfügbarer „Best Available Techno-
     logy" (BAT), durch Reduktion von Abfällen, höherer Materialeffizienz, Nutzung
     von Sekundärmaterialien, Recycling und Kreislaufführung) kann der industrielle
     Weltenergieverbrauch bis 2050 etwa wieder auf das Niveau von 2000 sinken.

  2. Dies gilt auch für den weltweiten Energieverbrauch in Gebäuden, obwohl sich
     die Wohnfläche bis 2050 fast verdoppelt; dabei wird vorausgesetzt, dass ab 2030
     alle Häuser im „Near zero energy use standard" (vergleichbar dem Passivhaus in

Deutschland) errichtet werden und eine Modernisierungsrate von 2,5% pro Jahr erreicht werden kann.

3. Der Endenergieverbrauch im Verkehr sinkt um etwa 10% bis 2050 trotz eines drastischen Zuwachses an Transportaktivitäten (um den Faktor 2-5 je nach Region und Verkehrsart) im Personen- und Frachtverkehr. Grund für die Energieeinsparung ist ein engagierter Modal Shift zu weniger energieintensiven Mobilitätsformen (Schiene, ÖPNV) und zur E-Mobilität.

- Bereits in Abbildung 20 fällt auf, dass Biomasse im ECOFYS/WWF-Szenario eine herausragende Rolle spielt. Um bis zum Jahr 2050 zu 95% eine erneuerbare Energieversorgung sicherzustellen, muss Biomasse vor allem auch zur Herstellung von Treibstoffen im Verkehr sowie für die Brennstoff- und Wärmeerzeugung und als grüner Rohstoff für die Industrie bereit gestellt werden. Im Jahr 2006 wurden etwa 21 EJ Primärenergie in der Form von Öl(produkten), Erdgas oder Kohle als Rohstoff für die Petrochemie verwendet. Im Szenario steigt diese Verwendungsart auf 66 EJ bis 2050, die dann – so die Annahmen des Szenarios – durch nachhaltige Biomasse bereit gestellt wird. Die Betonung liegt hier auf „nachhaltig": Die differenzierte Szenarienanalyse widmet ein vollständiges Kapitel der Frage, ob und ggfls. wie Biomasse für die Industrie und den Verkehr bis 2050 nachhaltig bereitgestellt werden kann, also nicht zu Lasten konkurrierender Ansprüche wie Biodiversität, Nahrungssicherheit, Wasserverbrauch und menschlicher Entwicklung übergenutzt wird. Durch eine Vielzahl von Maßnahmen (Nutzung und Vermeidung von Bioabfällen, Anbau von Mikroalgen[56] sowie Reduktion der Fleischverbrauchs pro Kopf um 50% in OECD-Ländern/verglichen mit 2005) hoffen die Autoren von ECOFYS auf die Gewährleistung einer nachhaltigen Biomassenutzung.

Besonders interessant ist die ökonomische Analyse des Szenarios. Da bei derart langfristigen und globalen Ökonomieanalysen die Datenlage extrem unsicher und daher besondere Vorsicht geboten ist, verwendet das Szenario eine relativ robuste Form des Vergleichs zwischen voraussichtlichen jährlichen Investitionsaufwendungen (CapEx) und laufenden Betriebskosten (OpEx), die Energiekosteneinsparungen wegen geringerer oder wegfallenden Brennstoffkosten (bei erneuerbaren Energien) berücksichtigen.

Die folgende Grafik zeigt die Entwicklung der jährlichen CapEx und OpEx-Geldflüsse sowie deren Nettoresultate.

---

[56] „Das Energy-Scenario" nutzt Algenöl für die Ölnachfrage erst nach Bio-Rückständen, Bio-Abfällen und nachwachsenden Rohstoffen..Das konservativste Szenario enthält nur Algenöl aus Mikroalgen, die in offenen Brunnen auf nicht bebaubarem Land mit Salzwasser hergestellt wurden" (EBENDA, S.187)

Abbildung 22: Die jährlichen globalen Kostenergebnisse im ECOFYS/WWF-Szenario

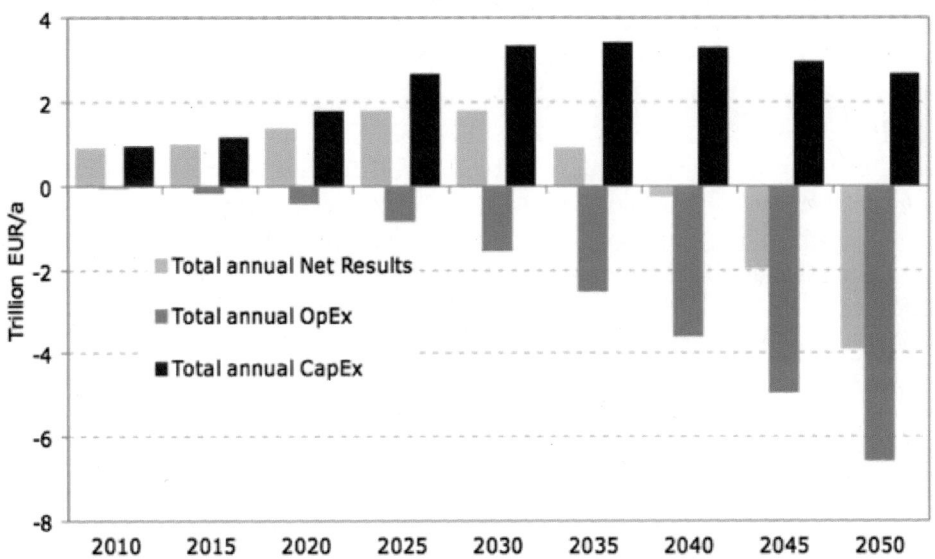

Quelle: ECOFYS/WWF, a. a. O., S.196

Die Abbildung zeigt, dass die jährlichen globalen Investitionen etwa bis 2035 auf jährlich fast 3,5 Billionen € pro Jahr ansteigen. Gleichzeitig wachsen aber auch die Einsparungen, die etwa ab dem Jahr 2045 die Investitionen deutlich übersteigen. Interessant ist auch der Vergleich mit der Entwicklung des globalen GDP. „ die Nettokosten erreichen im Jahr 2025 ihren relativen Höhepunkt, bleiben aber unter 2% des GDP. Die Einsparungen (OpEx) steigen kontinuierlich und erreichen 3,5% des globalen GDP in 2050, was zu einer Nettoersparnis in Höhe von 2% führt". (EBENDA, S. 197).

Im Grundsatz verweist diese globale Kosten/Nutzen-Dynamik auf eine ähnlichen Verlaufsform wie die Szenarien für Deutschland. Allerdings würden bei einer weltwirtschaftlichen Betrachtung, bei der fossile Energieträger immer mehr durch erneuerbare Energien ersetzt werden, die Preise für Öl, Erdgas und Kohle auf Dauer beträchtlich sinken. Da die hier kalkulierten Kosten jedoch verstanden werden als Kosten im Vergleich zu einem BAU-(Standard-)Szenario, erscheint es dennoch methodisch angemessen, mit den Brennstoffpreisen dieses Referenzfalls zu rechnen.

Hinzu kommt wie auch bei den deutschen Kosten/Nutzen-Abschätzungen, dass bei dieser Betrachtung die externen Kosten vollständig ausgeklammert werden. WWW/ECOFYS unternehmen verständlicherweise keinen Versuch, weltweit die externen Kosten abzuschätzen. Wie weit die ECOFYS/WWF Kostenschätzung jedoch bereits bei heutigen Marktverhältnissen „auf der sicheren Seite" liegt, zeigt ein Vergleich mit den leichter erfassbaren direkten globalen Subventionen allein für fossile Energieträger (die Atomenergiesubventionen liegen vermutlich in ähnlicher Größenordnung): Nach einer kürzlichen Erhebung der IEA und OECD (OECD 2010) betragen allein die globalen Subventionen für fossile Energien etwa 700 Mrd. US $ **pro Jahr**, dies entspricht etwa 20-50% des Investitionsaufwandes (CapEx) von heute bis zum Jahr 2025, um den Umbau in eine nachhaltiges Energiesystem (vor) zu finanzieren (EBENDAS, S. 216). Es bleibt also als Resumé der Analyse von ECOFYS/WWF, dass eine Weltstrategie in Richtung auf eine risikoarme Energieeffizienz- und Solarenergiewirtschaft technisch machbar und weltwirtschaftlich finanzierbar sein würde.

Zum Abschluss gilt es noch auszuführen, warum die Energiefrage in den Kontext der „Großen Transformation" gestellt werden muss und wie die Wechselwirkung zwischen nachhaltiger nationaler Energiewende und der Weltentwicklung einzuordnen ist.

7.10 Die „große Transformation" ins postfossile Zeitalter ohne Atom

In einer globalisierten Welt lassen sich zu den Chancen und Folgen einer nationalen Energiewende und Vorreiterrolle beim Atomausstieg – sehr vereinfacht – zwei gegensätzliche Standpunkte einnehmen: Die einen befürchten, wer zu schnell vorangeht, verliert im Wettbewerb, die anderen gehen davon aus, wer zu spät kommt, den bestraft das Leben. Wir gehen von der folgenden Position aus: Wenn in Deutschland demonstriert würde, dass eine Energiewende wirtschafts- und sozialverträglich umgesetzt werden kann, dann hätte dies zumindest für Europa einen Dominoeffekt. Schon aus Gründen der Wettbewerbssicherung würden andere Länder nachfolgen. Hinzu kommen gesellschaftspolitische Signalwirkungen, die mit einer Energiewende verknüpft sind. Auch aus diesem Grund ist eine nationale Engführung der Diskussion über die Energiewende nicht angemessen, sondern sie muss in den größeren Kontext einer „gesellschaftlichen Transformation" gestellt werden.

Die schroffen gesellschaftlichen Gegensätze beim Streit um die Kernenergiepolitik in Deutschland und das durch Fukushima ausgelöste „politische Erdbeben" zeigen, dass es bei der zukünftigen Energie- und Klimaschutzpolitik um weit mehr geht, als nur um „Atompolitik": Das Primat der Politik gegenüber wirtschaftlichen Partialinteressen steht ebenso zur Debatte wie die Formen und Ausübung von direkter Demokratie („Volksherrschaft") bei Grundsatzproblemen der gesellschaftlichen Entwicklung. Dabei stellt sich einerseits die Frage nach der Handlungs- und Steuerungsfähigkeit von Politik, Wirtschaft und Gesellschaft und dem „gestaltenden Staat" (WBGU), weil spätestens an der Finanz- und Wirtschaftskrise deutlich wurde, dass eine unregulierte kapitalistische Marktwirtschaft nicht nur außerstande ist, die wirtschaftlichen Zukunftsprobleme zu lösen, sondern sie im Gegenteil, wie auch beim Klimawandel, der Atompolitik und der Verknappung von Ressourcen, weiter verschärft. Insofern ist eine Grundvoraussetzung für eine Transformation, die Rolle des Staates und staatlicher

Rahmenbedingungen („Leitplanken") zu klären. Andererseits ist der Abstand zwischen dem „Parteienstaat" und den Bürgern so gewachsen und die Komplexität der Probleme hat derart zugenommen, das der Ruf nach einfachen („populistischen") Lösungen lauter wird. Dies kann die Demokratie weiter aushöhlen und insofern ein Primat der Politik faktisch unmöglich machen. Für das komplizierte und langfristig orientierte Projekt einer Energiewende sind dies schwierige gesellschaftspolitische Voraussetzungen.

Auf dem Hintergrund der fortdauernden Verunsicherung durch die kapitalistische Wirtschafts- und Finanzkrise und der schleichenden rechtspopulistischen Erosion der europäischen Demokratie (vergl. FR vom 19. April 2011) bedarf es einer wissenschaftsgestützten Argumentation und einer Kommunikationsstrategie mit langem Atem um dauerhaft Mehrheiten dafür zu gewinnen, dass eine engagierte deutsche Vorreiterrolle beim Atomausstieg und beim Klimaschutz nicht nur zur Risikominimierung sinnvoll, sondern auch wirtschaftlich für Deutschland und breite Bevölkerungsschichten von Vorteil ist.

Ein beliebter Einwand gegen den „deutschen Sonderweg" beim Atomausstieg ist zum Beispiel entweder mit einer Atomkatastrophe im Nachbarland oder mit den Atomstromexporten eines europäischen Konkurrenten zu argumentieren. Beide Argumente gehen am Problem vorbei: Jeder abgeschaltete Reaktor senkt bereits statistisch die Eintrittswahrscheinlichkeit eines großen Reaktorunfalls, denn das gesamteuropäische „Restrisiko" hängt ab von der Anzahl der Reaktoren und ihrer Betriebsjahre. Hinzu kommt: Atomstromimporte zu Dumpingpreisen (durch hohe „Schattensubventionen) würden die Innovationsdynamik im Inland bremsen und die energiepolitische Glaubwürdigkeit unterhöhlen, daher sollte alles daran gesetzt werden, sie mit WTO und EU rechtskonformen Mitteln abzuwehren (z.B. über eine hohe Grenzausgleichsabgabe mit den wahren Kosten zu belasten). Das gilt besonders für den Fall, wo deutsche Stromkonzerne sich scheinbar dem Primat der nationalen Atomausstiegspolitik unterwerfen in der klammheimlichen Hoffnung, diese durch Atomstromimporte aus eigenen Reaktoren im europäischen Ausland wieder zu unterlaufen.

Der „Wissenschaftliche Beirat der Bundesregierung Globale Umweltveränderung (WBGU)" geht davon aus, dass sich das fossile ökonomische System international in einem fundamentalen Umbruch befindet: "Dieser Strukturwandel wird vom WBGU als Beginn einer „Großen Transformation" zur nachhaltigen Gesellschaft verstanden, die innerhalb der planetarischen Leitplanken der Nachhaltigkeit verlaufen muss...Überdies verdeutlicht das atomare Desaster in Fukushima, dass schnelle Wege in eine klimaverträgliche Zukunft ohne Kernenergie beschritten werden müssen." (EBENDA, S.1). Damit greift der WBGU eine Diskussion auf, die in der internationalen Wissenschaft unter dem Stichwort der „planetary boundaries" („planetarische Leitplanken") (ROCKSTRÖM et. al., 2010) wie auch szenariengestützt mit dem Konzept der „Great Transition" (SEI/TELLUS INSTITUTE, 2009) bereits seit einigen Jahren geführt wird. Zur Einschätzung der globalen Triebkräfte, der sozioökonomischen Auswirkungen einer Energie- und Ressourcenwende sowie zu Bewertung geeigneter Umsetzungsstrategien ist diese Diskussion außerordentlich bedeutsam. Sie soll daher hier kurz resümiert werden.

Natur setzt Grenzen[57]

Die nicht nachhaltigen Formen von Wachstum und Entwicklung des (reichen) Nordens haben die Weltgesellschaft schon heute auf Kollisionskurs mit elementaren Naturschranken gebracht, vor allem zu Lasten des (armen) Südens[58]. Würden die Produktions- und Konsummuster der reichen Welt zukünftig von 9 Milliarden Menschen übernommen, wären die Naturschranken mit katastrophalen Folgen weit überschritten. Die Art der reichen Weltbevölkerungsminderheit zu Leben und zu Wirtschaften ist nicht verallgemeinerbar. Diese Einsicht und der globale Zwang zum gemeinsamen, aber differenzierten verantwortlichen Handeln wird kaum noch bestritten. Dennoch hat dies bisher nicht zu einem grundlegenden globalen Richtungswechsel in der Klima- und Ressourcenschutzpolitik geführt.

ROCKSTRÖM et. al. (2009) haben die Naturschranken mit naturwissenschaftlicher Methodik analysiert und unter der programmatischen Überschrift „Planetary Boundaries: Exploring the Safe Operating Space of Humanity" zusammengefasst. Trotz vieler Unsicherheiten und Forschungslücken identifizieren die Autor/-innen sieben quantifizierte Naturschranken in Bezug auf Klimawandel, Versauerung der Ozeane, stratosphärischen Ozonabbau, biochemischen Stickstoff- und Phosphorzyklus, Frischwassernutzung, Landänderungen und Biodiversität. Sie gehen davon aus, dass beim Klimawandel, beim Verlust der Artenvielfalt und beim globalen Stickstoffzyklus die Menschheit bereits die Naturschranken – teilweise erheblich – überschritten hat, so dass nichtlineare, abrupte, irreversible und möglicherweise katastrophale Umweltveränderungen nicht mehr ausgeschlossen werden können. Energie ist mit diesen Problemfeldern in vielfacher Weise verbunden: Als Treiber von Wachstum und Entwicklung, als Emissionsquelle und als konkurrierende Form der Landnutzung mit drastischen Auswirkungen auf die Biodiversität.

Dies hat weitreichende Konsequenzen für unser Verständnis über die stoffliche Seite des Wirtschaftens. Zum Beispiel muss das begrenzte Konzept einer „Energiewende", das den Übergang in eine Energieeffizienz- und Solarenergiewirtschaft beschreibt, in ein erweitertes Verständnis einer „Ressourcenwende" eingebettet werden. Nicht nur der (nicht erneuerbare) Energieeinsatz, sondern der gesamte nicht erneuerbare Ressourcenverbrauch (Energie, Material, Wasser, Fläche) muss absolut vom Wirtschaftswachstum und dem Wachstum der Lebensqualität entkoppelt werden. Als Managementaufgabe folgt hieraus, das isolierte Effizienzstrategien für Energie und Material wenig Sinn machen, sondern integrierte Strategien konzipiert werden müssen, die

---

[57] Die nachfolgenden Betrachtungen stützen sich auf KRISTOF/HENNICKE, MaRess AP 7.7. 2010.
[58] Bei dieser plakativen Vereinfachung darf nicht vergessen werden, dass sich durch den Aufschwung großer Schwellenländer (z.B. China, Indien, Brasilien) neue geopolitische Konstellationen, Süd-Süd-Kooperationen aber auch neue Konflikte entwickeln.

unerwünschte Nebeneffekte und Problemverlagerungen vermeiden und positive Synergieeffekte maximieren.

Die hier gewählte Metapher der „Kollision mit den Naturschranken" lenkt den Blick auf die unerwünschten „Outputs" der global vorherrschenden Produktions- und Konsummuster sowie auf die Begrenztheit der Senken. Alle diese Belastungen hängen mit zu hohen „Inputs" zusammen, die in Form eines überdimensionierten und noch immer wachsenden Ressourcenverbrauchs in den Wirtschaftskreislauf fließen. Insofern stellt sich die Schlüsselfrage, ob und ggfls. in wieweit durch Steigerung der Ressourceneffizienz der Ressourcenverbrauch von der Entwicklung der Lebensqualität und des Wirtschaftswachstums entkoppelt werden kann. Mit weniger Kilowattstunden, Tonnen Metall, Hektar Land oder Kubikmeter Wasser nachhaltigen Nutzen und mehr Lebensqualität für eine wachsende Weltbevölkerung bereitzustellen, so lautet die Herkulesaufgabe für eine nachhaltige Entwicklung. Wirtschaftswachstum wirkt bei der Bewältigung dieser Aufgabe wie eine Rolltreppe: Je schneller sie läuft, desto schwieriger wird es ihr entgegenzulaufen. Oder formal argumentiert: Je höher das Wirtschaftswachstum, desto höher muss die Wachstumsrate der Ressourcenproduktivität (Energieproduktivität) liegen, wenn es zu den notwendigen absoluten Entkopplung kommen soll.

Die (alte) Grundsatzfrage „Wie viel Wirtschaftswachstum und vom Menschen verursachte Eingriffe verträgt die Natur?" kommt damit mit großer Dringlichkeit und weitreichenden gesellschaftspolitischen Konsequenzen wieder auf die Agenda. Schon in den 70er Jahren waren die „Grenzen des Wachstums" (MEADOWS et. al. 1972) in aller Munde. Heute nach fast 40 Jahren, erlebt diese Diskussion mit vielen zusätzlichen Facetten eine Renaissance. Zweifellos hatte die Pionierarbeit von Meadows die Wirkungen von Preisen, Märkten und technischem Fortschritt auf den Ressourcenverbrauch unterschätzt. Dennoch teilen heute die meisten Entscheidungsträger in Wirtschaft und Politik die Einsicht, dass exponentielles Wirtschaftswachstum auf einem begrenzten Planeten nicht auf Dauer möglich ist. Aus dieser Einsicht wurden allerdings bisher noch keine hinreichenden Konsequenzen gezogen. Es gehört zu den unbequemen Wahrheiten, dass die Unverträglichkeit zwischen exponentiellem Wirtschaftswachstum und Naturschranken **nicht erst in ferner Zukunft** eintreten wird, sondern dass wir uns damit bereits heute dringend und intensiv sowohl auf nationaler als auch auf internationaler Ebene beschäftigen müssen.

Seit kurzem gewinnt deshalb die Debatte um „Grünes" Wachstum, Degrowth, Postwachstum etc. an Dynamik. Heute wird über Wachstum und Naturschranken in ökonomischer, ökologischer und gesellschaftspolitischer Hinsicht zugleich grundsätzlicher wie auch differenzierter diskutiert als in den 70er Jahren. Gefragt wird: „Ist Wohlstand ohne Wachstum möglich?" (JACKSON, 2009, MIEGEL, 2010), „Kann Grünes Wachstum absolut vom Naturverbrauch entkoppelt werden?" (UNEP, 2009), „Inwieweit werden Ressourceneffizienzsteigerungen durch Mengen- und Rebound-Effekte wieder zunichte gemacht?" (d.h. „Is efficient sufficient?", ECEEE, 2010) oder „Gibt es

in Industrieländern noch einen positiven Zusammenhang zwischen mehr Wirtschaftswachstum und der Steigerung der Lebensqualität?" (LAYARD, 2005).

Eine vorausschauende Energie- und Ressourcenpolitik kann diesen Grundsatzfragen nicht ausweichen, weil sie eine Antwort darauf geben muss, wie weit die angestrebte forcierte Ressourceneffizienzsteigerung trägt, wenn weiter undifferenziert auf
eine Wachstumsstrategie gesetzt wird – die Wirtschaft aber in OECD-Ländern schon
längst nicht mehr in dem Umfang wie in der Nachkriegszeit wächst.

Wohlstand neu denken

Ein neues Verständnis von Wachstum und Wohlstand sind zur Eindämmung von Wirt-
schaft- und Naturkrisen grundlegend. Der Nachhaltigkeitsdiskurs muss daher zugleich
konzeptionell fundierter, im Dialog mit allen gesellschaftlichen Gruppen und umset-
zungsorientierter in Bezug auf die beschlossenen Ziele geführt werden. Mit diesem
Verständnis und Handlungskonzept (wir nennen es kurz die „Nachhaltigkeit 2.0")
könnten gesellschaftliche Transformationsprozesse vorangetrieben und kritisch beglei-
tet werden.

Bei den notwendigen gesellschaftlichen Transformationsprozessen handelt es sich
nicht nur um einen technischen Strukturwandel. Es erfordert von Politik und Wirtschaft
Mut, die kontroversen Grundsatzdialoge über die Perspektiven eines nachhaltigen
Wirtschaftens aufzunehmen, die derzeit zunehmend von Wissenschaft und Zivilgesellschaft geführt werden. Folgende Grundfragen des nachhaltigen Wirtschaftens werden
kontrovers und lebhaft diskutiert:

- Wie kann das Wirtschaftssystem an Nachhaltigkeitszielen ausgerichtet werden?
  („Welche Veränderungen der Wirtschaftordnungen sind notwendig?")
- Was kann und was muss wachsen? („Welche Branchen werden bei nachhaltigem
  Wirtschaften wachsen und welche schrumpfen?")
- Welche Lebensqualität schafft Wachstum für breite Bevölkerungsschichten?
  („Wie kann eine Orientierung an „gutem Leben" und nicht an quantitativem
  Wachstum konkret aussehen?")
- Auf diese Grundsatzfragen gibt es keine einfachen Antworten.

Wenn man die bisherige Entwicklung ansieht, wird eines klar: Nirgendwo ist es bisher
gelungen, allein durch eine technische Effizienzrevolution – d.h. durch forcierte tech-
nologiebasierte Ressourceneffizienzsteigerung – den erforderlichen arbeitsschaffenden
und gleichzeitig natursparenden Typ neuen „grünen" technischen und sozialen Fortschritts zu etablieren. Der Stellenwert technischer Ressourceneffizienzsteigerung in
einer wachsenden Wirtschaft muss deshalb realistisch eingeschätzt werden. Zugespitzt
formuliert: Weder *ohne* noch *allein mit* technologiebasierter Effizienzsteigerung sind
erfolgreicher Klima- und Ressourcenschutz denkbar!

Auch die Hoffnung, dass die Verknappung von Naturkapital durch den Preis- und
Marktmechanismus eine langfristige Orientierung und zielorientierte Steuerung der
Rohstoffpolitik sicherstellt, ist trügerisch. Denn die bisherige Preisentwicklung bei

energetischen und nicht-energetischen Rohstoffen hat offensichtlich die Weltgesellschaft nicht hinreichend und nicht schnell genug dazu veranlasst, den nicht nachhaltigen Entwicklungspfad zu verlassen. Denn die Rohstoffpreise können weder die zukünftigen Verknappungstendenzen und ihre wirtschaftlichen Implikationen adäquat abbil-
den noch die volle „ökologische Wahrheit" sagen (Was „kosten" Tausende Opfer von
Klimakatastrophen oder der Verlust an Artenvielfalt oder des Regenwaldes? KRIS-
TOF/HENNICKE/DORNER, 2009).

Die unerwartete Wucht der globalen Weltfinanz- und Wirtschaftskrise sowie der
damit einhergehende Nachfragerückgang haben 2009 – trotz einer vorausgegangenen
förmlichen Preisexplosion bei vielen Rohstoffen – einen Preisverfall bei Rohstoffen
ausgelöst. Es ist zwar absehbar, dass die Rohstofffrage bei der nun wieder anziehenden
Weltkonjunktur und tendenziell wieder steigenden Rohstoffpreisen erneut in aller
Schärfe auf die Agenda kommen wird (MCKINSEY GLOBAL INSTITUT, 2009);
jedoch ist – unabhängig von Preisoszillationen und kurzfristigen Preiserwartungen –
wichtig, die Ressourcen- und Klimaschutzpolitik und andere Politiken, welche die
weitere Überschreitung der Naturschranken verhindern können, stärker langfristig und
vorsorgend auszurichten und dabei systematisch die Integration mit anderen Politikfeldern (insbesondere der Forschungs- und Wirtschaftspolitik) voranzutreiben.

Natur- und Wirtschaftskrisen gemeinsam überwinden
Konsequenz dieser Erkenntnisse ist auch, dass die Wechselwirkungen zwischen Natur-
und Wirtschaftskrisen und deren teilweise gemeinsame Ursachen besser verstanden
und darauf hin untersucht werden müssen, wie man sie gleichzeitig und integriert be-
kämpfen kann (ROCKSTRÖM et. al., 2009). Die exzessive Abkopplung des weltweiten Finanz- vom Produktivkapital hat nicht nur die Finanzkrise mit verursacht, sondern
auch kurzfristige Verwertungszwänge mit hohem Naturverbrauch und die Externalisierung von Umweltkosten begünstigt. Wenn Management und Unternehmen von kurzfristigen, hohen Renditeerwartungen und Vierteljahresbilanzen getrieben werden, ten-
dieren sie ganz besonders dazu, die Kosten für den Schutz von Menschen und Umwelt
möglichst weitgehend auf die Gesellschaft abzuwälzen.

Die komplexen Wechselwirkungen zwischen der Techno- und Ökosphäre wie auch
zu den Stoffströmen, welche die epochalen globalen ökologischen Krisen mit der
Weltwirtschaftskrise verbinden, werden derzeit noch nicht adäquat wahrgenommen.
Weltweit deutlich wurde dies in den Kontroversen über Umfang, Struktur und Aufgaben der „Konjunkturprogramme" zur Eindämmung der Weltwirtschaftskrise. Dabei
wurde zwar die Verschränkung konjunktureller, ökonomischer Krisen mit säkularen,
ökologischen Krisentrends erstmalig weltweit thematisiert, aber die Prioritäten der
Programme haben dies nur unzureichend widergespiegelt. Der Unterschied zwischen
beiden Krisen ist, dass ein unwiederbringlicher Verzehr von Naturkapital zulasten aller
nachkommenden Generationen eine Anleihe auf die Zukunft ist, deren „Rückzahlung"
unmöglich ist. Kreditfinanzierte „Konjunkturprogramme" sind dagegen Anleihen auf

potentielle zukünftige Steuereinnahmen, die bei klugem Programmdesign aus den induzierten Investitionen, deren volkswirtschaftlichen Multiplikatorwirkungen und den daraus entstehenden staatlichen Einnahmen refinanziert werden können. Die „Konjunkturprogramme" hätten daher gezielter dazu genutzt werden können, um eine ökologische Modernisierung voranzutreiben und damit auch rascher bei ökologischen Krisen (etwa beim Klima- und Ressourcenschutz) der Lösung näher zu kommen.

Denn Zeit ist inzwischen der knappste Faktor. Es geht nicht mehr allein um die Frage, warum „Konjunkturprogramme" langfristig angelegte Investitionen in Green-Tech fördern sollen, sondern in welchem Umfang und mit welchen Schwerpunkten dies zur Beschleunigung des ökologischen Modernisierungsprozesses erfolgt.

Die absolute und globale Naturverknappung im 21. Jahrhundert zwingt Wirtschaft und Gesellschaft historisch erstmalig und auf Jahrzehnte dazu, den Basisinnovationen generell eine nachhaltigere Richtung zu geben: Sie müssen in der Summe natursparend, aus Gründen der sozialen Kohärenz soweit möglich auch arbeitsschaffend sein und zur Entkopplung von Lebensqualität und Naturverbrauch beitragen. Ansonsten ist der Widerspruch zwischen Bevölkerungs- und Wirtschaftswachstum, ruinösem Naturverbrauch und prekärer sozialer Kohärenz schwerlich aufzulösen.

Hinsichtlich Konzept, Umfang, Struktur und Aufgaben der weltweiten „Konjunkturprogramme" („Recovery packages") lassen sich zwei Hauptströmungen ausmachen: Während die meisten Regierungen trotz sich zuspitzender Klima- und Ressourcenprobleme traditionelle ökonomische Kriseneindämmung praktizierten, fordern andere einen auf lange Sicht angelegten „Green New Deal" (UNEP, 2009; MÜLLER/NIEBERT, 2009; GEF, 2009). Mit dem „Green New Deal" verbinden sich unterschiedliche kurz- und langfristige Konzepte einer integrierten Politik gegen die Weltwirtschaftskrise und für Klima- und Ressourcenschutz. Die verbindende Denkfigur ist dabei, dass Klima- und Ressourcenschutz nicht nur einen ökologischen Imperativ bedeutet, sondern dass die damit verbundenen Innovationen und Investitionen einen ökonomischen Megatrend (GreenTech) und ein neues „grünes" Wachstums- und Wohlstandmodell induzieren könnten. Pointiert formuliert: „Mit der Ökologie aus der Krise" (MÜLLER/HENNICKE, 1994).

Die Erhaltung der natürlichen weltweiten Lebensgrundlagen ist von den globalen Fragen der Sicherung des Lebensunterhalts im Norden – auch für die zukünftigen Generationen – wie auch der Armutsbekämpfung im Süden nicht mehr zu trennen. Umweltminister Röttgen hat dies so formuliert: „Wer jetzt für die aktuelle Krisenbewältigung Milliarden ausgibt und dann für langfristig angelegte Politik vorgeblich kein Geld mehr hat, der versündigt sich an den Lebenschancen künftiger Generationen" (FAZ, 02.12.2009). Die weltweiten „Konjunkturprogramme" haben die Chance aber bisher nur halbherzig genutzt, die ökonomische Krisenbekämpfung mit einer mutigen Weichenstellung für eine ökologische Modernisierung zu verbinden (vergl. Abb.23)

Abbildung 23: Chancen zur Ökologischen Modernisierung erkannt, aber zu wenig genutzt: „Grüner Anteil" an den weltweiten „Konjunkturprogrammen" (2008/2009).

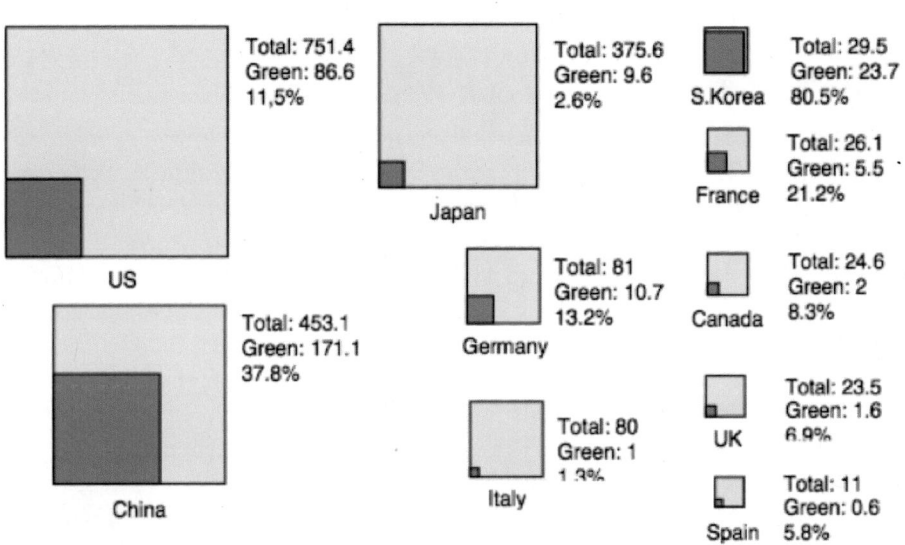

Quellen: HSBC. 2009; SCHEPELMANN, P. et al 2009.

An dem enormen Umfang der Konjunkturprogramme wird einerseits deutlich, dass weniger aus Einsicht, sondern schlicht durch die Realität erzwungen, der „gestaltende Staat" (WBGU) wieder hoffähig geworden ist. Der unregulierte (Finanz-)Markt hat Wirtschaft und Gesellschaft an den Abgrund geführt, ohne den Staat (d.h. ohne die langfristige Kollektivhaftung durch die Steuerzahler) wäre das System kollabiert. Für die Energiewende steigen dadurch die Chancen, weil dem „gestaltenden Staat" zukünftig wieder eine erfolgreiche ökologische Industriepolitik zugetraut und der Fehlsteuerung eines unregulierten Energiemarkts viel stärker misstraut wird als in der Vergangenheit.

Andererseits zeigen Umfang und Zielsetzung der Konjunkturprogramme, dass der „gestaltende Staat" zwar schnell und mit ungewohnter Quantität, aber noch immer mit bescheidener ökologischer Qualität interveniert hat. Vor allem wird, gerade auch in Deutschland, ein historisch gewachsenes Politikdefizit deutlich: die klassische Arbeitsteilung von Wirtschafts- und Fiskalpolitik gegenüber der Umwelt- (und Klimaschutz-) Politik ist noch nicht überwunden. Statt die Energiewende als ein Projekt des ökologischen Umbaus, der langfristigen Stärkung der Wettbewerbsfähigkeit , der steigenden Innovationsfähigkeit und der partiellen Deglobalisierung (Reduzierung der Importabhängigkeit; Stärkung regionaler Kreisläufe) zu betreiben, setzen sich immer wieder die überholten Muster isolierter Ressortpolitiken durch. Insofern lebt auch der „Gesellschaftsvertrag für eine Große Transformation", den der WBGU vorschlägt, noch weitgehend vom „Prinzip Hoffnung" und ist auf der Berliner Politikbühne noch nicht angekommen. Dass dies aber von einem so prominenten Gremium wie dem WBGU überhaupt thematisiert wird, ist ein Novum und berechtigt zu einer optimistischen Abschlussbemerkung.

7.11 Die Transformation auf den Weg bringen

Für den WBGU ist das *„kohlenstoffbasierte Weltwirtschaftmodell [...] auch ein normativ unhaltbarer Zustand, denn es gefährdet die Stabilität des Klimasystems und damit die Existenzgrundlagen künftiger Generationen. Die Transformation zur Klimaverträglichkeit ist daher moralisch ebenso geboten wie die Abschaffung der Sklaverei und die Ächtung der Kinderarbeit"* (EBENDA, S.1). Das sind starke Worte, die in der Quintessenz ebenso gegen die weitere Nutzung der Atomenergie sprechen. Zugespitzt formuliert: Das fossil-nukleare Energiesystem nimmt mit einer gewaltigen Externalisierung von Kosten auf die Um-, Mit- und Nachwelt die gesamte Weltgesellschaft quasi in Geiselhaft. Sowohl das kohlenstoff- als auch das nuklearbasierte Weltwirtschaftsmodell gefährden die Existenzgrundlagen heutiger und künftiger Generationen.

Dem WBGU ist auch zuzustimmen, dass dabei „der Zeitfaktor" von herausragender Bedeutung ist und es um Veränderung weit über technologische und technokratische Reformen hinausgeht: *"Die Gesellschaften müssen auf eine neue „Geschäftsgrundlage" gestellt werden. Es geht um einen neuen Weltgesellschaftsvertrag für eine klimaverträgliche und nachhaltige Weltwirtschaftsordnung"* (EBENDA, S. 2). Energie- und Klimaschutzpolitik als ein Kernbereich der Weltwirtschaftspolitik, dieser Gedanke korreliert auf nationaler Ebene mit dem hier vorgetragenen Postulat einer Integration der Energie Ressourcen-, Klima- und Wirtschaftspolitik.

Ein neues Verständnis von Wachstum und Wohlstand sind dabei nicht nur zur Eindämmung von Wirtschaft- und Naturkrisen grundlegend. Zu einer deutlichen Ressourcenwende und zur Abkehr vom Bruttosozialprodukt als alleinigen Erfolgsindikator für „gute" Politik gibt es keine nachhaltige Alternative. Der positive Umkehrschluss hierzu lautet: Je konsequenter die Wirtschaft auf „grüne" Wachstumsfelder umgesteuert und je glaubwürdiger der Dialog über neue und gerechtere Wohlstandsmodelle geführt und umgesetzt wird, desto weniger risikoanfällig und zugleich zukunftsfähiger werden Wirtschaft und Gesellschaft.

Erfolgreiche Klima- und Ressourcenschutzpolitik setzt eine nachhaltige Weltwirtschaftsordnung voraus und jede erfolgreiche nationale Energiewende ebnet den Weg dorthin. Insofern ergeben sich auch hinsichtlich der monetären und mengenbezogenen Eckpunkte interessante Parallelen zu den hier vorgestellten Analysen. Der WBGU schätzt den zusätzlichen weltweiten Investitionsbedarf für eine Transformation zur klimaverträglichen Gesellschaft bis zum Jahr 2030 auf eine *„Größenordnung von 200* *bis etwa 1.000 Mrd. US $ pro Jahr.*"[59] *[...] Diesen Investitionen stehen zeitversetzt Einsparungen in ähnlicher Größenordnung sowie die Vermeidung der immensen Kosten eines gefährlichen Klimawandels gegenüber. Mit innovativen Geschäftsmodellen und Finanzierungskonzepten lassen sich diese Aufgaben sehr wohl lösen"* (EBENDA, S. 4).

Interessant ist, dass der WBGU sich indirekt für das Zieljahr 2050 von einem eigenen Weltenergiepfad aus früheren Jahren absetzt. Während seinerzeit[60] im „exemplarischen WBGU Pfad" auf der Grundlage eines modifizierten IPCC-Szenario[61] noch nahezu von einer Verdreifachung des Weltprimärenergieverbrauchs[62] bis 2050 ausgegangen wurde (von etwa 400 EJ/a in 2000 auf beinahe 1200 EJ/a in 2050) führt der WBGU im Jahr 20111 aus: *"Ein Blick in transformative Szenarien legt aus Sicht des WBGU nahe, dass die globale Endenergienachfrage bis 2050 nicht auf mehr als 400-500 EJ pro Jahr steigen sollte; der aktuelle Wert liegt bei ca. 350 EJ pro Jahr. Ohne eine politische Richtungsänderung könnte sich die Endenergienachfrage jedoch mehr als verdoppeln. Die Verschlankung dieser Nachfrage ist daher in den Industrieländern sowie in den wirtschaftlich schnell wachsenden Schwellenländern eine entscheidende Aufgabe"* (EBENDA, S. 8). In dieser „Verschlankung" liegt, das haben wir gezeigt, die Herkulesaufgabe für die Weltgemeinschaft. Das ECOFYS/WWF-Szenario hat demonstriert, dass diese Aufgabe im Weltmaßstab prinzipiell lösbar ist. Der Szenarienvergleich für Deutschland hat schließlich belegt, dass Deutschland hierfür bestens gerüstet ist und deshalb eine Vorreiterrolle einnehmen sollte.

Die Ausgangsfrage unserer Analyse war: Kann Atomenergie in Deutschland und anderswo mit vertretbaren Kosten und angemessenem Beitrag zum globalen Klimaschutz ersetzt werden? Die Antwort lautet für Deutschland eindeutig: Ja. Szenarien für Europa und die Welt machen wahrscheinlich, dass auch eine globale klimaverträgliche Energiewende ohne Atomenergie mit volkswirtschaftlichem Gewinn möglich ist.

Eine erfolgreiche globale Energiewende könnte gleichzeitig Grundlage und Beschleuniger für eine große Transformation zu einer nachhaltigen Weltgesellschaft sein – eine Vision, für die zu kämpfen es sich lohnt und für die eine gelungene deutsche Energiewende eine bedeutsame Signalwirkung hätte.

---

[59] Der WBGU begründet nicht, warum abweichend von anderen Studien der Investitionsbedarf „im Zeitraum 2030 - 2050 noch deutlich darüber" sein soll.

[60] Vgl. WBGU (2003).

[61] Gemeint ist das „A1T-450-sceanrio", bei dem A für hohes Wirtschaftswachstum, 1 für ein kooperatives Konvergenzmodell zwischen Norden und Süden, T für dynamische Technologieentwicklung und 450 für das Niveau der Stabilisierung der CO2 Konzentration stehen.

[62] Primär- und Endenergieverbrauch unterscheiden sich vor allem durch die Verluste um Umwandlungssektor und durch die Bewertungsmethode für erneuerbare Energien.

8. Globale Multiplikatoren bei der Energiewende

Wenn man sich klar macht, dass auf globaler Ebene Atomstromproduktion – unter Ausblendung der Risiken bzw. angemessener Versicherungskosten – zumindest in naher Zukunft gerade für Schwellenländer noch attraktiv bleiben wird und dass führende Exporteure von Atomkraftwerken (USA, Russland, Frankreich, China) die Aussicht auf lukrative Exportmärkte reizen wird, dann kann das Gelingen einer weltweiten Energiewende mit Ausstieg aus der Atomenergie nicht als selbstverständlich betrachtet werden. Es wird für eine globale Energiewende bis 2040/2050 nicht nur darauf ankommen, dass einige Industrieländer vorbildliche Konzepte beim Aus- und Umstieg vormachen, sondern es müssen auch die wichtigen internationalen Akteure bzw. Organisationen eigebunden werden:

- Bei den Nichtregierungsorganisationen wird der WWF, der global vernetzt und präsent ist, sicherlich eine wichtige Rolle spielen können.
- Die IRENA als Dachverband der Solarerzeuger dürfte längerfristig einen zunehmenden Einfluss haben – parallel zum Wachstum der Photovoltaik.
- Der World Council on Renewables gehört ebenfalls zu den in der öffentlichen Debatte einflussreichen Akteuren aus dem Bereich der erneuerbaren Energien.
- Bei den internationalen Organisationen dürfte die UN-Klimaorganisation eine gewichtige Stimme haben, zumal der IPCC sich bei dem Bericht für 2014 umfassend mit dem Thema Energiewende auf globaler Ebene beschäftigen wird; schon der Vorbericht der Arbeitsgruppe III des IPCC hat im Mai 2011 international aufhorchen lassen.
- Internationale Netzwerke von Forschungsinstituten mit einschlägigen Analyseschwerpunkten können die intellektuelle Debatte, die Aufklärung zur Energiewende weltweit voranbringen – natürlich auch über das Internet bzw. die Medien.
- Auf der EU-Ebene dürfte die große Mehrheit der 27 Mitgliedsländer bereit sein, sich an einer regionalen und globalen Politik der Energiewende zu beteiligen.
- Bei den einflussreichen politischen Organisationen ist zunächst die OECD in Paris – mit 34 Mitgliedsländern – ein mögliches Koordinationsgremium für die globale Energiewende. Ein Mitgliedsland, nämlich Japan, wird mit jedem neuen Erdbeben bzw. Tsunami in der Region erneut unter Druck kommen von seiner Atomstrompolitik abzurücken. Allerdings sind für Japan die Ausstiegskosten erheblich und die Expansion der erneuerbaren Energien ist von Seiten der japanischen Regierung über viele Jahre vernachlässigt worden. Während man von Japan keine großen Initiativen erwarten kann, könnte sich in den USA die Bereitschaft mittelfristig deutlich erhöhen, bei einer globalen Energiewende eine aktive Rolle zu spielen. Zunächst ist darauf hinzuweisen, dass das Obama-Konjunkturprogramm zur Überwindung der Rezession – nach der US-Bankenkrise 2008/09 – erhebliche Mittel gerade auch für den Ausbau der erneuerbaren Energien bereitgestellt hat. Einzelne Bundesstaaten

haben zudem Anstrengungen für den Ausbau der erneuerbaren Energien unternommen. Dabei kommt Kalifornien als einem Bundesstaat mit technologischer Führung von Unternehmen in den Bereichen Solar- und Windstromproduktion sowie Informations- und Kommunikationstechnologie eine Schlüsselbedeutung zu; zumal an den dortigen Universitäten und Forschungseinrichtungen abertausende Studenten bzw. Experten aus Asien ihr intellektuelles Rüstzeug mitnehmen. Auch wenn der Vorschlag zunächst ungewöhnlich klingt, aber eine Energiewende Partnerschaft Deutschland-Kalifornien – auf Basis gemeinsamer Innovations- und Investitionsprojekte – könnte einer der viel versprechenden Ansatzpunkte sein, um eine internationale Allianz für eine nachhaltige Energiewende zu organisieren.

• Im Bereich der entwicklungspolitischen Zusammenarbeit sollte Deutschland zusammen mit anderen EU-Ländern neue und gewichtige Anstrengungen unternehmen, um Entwicklungs- und Schwellenländer beim Aufbau erneuerbarer Energien zu helfen. Die gezielte Nutzung der KfW als staatliche Kreditinstitution und die Mobilisierung der institutionellen Netzwerke – inklusive Weltbank – sollte ein neues Prioritätsziel der Bundesregierung sein.

Es gibt also eine ganze Reihe von Möglichkeiten, wie man verhindern kann, dass die Energiewende in Deutschland eine Sackgasse wird bzw. wie zu erreichen ist, dass langfristig eine globale Energiewende zustande kommt. Die Pionierländer der Energiewende werden bei einer globalen Allianz natürlich den Vorteil nutzen können – ökonomisch und politisch –, dass man als einer der ersten aus der Atomstromproduktion ausgestiegen und den Schritt in das Zeitalter der erneuerbaren Energien vorbildlich hat umsetzen können.

Es sollte kein Zweifel bestehen, dass eine nationale und internationale Energiewende möglich und sinnvoll ist, sie bedarf einer klugen Vorbereitung und einer engagierten internationalen Kooperation; G7/G8 und G20 könnten ebenfalls Anknüpfungspunkte bieten. Dann wird man den historischen Irrtum der Atomstromexpansion ohne allzu großen Schaden auf Dauer korrigieren können. Damit wird dann verhindert, dass in wenigen Jahrzehnten neue Fukushima-Unglücke in allen Regionen der Welt für Not, Elend und Zwangsvertreibung von Anwohnern von Kernkraftwerken sorgen und Chaos in den Staatsfinanzen der betreffenden Unglücksländer für neue internationale Finanzkrisen sorgen. Mit kluger Reflexion, hohen Investitionen im Umfeld neuer Rahmenbedingungen, geduldiger Innovationspolitik und internationaler Zusammenarbeit kann die globale Energiewende gelingen: mit nachhaltiger Dividende für alle künftigen Generationen, die ihr jeweiligen Produktions- und Konsumaufgaben werden bewältigen müssen, aber befreit sind vom Druck, in einer globalen Hochrisikowelt mit Atomstromproduktion leben zu müssen.

Zusammenfassung

Die Ereignisse von Fukushima haben die japanische Wirtschaft und Gesellschaft erschüttert, die Menschen in aller Welt nachdenklich gemacht und die Atomwirtschaft in Deutschland sprachlos. Es ist jedermann klar, dass ein aus einer Verkettung unglücklicher Umstände entstehender schwerer Atomunfall in jedem Industrie- oder Schwellenland der Welt entstehen kann. Wenn es in Atommeilern von erdbeben- und tsunamierfahrenen Hochtechnologieländern wie Japan zu Explosionen in Atommeilern kommen kann und Millionen Tonnen verseuchtes Wasser über Wochen austreten, dann ist offensichtlich: Die Risiken der Atomstromproduktion sind enorm und sie sind viel größer als die Politik und die Atomstromwirtschaft uns seit Jahren glauben machen wollen. Wie kommt man aus dieser Situation heraus? Weder einfach noch schnell, denn zu sehr schon sind wir in den Industrieländern abhängig vom Atomstrom und zu viele mächtige Interessen werden in vielen Ländern mit Atomstrom fortfahren, uns glauben zu machen, dass Atomstrom die preiswerteste Variante der Energieerzeugung sei.

Ökonomische Analysen in Marktwirtschaften sind ein rationales Rechenkalkül, das überall im Wirtschaftsleben auf einer klaren Bewertung und Abwägung von Kosten, Nutzen und Risiken basiert und im Leistungswettbewerb jedem fair das Seine an Einkommen zumisst. So lautet ein Hauptsatz der modernen Wirtschaftslehre – nur die Realität geht an diesem Satz doppelt vorbei, wie man gleich mehrfach sehen konnte: In den USA und Westeuropa haben einige Großbanken und Investmentfonds im Vorfeld der Transatlantischen Bankenkrise riesige internationale Geschäfte mit Kreditpaketen aus Immobilienfinanzierungen auf den Weg gebracht, die einige Jahre zu hohem Wirtschaftswachstum beigetragen und anschließend – in 2008/09 – die schärfste Bankenkrise seit der Weltwirtschaftskrisc in den 30er Jahren ausgelöst haben; mit einer drohenden Kernschmelze des westlichen Bankensystems nach dem politisch von der US-Regierung gewollten Konkurs der Lehman Brothers Bank in New York. Privatisierung der Gewinne und Sozialisierung der Verluste hieß der erkennbare Lösungsansatz für die Überwindung der Bankenkrise – eine Karikatur marktwirtschaftlicher Grundsätze. In Japan ist mit dem Fukushima-Reaktorunglück ein anderes unbewältigtes Großrisiko vieler Marktwirtschaften sichtbar geworden, nämlich das Risiko eines gewaltigen Atomunfalls in einer Kernkraftanlage, der gigantische Schädigungen auslösen könnte.

Während man die Kosten der Bankenkrise weltweit mit etwa 2000 Mrd. € ansetzen kann, könnten die Kosten bei einem unglücklich verlaufenden Fukushima-Unfall einen noch größeren Schadensbetrag bedeuten. Aber an keinem Atomkraftwerk hängt ein Preisschild mit der Aufschrift: Im Fall eines Super-GAUs 6.000 Mrd. € Maximalschaden, was mehr als das Doppelte des jährlichen Bruttoinlandsproduktes Deutschlands darstellt. Da man als Autofahrer einen Unfallschaden in Höhe von einigen Millionen Euro im Extremfall verursachen kann, wird jedem Autohalter von Seiten des Staates eine Haftpflichtversicherungspflicht auferlegt; nur die Kernkraftwerke sind in Deutschland mit lächerlichen 2,5 Mrd. € Haftplicht versichert, das ist sonderbarerweise kaum 1/100 eines großen Schadensfalls und weniger als 1/1.000 des denkbaren Super-GAU-Schadens. Von solchen Haftpflichtbedingungen können Industriebetriebe nur träumen. Im Windschatten staatlicher Atomkonzerne sind Atommeiler entstanden, die eine Schmarotzerexistenz auf Kosten gegenwärtiger und zukünftiger Generationen führen. Nicht einmal die größten Atomstromkonzerne der Welt verfügen über so viel Vermögen bzw. haben so große Kreditwürdigkeit bei einem Super-GAU, dass man auch nur auf die Entschädigung von 1/1.000 der Schadenssumme hoffen könnte: Wer wollte die Aufzucht solcher Risiken in einer Welt mit immer mehr Atommeilern ernsthaft für ökonomisch und politisch sinnvoll halten? Im Vergleich dazu sind etwa die von BP bei der Explosion der Deepwater Horizon Ölplattform in den USA gezahlten Entschädigungszahlungen eine akzeptable Kompensation für einen großen Unfallschaden.

In einer modernen komplexen Industriegesellschaft können Fehlentscheidungen in Politik und Wirtschaft entstehen. Die Euphorie beim Aufbau der Atomstromwirtschaft in den USA, Europa und Russland in den 1960er Jahren kann man heute kaum noch nachvollziehen. Die Expansion der nuklearen Stromerzeugung entstand anfänglich unter der vornehmen Überschrift der friedlichen Nutzung von Kernenergie. Tatsächlich ist es beeindruckend, wenn man hört, dass in einem kg Uranbrennstoff so viel Energie steckt wie in 2.000 Tonnen Erdöl. Es gibt Risiken bei der Nutzung jeder Energieform. Das Problem ist nur, dass die Risiken bei der scheinbar so attraktiven Kernenergienutzung auch gleich ungeheuer viel größer sind und die Endlagerkosten bzw. -risiken so sehr viel höher ausfallen als bei anderen fossilen Brennstoffen und bei erneuerbaren Energien. In Marktwirtschaften werden immer auch Risiken eingegangen, das gehört zum Unternehmertum und zur Innovationstätigkeit bzw. letztlich zum Wohlstand dazu, aber der Umgang mit Risiken muss auch professionellen Kriterien genügen. Das verweist auf die Rolle von Versicherungen und entsprechende Haftpflichtgrundsätze. In einer Marktwirtschaft bzw. Demokratie wird man die mögliche schwere Schädigung gegenwärtiger und zukünftiger Generationen nicht einfach als Nebenaspekte des Wirtschaftswachstums akzeptieren. Das gilt umso mehr, je leichter der Umstieg von hoch riskanten Energien auf fast risikolose Energieformen möglich ist. Dieser Ausstieg aus der Atomstromwirtschaft bzw. hin zu erneuerbaren Energien kann in der Tat binnen weniger Jahrzehnte gelingen und das Technologieland Deutschland – das Land der Ideen – kann hierbei eine entscheidende Führungsrolle übernehmen. Was als anfänglicher Sonderweg Deutschlands aussehen mag, ist – klug konzipiert und gut organisiert – in Wahrheit eine Weichenstellung für eine Überholspur bei umweltförderlichem und menschenverträglichem Wirtschaftswachstum.

Die vorliegende Analyse zeigt die nationalen und internationalen Hintergründe der traditionellen Atomwirtschaft auf und bietet zahlreiche neue Analysebefunde und Szenarios: auch für den Aus- und Umstieg zu einer neuen besseren Energiewelt, die ohne Atomstrom bestens auskommt. Es wird nicht an Verzögerungs- und Blockademaßnahmen beim Atomausstieg in Deutschland, Europa und der Weltwirtschaft fehlen; diese Atomunterstützer und Reformverweigerer wollen den bisherigen gefährlichen Atomstromkurs fortsetzen – zulasten gegenwärtiger und künftiger Generationen. Eine solche Fehlentwicklung aber gilt es zu verhindern. Deutschland kann über eine exemplarische Energiewende die internationale Reformdebatte nach Fukushima entscheidend prägen. Es ist die mittelfristige Aufgabe gerade Deutschlands, zusammen mit verschiedenen EU-Partnerländern – mit besonders hohem Umweltengagement – eine zukunftsweisende Energiewende zu planen und umzusetzen. Hierzu gibt dieses Buch wichtige Impulse.

Wer einen Weg für den Untergang moderner Marktwirtschaft finden will, der braucht nur die fahrlässige Betrachtung von Risiken in wichtigen Wirtschaftsbereichen fortzusetzen. Eine Kombination von Finanzmarktkrise und schwerem Atomunfall wäre wohl das Aus für die historisch bislang erfolgreichste Wirtschaftsordnung. Unregulierte Finanzmärkte produzieren das süße Gift sonderbar billiger Kredite mit hohen versteckten Risiken, expandierende Atomstromkonzerne befeuern die Wirtschaft mit kurzfristig billigem Atomstrom, aber langfristig unbezahlbar hohen Rechnungen für Wirtschaft und Gesellschaft. So attraktiv die Billig-Anbieter-Illusion für private Haushalte, Unternehmen und Politik auf den ersten Blick auch sein mag, man sollte ihr nicht auf den Leim gehen. Das Fukushima-Unglück hat hier harten Anschauungsunterricht für alle Länder der Welt, für alle Zuschauerinnen und Zuschauer präsentiert.

Eine Energiewende nach dem Fukushima-Unfall findet eine große Mehrheit der Menschen in Deutschland und in einigen anderen EU-Ländern wichtig, aber wie kann man das umsetzen? Wie lässt sich das Versanden eines Umstiegs verhindern, wie es nach dem Tschernobyl-Unglück von 1986 der Fall gewesen war? Denn es gibt viele Beharrungs- und Blockademechanismen, die sich quasi bewährt haben: Höhere Strompreise, die man seitens der Industrie – wo immer möglich – als Ausdruck von Ausstiegskosten etikettieren wird; Marktmacht, die die vier großen Atomstromkonzerne in Deutschland zweifelsohne haben; eingespielte Netze, wozu Dutzende von mit Politikern besetzten Beiräten der Energiekonzerne gehören, die auch für wenige Stunden Arbeit gerne fünfstellige Beträge an führende Politikakteure zahlen (in Nordrhein-Westfalen musste in einem solchen Kontext die Landtagspräsidentin zurücktreten). Die ganze Atomwirtschaft bzw. die führenden Stromkonzerne sind aus ökonomischer und politischer Sicht ein Sonderbereich der Marktwirtschaft: mit eigenen Gesetzen, eigenen Machtzirkeln, bester Vernetzung Richtung Parteien und Kanzleramt und dank der Unternehmensgröße auch vielen Möglichkeiten, international Einfluss zu nehmen.

In einer funktionsfähigen Marktwirtschaft gelten vernünftigerweise Wettbewerb und Haftpflichtregeln für die Wirtschaftsakteure; Risiken der Produktion sind angemessen und differenziert auf Grundlage der Risikohöhe zu versichern. Wettbewerb ist ein dynamischer Entdeckungsprozess mit Chancen und Risiken, wobei den Kapitaleignern der Gewinn als eine am Markt verdiente Einkommenskategorie zufällt; allerdings gilt es hierbei auch Risiken selbst zu tragen und soweit Risiken der Produktion bestehen, sind angemessene Sach- und Haftpflichtversicherungen vorzusehen. Für den Umgang mit Risiken haben sich Versicherungsmärkte entwickelt, inklusive Rückversicherungsmärkten, wobei Rückversicherer große Pakete an Erstversicherungen quasi auf einer zweiten Stufe versichern bzw. letztlich für eine bessere Mischung von Risiken und bezahlbare Versicherungsprämien in den Märkten für Sach-, Haftpflicht- und Lebensversicherungen sorgen. Als Leitbild der Marktwirtschaft gilt ein Leistungswettbewerb, in dem die Kosten der Produktion – inklusive Versicherungs- bzw. Risikoprämien – am Markt zu verdienen sind. Diese Prinzipien sollten vernünftigerweise auch für die Stromwirtschaft gelten. In der Realität gibt es hier jedoch Fehlanzeige.

1.   Die Atomstromproduktion ist mit dem besonderen Risiko behaftet, dass es bei einem sehr schweren Kraftwerksunfall bzw. Super-GAU zu Schäden in Höhe von 5.000 bis 6.000 Mrd. € kommen kann, also mehr als dem Doppelten des jährlichen Bruttoinlandsproduktes Deutschlands; ein mittlerer Schadensfall wie beim Fukushima-Kraftwerksunfall in 2011 bringt eine Schadenssumme in einer Größenordnung von 50-200 Mrd. €. Die aus den frühen 90er Jahren stammenden Schätzungen der Schadenskosten für einen Super-GAU durch die Autoren EWERS/RENNINGS, die bei ca. 5.000 Mrd. € lagen und im Kern nur Evakuierungskosten und Zusatzkosten des Gesundheitssystems betrachteten, sind um durch Störungen von Produktion bzw. Außenwirtschaftsbeziehungen sich ergebende Schadenskategorien zu erweitern. Die Schadensrechnung für eine sehr schwere Havarie in einem Atomkraftwerk beläuft sich dann auf etwa 6.000 Mrd. €. Die Reichweite der Schäden kann durch Wasseraustritt und luftförmige radioaktive Emissionen potenziell alle Regionen der Welt treffen. Zudem ist die Dauer der Schädigung durch Austritt von Plutonium enorm, denn dessen Halbwertszeit beträgt 24.000 Jahre. Es gibt keinerlei der Atomstromproduktion vergleichbare Produktionsaktivität, was die möglichen Schadensrisiken angeht. Die Haftpflichtversicherung von Atomkraftwerken in Deutschland und den USA liegt mit 2,5 Mrd. € bzw. etwa 10 Mrd. € bei nicht einmal 1% eines Super-GAU-Schadensfalls. Zu fragen ist, ob es zulässig sein kann, dass der Staat in Deutschland den Umweltschutz als Staatsziel im Grundgesetz verankert und zugleich der Atomstromindustrie als einem möglichen Verursacher sehr massiver Umweltschäden erlaubt, den größten Teil einer denkbaren bzw. zu erwartenden Mega-Schädigung nicht zu versichern – da bei einem Super-GAU das betroffene Unternehmen keinesfalls mehr kreditwürdig wäre, fällt eben der allergrößte Teil der Entschädigungsaufwendungen auf den Staat; der Staatshaushalt eines Landes wie Deutschland würde auf Jahrzehnte mit so großen Entschädigungszahlungen konfrontiert, dass der Bund keinerlei Ausgabenspielräume mehr hätte bzw. der Bundestag auf Jahrzehnte hin entmündigt wäre. Dies lässt ernste Zweifel an der Verfassungsmäßigkeit eines Atomkraftbetriebes mit sehr massiver Unterversicherung im Haftpflichtbereich entstehen. Mit derselben Logik, wie ein Gutachten des Wissenschaftlichen Dienstes des Deutschen Bundestages im April 2011 Zweifel an der Verfassungsmäßigkeit des dauerhaften neuen Euro-Rettungsschirms (ab 2013 vorgesehen) vorgetragen hat – da auf Deutschland im Fall der Einlösung des vollen Bürgerschafts-

rahmens für den Rettungsschirm eine Zahlung von rund 190 Mrd. € zukäme –, kann man die bisher bestehende Abwälzung des sogenannten Restrisikos auf den Staat bei der Atomkraft für verfassungswidrig halten: Während bei einem Euro-Finanzgau ¾ des Bundeshaushaltes quasi ohne Parlamentsbeschluss in einem Jahr zu verausgaben wären, wäre der notwendige Entschädigungsbetrag bei einem Super-GAU pro Jahr ähnlich groß, allerdings womöglich über fast ein Jahrhundert (mit Blick auf den dauerhaften Euro-Rettungsschirm hat auch der Bundesrechnungshof im April 2011 Bedenken vorgetragen). Das mögliche Gegenargument, dass eine solche Zahlung politisch und wirtschaftlich unmöglich zu verkraften wäre, heißt dann offenbar, dass mit der Atomstromerzeugung eine massive potenzielle Schädigung des Vermögens und natürlich auch eine große Gefährdung des Lebens von Tausenden oder gar Millionen Menschen besteht. Es ist zweifelhaft, dass der Staat überhaupt berechtigt ist, eine solche Gefährdungslage hinzunehmen, ohne dass eine erkennbare strukturelle Energienotlage als Grund für eine derartig risikobehaftete Form der Stromerzeugung angeführt werden kann. Indem die Europäische Union das Umweltschutzziel in den Lissaboner Vertrag aufgenommen hat, ergibt sich mit Blick auf die EU eine ähnlich kritische Fragestellung. Darüber hinaus gilt es zu fragen, ob die Europäische Kommission einen EU-Strombinnenmarkt hinnehmen darf, in dem in einigen Ländern die Atomstromerzeugung erheblichen Versicherungsanforderungen unterliegt, während in anderen Ländern eine Atomstromerzeugung ohne angemessene Haftpflichtversicherung erfolgt. Hier gibt es eben sehr kritische Fragen zur EU-Beihilfenaufsicht.

2.   Die in der Öffentlichkeit verbreitete Aussage, dass der Staat bzw. die Gesellschaft das Restrisiko eines Super-GAUs bzw. eines schweren Störfalls in einem Atomkraftwerk trage, ist grundfalsch: Der Staat bzw. die Steuerzahler/innen tragen bei einem Super-GAU rund 99% der Schadenskosten, also nicht ein geringes Restrisiko, sondern das Hauptrisiko; nur das minimale Restrisiko trägt die Haftpflichtversicherung des entsprechenden Atomstromkonzerns. Das ist wider grundlegende Prinzipien der Marktwirtschaft und widerspricht etwa völlig dem Euckenschen Grundsatz der vollen Haftung von Produzenten in einer Marktwirtschaft. Ein Atomkraftwerk bzw. die Muttergesellschaft haftet in Deutschland, der Schweiz und Japan unbegrenzt bei Schäden – das ist aber nur eine Pseudo-Haftung auf Papier, da bei einem schweren Atomunfall der Marktwert des betroffenen Energiekonzerns massiv einbricht. Ob man über Zugriff an Firmenvermögen bei einem Super-GAU jemals auch nur 60 Mrd. € an Schadensersatzansprüchen (1% der vermuteten Schadenssumme nach EWERS/RENNIGS & WELFENS, 2% bei Zugrundelegung der Schätzung der Schweizer Sicherheitskommission für einen Schaden in der Schweiz) geltend machen könnte, ist für jeden Atomstromkonzern der Welt zu bezweifeln. Das Atomunglück von Fukushima hat für jedermann verdeutlicht, wie stark der Firmenwert eines Atomstromkonzerns schon bei einem halben GAU-Unglück einbricht und wie groß die Schädigung der Region bzw. der Menschen und ihres Eigentums nah und fern sein kann. Der Satz von der angeblich unbegrenzten Haftung hat faktisch im Wesentlichen für die Atomstromindustrie nur die

bequeme Funktion, eine Haftungsillusion aufzubauen bzw. sich eine mögliche gesetz-
geberische Verpflichtung für eine umfassende Haftpflichtversicherung vom Hals zu
halten. Anders als etwa ein großer Ölkonzern, der bei einer schwerwiegenden Havarie
einer Ölplattform auch hohe zweistellige Entschädigungen zahlen kann und auch kre-
ditfähig bleiben dürfte, sind Atomstromkonzerne wohl im Ernstfall völlig außerstande,
die Schäden eines Super-GAUs aus der eigenen Vermögenssubstanz zu finanzieren: Zu
groß ist der Schaden relativ zum Firmenvermögen, zu teuer und komplex die Fülle an
Schadensersatzprozessen, für die ein Atomstromkonzern Rücklagen bilden müsste. Aus
ökonomischer Sicht bzw. im Interesse eines unverzerrten Wettbewerbs auf dem
Strommarkt ist es geboten, die Atomstromkonzerne auf eine umfassende Haftpflichtversicherung zu verpflichten. Eine marktmäßige Haftpflichtversicherung für einen
Super-GAU bedeutet so hohe Atomstromproduktionskosten, dass wohl alle Atomkraftwerke in der EU nicht mehr wettbewerbsfähig wären. Tatsächlich aber hatte der
Atomstrom in Deutschland einen Marktanteil von über 22% in 2010, in Frankreich gar
von 75%; die ökonomische Unlogik dieser im EU-Binnenmarkt gewachsenen Marktanteile ist etwa so bestechend wie die Behauptung, dass am Nordpol natürlicherweise der
Anteil von Braunbären zwischen 1/5 und ¾ liegen würde.

3.   Der Verzicht des Staates in den Industrie- und Schwellenländern, von den Atomstromproduzenten auch nur wenigstens eine 50%-Absicherung für einen möglichen
Super-GAU zu verlangen, läuft auf eine gigantische Schattensubventionierung hinaus.
Sie verzerrt komplett die relativen Preise konkurrierender Energieträger am Strommarkt. In Deutschland und vielen anderen OECD-Ländern wird etwa relativ risikolose
Windstromerzeugung mit erheblichen Subventionen aus dem Staatshaushalt bedacht;
müssten sich die Atomstromunternehmen eine angemessene, umfassende Haftpflichtversicherung kaufen, dann wäre Strom aus Windkraft ohne jede Subventionierung
wettbewerbsfähig. Die dann eingesparten Milliardenbeträge könnten sofort als Steuersenkung an die Steuerzahler/innen ausgeschüttet werden – in Deutschland geht es mittelfristig um mehr als 4 Mrd. € bzw. 100 € pro Haushalt und Jahr. Die gigantischen
Schattensubventionen für die Atomstromwirtschaft in den EU-Ländern sind faktisch
ein Verstoß gegen den Geist der EU-Beihilfenaufsicht; die Europäische Kommission
und das Europäische Parlament sollten dieser Problematik nachgehen.

4.   Wer behauptet, dass Atomstromproduktion eine günstige Stromversorgung bietet,
der ignoriert grundlegende marktwirtschaftliche Prinzipien und bürdet künftigen Generationen enorme Risiken auf: Atomstromproduktion ist eine potenziell sehr schwere
Belastung der Generationengerechtigkeit. Denn mit welchem Recht könnte wohl die
gegenwärtige Generation billigen Atomstrom nutzen wollen, dessen Folgekosten im
Fall eines schweren künftigen Störfalls in einem Atomkraftwerk spätere Generationen
mit hohen Zahlungsverpflichtungen bzw. durch hohe Vermögensschäden belasten.
Atomstromproduktion ist aus ökonomischer Sicht eine hochgradig spekulative Billig-
produktion, die mit sehr großen künftigen Risiken verbunden ist – inklusive solchen
aus der Endlagerung abgebrannter Brennstäbe.

5. Ein möglicher Super-GAU in Deutschland oder Frankreich bedeutet unter den bisherigen Haftpflichtregeln für Atomstromproduktion, dass der Staat den größten Teil der Entschädigungen wird übernehmen müssen bzw. dass die Staatsverschuldung des betroffenen Landes so stark nach oben schnellt, dass von einem Staatsbankrott binnen kurzer Zeit auszugehen wäre. Damit aber wäre der Euro-Rettungsschirm sofort entwertet, die Eurozone käme an den Rand einer schweren Existenzkrise, die Ergebnisse von jahrzehntelangen Integrationsbemühungen wären massiv gefährdet. Es gibt also eine atomare Gefährdung der EU-Integration, was man als weltpolitisches Risiko einstufen kann. Keine andere Industrie kann für sich beanspruchen, ein weltpolitisches Risiko darzustellen. Es liegt an der Politik, ein Hyperrisiko wie die Atomstromproduktion in die Schranken zu weisen. Fatalerweise hat die Atomstromproduktion viele Ähnlichkeiten mit den Fehlentwicklungen, die in der Transatlantischen Bankenkrise im Finanzsektor sichtbar geworden sind: Hohe Gewinne aus dem Normalbetrieb werden privatisiert, bei einem schweren Störfall eines großen Akteurs bzw. des Systems werden die Steuerzahler/innen zur Kasse gebeten bzw. die Verluste sozialisiert.

6. Die künstliche Verbilligung von Energie durch Atomstrom (mit absurd niedrigen Haftpflichtversicherungen) hat in den OECD-Ländern zu einer künstlichen Expansion von energieintensiven Industrien geführt. Das wiederum bedeutet, dass der angeblich so klimafreundliche Atomstrom – mit geringen CO_2-Emissionen in der Produktion von Atomstrom – in Wahrheit global zu erhöhten Treibhausgasemissionen führt. Die analytisch sinnvolle Gesamtbetrachtung von direkten und indirekten Effekten der Atomstromproduktion ergibt eindeutig als Ergebnis, dass Atomstromproduktion insgesamt außerordentlich klimaschädlich ist. Dies gilt sehr deutlich, wenn man sich vorstellt, dass bei korrekter Risikobepreisung bzw. Haftpflichtversicherung von Atomstrom Windenergie die Hauptalternative als Ersatzenergieträger auf mittlere Sicht ist. Wenn man durch Übergang zu einem korrekten Preissystem mit Internalisierung externer Effekte der Atomstromproduktion bzw. Übergang zu einer angemessenen Haftpflichtversicherung die Wirtschaft in einen Zustand bringt, dass Atomkraftwerke ökonomisch ebenso abgeschrieben werden müssen wie ein Teil der relativ energieintensiven Produktion – sie hat sich im Windschatten künstlich billigen Atomstroms entwickelt –, dann ist das eine ökonomisch sinnvolle Korrektur eines jahrzehntelangen Systemfehlers der Wirtschaftspolitik. Ein über ein bis zwei Jahrzehnte gestreckter Ausstieg aus der Atomenergie bzw. eine entsprechende Energiewende hin zu erneuerbaren Energien kann die Anpassungskosten über die Zeit verteilen; zugleich werden starke Anreize für energiesparende Innovationen ausgelöst.

7. Die Vorstellung vieler Banken bzw. Anlageberater, dass Aktien von Energiekonzernen – mit Atomstromproduktion – eine relativ risikolose Vermögensanlage darstellen, ist grundlegend falsch, wie man seit dem Fukushima-Atomunglück klar erkennen kann. Alle Anlageempfehlungen von Banken und Anlageberatern bzw. Fondsgesellschaften sind entsprechend anzupassen. Im Grenzfall eines Super-GAUs sind Aktien eines Atomstromunternehmens eher eine Mischung aus einer normalen Aktie und ei-

nem Katastrophenbond, allerdings mit dem Nachteil einer relativ geringen Rendite; und eben drohendem Totalverlust bei einem schweren Störfall in einem Atomkraftwerk. Anlageberater, die auf diese Risiken nicht hinweisen, machen sich in der EU, der Schweiz und den USA offensichtlich eines Verstoßes gegen Informationspflichten gegenüber den Kunden schuldig, die eine Vermögensanlage bzw. eine Investmentberatung wünschen. Es drohen dann entsprechende Schadensersatzforderungen. Das Urteil des Bundesgerichtshofes zu den von diesem als kritisch eingestuften Spread-Ladder-Swap-Geschäften in Deutschland lässt keinen Zweifel zu, dass bei der Investmentberatung hohe Anforderungen mit Blick auf die Qualität und Ausführlichkeit der Beratung gelten. Energiekonzerne, die Atomkraftwerke betreiben, müssen als potenziell hochriskante Vermögensanlage gelten.

8.   Die nationale Wirtschaftspolitik und die EU sind aufgefordert, umfassende Berechnungen zu den wahren Kosten des Atomstroms vorzulegen und die ökonomischen Verzerrungseffekte von Schattensubventionen für die Atomstromproduktion zu beziffern. Die in der Versicherung von Atomkraftwerken aktiven Versicherer bzw. die Quasi-Rückversicherungsgesellschaften, die es in einigen OECD-Ländern gibt, sollte zu umfassender Transparenz verpflichtet werden; es gibt sehr zu denken, dass etwa die in Deutschland aktive Deutsche Kernreaktor-Versicherungsgemeinschaft (DKVG) nicht einmal eine Website betreibt, obwohl die Gesellschaft für ein milliardenschweres Geschäftsfeld steht. Dass die DKVG den Atomstromproduzenten eine nicht individuell nach Bauart und Standort differenzierte Quasi-Rückversicherung anbietet, steht den objektiv sehr differenzierten Risiken für einzelne Standorte von Atommeilern bzw. jeglichem ökonomischen Grund- bzw. Vernunftprinzip radikal entgegen. Die staatliche Versicherungsaufsicht hat im Atomstromsektor in Deutschland und vielen anderen Ländern seit Jahren versagt, indem sie das Ignorieren elementarer Versicherungsprinzipien im Fall der Atomwirtschaft zugelassen hat. Mit derselben Logik, wie man von Seiten der Politik nach der Transatlantischen Bankenkrise gefordert hat, dass mit steigender Größe von Großbanken – mit dieser Größe verbunden ist eine potenzielle relativ starke Systemgefährdung – eine erhöhte Bankenabgabe zur Speisung eines künftigen Krisenbewältigungsfonds verlange sollte, kann man von Atomkraftwerken verlangen: Je geologisch prekärer der Standort eines Atommeilers und je näher dieser an dicht besiedelten Regionen liegt, desto höher muss die Versicherungs- bzw. Rückversicherungsprämie sein, die als angemessen angesehen werden kann. Sofern man im Rahmen privater Haftpflichtversicherungsarrangements nur einen Teil des Super-GAU-Risikos abdecken kann, sollte der Staat eine ergänzende Risikoabgabe – ggf. auch in Form einer Versicherungssteuer – verlangen. Zugleich wäre es vernünftig, wenn der Staat, dem Schweizer Modell folgend, die bei den Atomstromproduzenten akkumulierten Rücklagen für die Entsorgung in einen speziellen Fonds überführte; jedenfalls diese Rücklagen der Disposition der Atomstromkonzerne entzöge.

9.   Eine umfassende Energiewende in den OECD-Ländern und weltweit zugunsten umweltfreundlicher und wenig riskanter erneuerbarer Energien ist ökonomisch sinnvoll

und notwendig. Der Rückbau der Atomkraftwerke wird erhebliche Kosten für die Gesellschaft mit sich bringen, er ist jedoch ein notwendiger Schritt, um zu einem rationalen Wirtschaftssystem zurückzufinden. Ein Atomausstieg sollte im Übrigen sorgfältig geplant und umgesetzt werden, der Ausbau von Netzen, Investitionen in mehr Energieeffizienz, der Zubau von Energiespeichern und von kurzfristig zu- und abschaltbaren Gaskraftwerken werden notwendige Elemente eines Umstieges sein.

10.   Findet ein weiterer Ausbau der Atomstromerzeugung weltweit statt, dann flüchtet die Weltwirtschaft in eine bequeme, aber gefährliche Illusion von billigem Atomstrom bzw. baut enorme und wohl unverantwortliche Risiken für gegenwärtige und zukünftige Generationen auf. Die Frage nach der Generationengerechtigkeit hat neben einer steuerpolitischen Seite – einer traditionellen ökonomischen Debatte im Kontext von Fragen der aktuellen und künftigen Staatsverschuldung (und später einmal notwendiger Steuersätze für die Bedienung und Tilgung der Staatsschuld) – auch eine risikopolitische Perspektive.

11.   Atomstromproduktion bzw. deren globale Expansion ist nicht vereinbar mit nachhaltiger Entwicklung. Denn gerade die Chancen künftiger Generationen auf einen ähnlich hohen Lebensstandard werden mit steigender Zahl von Atomkraftwerken und damit steigenden Unfallrisiken auf der Welt geschmälert. Die Expansion der Atomstromproduktion, deren Gefährlichkeit bzw. Schadenspotenzial seit Anfang der 90er Jahren in wissenschaftlichen Analysen bekannt war, ist eine historische Fehlentwicklung industrialisierter Marktwirtschaften. Es wäre sinnvoll, wenn EU-Länder gemeinsam mit der Schweiz, den USA, Kanada, Japan, den BRIC-Ländern und anderen Produzenten von Atomstrom energisch eine globale Energiewende zugunsten von erneuerbaren Energien angingen. Innovationswettbewerb einerseits und gezielte Kooperationsprojekte andererseits gilt es anzugehen.

Die ökonomische Theorie weiß zum Umgang von Menschen mit extremen Risiken – im Sinn von sehr großen, aber sehr seltenen Risiken – bislang nur relativ wenig gesichertes Wissen anzubieten. Experimente mit Studenten in Spiellabors an Universitäten haben einerseits durchaus einen wichtigen Stellenwert für die Gewinnung bestimmter Erkenntnisse. Man darf indes zweifeln, ob die im Spiellabor simulierte Entscheidungssituation mit Studierenden, die nicht Teile eines nennenswerten, selbst erarbeiteten Vermögens in einer Spielsituation einsetzen, der realen Entscheidungssituation von Managern und Managerinnen bzw. Investoren entspricht. Zudem dürfte in der Realität die Familiensituation von Versicherungsnehmern eine wichtige Rolle für die Bepreisung von Risiken haben. Es ist wünschenswert, die Rolle von Entscheidungen unter extremen Risiken in Wirtschaft und Gesellschaft verstärkt zu untersuchen.

Aus einer wirtschaftsliberalen Sichtweise ist mit Blick auf die Atomstromexpansion der vergangenen Dekaden zu sagen, dass diese nur im Windschatten einer verfehlten Ordnungspolitik geschehen konnte. Vermutlich hat auch ein in den 60er und 70er Jahren vorhandener politischer Prestigenutzen in Industriestaaten die Expansion des Atomstroms begünstigt. Wenn der Staat bzw. die Gesellschaft sich im Rahmen der

Festlegung des Grundkonsenses entscheidet, eine Art Restrisiko beim Betrieb von diversen Produktionsanlagen bzw. Sektoren zu übernehmen, so wird man vernünftigerweise niemals davon ausgehen, dass der Staat mehr als die Hälfte der erwarteten Schäden etwa bei einem Super-GAU als Restrisiko übernimmt. Atomstromerzeuger müssten also bei jeder Anlage für mindestens 3.000 Mrd. € eine Haftpflichtversicherung abschließen. Aus Versicherungskreisen ist bekannt, dass die Obergrenze für eine industrielle Haftpflichtversicherung bei etwa 600 Mrd. € liegt. Da es demnach keine private Versicherungslösung für eine angemessen Haftpflichtversicherung bei Atomstromanlagen gibt, kann man aus marktwirtschaftlicher Sicht den Betrieb von Atomstromanlagen nicht befürworten. Eine Energiewende weg vom Atomstrom, hin zu einem viel höheren Anteil an erneuerbaren Energien wird – natürlich – mit Anpassungskosten verbunden sein und bedarf auch einer erheblichen Anpassungszeit. Es ist aber dringlich, historisch grob fehlerhafte ordnungspolitische Weichenstellungen der 60er und 70er Jahre zu korrigieren.

Mit Blick auf die europäischen Dimensionen der Atomstrom- bzw. der Energie- und Klimaproblematik ist darauf hinzuweisen, dass südeuropäische Länder bzw. Länder mit langen Küstenlinien und mithin hohem Windenergiepotenzial von einer Energiewende besonders profitieren werden. Die Europäische Investitionsbank einerseits und die Osteuropabank (EBRD) andererseits stehen hier vor neuen Herausforderungen. Möglicherweise ergeben sich auch für die Euro-Krisenländer Griechenland und Portugal insofern verbesserte Wachstumsperspektiven, als Euro-Länder wie Frankreich, Deutschland, Belgien, Niederland, Luxemburg, Österreich etc. Investitionsprojekte im Bereich erneuerbare Energien in diesen Mittelmeerländern fördern bzw. mitfinanzieren könnten. Vorausgesetzt, im Rahmen eines Projektvertrages würde Strom – ggf. zu reduzierten Tarifen – an nordeuropäische EU-Länder geliefert.

Über die Autoren

Prof. Dr. Peter Hennicke (peter.hennicke@wupperinst.org), ehemaliger Präsident des Wuppertal Instituts und emeritierter Professor der Bergischen Universität Wuppertal. Außerplanmäßiger Professor der Universität Osnabrück. Mitglied in drei Enquete-Kommissionen des Deutschen Bundestages zu Energie- und Klimaschutzpolitik. Heute: Mitarbeit in Forschungsprojekten des Wuppertal Instituts. Mitglied in zahlreichen Beiräten wie etwa der Vereinigung Deutscher Wissenschaftler.

Prof. Dr. Paul J.J. Welfens (welfens@eiiw.uni-wuppertal.de) ist der Präsident des Europäischen Instituts für Internationale Wirtschaftsbeziehungen an der Bergischen Universität Wuppertal und Inhaber des Lehrstuhls Makroökonomik sowie des Jean Monnet-Lehrstuhls für Europäische Integration; zudem Research Fellow am IZA Bonn und Senior Research Fellow am AICGS/The Johns Hopkins University, Washington DC. Er ist Träger des Wolfgang Ritter-Wissenschaftspreises und der Internationalen Kondratieff-Medaille; 2007/08 war er Gastprofessor am Sciences Po, Paris. Welfens gilt als einer der meistpublizierten Wirtschaftswissenschaftler Europas.

Anhang 1: Anmerkungen zur DLR-Studie und zur Stromnutzungsstruktur

Folgt man der DLR/IWES/IFNE-Studie, dann wird bis 2030 in Deutschland ein kompletter Ausstieg aus dem Atomstrom möglich sein, wobei wesentliche Schritte auch zum Umbau auf Erneuerbare Energien vollzogen sein werden. Die Windenergie wird den größten Anteil in diesem Umstiegsszenario für 2030 haben. Auch Biomasse ist gemäß diesem Szeanrio deutlich ausbaufähig, die Photovoltaik in einigen Regionen Deutschlands auch. Dabei ist die Installation einer Photovoltaik-Anlage oder die Beteiligung von Bürgern an Windkraftparks auch eine symbolische Investition.

Abbildung 24: Perspektiven der Energiewende in Deutschland

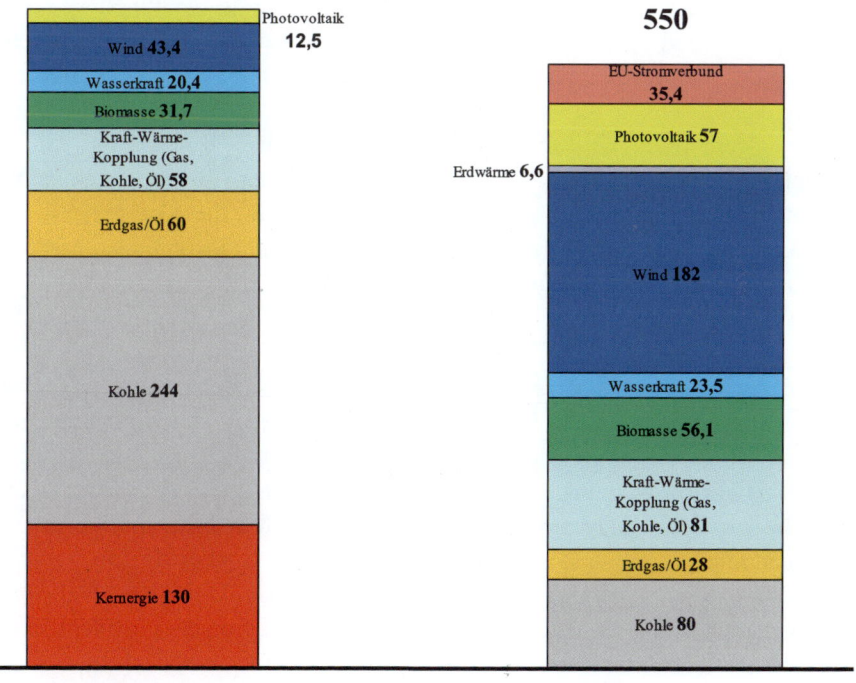

Energiewende

Stromerzeugung nach Energieträgern in Deutschland, in Terawattstunden pro Jahr

Quelle: DLR; IWES; IFNE

Nordrhein-Westfalen hat seit März 2011 für zunächst fünf Jahre das internationale Sekretariat des Weltverbandes der Geothermie nach Bochum geholt. Die Landesregierung hat dieses Ansiedlungsinitiative finanziell unterstützt und hat zugleich mit einer Clusterinitiative im Bereich Geothermie interessante und wichtige Weichenstellungen für mehr Energieeffizienz und Energieinnovationen in Nordrhein-Westfalen bzw. Deutschland und der EU gesetzt. Es gibt eine Reihe führender deutscher Unternehmen gerade im Bereich der Geothermie. Auch hat man von der Hochschule Bochum aus die Gründung bzw. Ausweitung eines entsprechenden internationalen Forschernetzwerkes angeschoben. Im Rahmen regionaler und EU-weiter Projekte kann der Anteil der Geothermie an der Energieerzeugung mittelfristig sicherlich erheblich ausgebaut werden.

Informationen zum Netzwerk Geothermie NRW

Das Netzwerk Geothermie ist Ende 2009 von der Landesregierung Nordrhein-Westfalen ins Leben gerufen worden. In diesem werden die Aktivitäten zum Thema Geothermie in Nordrhein- Westfalen gebündelt. Das Netzwerk Geothermie ist eingebunden in die Struktur des Energiewirtschaftsclusters EnergieRegion.NRW.

Sowohl das Management des Clusters EnergieRegion.NRW als auch des Clusters EnergieForschung.NRW (CEF.NRW) liegt bei der EnergieAgentur.NRW, so dass deren Netzwerke und Partner auch in Zukunft die Grundlage und eine hinreichende Verzahnung der Clusterarbeit bilden.

Die bereits bestehende Arbeitsgruppe Geothermie mit ca. 520 Mitgliedern und das Büro für Geothermie der EnergieAgentur.NRW (eine Kooperation mit dem Geothermiezentrum Bochum (GZB), der Stadt Bochum, der Hochschule Bochum und der Wirtschaftsförderung metropoleruhr) bilden die Basis für die Aktivitäten des Netzwerks Geothermie. Zu den Mitgliedern zählen Unternehmen, Institutionen der Wissenschaft und Forschung sowie die öffentliche Verwaltung.

Ziele

Geothermie stellt eine fast unerschöpfliche Quelle für die Beheizung von Gebäuden und für die Stromerzeugung dar. Die technischen Möglichkeiten der Erdwärmenutzung reichen von der Versorgung einzelner Einfamilienhäuser mittels der oberflächennahen Erdwärme bis hin zur Nutzung von Temperaturen deutlich über 100° C aus Tiefen bis 5.000 Meter zur Versorgung großer Energieabnehmer mit Wärme und Strom aus der Tiefengeothermie.

Das Netzwerk hat folgende Ziele:
- Strategieentwicklung zur Bekanntmachung und zum Ausbau der Geothermie
- Austausch von Informationen um gemeinsam Ideen weiterzuentwickeln
- Initiierung von Projekten
- Kompetenzausbau in der Geothermiebranche
- Erschließung neuer Märkte

- Sicherung und nachhaltige Schaffung von Arbeitsplätze
- Ansiedlung von Unternehmen
- Intensivierung der nationalen und internationalen Zusammenarbeit

Quelle: NETZWERK GEOTHERMIE NRW

Der Sachverständigenrat für Umweltfragen hat 2011 eine Studie vorgelegt, die zeigt, dass Deutschland bis 2050 zu 100% in der Stromerzeugung auf erneuerbare Energien setzen könnte. Es gibt sicherlich auch Szenarien für eine schnellere Energiewende, wobei diese aus zwei wesentlichen Teilen bestehen dürfte:

- Abschalten der Atomkraftanlagen; die bestehenden Anlagen haben eine Betriebsgenehmigung und es ist zweifelhaft, ob etwa die für drei Monate verfügte Stilllegung der ältesten sieben Atomkraftmeiler in Deutschland (plus das als störanfällig geltende AKW Krümmel, das im März 2011 gerade in Revision war) überhaupt Rechtens war. Der einfachste Weg, um auf einer marktkonformen Basis zum Ausstieg aus der Atomstromerzeugung zu kommen, ist den einfachen Grundsatz allgemein – bei allen Energieträgern – zu realisieren, dass die externen Kosten internalisiert werden sollen bzw. angemessene Haftpflichtversicherungen verlangt werden müssen. Wenn man von Kosten für einen Super-GAU von etwa 6.000 Mrd. € ausgeht, dann muss jedenfalls auch eine entsprechende Haftpflicht verlangt werden. Dem Staat bzw. den Steuerzahlern sollte als Restrisiko niemals mehr als eine Größenordnung von vielleicht 10% des Bruttoinlandsproduktes auferlegt sein und schon das wäre eine außerordentliche Größenordnung. Anzulasten ist den Atomstrombetreibern auch eine angemessene Rücklage für die Endlagerung. Wenn man Kohle- und Gaskraftwerke im Teillastbereich laufen lässt, dann hat man zwar einige Effizienzverluste bei diesen Kraftwerke, aber man hätte wohl ausreichend Reservekapazitäten, um ein zeitweises Absinken der Stromerzeugung aus Windkraftfarmen und von Solarkollektoren-Parks aufzufangen. Zudem braucht man moderne Gaskraftwerke, die man relativ schnell hochfahren kann. Unverzichtbar ist ein Ausbau von Pumpspeicherkraftwerken und wohl auch die Nutzung neuer Batterien zur Stromspeicherung bzw. für den Umgang mit Lastspitzen bzw. zeitweisem Überangebot an Strom. Bekannt ist hier die Rolle der Pumpspeicherkraftwerke, die in Zeitfenstern mit Überschussproduktion an Strom die Energie nutzen, um Wasser in einen höher gelegenen Pumpspeichersee zu pumpen, aus dem bei Nachfragespitzen bzw. hohem Strombedarf dann rasch Wasser zum Antreiben der Turbine für die Stromerzeugung abgelassen werden kann.

- Umstieg aus fossilen Energieträgern auf erneuerbare Energieträger. Wenn man sich insbesondere von Kohlkraftwerken bis 2050 verabschieden will, dann ist für einen umfassenden Ausbau der erneuerbaren Energieträger in der Stromwirtschaft und für erhebliche Investitionen in den Ausbau des Netzes und für zusätzliche Energiespeichersysteme zu sorgen. Wind und Sonne sind keine im 24-Stundenrhythmus und an

365 Tagen im Jahr gleichmäßig verfügbaren Energieträger für einen bestimmten Ort. Allerdings kann man durch ein europäisches Stromsystem – unter Einbeziehung Norwegens, der Schweiz und ggf. anderer Nicht-EU-Länder – die Verfügbarkeit von Strom im Tagesverlauf (24 h) und im Jahresverlauf verbessern, da sich regionale Unterschiede etwa beim Wind- oder Solarstromangebot tendenziell in einer großen Fläche eher ausgleichen könnten als in einem einzigen Land. Probleme beim notwendigen Ausbau der Übertragungsnetze könnte es u.a. deshalb geben, weil es in vielen Regionen des Landes politischer Widerstand gegen den Bau neuer Stromtrassen bzw. Überlandleitungen gibt. Erdkabel könnte man in einigen Regionen alternativ verlegen, aber dies ist wesentlich teurer als Überlandleitungen.

Durch Bau zunehmend großer Windmühlen in der Nord- und Ostsee kann es gelingen, über große Offshore-Windparks den Anteil erneuerbarer Energien gerade in der Stromproduktion deutlich zu erhöhen. WAGNER (2007, S. 243) geht davon aus, dass von 5% in 2006 der Anteil von Windenergie auf 20% der Stromerzeugung innerhalb von zwei Jahrzehnten steigen könnte. Man kann hinzusetzen, dass vermutlich bis 2050 deutlich über 30% der Stromproduktion aus Windenergie kommen könnte. Dabei ist davon auszugehen, dass neben Dänemark und Schweden, die bei Windenergie als Stromlieferant schon weit fortgeschritten sind, auch Großbritannien eine sehr wichtige Rolle spielen wird. Großbritannien hat gute natürliche Bedingungen für Strom-Windfarmen und ein ergiebiger Kapitalmarkt dürfte die Finanzierung von Windparks erleichtern. Auch Frankreich hat eine großes Offshore-Windpotenzial, nutzt diese Möglichkeiten bislang jedoch nur begrenzt. Die europäische Wetterkarte zeigt, dass Windenergie auch in bestimmten gebirgigen Regionen bzw. auf dem Land wohl recht gut genutzt werden könnte, sofern der Widerstand auf Seiten der Bevölkerung in den betreffenden Regionen nicht hoch ist. Moderne Windkraftanlagen sind deutlich leiser als ihre Vorgänger, über ästhetische Aspekte von Windmühlen kann man trefflich streiten. Windenergie lässt sich grundsätzlich auch speichern, wobei im Meer versenkte Ballonkugeln möglicherweise längerfristig als neue Option in Frage kommen.

Für Deutschland bieten sich Solaranlagen wegen der relativ geringen Zahl von Sonnenstunden nicht ohne weiteres für eine große Installationsoffensive an. Solaranlagen können allerdings in anderen EU-Ländern – vor allem in Mittelmeerländern – eine relativ wichtige Rolle spielen; jedenfalls wenn die Kosten von Solarzellen durch technischen Fortschritt weiterhin fallen. Hier liegt aus ökonomischer Sicht ein guter Grund, dass man auch in Deutschland eine gewisse Solarstromförderung betreibt; allerdings bietet sich hier weniger eine Einspeisevergütung für Solaranlagenbetreiber an, als eben eine stärkere Forschungsförderung. In Deutschland steht Solarenergie für nur 5% der Stromproduktion aus erneuerbaren Energien, aber 45% der Einspeisevergütung entfielen in 2010 auf Solaranlagen. Aus Sicht der Steuerzahlerinnen und Steuerzahler besteht hier ein großes Missverhältnis.

Stromeinsparungsanstrengungen wird man deutlich intensivieren müssen. Dabei könnten verschärfte Energiestandards bei Neubauten helfen. Allerdings muss man sich

auch klar machen, dass bei Niedrigenergiehäusern bzw. Passivenergiehäusern ein gewisser Reserve- bzw. Sicherheitsbedarf bei der Wärmeerzeugung besteht. Dabei dürfte
sich bei solchen Häusern ein sonst üblicher Gasanschluss gar nicht lohnen, vielmehr
wird man hier wohl auf Strom als Reservebasis auch für Wärmeerzeugung an wenigen
Tagen mit extrem kalten Temperaturen setzen. Es kann durchaus zu dem scheinbar
paradoxen Ergebnis kommen, dass durch höhere Energieeffizienzstandards bei Wohn-
bauten die langfristige Stromnachfrage noch steigt.

Potenziale für Stromeinsparung

Eine Modernisierung des Stromsektors unter ökologischen und ökonomischen Aspekten sollte nicht allein die Frage des Ausbaus der erneuerbarer Energien – plus Lei-
tungsnetzausbau und Differenzierung der Versicherungspolicen für Atommeiler – thematisieren. Auch auf der Nachfrageseite gilt es durch Stromeinsparungen anzusetzen.
Folgt man einer neueren Analyse des Wuppertal Institutes für Klima, Umwelt und
Energie (FISCHEDICK. et. al., 2011), so gibt es erhebliche Einsparmöglichkeiten beim
Stromverbrauch. Für 2010 von rund 530 TWh an Stromverbrauch ausgehend, ist zunächst als Bestandsstruktur festzustellen:
- 243 TWh Verbrauch in Industrie und Bergbau;
- 141 TWh Stromverbrauch bei den Haushalten;
- 130 TWh in Gewerbe, Handel, Dienstleistungen, öffentlichen Einrichtungen sowie
  Landwirtschaft;
- 17 TWh beim Verkehr.

Binnen einer Dekade besteht aus Sicht des Wuppertal Institutes ein Einsparpotenzial
von 130 TWh bzw. etwa 25% des Jahresstromverbrauches. Das Wuppertal Institut
schreibt (FISCHEDICK et. al., 2011, S. 10f.):

„Die größten Potenziale zum Atomausstieg und für den Klimaschutz liegen in einem strategischen Beschleunigungsprogramm zur Stromeinsparung. In Deutschland
wurden im Jahr 2010 etwa 530 TWh an Strom verbraucht, davon rund 243 TWh in
Industrie und Bergbau, 141 TWh in den Haushalten, 130 TWh in Gewerbe, Handel,
Dienstleistungen, öffentlichen Einrichtungen und Landwirtschaft und 17 TWh im Verkehr. Schon bis 2021 also in zehn Jahren könnten nach einer detaillierten Untersuchung
des Wuppertal Instituts rund 130 TWh, also fast 25% des jährlichen Stromverbrauchs,
durch energieeffizientere Anwendungstechnik in allen Verbrauchssektoren zusammen
wirtschaftlich eingespart oder durch andere Energieträger ersetzt werden. Diese Einsparung ist möglich, wenn statt der im Trend zu erwartenden Technologieentwicklung bei
jeder Erneuerung oder Neuanschaffung von Geräten, Anlagen und Gebäuden (d.h. im
Rahmen des normalen Erneuerungszyklus) die jeweils effizienteste verfügbare Option
zum Einsatz kommt. Diese Einsparung wird aber von alleine nicht realisiert, weil es auf
der Nachfrage- wie auch der Anbieterseite dieser energieeffizienten Technologien und
Lösungen zahlreiche Hemmnisse gibt.

Mit einem strategischen Beschleunigungsprogramm zur Stromeinsparung könnte daher der Stromverbrauch gegenüber dem Trend pro Jahr um rund 13 TWh oder 2,5% vermindert werden. Ein Zehntel davon, also rund 0,25% pro Jahr, wird nach eigenen Berechnungen schon durch die bestehenden Ökodesign-Maßnahmen der EU beim Standby-Verbrauch und bei Heizungspumpen sowie durch das Glühlampenverbot erreicht, die verbleibenden 2,25% sind aber zusätzlich erschließbar.

Die Ausschöpfung der Potenziale erfordert zielorientierte, mehrjährige und verlässliche Förder- und Markteinführungsprogramme mit Beratung, Zuschüssen, Werbung, Aus- und Weiterbildung und eine Verbesserung der Zusammenarbeit der Marktpartner. Vor allem die Gesamtoptimierung von Gebäuden und von Anlagen zur Lüftung, Klimatisierung und Kälte, Beleuchtung, Druckluft, Produktion birgt hohe Potenziale. Ebenso wichtig ist ein Beschleunigungsprogramm für die Umstellung von elektrischer Direkt- oder Nachspeicherheizung, Warmwasser und Prozesswärmeerzeugung auf andere Energieträger. Aber es lohnen auch gezielte Markteinführungsprogramme für hocheffiziente Kühl- und Gefriergeräte, Wäschetrockner und Heizungspumpen.

Diese Programme können über den Energieeffizienzfonds des Bundes (wie er strukturell im Energiekonzept der Bundesregierung bereits angelegt ist) oder über eine spezifische Verpflichtung der Energiewirtschaft (wie sie in anderen europäischen Ländern besteht, z.B. Dänemark, Großbritannien) umgesetzt und finanziert werden. Denkbar wäre auch eine Mischlösung, bei der die Energieunternehmen vor allem Programme für die privaten Haushalte und das Gewerbe umsetzen, während der Energieeffizienzfonds Programme für die größeren Betriebe und übergreifende Informations- und Weiterbildungsprogramme koordiniert. Zwar müssten hierfür Programmkosten von rund 1,5 bis 2 Milliarden € pro Jahr investiert werden. Dadurch würde jedoch etwa das Dreifache an Investitionen ausgelöst…"

Es besteht zwar kaum ein Zweifel, dass es erhebliche Einsparpotenziale beim Stromverbrauch gibt. Allerdings hängt bei den Einsparergebnissen viel von drei konkreten Elementen ab, auf die es besonders aufmerksam zu machen gilt:

- Das Ausmaß der relativen Erhöhung der relativen Strompreise. Die längerfristige Preiselastizität der Nachfrage ist typischerweise höher als die kurzfristige. Allerdings wird im Strombinnenmarkt eine Erhöhung der Strompreise in Deutschland auch einen erhöhten Stromimport nach sich ziehen, der zu wesentlichen Teilen auch aus Atomstrom aus Frankreich bestehen könnte. Um so wichtiger ist es, dass von Seiten der deutschen Energiepolitik eine umfassende Zusammenarbeit mit Ländern entwickelt wird, die einen hohen Anteil an erneuerbaren Energien bei der Stromerzeugung haben: Hier stehen skandinavische Länder und teilweise auch Großbritannien – mit einem hohen bzw. rasch steigenden Anteil an Windenergie – im Focus.
- Wichtig ist eine deutliche Erhöhung der Innovationsförderung im Bereich der erneuerbaren Energien auf Seiten der EU, der EU-Mitgliedsländer und der Bundesländer (im Fall Deutschlands und Österreichs); eine erhebliche zeitweise Zurückführung von Fördermitteln für die Atomstromforschung ist erwägenswert.

- Wesentlich ist auch das Ausmaß an langfristiger Förderung für technologieorientierte Unternehmensgründungen im Energiesektor. Es fehlt hier an Förderschwerpunkten ebenso wie an Förderprojekten für Energieeffizienzcluster.

Problematisch ist, dass die Unternehmen, die Strom verbrauchen, bislang deutlich geringere Stromkosten haben als private Haushalte. Das Einsparpotenzial bei Unternehmen, die doch 2/3 des gesamtwirtschaftlichen Strompotenzials verbrauchen, ist viel größer als das Einsparpotenzial bei den privaten Haushalten. Es ist durchaus erwägenswert, Firmen mit besonders großen Energieverbrauchsreduktionen auf Basis von Prozess- und Produktinnovationen durch staatliche Forschungsförderung zu unterstützen. Besonders wichtig ist es, innovationsstarke Energieeffizienz-Cluster zu fördern.

Gegen einen Zeithorizont wie 2050, der auch vom Sachverständigenrat für Umweltfragen in seiner Studie zur Energiewende verwendet wurde, spricht, dass man durchaus auch mit knapperen Zeithorizonten rechnen kann. Wenn man neue Erkenntnisse zur Risikobewertung etwa von Atomkraftwerken nach dem Fukushima-Unglück hat, dann muss man eben auch bestimmte ökonomische Konsequenzen tragen. Dazu gehört, dass man einen Teil des Kraftwerkparkes – speziell der Atommeiler – beschleunigt aus dem Betrieb nehmen sollte bzw. abschreiben muss. Ökonomisch hat das eine dreifache Bedeutung:

- Es kommt zu einer zeitweilig erhöhten Abschreibungsrate auf den Bestand an Realkapital in der Volkswirtschaft: Das Niveau des Pro-Kopf-Einkommens sinkt dadurch.
- Die Gewinne der Atomstromkonzerne sinken und damit auch die Steuereinnahmen des Staates. Zugleich entstehen allerdings neue Investitionsmöglichkeiten im Bereich der Erneuerbaren Energien; dieser Sektor steht immerhin auch schon für rund 400.000 Arbeitsplätze in Deutschland und sicherlich kann dieser technologieintensive Sektor einen langfristig wichtigen Beitrag zur Exportdynamik Deutschlands und der EU beitragen. Es ist durchaus nicht ausgeschlossen, dass die großen Stromkonzerne in einigen Jahren durch hohe Investitionen in Wind- und Solarenergie zu „grünen Stromkonzernen" werden, die weltweit für die Diffusion von modernen umweltfreundlichen Energietechnologien sorgen. Bei einigen der großen Stromkonzerne in Deutschland bzw. der EU gibt es erste Anzeichen in dieser Richtung.
- Es kommt bei einer hohen Abschreibungsrate bei Atomkraftwerken zu Einkommens-, Wechselkurs-, Zins- und Haushaltseffekten, die man im Rahmen von ökonomischen Modellen im Einzelnen betrachten kann und sollte.

Zu den wichtigen Modellierungen zur Klimaschutzpolitik zählt der Beitrag von LUTZ (2011).

Anhang 2: Energiewende: Einwände, Widerstände und Subventionszahlen

Kurzfristige paradoxe Anpassungsmechanismen im Zuge einer Energiewende, wie etwa höhere Stromimporte und auch einen Anstieg der Stromerzeugung aus Kohlkraftwerken sollte man angesichts der Einsichten aus dem Fukushima-Desaster und der strategischen Herausforderung der Energiewende nicht hoch gewichten. Es ist allerdings wichtig, dass eine sinnvoll durchdachte mittelfristige Umstiegspolitik hin zu erneuerbaren Energien konzipiert wird. Eine Umstiegspolitik besteht aus sechs grundlegenden Schritten:

- Verteuerung der Atomstromherstellung durch das Übergehen auf korrekte Mindest-Haftpflichtversicherungen für die Betreiber.
- Anpassung der Subventionsstruktur in Deutschland bzw. den EU-Ländern, die stärker mit Einspeisevergütungen zugunsten der Windenergie und deutlich reduziert zugunsten der Solarenergie ausgestaltet werden sollte; nur in EU-Ländern mit hohem Solarstrompotenzial bzw. massiven, profitablen langfristigen Expansionsmöglichkeiten für Solarstrom sollte man deutlich auf Solarförderung setzen.
- Die Leitungsnetze sind an die Erfordernisse für einen Ausbau der erneuerbaren Energien anzupassen. Die langen Genehmigungszeiten in Deutschland sind zu verkürzen, da sonst ein zügiger Ausstieg aus der Atomstromerzeugung verhindert wird. Der Sachverständigenrat für Umweltfragen und die Bundesnetzagentur haben in diesem Kontext vorgeschlagen, dass eine verstärkte Bundeskompetenz beim Leitungsbau etabliert wird – die bisherigen Planungsbedingungen auf Basis der Führungsposition der Bundesländer sorgt für Verzögerungen und Ineffizienzen bei der Netzmodernisierung.
- Es ist durchaus denkbar, dass auch nord- bzw. mitteleuropäische EU-Länder südlichen EU-Ländern im Rahmen eines wachstumsorientierten Strukturwandels bzw. eines neuen EU-Paktes zur Förderung erneuerbarer Energien Subventionen für die Solarstromerzeugung zeitweise zukommen lassen sollten; wenn denn im Rahmen langfristiger Verträge dann Solarstrom oder Strom aus anderen erneuerbaren Energien Richtung Nord- und Mitteleuropa geliefert wird.
- Eine stärker auf Nachhaltigkeit ausgerichtete Wirtschaftsstruktur und mehr Nachhaltigkeit betonende Lebensstile sind wünschenswert: Beispielprojekte für die Nutzung erneuerbarer Energien sind in den EU-Ländern und darüber hinaus zu entwerfen – die Diffusion guter Erfahrungsbeispiele in Europa und weltweit kann von daher ausgehen.
- In besonderer Weise ist bei der Energiewende an eine Forschungskooperation Deutschlands mit anderen EU-Ländern bzw. von EU-Ländern mit den USA und China sowie Japan zu denken. Denn es gibt nicht nur ein gemeinsames Interesse,

die globale Klimaerwärmung zu verhindern bzw. zu minimieren, sondern auch gemeinsame Interessen im Bereich einer langfristigen Energiewende sind festzustellen. Besondere Kooperationsmöglichkeiten gibt es bei Intelligenten Stromnetzen, die ab 2025 in mehreren OECD-Ländern eine wichtige Rolle spielen dürften. Der Übergang zu „mehr Intelligenz" im Stromnetz wird weitgehend schrittweise erfolgen und viele Akteure können hier erhebliche Beiträge leisten. Die Bundesregierung hat bereits einen Arbeitskreis gegründet, in dem der Sektor Energiewirtschaft mit dem Sektor der Informations- und Kommunikationstechnologie zusammenwirken soll.

Das erste jedenfalls, was Bundesregierung und Parlament als Gesetz einbringen sollten, ist eine Vorgabe für die Atomkraftwerke, viel höhere Haftungsversicherungen nachzuweisen als bisher. Im Versicherungsmarkt sind wohl Versicherungen auch für Extremschäden bis zu 600 Mrd. € durchaus marktmäßig möglich; unter bestimmten Bedingungen auch bis zu 1.000 Mrd. €. Ein erster Schritt wäre hier, dass die Atomstromkonzerne zu entsprechenden Versicherungen veranlasst wären, der Atomstrom würde dann immerhin zu einer halbwegs realistischen Kostenrechnung gezwungen. Die Expansionsmöglichkeiten der erneuerbaren Energien werden dadurch erheblich verbessert, das Subventionserfordernis für diese Energieträger sinkt deutlich. In Sachen Haftpflichtversicherung müssten die Atomstromkonzerne in Deutschland bzw. den EU-Ländern darauf verpflichtet werden, tatsächlich ein Haftungsvermögen zu bilden, wie dies als Regel etwa in den USA gilt.

Der Umstieg auf erneuerbare Energien wird nicht kostenlos zu haben sein und zeitweilige höhere Subventionen für erneuerbare Energien bedeuten, dass man etwa beim Ausbau der Verkehrsinfrastruktur oder bei den Bildungsausgaben vermindertes Ausgabenwachstum haben wird (bei der Verkehrsinfrastruktur ist das am ehesten hinnehmbar, denn man kann auch bei geringem Ausbau mit digitalen innovativen Logistikkonzepten höhere Verkehrsströme bewältigen). Der Umstieg bzw. die Energiewende wird umso schwieriger für Deutschland werden, je weniger Parlamente und Regierungen anderer OECD-Länder sich zu einem Automausstieg verpflichten. Hier gilt es also aus deutscher bzw. europäischer Sicht, verstärkt für ein nachvollziehbares und effizientes Ausstiegskonzept zu werben. Wenn allein Deutschland aus der Atomstromerzeugung aussteigt, dann wird der Verlust an Arbeitsplätzen in energieintensiven Sektoren relativ stark sein und die Expansion von Wind-, Bio- und Solarenergie wird in Deutschland bzw. Europa relativ schwierig sein. Wenn viele Industrie- und Schwellenländer gleichzeitig die Energiewende angehen, dann werden größere Märkte für erneuerbare Energien entstehen und die Realisierung statischer und dynamischer kostensenkender Massenproduktionsvorteile im Sektor der Erneuerbaren Energien bzw. bei der Produktion von Windkraftanlagen, Solaranlagen etc. wird dann erleichtert.

Bei der Subventionierung von erneuerbaren Energien sollte man viel stärker als bisher auf eine effiziente Mittelvergabe setzen: Die Wirkungsgrade von Solarzellen bzw. die Sonnenintensität in den meisten Teilen Deutschlands sind nicht so, dass man die Solarenergie mit großen Beträgen mittelfristig weiter fördern sollte – damit fördert man letztlich vor allem große Hersteller von Solarzellen in Asien, jedenfalls kaum dauerhaft rentable Arbeitsplätze in Deutschland. Die Subventionen bzw. Einspeisevergütungen, die in die Solarindustrie zu stecken, die kaum 1,5% der Stromerzeugung in Deutschland in 2010 darstellt, sind hoch: Allein in die bis 2007 in Deutschland installierten Solarzellen wird in den nächsten 20 Jahren quasi 35 Mrd. € fließen – zieht man den Marktwert des Stromes ab, dann bleiben gut 10 Mrd. € an Subventionen übrig (in 2010 wurde die Einspeisevergütung für Solarstrom um 10% in Deutschland gekürzt, aber das ist immer noch ein hoher Betrag von fast einem halben Porzent des Bruttoinlandsproduktes); in Deutschland ergibt sich nach RWI-Angaben daher eine Subvention für jeden der 35.000 Jobs bei den Solarherstellern, der sich pro Arbeitsplatz auf 150.000 € pro Jahre beläuft; das geht noch über die hohen und kaum begründbaren früheren hohen Subventionen für die Steinkohleförderung in Deutschland hinaus. Eher sollte man in Deutschland den Ausbau der Windindustrie fördern, da hier gute Standorte in Nord- und Ostsee vorhanden sind: Allerdings auch dies nur mit zeitweiligen Subventionen. Denn Windenergie und andere Energieträger sollten langfristig ohne Subventionen auskommen, sofern es nicht um sektorspezifische Innovationsförderung geht, die durch positive externe Effekte gerechtfertigt werden kann. Da mit der Expansion der Windkrafterzeugung Massenproduktionsvorteile verstärkt genutzt werden können, dürfte sich binnen einer Dekade kaum noch ein besonderes Subventionserfordernis für die Windbranche ergeben. Erhöhte staatliche Forschungsförderung für erneuerbare Energien ist wünschenswert, die Einspeisevergütungen sollten mittel- und langfristig zurückgeführt werden.

Es ist zu erwarten, dass es seitens energieintensiver Industrien und der Atomstromkonzerne erheblichen Widerstand gegen eine Energiewende gibt. In den Wochen nach dem Fukushima-Unglück zeigten verschiedene Umfragen, dass über 70% der Bürgerinnen und Bürger einen langfristigen Ausstieg aus der Atomenergie bzw. eine Energiewende wünschten. Die Landtagswahlergebnisse im Atomstrom-Bundesland Baden-Württemberg haben zudem verdeutlicht, dass es neue strukturelle Mehrheiten in der Politik selbst in einem Bundesland mit relativ großem Industriesektor gibt. Da Baden-Württemberg im Übrigen eine besonders hohe Innovationsintensität aufweist, kann man erwarten, dass sich ein erheblicher Teil der technologisch-kreativen Fähigkeiten gerade auch dieses Bundeslandes auf mittlere und lange Sicht verstärkt zugunsten einer umweltfreundlichen Innovations- und Wachstumsstrategie mobilisieren lässt.

Deutschland hat im Herbst 2010 beschlossen, den Anteil der erneuerbaren Energien bei der Stromerzeugung auf 35% in 2020 zu erhöhen – also deutlich über die zunächst beschlossenen 20% (später 30%). Es sollte beim Ausbau der erneuerbaren Energien und der Rückführung des Atomstromanteils darauf geachtet werden, dass die Netzstabilität gewahrt bleibt. Dabei sollten die Atomstromkonzerne darauf verpflichtet werden, durch zusätzlichen Bau von Gaskraftwerken und andere Maßnahmen die Expansion der erneuerbaren Energien zu begleiten bzw. hinreichend in Netzausbau und

Netzstabilisierungsprojekte zu investieren. Zurückzuweisen ist die Forderung von FRONDEL/RITTER/SCHMIDT (2011), die ein mehrjähriges Moratorium für die erneuerbaren Energien bzw. das Aussetzen der durch das Erneuerbare Energien Gesetz gezahlten Förderanreize für diese Zeitperiode fordern. Die Förderanreize sollten vielmehr stärker differenziert werden – Investoren im Bereich erneuerbare Energien brauchen Planungssicherheit; die Förderung der Windenergie kann durchaus noch erhöht werden, um mehr Erzeugungskapazität von Windfarmen bis 2020 ans Netz zu bringen, die Förderung der Photovoltaik sollte allerdings bis 2015 in mehreren Senkungsstufen auslaufen, da die Gefahr besteht, dass die relativ teuerste Form der Expansion erneuerbarer Energien sonst weiter in großem Umfang forciert wird. Die bislang gewährten stabilen 20jährigen nominalen Vergütungsgarantien sollten durch ein Modell ersetzt werden, bei dem die Einspeisevergütung im Zeitablauf heruntergefahren wird. Je stärker Atomstrom mit angemessenen Haftpflichtkosten belastet wird, um so deutlicher kann der Gesamtumfang der Förderung erneuerbarer Energien vermindert werden. Die maximale technologischespezifische Vergütungen in Deutschland im Zeitraum 2000-2010 wird auf Basis von FRONDEL/RITTER/SCHMIDT (2011) und der Annahme eines Schattensubventionssatzes für 30 Cent/kWh (in Preisen von 2010). Der Subventionssatz für landbasierte Windstromerzeugung lag in 2010 bei 9,11 Cent/kWh; bei küstennaher Windstromerzeugung gibt es 15 Cent/kWh, Photovoltaik und Biomasse wurden mit 39,14 Cent/kWh bzw. 32,34 Cent/kWh gefördert, es ist wegen der hohen Einspeisevergütung mit für Photovoltaik zu einem massiven Ausbau der Solarkapazitäten gekommen, die von rund 1.000 MW auf etwa 17.000 MW in 2010 angestiegen sind. Die mittlere Einspeisevergütung lag in 2010 bei 15,63 Cent/kWh, was immerhin rund das Dreifache des Preises für Strom an der Leipziger-Strombörse ausmachte. Von 2,8% des Strompreises stieg die durchschnittliche Einspeisevergütung auf 14,1% in 2010. Bei anhaltender Förderung von erneuerbaren Energien wird mittelfristig das Problem auftreten, dass ein Überschussangebot an Strom aus erneuerbaren Energien zeitweise vorhanden sein wird. Sofern nicht einfache und preiswerte Energiespeichertechnologien entwickelt werden können, muss der Gesetzgeber eine Einspeisevorrangregelung bei erneuerbaren Energien treffen. Diese sollte sinnvollerweise darauf hinauslaufen, dass die am stärksten subventionierten Energieträger als erste aus der Einspeisung von Strom ins öffentliche Netz genommen werden müssen und entsprechend sollten auch künftige Einspeisevergütungszusagen in allen neuen Gesetzen ausfallen.

In der ganzen Debatte über den Atomstrom wird auch in der Argumentation von FRONDEL/RITTER/SCHMIDT (2011) vergessen, dass man auch die Schattensubventionen der Atomkraft bedenken sollte, die sich aus dem Verzicht des Staates auf angemessene Haftpflichtversicherung ergeben. Der absolute Betrag für die Förderung des Atomstroms durch Schattensubventionen war in 2010 in Deutschland und weltweit sehr hoch: Wenn man von 20% Atomstromanteil bei 600 Mrd. kWh Stromerzeugung in Deutschland in 2010 ausgeht, dann sind in einer unteren Abschätzung 120 Mrd. kWh mit jeweils 10 Cent/kWh als nicht-gezahlte Super-GAU-Versicherungsprämie gefördert worden, was auf einen absoluten Förderbetrag von 12 Mrd. € pro Jahr bzw. etwa 0,5% des Bruttoinlandsproduktes hinausläuft. Relativ zum offiziellen Atomstrompreis – reiner Stromerzeugungspreis – von etwa 2 Cent/kWh beträgt die Schattensubvention von 10 Cent/kWh für Atomstrom hier rund 500%. Geht man alternativ von Schattensubventionen von 20 Cent/kWh für Atomstrom aus, dann wäre der absolute Förderbetrag bei 24 Mrd. € pro Jahr, was als eine realistische Größe gelten mag. Es kann kein Zweifel bestehen, dass die faktischen Beihilfen für Atomstrom – gemeint ist der Verzicht des Staates auf eine adäquate Haftpflichtversicherung für AKWs – erheblich ist und in dem angenommenen Fall einer jährlichen Schattensubvention von 24 Mrd. € pro Jahr über drei Jahrzehnte immerhin schon bei rund 400 Mrd. € lagen (ginge man von 50 Cent/kWh als atomstromspezifische Schattensubvention aus, dann wäre der Subventionsbetrag hypothetisch bei 60 Mrd. €: Atomstrom würde dann wohl einfach nicht existieren, da auf ihn keinerlei Nachfrage entfiele). Dieser Betrag findet sich in keinem Subventionsbericht. Der offizielle Subventionsbericht der Bundesregierung geht von Beihilfen und Steuervergünstigungen von etwa 1% des Bruttoinlandsproduktes aus, die umfassendere Subventionsberichterstattung des Kieler Institutes für Weltwirtschaft von 6-7% des Bruttoinlandsproduktes; in beiden Berichten die Schattensubventionen für Atomstrom bislang nicht enthalten.

Wenn Befürworter des Atomstroms darauf hinweisen, dass in Kohlbergwerken und Kohlkraftwerken eine Reihe von Todesfällen bei Unglücken zu verzeichnen waren, dann darf man im Gegenzug darauf verweisen, dass die Kosten eines Kohlekraftwerkunfalls sicherlich sehr weit unter denen eines GAUs oder gar eines Super-GAUs bei einem Atomstrommeiler liegen; zudem sind die Nachwirkungen nicht bei 24.000 Jahren (wenn man vereinfachend auf die Halbwertzeit von Plutonium abhebt) und die Müll- bzw. Entsorgungsprobleme sind auch nicht eine Aufgabe für 1 Million Jahre. Bei dem in Frankreich geplanten Endlagerschacht streitet sich die EDF, der französische Staatskonzern über die Endlagerkosten; die erwarteten Schachtbaukosten von 35 Mrd. € möchte EDF nicht allein übernehmen.

Anhang 3: Kumulierte Emissionen für Herstellung und Betrieb in kg/GWHhEL

	SO_2	NO_X	Staub	CO_2
Windenergie				
4,5 m/s	16,3-34,9	24,1-50,7	3,0-6,3	16.300-35.700
5,5 m/s	10,9-23,5	16,0-34,2	2,0-4,3	10.800-24.000
6,5 m/s	8,1-17,7	12,0-25,8	1,5-3,2	8.100-18.100
Photovoltaik				
Monokristallin	270-340	320-410	100-120	247.000-318.000
Ploykristallin	300-380	300-380	60-80	232.000-298.000
Amorph	170-220	210-270	20-30	206.000-265.000
Steinkohle				
Durch Materialaufwand				
In vorgelagerte Prozeßkette	6-11	10-14	1-2	4.400-7.300
Emissionen Kraftwerk				
Summe	128	137	9	93.000
	570	570	140	781.000
	704-709	717-721	150	878.400-881.300
Kernenergie				
Durch Materialaufwand				
In vorgelagerte Prozeßkette[a]	5	9	1	5400
Emissionen Kraftwerk				
Summe	28-45	55-87	5-7	13.000-20.000
	0	0	0	0
	33-50	64-96	6-8	18.400-25.400

a.Die Bandbreite ergibt sich aus den unterschiedlichen Annahmen bezüglich der Verluste in der vorgelagerten Prozeßkette.

Quelle: VOSS, A. (1997), Leitbilder und Wege einer umwelt- und klimaverträglichen Energieversorgung, In: BRAUCH, H. G. (Hrsg.): Energiepolitik, Springer, Berlin, 59-74.

Anhang 4: Berufliche und öffentliche Risiken

	Berufliche Risiken		Öffentliche Risiken	
	Todesfälle	Verletzungen/ Erkrankungen	Todesfälle	Verletzungen/ Erkrankungen
	Anzahl/TWh$_{el}$[c]	WDL/TWh$_{el}$	Anzahl/TWh$_{el}$[c]	WDL/TWh$_{el}$
Windenergie 4,5 m/s 5,5 m/s 6,5 m/s	0,02-0,08 0,02-0,05 0,01-0,04	120-300 80-200 60-150	0,008 0,005 0,004	0,35-0,38 0,23-0,25 0,18
Photovoltaik[a]	0,10-0,19	600-1100	0,009-0,011	0,44-0,54
Steinkohle	0,22	2300	0,21-0,74	0,80-12,0
Kernenergie[b]	0,04-0,11	209-218	0,002-0,1	0,06-0,31

b. Keine Differenzierung nach der Art der Solarzellen;

c. die Zahlen zu den öffentlichen Risiken beinhalten unter anderem die Ergebnisse der Deutschen Risikostudie Kernkraftwerke (Phase A) zu hypothetischen Unfällen;

d. bezogen auf die gesamte, während der Lebensdauer der Anlage, erzeugte elektrische Energie.

Quelle: VOSS, A. (1997), Leitbilder und Wege einer umwelt- und klimaverträglichen Energieversorgung, In: BRAUCH, H. G. (Hrsg.): Energiepolitik, Springer, Berlin, 59-74.

Anhang 5: Ländervergleich im Umweltbereich

a.)Anteil der erneuerbaren Energien

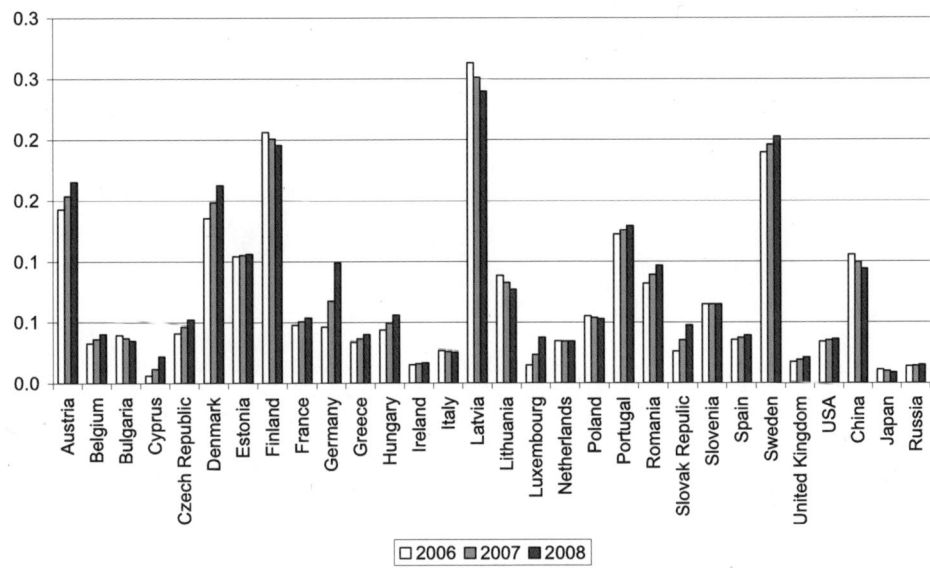

b.)Echte Sparquoten/Weltbank

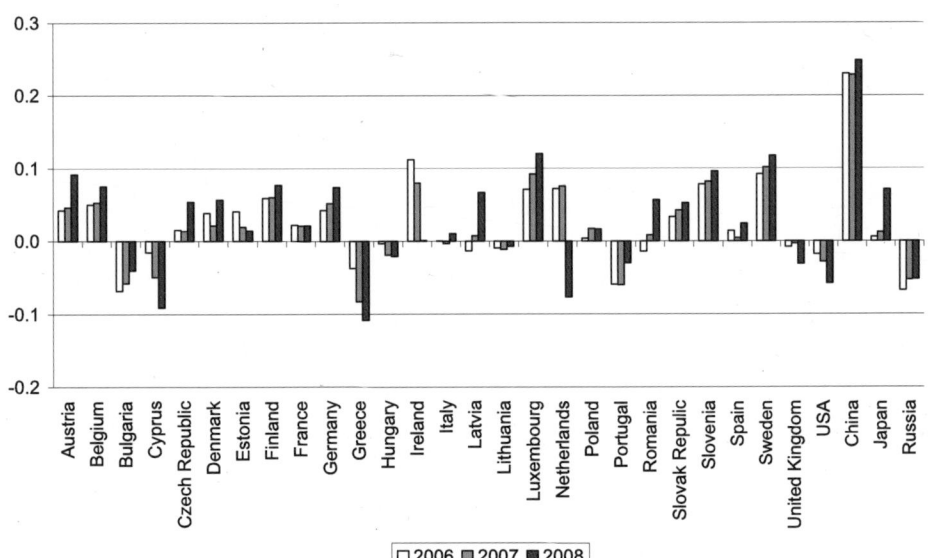

c.) Volumenbasierte RCAs für" grüne Exporte" (RCA = revealed comparative advantage = relativer offenbarter Wettbewerbsvorteil)

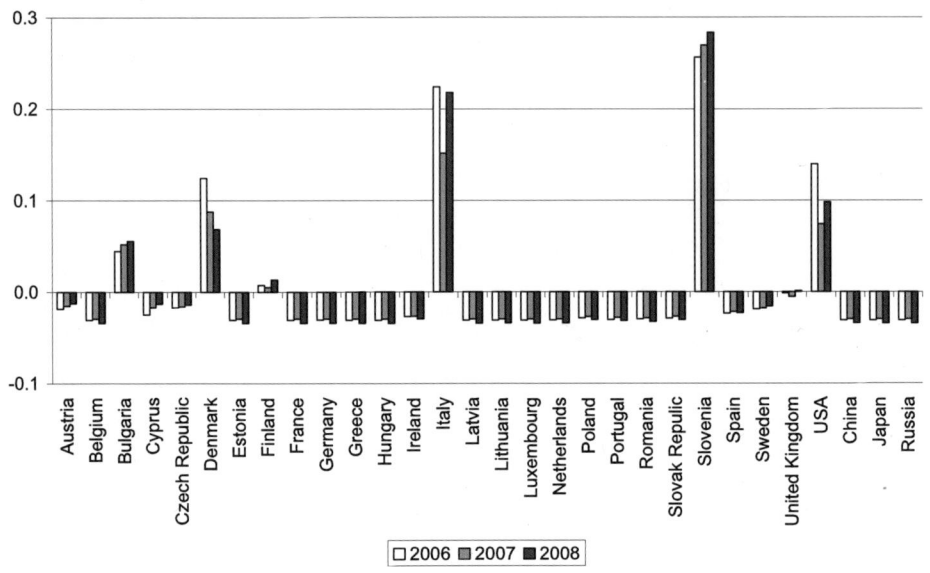

Datenquelle: WDI Online, EIIW Berechnungen (RCA)

Anhang 6: Projektion der Energieträgerpreise frei
Kraftwerk in den Varianten „Basis" und „Hochpreis"

[cent2005/ kWh]	Preispfad	2005	2010	2015	2020	2025	2030	2035	2040	2045	2050
Braunkohle	Basis	0,3492	0,3528	0,3528	0,3528	0,3528	0,3528	0,3528	0,3528	0,3528	0,3528
Steinkohle	Basis	0,7992	0,5904	0,6300	0,6300	0,6300	0,6444	0,6588	0,6732	0,6876	0,7020
	Hochpreis	0,7992	0,7056	0,7164	0,7308	0,7488	0,7668	0,7884	0,8064	0,8244	0,8460
Erdgas	Basis	2,1996	1,7424	1,8648	1,9476	2,0196	2,1276	2,2176	2,3112	2,4120	2,5164
	Hochpreis	2,1996	2,6172	2,8368	3,0528	3,2076	3,3624	3,5244	3,6972	3,8772	4,0680
Kernenergie	Basis	0,2232	0,2232	0,2232	0,2232	0,2232	0,2232	0,2232	0,2232	0,2232	0,2232
Biomasse	Basis	2,1600	2,1600	2,1600	2,1600	2,1600	2,1600	2,1600	2,1600	2,1600	2,1600

Quelle: zitiert nach WISSEL, S. et. al. (2008), Stromerzeugungskosten im Vergleich, Arbeitsbericht/Working Paper, Bericht NR .4, IER. Universität Stuttgart, 12

Anhang 7: Treibhausgasminderungserfordernisse gemäß der EU Low Carbon Economy Roadmap

Treibhausgasreduktion im Vergleich zu 1990	2005	2030	2050
Gesamt	*-7%*	*-40 bis -44%*	*-79 bis -82%*
Sektoren			
Stromerzeugung (CO_2)	-7%	-54 bis -68%	-93 bis -99%
Industrie (CO_2)	-20%	-34 bis -40%	-83 bis -87%
Transport (inkl. CO_2 Flugverkehr, exkl. Schifffahrt)	+30%	+20 bis -9%	-54 bis -67%
Straßen- und Schienenverkehr	+25%	+8 bis -17%	-61 bis -74%
Haushalte und GHD (CO_2)	-12%	-37 bis -53%	-88 bis -91%
Landwirtschaft (Non-CO_2)	-20%	-36 bis -37%	-42 bis -49%
Andere Nicht-CO_2 Emissionen	-30%	-72 bis -73%	-70 bis -78%

Quelle: EUROPÄISCHE KOMMISSION (2011a), 6.

Anhang 8: Ressourcenschonendes Europa – eine Leitinitiative innerhalb der Strategie Europa 2020

"Die europäische und die globale Wirtschaft sowie unsere Lebensqualität hängen von natürlichen Ressourcen ab. Hierzu gehören Rohstoffe wie Brennstoffe, Mineralien und Metalle, aber auch Nahrungsmittel, Boden, Wasser, Luft, Biomasse und Ökosysteme. Der Druck auf diese Ressourcen wächst. Geht die Entwicklung unverändert weiter, dürfte die Weltbevölkerung bis 2050 um 30% auf 9 Milliarden angewachsen sein. Die Menschen in den Entwicklungsländern und Schwellenländern streben mit gutem Recht den Wohlstand der entwickelten Länder und deren Verbrauchsniveau an. Wie wir in den letzten Jahrzehnten gesehen haben, belastet die intensive Ressourcennutzung die Erde und bedroht die Versorgungssicherheit. Wir können uns einen Ressourcenverbrauch im bisherigen Umfang nicht mehr leisten.

Angesichts dieser Entwicklung wird eine effizientere Ressourcennutzung der entscheidende Faktor der Wachstums- und Beschäftigungspolitik in Europa sein. Sie wird wirtschaftliche Perspektiven eröffnen, die Produktivität steigern, die Kosten drosseln und die Wettbewerbsfähigkeit stärken helfen. Wir brauchen neue Produkte und Dienstleistungen sowie neue Methoden zur Verringerung des Ressourceneinsatzes, Verminderung der Ressourcenvergeudung, Verbesserung der Ressourcenbewirtschaftung, Änderung von Verbrauchsmustern, zur Optimierung der Produktionsverfahren, Management- und Geschäftsmethoden sowie zur Verbesserung der Logistik. Dies wird die technologische Innovation fördern und Arbeitsplätze im schnell wachsenden Sektor der Umwelttechnologien schaffen, den Handel der EU stützen, auch durch Öffnung neuer Exportmärkte, und durch nachhaltigere Produkte auch den Verbrauchern zugute kommen.

Ein sparsamerer Ressourcenumgang dient auch vielen anderen Zielen der EU. Er leistet einen entscheidenden Beitrag zur Bekämpfung des Klimawandels und zur angestrebten Verringerung der Treibhausgasemissionen in der EU bis 2050 um 80 bis 95%. Eine effizientere Ressourcennutzung ist nötig, um Umweltgüter, die Funktionen, die diese erfüllen, und die Lebensqualität der jetzigen und künftigen Generationen besser schützen zu können. Sie wird unsere Bemühungen um starke und nachhaltige Landwirtschafts- und Fischereisektoren unterstützen, die zur Lösung der Ernährungsprobleme in den Entwicklungsländern beitragen können. Indem eine deutliche Erhöhung der Ressourceneffizienz unsere Abhängigkeit von den immer knapperen Brennstoffen und Rohstoffen reduziert, kann darüber hinaus die Versorgung Europas mit Rohstoffen verbessert und gewährleistet werden, dass die Wirtschaft der EU einem Anstieg der globalen Energie- und Rohstoffpreise besser standhält.

Ein Ausblick auf Europa im Jahr 2050 und ein langfristig angelegter strategischer Rahmen können den Unternehmen und Investoren einen klaren Weg aufzeigen. Es muss deutlich werden, wo in den nächsten zehn Jahren die Maßnahmenschwerpunkte liegen sollen, damit Europa auf den richtigen Weg findet und der Wandel beschleunigt wird."

Quelle: EUROPÄISCHE KOMMISSION (2011b), 2.

Literaturverzeichnis

ADAM (2009), ADAM 2-degree scenario for Europe, Policies and Impacts, Project No: 018476-GOCE, ADAM Adaptation and Mitigation Strategies: Supporting European Climate Policy Instrument: Integrated Project (IP), Global Change and Ecosystems, Deliverable D3 of work package M1 (code D-M1.3), http://adamproject.info/index.php/Download-document/473-D-M1.3.html, Zugriff am 12.12.2011.

AG ENERGIEBILANZEN (2010), Daten auf der Webseite, http://www.ag-energiebilanzen.de/viewpage.php?idpage=6, Zugriff am 08.06.2011.

AG ENERGIEBILANZEN (2011), Daten auf der Website, http://www.ag-energiebilanzen.de/viewpage.php?idpage=62, Zugriff am 08.06.2011.

ANGERER, G.; MARSCHEIDER-WEIDEMANN, F.; LÜLLMANN, A.; ERDMANN, L.; SCHARP M.; HANDKE, V.; MARWEDE, M. (2009a), Rohstoffe für Zukunftstechnologien – Einfluss des branchenspezifischen Rohstoffbedarfs in rohstoffintensiven Zukunftstechnologien auf die zukünftige Rohstoffnachfrage, Im Auftrag des Bundesministeriums für Wirtschaft und Technologie Referat III A 5 – Mineralische Rohstoffe I D 4 – 02 08 15 – 28/07, Schlussbericht 15. Mai 2009.

ANGERER, G.; MARSCHEIDER-WEIDEMANN, F.; WENDL, M.; WIETSCHEL M. (2009b), Lithium für Zukunftstechnologien – Nachfrage und Angebot unter besonderer Berücksichtigung der Elektromobilität, Fraunhofer-Institut für System- und Innovationsforschung ISI, Karlsruhe, Dezember 2009, http://www.isi.fhg.de/isi-de/n/download/publikationen/Lithium_fuer_Zukunfts technologien. pdf, Zugriff am 11.12.2011.

ARCHER, C.L.; JACOBSON, M.Z. (2005), Evaluation of Global Wind Power, *Journal of Geophysical Research,* Vol. 110, D12110,doi: 10.1029/2004JD005462.

BARTELMUS, P. (2009), Sustainable Development – Has It Run Its Course?, EIIW Diskussionsbeitrag Nr. 162, EIIW an der Bergischen Universität Wuppertal.

BENTLEY, M. D. (2003), Sustainable Consumption: Ethics, National Indices and International Relations (Dissertation), Paris.

BERTOLDI, P.; REZESSY, S.; OIKONOMOU, V.; BOZA-KISS, B. (2009), Feed-in tariff for energy energy saving: thinking of the design, in: ECEEE 2009 Summer Study, S. 121.

BLEISCHWITZ, R.; JACOB, K.; BAHN-WALKOWIAK, B.; WILTS, H.; RAECKE, F.; WERLAND, S.; RENNINGS, K.; BETHGE, J. (2010), Ressourcenpolitik: Instrumente und Maßnahmenvorschläge zur Gestaltung der Rahmenbedingungen, MaRess-Projekt. Arbeitspaket 3. Ressourceneffizienz-Paper 3.2.

BLEISCHWITZ, R.; WELFENS, P.J.J.; ZHANG, Z.X. (Hrsg.) (2009), Sustainable Growth and Resource Productivity, Sheffield: Greenleaf.

BMU [Bundesministerium für Umwelt, Naturschutz und Reaktorsicherheit] (2008),
    Investitionen für ein klimafreundliches Deutschland, von BSR-Sustainability, Eu-
    ropean Climate Forum (ECF), Fraunhofer-Institut für System- und Innovationsfor-
    schung (ISI), Öko-Zentrum NRW, Potsdam-Institut für Klimafolgenforschung
    (PIK).

BMU (2009a), Langfristszenarien und Strategien für den Ausbau erneuerbarer Ener-
    gien in Deutschland – Leitszenario 2009, von J. Nitsch (DLR) und B. Wenzel
    (IfnE) im Auftrag des BMU,
    http://www.bmu.de/files/pdfs/allgemein/application/pdf/leitszenario2009_bf.pdf,
    Zugriff am 06.11.2010.

BMU (2009b), GreenTech made in Germany 2.0, Verlag Franz Vahlen Mün-
    chen/Munich,
    http://www.bmu.de/files/pdfs/allgemein/application/pdf/greentech2009.pdf, Zugriff
    am 20.09.2011.

BMU (2010a), Langfristszenarien und Strategien für den Ausbau erneuerbarer Ener-
    gien in Deutschland – Leitszenario 2010 von J. Nitsch (DLR) und B. Wenzel (IfnE)
    im Auftrag des BMU.
    http://www.bmu.de/files/pdfs/allgemein/application/pdf/leitstudie2010_bf.pdf, Zu-
    griff am 12.12.2011.

BMU (2010b), Röttgen: Knapp 20 Prozent erneuerbare Energien bis 2020 sind erreich-
    bar - Nationaler Aktionsplan für erneuerbare Energie beschlossen. Pressemitteilung
    Nr. 116/10 vom 04.08.2010:
    http://www.erneuerbare-energien.de/inhalt/46296/4597, Zugriff am 12.12.2011.

BMU (2010c), Erneuerbare Energien in Zahlen - nationale und internationale Entwick-
    lung, http://www.erneuerbare-energien.de/files/pdfs/allgemein/application/pdf
    /broschuere_ee_zahlen_bf.pdf, Zugriff am 12.12.2011.

BMU (2010d), Deutschlands Informationsportal für erneuerbare Energien: Unendlich
    viel Energie. Agentur für Erneuerbare Energien. http://www.unendlich-viel-
    energie.de/DIW, Zugriff am 25.11.2011.

BMU; BMWi (2010), Energiekonzept für eine umweltschonende, zuverlässige und
    bezahlbare Energieversorgung, „Energiekonzept der Bundesregierung",
    http://www.bmu.de/files/pdfs/allgemein/application/pdf/energiekonzept_bundesregi
    erung.pdf, Zugriff am 25.11.2011.

BMWi [Bundesministerium für Wirtschaft und Technologie] (2009), Abschätzung des
    Energiebedarfs der weiteren Entwicklung der Informationsgesellschaft, Abschluss-
    bericht (Fraunhofer IZM / Fraunhofer ISI), Berlin, Karlsruhe, März 2009,
    http://www.bmwi.de/
    Dateien/BMWi/PDF/abschaetzung-des-energiebedarfs-der-weiteren-entwicklung-
    der-informationsgesellschaft,property=pdf,bereich=bmwi,sprache=de,rwb=true.pdf,
    Zugriff am 15.10.2011.

BMWi (2010), Energieszenarien für ein Energiekonzept der Bundesregierung, Gemein-
    schaftsgutachten des Energiewirtschaftlichen Instituts der Universität zu Köln
    (ewi), der Gesellschaft für wirtschaftliche Strukturforschung (GWS) und Prognos
    AG , Basel, Köln, Osnabrück,
    http://www.bmwi.de/BMWi/Redaktion/PDF/Publikationen/Studien/studie-
    energieszenarien-fuer-ein-energiekonzept,property=pdf,bereich=bmwi, spra-
    che=de,rwb=true. pdf, Zugriff am 06.11.2010.
BONTRUP, H.-J.; MARQUARDT, R.-M. (2010), Kritisches Handbuch der deutschen
    Elektrizitätswirtschaft. Branchenentwicklung-Unternehmensstrategien-
    Arbeitsbeziehungen, Berlin.
BRINGEZU, S.; BLEISCHWITZ, R. (Hrsg.) (2009), Sustainable resource manage-
    ment: global trends, visions and policies / Sheffield: Greenleaf Publishing..
BRINGEZU, S.; SCHÜTZ, H. (2008), Ressourcenverbrauch von Deutschland – aktuel-
    le Kennzahlen und Begriffsbestimmungen, Erstellung eines Glossars zum „Res-
    sourcenbegriff" und Berechnung von fehlenden Kennzahlen des Ressourcenver-
    brauchs für die weitere politische Analyse, UBA Texte 02/08.
BUCHERT, M.; SCHÜLER, D.; BLEHER, D. (2009), Critical metals for the future
    sustainable technologies and their recycling potential (Critical metals study for the
    International Panel for Sustainable Resource Management (Resource Panel), UNEP
    Paris 2009. http://www.oeko.de/oekodoc/1070/2009-129-en.pdf, Zugriff am
    12.12.2011.
BUNDESGESETZBLATT 41/2011 (2011), Gesetz zur Neuregelung energiewirtschaft-
    licher Vorschriften vom 26.07.2011,
    http://www.bmelv.de/SharedDocs/Downloads/Service/Rechtsgrundlagen/GesetzNe
    uregelungEnergieVorschriften.pdf;jsessionid=591D9DBA0B407321BA71FA8B0C
    CCB23B.2_cid230?__blob=publicationFile, Zugriff am 02.12.2011.
DE BRUYN, S. (2010), Does the energy intensive industry obtain windfall profits
    through the EU ETS?, Paper for the European Climate Foundation, mimeo.
DENA (2005), dena-Netzstudie I: Netzausbau zur Integration erneuerbarer Energien.
    http://www.dena.de/themen/thema-esd/projekte/print/projekt/dena-netzstudie-i/,
    Zugriff am 24. Mai 2011.
DENA (2010), dena-Netzstudie II – Integration erneuerbarer Energien in die deutsche
    Stromversorgung im Zeitraum 2015 – 2020 mit Ausblick 2025,
    http://www.dena.de/fileadmin/user_upload/Download/Dokumente/Studien___Umfr
    agen/Endbericht_dena-Netzstudie_II.PDF, Zugriff am 2.12.2010.
DEUTSCHER BUNDESTAG (2001), Erster Bericht der Enquete-Kommission. Nach-
    haltige Energieversorgung unter den Bedingungen der Globalisierung und der Libe-
    ralisierung. Teilbericht zu dem Thema Nachhaltige Energieversorgung auf liberali-
    sierten und globalisierten Märkten: Bestandsaufnahme und Ansatzpunkte, Berlin,
    www.bundestag.de, Drucksache 14/7509.

DEUTSCHER BUNDESTAG (Hrsg.) (2002), Nachhaltige Energieversorgung unter den Bedingungen der Globalisierung und Liberalisierung. Endbericht der Enquete-Kommission. Berlin.

DISTELKAMP, M.; MEYER, B.; MEYER, M. (2010), Top-Down-Analyse der ökonomischen Vorteile einer forcierten Ressourceneffizienzstrategie. MaRess-Project. AP5-Abschlussbericht.
http://ressourcen.wupperinst.org/downloads/MaRess_AP5_5.pdf, Zugriff am 25.11.2011.

DLR; IFEU; WUPPERTAL INSTITUT FÜR KLIMA, UMWELT, ENERGIE (2004), Ökologisch optimierter Ausbau der Nutzung erneuerbarer Energien in Deutschland, http://www.dlr.de/tt/Portaldata/41/Resources/dokumente/institut/system/publications/Oekologisch_optimierter_Ausbau_Langfassung.pdf, Zugriff am 06.11.2010.

DROEGE, P. (2009), 100% Renewable. Energy Autonomy in Action, London: Earthscan.

DUH (2010), Plan N. Forum Netzintegration Erneuerbare Energien. Handlungsempfehlungen an die Politik. Deutsche Umwelthilfe / Forum Netzintegration Erneuerbare Energien. http://www.duh.de/2514+M55a8c8d9e04.html, Zugriff am 24. Mai 2011.

ECEEE (2010), Is efficient sufficient? The case for shifting our emphasis in energy specifications to progressive efficiency and sufficiency, Chris Calwell, March 2010, http://www.eceee.org/sufficiency/eceee_Progressive_Efficiency.pdf, Zugriff am 06.11.2010.

ECOFYS; WWF; OMA (2011), The Energy Report - Globales nachhaltiges und regeneratives Energiesystem bis 2050 möglich, www.ecofys.de., Zugriff am 15.09.2011.

EDLER, D.; O'SULLIVAN, M. (2010), Erneuerbare Energien – ein Wachstumsmarkt schafft Beschäftigung in Deutschland. Wochenbericht des DIW. Nr. 41. Berlin www.diw.de/documents/publikationen/73/diw_01.c...de/10-41-1.pdf, Zugriff am 15.09.2011.

EITO (2002), European Information Technology Observatory 2002, Frankfurt.

EPSTEIN, P.R. (2011), Full Cost Accounting for the Life Cycle of Coal, *Annals of the Academy of Sciences*, 1219, 73-98.

ERJ [Energy Rich Japan] (2003), A Vision for the Future, www.energyrichjapan.info.

EUROPÄISCHE KOMMISSION (2011a), A Roadmap for moving to a competitive low carbon economy in 2050, COM(2011) 112 final, Brüssel, 08.03.2011.

EUROPÄISCHE KOMMISSION (2011b), Ressourcenschonendes Europa – eine Leitinitiative innerhalb der Strategie Europa 2020, KOM (2011) 21, Brüssel, 26.01.2011.

EUROPÄISCHE KOMMISSION (2011c), Energy Roadmap, COM(2011) 885/2, Brüssel.

EUROPEAN COMMISSION (2005), European Innovation Scoreboard, Brussels.

EUROPEAN COMMISSION (2009), Commission Recommendation of 9.10.2009 on mobilizing Information and Communication Technologies to facilitate the transition to an energy-efficient, low-carbon economy, C(2009) 7604 final.

EUROPEAN COMMISSION (2010), External Costs. Research results on socio-environmental damages due to electricity and transport, Brussels.

EWERS, H.-J.; RENNINGS, K. (1991), Die monetären Schäden eines Super-GAU's in Biblis. Diskussionspapier Nr. 2 des Instituts für Verkehrswissenschaften an der Universität Münster.

EWERS, H.J.; RENNINGS, K. (1992), Abschätzung der Schäden durch einen soge-nannten "Super-GAU", Prognos-Studie für das Bundesministerium für Wirtschaft, downloadbar unter www.zukunftslobby.de.

EWG (Energy Watch Group, 2008), Renewable Energy Outlook 2030 – Energy Watch Group Global Renewable Energy Scenarios, www.cnergywatchgroup.org/Stuiden.24+M5d637b1e38d.0.html, Zugriff am 15.11.2011.

FfE [Forschungsstelle für Energiewirtschaft] (2009), Energiezukunft 2050, Teil II – Szenarien, im von EnBW, EON, RWE und Vattenfall http://www.ffe.de/download/berichte/Endbericht_Energiezukunft_2050_Teil_II.pdf, Zugriff am 12.12.2011.

FICHTER, K.; BEHRENDT, S.; CLAUSEN, J.; ERDMANN, L.; HINTEMANN, R.; MARWEDE, M.; CAPORAL, S. (2010), Branchenorientierte Dialoge zur Entwick-lung von Leitmärkten der Ressourceneffizienz auf der Basis von integrierten Tech-nologie- Roadmaps- Abschlussbericht zu AP9. http://ressourcen.wupperinst.org/downloads/MaRess_AP9_5_AbschlussBer.pdf, Zugriff am 26.5.2011.

FISCHEDICK, M., LECHTENBÖHMER, S.; THOMAS, S. (2011), Den Umbau des Energiesystems risikoarm und richtungssicher voranbringen – Einschätzungen des Wuppertal Instituts nach dem Reaktorunfall in Japan; Thesenpapier, Wuppertal In-stitut für Klima, Umwelt, Energie, 2. überarbeitete Fassung, 22.03.2011.

FLADE, A.; HALLMANN, S.; LOHMANN, G.; MACK, B. (2003), Wohnkomfort im Passivhaus, Ergebnisse einer sozialwissenschaftlichen Untersuchung, Darmstadt, IWU.

FRONDEL, M. (2010), Energieeffizienz in der energieintensiven Industrie in Deutsch-land, RWI-Studie für das VIK, Essen.

FRONDEL, M.; RITTER, N.; SCHMIDT, C.M. (2011), Die Kosten des Klimaschutzes am Beispiel der Strompreise, RWI Position Nr. 45, Essen.

FVEE - ForschungsVerbund Erneuerbare Energien (2010), Energiekonzept 2050. Eine Vision für ein nachhaltiges Energiekonzept auf Basis von Energieeffizienz und 100 % erneuerbaren Energien. Berlin. Online verfügbar unter http://www.fvee.de/fileadmin/politik/10.06.vision_fuer_nachhaltiges_energiekonzept.pdf, Zugriff am 12.12.2011.

GEF [The Green European Foundation Green European Foundation] (ed.) (2009), A
    Green New Deal for Europe, Brussels 2009; A Green New Deal for Europe – To-
    wards Green Modernization in the face of Crisis; A report by the Wuppertal Insti-
    tute for Climate, Environment and Energy, Brussels 2009
    http://www.gef.eu/fileadmin/user_upload/
    GEF_GND_for_Europe_publication_web.pdf, Zugriff am 12.12.2011.

GERMANWATCH (2010), Analyse des Energiekonzept-Entwurfs der Bundesregie-
    rung – Potenziale durch Atom und Kohle ausgebremst, www.germanwatch.org,
    Zugriff am 12.12.2011.

GESELLSCHAFT FÜR REAKTORSICHERHEIT (GRS) mbH (1989), Deutsche
    Risikostudie Kernkraftwerke Phase B – eine zusammenfassende Darstellung, 2. A.,
    Köln.

GREENPEACE (2009), Klimaschutz: Plan B 2050 – Energiekonzept für Deutschland,
    http://www.greenpeace.de/fileadmin/gpd/user_upload/themen/klima/Plan_B_2050_
    lang.pdf, Zugriff am 06.11.2010.

GREENPEACE (2011), urgewald und Kritische Aktionäre fordern Rücktritt von RWE-
    Chef Großmann. Greenpeace Magazin 4/2011.
    http://www.greenpeace-magazin.de/index.php?id=55&tx_ttnews[tt_news]=
    107696&tx_ttnews[backPid]=23&cHash=f6a7e165a8, Zugriff am 19.04.2011.

GRIMM, V. (2007), Einbindung von Speichern für erneuerbare Energien in die Kraft-
    werkseinsatzplanung. Einfluss auf die Strompreise der Spitzenlast. Dissertations-
    schrift. Bochum. Selbstverlag des Lehrstuhls für Energiesysteme und Energiewirt-
    schaft, Ruhr-Universität Bochum. Schriftenreihe des Lehrstuhls für Energiesysteme
    und Energiewirtschaft 16.

HAGELÜKEN, C. (2010), Vortrag vom 11.1.2010, Umicore, Frankfurt,
    http://www.gdch.de/vas/sovas/ch_hagelueken.pdf.

HANDELSBLATT (2011), RWE baut in Bulgarien Atomkraftwerk. 10.5.2011. Zugriff
    am 15.05.2011.

HENNICKE, P. (1999), Wa(h)re Energiedienstleitung - ein Wettbewerbskonzept für
    die Energieeffizienz- und Solarwirtschaft, Birkhäuser, Berlin.

HENNICKE, P.; BODACH, S. (2010), Energierevolution: Effizienzsteigerung und
    erneuerbare Energien als neue globale Herausforderung, Oekom. München.

HENNICKE, P.; FISCHEDICK, M. (2007), Erneuerbare Energien: mit Energieeffizi-
    enz zur Energiewende, Beck, München (Beck'sche Reihe 2412).

HENNICKE, P.; KOHLER, S. (1984), Kommunale und regionale Energieversorgungs-
    konzepte: Geschichte der deutschen Elektizitätswirtschaft + Energiekonzepte in
    Ballungsgebieten – das Beispiel Mannheim, Freiburg: Öko-Inst., 1984 - (Werkstatt-
    reihe / Öko-Institut e.V., Institut für Angewandte Ökologie; 10).

HENNICKE, P.; KRISTOF, K.; DORNER, U. (2009), Ressourcensicherheit und Res-
    sourceneffizienz – Wege aus der Rohstoffkrise, Policy Paper zu Arbeitspaket 7 des
    Projekts „Materialeffizienz und Ressourcenschonung" (MaRess).

HENNICKE, P.; MÜLLER, M. (2005), Weltmacht Energie: Herausforderung für Demokratie und Wohlstand, Hirzel, Stuttgart.

HENNICKE, P.; SAMADI, S.; SCHLEICHER, T. (2011), Ambitionierte Ziele – un-
taugliche Mittel: Deutsche Energiepolitik am Scheideweg, Hintergrundpapier der
Vereinigung Deutscher Wissenschaftler (VDW) zur Energie- und Klimapolitik in
Deutschland 2010, unter Mitarbeit von F. Chr. Matthes, W. Renneberg, J. Schneider, VDW-Materialien 1/2011, Berlin.

HIRSCHL, B.; ARETZ, A.; PRAHL, A.; BÖTHER, T.; HEINBACH, K.; PICK, D.;
FUNCKE, S (2010), Kommunale Wertschöpfung durch Erneuerbare Energien,
Schriftenreihe des IÖW 196/10, Berlin.

HOHMEYER, O. (2010), 2050. Die Zukunft der Energie. Gutachten im Auftrag der
LichtBlick AG. www.lichtblick.de/uf/Studie_2050_Die_Zukunft_der_Energie.pdf.
http://www.energieregion.nrw.de/_database/_data/datainfopool/ImageFlyer_Netzw
erk_Geothermie.pdf, Zugriff am 12.12.2011.

HSBC (2009), A Climate for Recovery. The Colour of Stimulus Goes Green. HSBC
Global Research. London.

IEAE/THE CHERNOBYL FORUM (2006), Chernobyl's Legacy: Health, Environmental and Socio-economic Impacts and Recommendations to the Governments of
Belarus, the Russian Federation and Ukraine, 2nd revised edition, Paris: IEAE.

IPCC [Intergovernmental Panel on Climate Change] (2011), Renewable Energy
Sources and Climate Change Mitigation. Special Report of the Intergovernmental
Panel on Climate Change. http://srren.ipcc-
wg3.de/report/IPCC_SRREN_Full_Report.pdf, Zugriff am 01.12.2011.

JACKSON, T. (2009), Prosperity without growth? The transition to a sustainable economy, published by the Sustainable Development Commission, (05/2010),
http://www.sd-commission.org.uk/
file_download.php?target=/publications/downloads/prosperity_without_growth_rep
ort.pdf, Zugriff am 12.11.2011.

JACOBSON, M.; ARCHER, C.L. (2010), Comment on Estimating maximum global
land surface wind power extracability and associated climatic consequences, by
L.M. Miller, F. Gans, and A. Kleidon, Earth System Dynamics Discussion 1, C84-
C85.

JAEGER, C. C.; HORN, G.; LUX, T. (2009), From the financial crisis to sustainability,
A study commissioned by the Federal Ministry for the Environment, Nature Con-
servation and Nuclear Safety; ECF, Potsdam 2009, http://www.european-climate-
forum.net/fileadmin/ecf-documents/publications/reports/jaeger-horn-lux__from-
the-financial-crisis-to-sustainabilty.pdf, Zugriff am 21.10.2011.

JAEGER, L. (2011), Den Tanz auf dem Vulkan mathematisch modellieren, Neue Zür-
cher Zeitung, Internationale Ausgabe, 26.3.2003, S. 13.

JENSEN, D. (2011), 1,2,3 im Sauseschritt, Sonderbeilage der Financial Times
Deutschland, 6. April 2011.

JOCHEM, E. (Hrsg.) (2004), Steps Towards a Sustainable Development: A White Book for R&D of Energy-Efficient Technologies; Zürich: CEPE ETH Zürich http://www.novatlantis.ch/fileadmin/downloads/2000watt/Weissbuch.pdf, Zugriff am 21.09.2011.

KABERGER, T. (2002), Swedish Nuclear Power and Economic Rationalities, *Energy & Environment*, Vol. 13, 191-206.

KAGERMANN, J. (2011), Eine Erfolgsgeschichte, Handelsblatt vom 16. Mai 2011, S.56, Düsseldorf.

KALTSCHMITT, M.; STREICHER, W.; WIESE, A. (Hrsg.) (2006), Erneuerbare Energien, 4. A., Heidelberg: Springer.

KEMFERT, C. (2011), Szenario Energie, Vision und Wirklichkeit, in: WELZER, H.; WIEGANDT, K. (Hrsg.), Perspektiven einer nachhaltigen Entwicklung, Frankfurt/M: S. Fischer, 205-222.

KEMP, R. (2010), The Dutch Energy Transition Approach, International Economics and Economic Policy, Vol. 7 (2+3), 291-316.

KLEINSTEUBER, H. J.; LOITZ, T. (2001), Politik im Zeichen des Internet, in: Bundeszentrale für politische Bildung, Politikunterricht im Informationszeitalter, Bonn, 51-62.

KOPATZ M. (2009), Energiearmut in Deutschland: Brauchen wir einen Sozialtarif? Energiewirtschaftliche Tagesfragen 59.

KOPATZ, M.; SPITZER, M.; CHRISTANELL, A. (2010), Energiearmut. Stand der Forschung, nationale Programme und regionale Modellprojekte in Deutschland, Österreich und Großbritannien Wuppertal Paper Nr. 184 (Oktober 2010) http://www.wupperinst.org/uploads/txwibeitrag/WP184.pdf, Zugriff am 21.09.2011.

KRAUSE, F.; BOSSE, H.; MÜSSER-REISSMANN, K.-F. (1980), Energie-Wende: Wachstum und Wohlstand ohne Erdöl und Uran. Ein Alternativ-Bericht des Öko-Instituts. Fischer, Frankfurt am Main 1980, ISBN 3-10-007705-9.

KRISTOF, K.; HENNICKE, P. (2010), Kernstrategien für eine zukunftsfähige Ressourcenpolitik der Bundesregierung. MaRess-Projekt. AP7, Paper 7.7.

KROST, G.; MATICS, J. (2008), Mikro-Blockheizkraftwerke zur Gebäudeversorgung. Flexibles auto-adaptives Betriebsmanagement. In: eBWK Bd. 60 (2008) Nr. 3., S. 1-7. www.technikwissen.de/libary/.../bwk/eBWK_03_2008_Krost.pdf, Zugriff am 26.7.2010.

KÜCHLER, S.; MEYER, B. (2011), Was Strom wirklich kostet, Vergleich der staatlichen Förderung und gesamtgesellschaftlichen Kosten von Atom, Kohle und erneuerbaren Energien, Studie im Auftrag von Greenpeace Energy unter Mitarbeit von Christian Kusch und Bea Ruoff.

LATIF, M. (2010), Die Herausforderung globaler Klimawandel, Perspektiven der Wirtschaftspolitik Vol. 11, 4–12.

LAYARD, R. (2005), Die glückliche Gesellschaft: Kurswechsel für Politik und Wirtschaft. Frankfurt/Main. Campus-Verlag.

LEGGEWIE, C.; WELZER, H. (2009), Das Ende der Welt, wie wir sie kannten: Klima, Zukunft und die Chancen der Demokratie, S. Fischer.

LEHMANN, H. (Hrsg.); KRUSKA, M.; ICHIRO, D.; OHBAYASHI, M.; TAKASE, K.; TETSUNARI, I.; GARY EVANS, G.; HERBERGS, S.; MALLON, K.; PETER, S. (2003), Energy Rich Japan, commissioned by Greenpeace International (Amsterdam) and Greenpeace Japan. EUTech Germany, Institute for Sustainable Energy Policies (ISEP), Institute for Sustainable Solutions and Innovations (ISUSI), Aachen, Germany; Tokyo, Japan.

LEHMANN, H.; PETER, S. (2009), 100% is Possible Now, in: DROEGE, P. (Hrsg.), 71-86.

LICHTBLICK (2010), SchwarmStrom – Intelligente Energie für die Energiewende. http://www.lichtblick.de/h/schwarmstrom_288.php, Zugriff am 21.01.2011.

LIEDTKE, C.; KRISTOF, K.; BIENGE, K.; GEIBLER, J. V.; GÖRLACH, S.; KNAPPE, F.; LEMKEN, T.; MEINEL, U.; ONISCHKA, M.; SCHMIDT, M.; ZVEZDOV D. (2010), Maßnahmenvorschläge zur Ressourcenpolitik im Bereich unternehmensnaher Instrument. MaRess-Projekt Ressourceneffizienz-Paper 4.6

LÖSCHEL, A.; STURM, B.; VOGT, C. (2010), The Demand for Climate Protection – An Empirical Assessment for Germany, ZEW Discussion Paper No. 10-068.

LOVINS, A. B. (1976), Energy Strategy: The Road Not Taken?; 55 Foreign Affairs 65.

LOVINS, A.B. (1978), Soft Energy Technologies, in: Annual Review of Energy. Vol. 3: 477-517.

LTI (1998), Long-Term Integration of Renewable Energy Sources into the European Energy System, Heidelberg: Physica.

LUTZ, C. (2011), Klimapolitik und makroökonomische Herausforderungen, in: WELFENS, P.J.J. (Hrsg.), Zukunftsfähige Wirtschaftspolitik in Deutschland und Europa, Heidelberg: Springer.

LUTZ, C.; MEYER, B. (2009), Scenario Results from GINFORS, petrE Working Paper, Osnabrück.

MacCARRON, G. (1991), Decommissioning Costs and British Nuclear Policy, *Energy Journal*, Vol. 12, 13-28.

MAYER, C. (2011), Der Atomstaat, Der Spiegel, Nr. 21, 2011, Hamburg.

MCKINSEY GLOBAL INSTITUT (2009), Advertising the next energy crisis: The demand challenge; MGI report, http://www.mckinsey.com/mgi/publications/next_energy_crisis, Zugriff am 12.12.2011.

MEADOWS, D. H.; MEADOWS, D. L.; RANDERS, J.; BEHRENS, W. W. (1972), The Limits to Growth. Universe Books. Die Grenzen des Wachstums. Bericht des Club of Rome zur Lage der Menschheit. Aus dem Amerikanischen von Hans-Dieter

Heck. Deutsche Verlags-Anstalt, Stuttgart 1972, ISBN 3-421-02633-5; Rowohlt, Reinbek 1973, ISBN 3-499-16825-1.

MIEGEL, MEINHARD (2010), Exit: Wohlstand ohne Wachstum. Berlin. Propyläen-Verlag.

MILLER, L.M.; GLANS, F.; KLEIDON, A. (2011), Response to M.Z. Jacobson & C.L. Archer on „Comment on ‚Estimating maximum global land surface wind power extractability and associated climatic consequences, Earth System Dynamics Discussion, forthcoming.

MITCHELL, L. (2002), Der parasitäre Konzern. München. Riemann Verlag.

MONOPOLKOMMISSION (2011), Energie 2011: Wettbewerbsentwicklung mit Licht und Schatten, Sondergutachten Nr. 59.

MÜLLER, H. (2011), Interview des BDEW.
http://www.etaenergie.com/news/12,171182/%CE%B7%5Benergie%5D-1-2011/Energiewirtschaft-Interview-mit-Hildegard-Mueller-%28BDEW%29.html, Zugriff am 24.05.2011.

MÜLLER, M.; HENNICKE, P. (1994), Wohlstand durch Vermeiden: mit der Ökologie aus der Krise, Darmstadt, Wiss. Buchges. , 1994. – 202 S. – (WB-Forum ; 87) ISBN 3-534-80156-3.

MÜLLER, M.; NIEBERT, K. (2009), Epochenwechsel. Plädoyer für eien grünen New Deal, München: oekom verlag.

NATIONAL RESEARCH COUNCIL (2009), The Hidden Costs of Energy: Unpriced Consequences of Energy Production, Washington DC.

NEF [The New Economic Foundation] (2009), Growth isn't possible – Why we need a new economic direction,
http://www.neweconomics.org/sites/neweconomics.org/files/Growth_Isnt_Possible.pdf, Zugriff am 12.09.2011.

NETZWERK GEOTHERMIE NRW (2010), Image Flyer, Bochum,
http://www.energieagentur.nrw.de/_database/_data/datainfopool/ImageFlyer_Netz werk_Geothermie.pdf, Zugriff am 10.05.2011.

NIES (2008), A Dozen of Actions towards Low-Carbon Societies (LCSs), 2050 Japan Low-Carbon Society scenario team, National Institute for Environmental Studies (NIES), Kyoto University, Ritsumeikan University, and Mizuho Information and Research Institute. http://2050.nies.go.jp, Zugriff am 12.09.2011.

NRC [National Research Council] (Hrsg.) (2008), Minerals, critical minerals, and the U.S. economy. Online verfügbar unter
http://site.ebrary.com/lib/academiccompletetitles/home.action, Zugriff am 25.11.2011.

NUCLEAR ENERGY AGENCY, Nuclear Energy Data 2010.

O.V. (2011), Erste Nachhaltigkeits-ETF notiert, Frankfurter Allgemeine Zeitung, 1. März 2011, S.21.

OECD [Organisation for Economic Co-operation and Development] (2010), Interim Report on the Green Growth Strategy: Implementing our Commitment for a Sustainable Future, Paris.

OECD; IEA [International Energy Agency] (2008), World Energy Outlook 2008. Paris.

OECD; IEA (2009), World Energy Outlook 2009. Paris.

OECD; IEA (2010), World Energy Outlook 2010. Paris.

PAECH, N. (2010), Eine Alternative zum Entkopplungsmythos: Die Postwachstumsökonomie, in: Humane Wirtschaft 05/2010.

RADKAU, J. (1983), Aufstieg und Krise der deutschen Atomwirtschaft, 1945-1975, Verdrängte Alternativen in der Kerntechnik und der Ursprung der nuklearen Kontroverse, Hamburg: Rororo.

RAWLS, J. (1971), A Theory of Justice, Cambridge.

ROBINS, NICK, CLOVER, R.; SINGH, C. (2009), A Climate for Recovery: the colour of stimulus goes green, HSBC, 25 February 2009: available at http://www.globaldashboard.org/wp-content/uploads/2009/HSBC_Green_New_Deal.pdf, Zugriff am 12.12.2011.

ROCKSTRÖM, J.; STEFFEN, W.; NOONE, K.; PERSSON, Å. et al. (2009), Planetary Boundaries: Exploring the Safe Operating Space for Humanity, published by the Resilience Alliance, Stockholm 2009; http://www.ecologyandsociety.org/vol14/iss2/art32/ES-2009-3180.pdf, Zugriff am 12.12.2011, Zusammenfassung: Nature 461, 472-475 (24 September 2009), doi:10.1038/461472a; Published online 23 September 2009.

ROSEN, R.A.; ELECTRIS, C.; RASKIN, P. D. (2010), Global Scenarios for the Century Ahead: Searching for Sustainability. Tellus Institute. Boston.

SAMADI, S. (2011), Internes Arbeitspapier, Wuppertal Institut 2011.

SAUER, G.W. (1991), Haftungs-, Deckungs- und Stilllegungsvorsorge bei kerntechnischen Anlagen, Vortrag auf dem Neunten Deutschen Atomrechtssymposium, München.

SCHEPELMANN, P.; GOOSSENS, Y.; MAKIPAA, A. (Ed.) (2010), Towards Sustainable Development. Alternatives to GDP for measuring progress. (Wuppertal Spezial 42). Wuppertal, http://www.wupperinst.org/publikationen/entnd/index.html?beitrag_id=1313, Zugriff am 21.11.2011.

SCHEPELMANN, P.; STOCK, M.; KOSKA, T.; SCHÜLE, R.; REUTTER, O. (2009), A green new deal for Europe: towards green modernisation in the face of crisis; a report by the Wuppertal Institute for Climate, Environment and Energy. http://www.greens-efa.org/cms/default/rubrik/16/16475.documents.htm, Zugriff am 12.12.2011.

SCHETTKAT, R. (2009), Analyzing rebound effects. Wuppertal Papers 177. Wuppertal Institut für Klima, Umwelt, Energie, http://www.wupperinst.org/uploads/txwibeitrag/WP177.pdf, Zugriff 02.12.2010.

SCHINKE, J.C. (2010), Follow the Sun? How Investments in Solar Power Plants in Sicily can Generate High Returns of Investments and Help to Prevent Global Warming, CEGE Discussion Paper, No. 105, Universität Göttingen.

SCHMIDT-BLEEK, F. (2009), The Earth, London: House Publisher.

SCHNEIDER, M. (2011), Frankreichs Angst vor dem Blackout. Neue Stromquellen verzweifelt gesucht., ARD 11.11.2011,
   http://www.tagesschau.de/ausland/frankreich440.html, Zugriff am 02.12.2011.

SCHOLL, G.; BAEDEKER, C.; BIETZ, S.; KRISTOF, K.; OTTO, S.; ONISCHKA, M.; REISCH, L.; RUBIK, F.; SCHMITT, M. (2009), Konsumenten- und kunden-nahe Instrumente der Ressourcenpolitik. Zusammenfassung der Politikoptionen. MaRess-Projekt Arbeitsschritt 12.1.

SOCOLOW. R. H.; PACALA S. W. (2004), Stabilization Wedges: Solving the Climate Problem for the Next 50 Years with Current Technologies, Science,
   http://cmi.princeton.edu/wedges/articles.php, Zugriff am 12.12.2011.

SOCOLOW, R. H.; PACALA, S. W. (2006), "A Plan to Keep Carbon in Check," &, Scientific American, September 2006,
   http://www.princeton.edu/mae/people/faculty/socolow/socdoc/carbonincheck.pdf, Zugriff am 21.11.2011.

SRU [Sachverständigenrat für Umweltfragen] (2010), 100% erneuerbare Stromversor-gung bis 2050: klimaverträglich, sicher, bezahlbar,
   http://www.umweltrat.de/SharedDocs/Downloads/DE/04_Stellungnahmen/2010_05
   _Stellung_15_erneuerbareStromversorgung.pdf?__blob=publicationFile, Zugriff am 06.11.2010.

SRU (Hrsg.) (2011), Wege zur 100 % erneuerbaren Stromerzeugung. Sondergutachten. Berlin.
   http://www.umweltrat.de/SharedDocs/Downloads/DE/02_Sondergutachten/2011_S
   ondergutachten_100Prozent_Erneuerbare.pdf?__blob=publicationFile, Zugriff am 21.11.2011.

STATISTISCHES BUNDESAMT (2007), Einnahmen und Ausgaben privater Haushal-te - Fachserie 15 Reihe 1,
   https://www.ec.destatis.de/csp/shop/sfg/bpm.html.cms.cBroker.cls?cmspath=strukt
   ur,vollanzeige.csp&ID=1024650, Zugriff am 06.11.2010.

STATISTISCHES BUNDESAMT (2008), Statistisches Jahrbuch 2008; Wiesbaden;
   www-ec.destatis.de/csp/shop/sfg/bpm.html.cms.cBroker.cls?
   cmspath=struktur,vollanzeige.csp&ID=1022321, DESTATIS, FS 4, Reihe 4.3. Kos-tenstruktur im Produzierenden Gewerbe.

STATISTISCHES BUNDESAMT (2010), Volkswirtschaftliche Gesamtrechnung – Bruttoinlandsprodukt, Bruttonationaleinkommen, Volkseinkommen – Lange Rei-hen ab 1950, http://www.destatis.de/jetspeed/portal/cms/Sites/destatis/Internet/DE/Content/Statis tiken/VolkswirtschaftlicheGesamtrechnungen/Inlandsprodukt/Tabellen/Volkseinko mmen1950,property=file.xls, Zugriff am 06.11.2010.

STERN, N. (2006), The Economics of Climate Change (Stern Review), HM Treasury, London.

STIGLITZ, J; SEN A.; FITOUSSI, J. (2010), Mismeasuring Our Lives, The New Press, New York.

TAZ (2010), E.ON darf neue AKWs bauen, http://www.taz.de/1/archiv/digitaz/kiosk/artikel/1/eon-darf-neue-akws-bauen/, Zugriff am 12.12.2010.

TECHNISCHE UNIVERSITÄT BERLIN (2011), Kosten des Ausbaus der erneuerbaren Energien, Berlin, mimeo, Studie im Auftrag der Vereinigung der Bayerischen Wirtschaft, VBEW, Bayerische Chemieverbände, Bayerische Papierverbände, Verband der Bayerischen Energie- und Wasserwirtschaft e.V.

THE CLUB OF ROME (2009), Clean Power from Deserts – The DESERTEC Concept for Energy, Water and Climate Security, White Paper, 4th ed., Bonn: Protext.

TRABER T.; KEMFERT C.; DIEKMANN, J. (2011), Strompreise: Künftig nur noch geringe Erhöhung durch erneuerbare Energien. Wochenbericht des DIW, Berlin Nr. 6/2011.

UBA (2007), Externe Kosten kennen – Umwelt besser schützen. Methodenkonvention zur Schätzung externer Kosten am Beispiel Energie und Verkehr. http://www.umweltbundesamt.de/uba-info-presse/2007/pd07-024.htm, Zugriff am 09.08.2009.

UBA (2008), Wirtschaftlicher Nutzen des Klimaschutzes, Wirtschaftliche Bewertung von Maßnahmen des integrierten Energie- und Klimaprogramms (IEKP), Kostenbetrachtung ausgewählter Einzelmaßnahmen der Meseberger Beschlüsse zum Klimaschutz, Forschungsbericht 205 46 434, UBA-FB 001097, ISSN 1862-4359, http://www.umweltdaten.de/publikationen/fpdf-l/3517.pdf, Zugriff am 09.09.2009.

UBA (2010), Energieziel 2050: 100% Strom aus erneuerbaren Quellen, http://www.umweltdaten.de/publikationen/fpdf-l/3997.pdf, Zugriff am 21.09.2011.

UNEP [United Nations Environment Programme] (2009); Rethinking the Economic Recovery: A Global Green New Deal. Report prepared for the Economics and Trade Branch, Division of Technology, Industry and Economics.

VERSICHERUNGSFOREN LEIPZIG (2011), Berechnung einer risikoadäquaten Versicherungsprämie zur Deckung der Haftpflichtrisiken, die aus dem Betrieb von Kernkraftwerken resultieren. Eine Studie im Auftrag des Bundesverband Erneuerbare Energie e.V. (BEE), Leipzig, mimeo.

VOSS, A. (1997), Leitbilder und Wege einer umwelt- und klimaverträglichen Energieversorgung, in: BRAUCH, H.G. (Hrsg.), Energiepolitik, Heidelberg: Springer, 59-74.

WAGNER, H.-J. (2007), Was sind die Energien des 21. Jahrhunderts, Frankfurt/M: Fischer.

WALLACE, H. (2010), Rock Solid? A scientific review of geological disposal of high-level radioactive waste; written for Greenpeace International, Buxton.

WBGU [Wissenschaftlicher Beirat der Bundesregierung Globale Umweltveränderung] (2003), German Advisory Council on Global Change (ed.), World in Transition. Towards Sustainable Energy Systems. Summary for Policy. Berlin.

WBGU (2011), Welt im Wandel. Gesellschaftsvertrag für eine Große Transformation, Berlin.

WEIZSÄCKER, E.U. VON (1992), Erdpolitik. Ökologische Realpolitik an der Schwelle zum Jahrhundert der Umwelt, 3. aktualisierte Auflage, Darmstadt: Wissenschaftliche Buchgesellschaft.

WEIZSÄCKER, E.U. VON; HARGROVES, K. J.; SMITH, M. (2010), Faktor fünf: die Formel für nachhaltiges Wachstum. München: Droemer.

WELFENS, M.J.; GERKING, D.; HOKKELER, M.; STILLER, H. (1996), „Schatten-subventionen" im motorisierten Individualverkehr, in: KÖHN, J.; WELFENS, M.J. (Hrsg.), Neue Ansätze in der Umweltökonomie, Marburg: Metropolis, 409-447.

WELFENS, P.J.J. (2009a), Explaining Oil Price Dynamics, in: BLEISCHWITZ, R.; WELFENS, P.J.J.; ZHANG, Z. (Hrsg.), Sustainable Growth and Resource Productivity. Economic and Global Policy Issues, Sheffield: Greenleaf Publishing, 110-117.

WELFENS, P.J.J. (2009b), Transatlantische Bankenkrise, Stuttgart: Lucius.

WELFENS, P.J.J. (2011), Grüne IKT-Dynamik und langfristige Perspektiven globaler Nachhaltigkeit, in: WELZER, H.; WIEGANDT, K (Hrsg.), Perspektiven einer nachhaltigen Entwicklung, Frankfurt a.M: Fischer.

WELFENS, P.J.J. (2011b), Shadow Subsidies for Nuclear Energy and Coal as Impediments to the Expansion of Renewables, EIIW Working Paper No. 200, University of Wuppertal (www.eiiw.eu).

WELFENS, P.J.J. (2011c), Für zentralisierte Eurobonds, Strukturreformen und eine Euro-Union, Wirtschaftsdienst, September 2011.

WELFENS, P.J.J.; PERRET, J.; ERDEM, D. (2010), Global Economic Sustainability Indicator: Analysis and Policy Options for the Copenhagen Process, International Economics and Economic Policy, Vol. 7, 153-186.

WELZER, H.; WIEGANDT, K., (Hrsg.) (2011), Perspektiven einer nachhaltigen Entwicklung, Frankfurt/M: Fischer.

WISSEL, S.; RATH-NAGEL, S.; BLESL, M.; FAHL, U., Voß, A. (2008), Stromerzeugungskosten im Vergleich, Arbeitsbericht/ Working Paper, Bericht NR. 4 , IER. Universität Stuttgart.

WORLD ENERGY COUNCIL (2011), Global Energy Assessment (GEA), draft.

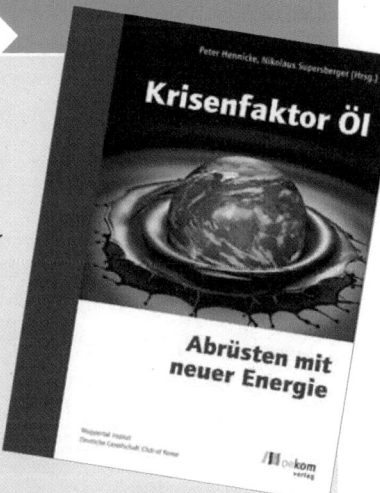

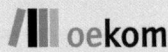